World as a Perspective

世界作為一種視野

Dan Slater
Joseph Wong

從經濟發展到民主

現代亞洲轉型之路的不同面貌

丹・史萊特、黃一莊 著
閻紀宇 譯

From Development to Democracy

The Transformations of Modern Asia

目次

序言與致謝

經濟發展與民主之間有緊密關聯，然而經濟發展未必能夠帶來民主。對此我們已有充分理解，《從經濟發展到民主》一書也無意提出異議。較富裕的國家是否會成為較民主的國家，兩者之間並沒有無可避免或自動自發的歷史軌跡。但是本書的書名至少透露了三道線索，讓讀者預知開卷之後將有何收穫。

首先，「從經濟發展到民主」展現了本書的**視野**。每一章開宗明義都是先探討席捲現代亞洲各地的卓越經濟發展歷程；對於我們所謂的「發展亞洲」(developmental Asia)，想要分析任何可能出現的結果，經濟發展都是不可或缺的基礎。本書試圖解釋的結果，就是發展亞洲參差不齊的民主化歷程。我們希望能夠說服讀者，對於探討為何有些亞洲威權政權會嘗試民主改革並獲致成功、有些政權雖然嘗試但終歸失敗、有些則至今不願承擔民主化的風險，理解此一地區多樣化型態的經濟發展會是很有幫助的起點。

其次，「從經濟發展到民主」觸及一個共通的歷史**順序**。發展亞洲的政治菁英從來不曾在費時數十年推動快速經濟發展之前，就先試行民主化。民主體制有時會跟隨經濟發展出現，有時不會。儘管如此，對一個持續進行現代化、要求不斷升高的社會而言，民主的問題不可能永遠擱置，政治改革的壓力不可能永遠遏阻。

在本書探討的十二個亞洲國家之中，威權統治者全都面臨一項兩難：是否要以大手筆的民主化改革，來回應伴隨快速經濟發展而來的社會變革？不同於傳統的研究取向，我們並不認定民主必然誕生於威權政權崩壞的灰燼之中（亦即因為衰弱引發民主〔democracy through weakness〕）。我們主張並具體說明強大的威權政權如果在推動經濟發展之後容許民主改革，不必承認失敗也可以催生出穩定、堅實的民主體制（亦即憑藉實力轉向民主〔democracy through strength〕）。

我們的理論解釋了為什麼發展亞洲的某些國家確實走上「從經濟發展到民主」之路，其他國家卻始終抗拒這個現代化理論長期預言的順序。從許多案例可以看出，威權政權的菁英如果選擇民主，那是因為他們認為在經濟發展之後，憑藉政權實力轉向民主會是最好的出路。

在這個重要的面向上，對於探討發展與民主化的古典現代化研究，我們的「憑藉實力轉向民主」理論表彰其結構性特質。但我們同時也擴充了現代化理論：首先是探索在亞洲多樣化的「發展群聚」（developmental clusters）之中，不同型態的經濟發展如何塑造出不同的民主化展望；其次是強調菁英階層推動民主化的決策，以及菁英的信心（亦即勝利信心〔victory confidence〕與穩定信心〔stability confidence〕）如何深刻地影響這樣的決策。民主並不是在一個社會現代化的過程中「就這麼順理成章發生了」，這當中要有具體真實的人做出頗具風險的決定，而這些決定對於民主的命運具有重大影響。

第三點也是最後一點，「從經濟發展到民主」反映了兩位作者個人生活與職業生涯的經歷。一九九〇年代中期我們還在讀大學、剛開始鑽研亞洲政治的時候，人盡皆知哪一個面向最為重要。亞洲政治就等於亞洲政治經濟體系，「亞洲」與「經濟發展」是同義詞。當時亞洲的經濟發展如火如荼，對發展研究有興趣的學者趨之若鶩。一九九七至一九九八年的亞洲金融危機尚未在地平線浮現。因此當我們開始以學者的身分觀照亞洲，發展便是我們的首要目標。我們研究所時期初試啼聲的研究與寫作主題，幾乎完全聚焦在東亞與東南亞的經濟發展軌跡。

當時亞洲的民主轉型被視為次要議題，並不是一種有待系統性研究的轉型模式。東亞的巨人中國與東南亞最富裕的國家新加坡堅守威權政體，讓我們的學術關注忽略了這個地區民主化的展望、能量與成功。然而當我們開始深入檢視，我們發現更多的民主，也發現民主對於發展亞洲非常重要，程度超出我們的預期。

對兩位作者而言，這種觀點重新定向——從嘗試解釋亞洲的經濟發展轉移為嘗試理解亞洲的經濟發展與民主，同時觀照兩者——是從一個意想不到的地方開始：美國威斯康辛州的麥迪遜（Madison）。在經常冰封的貝斯康山（Bascom Hill）坡地上，傅禮門（Edward Friedman）幫助我們從全新的角度觀照世界，促使我們以更為嚴謹、更不受限、更為熱情的方式來思考亞洲的貧窮與專制獨裁問題。他藉由例證讓我們知道，我們可以同時研究普世原則與特定地區，而且不致顧此失彼。傅禮門激勵我們思考：民主並沒有什麼固定的最終型態，而是一場不完美的實驗，需要不斷的修正與調整。就如同專制獨裁政體都會帶有個別獨裁者的印記，民主也是由一位又一位政治改革者打造。傅禮門教導我們：民主在任何一個地方都有可能出現，然而沒有任何一個地方必然會出現民主。

正因如此，我們將《從經濟發展到民主》獻給亦師亦友的傅禮門。說實話，想要寫一本能夠獻給傅禮門的書，正是我們進行這項研究計畫的主要原因。

當然，無論是個人層面亦或專業領域，我們都受到既廣且深的恩惠。首先要感謝我們的伴侶，Jennifer DiDomenico-Wong與Tracey Lockaby。兩位女士已成為好朋友，也為我們過去十年的密切合作錦上添花，唯一能夠比擬的就是兩家子女成長茁壯（Ria如今十九歲、Kai十七歲、Oliver十五歲），從劇場、音樂到籃球都是才華洋溢。如果沒有Jennifer與Tracey的摯愛支持與甘願犧牲，本書絕無可能問世；這樣的說法沒有任何一絲一毫的誇張。我們誠心誠意感謝兩位伴侶的支持，並且因為她們的犧牲而請求原諒。

我們也非常感謝各自所屬學系與同事的支持。感謝多倫多大學（University of Toronto）政治學系的許多同事與朋友，特別是Jacques Bertrand、Dan Breznitz、Vic Falkenheim、Diana Fu、Seva Gunitsky、Jeffrey Kopstein、Lynette Ong、Louis Pauly、Ed Schatz、Janice Stein與Lucan Way。多倫多大學亞洲研究中心（Asian Institute）與蒙克全球事務與公共政策學院（Munk School of Global Affairs and Public Policy）的同事提供了卓越的社群支持、知識啟發與學術規範。對於我們在芝加哥大學（University of Chicago）共度的時光，感謝Mike Albertus、Kathy Anderson、Lis Clemens、Cathy Cohen、Bernard Harcourt、Will Howell、Ben Lessing、Stan Markus、John Mearsheimer、Monika Nalepa、Tianna Paschel、Paul Poast、Alberto Simpser、Paul Staniland、Jenny Trinitapoli、Lisa Wedeen，以及無數出類拔萃的研究生。對於密西根大學（University of Michigan），感謝Nancy Burns、Christian Davenport、Mary Gallagher、Derek Groom、Allen Hicken、Pauline Jones、Gitta Kohler、Marysia Ostafin，以及魏瑟新興民主國家研究中心（Weiser Center for Emerging Democracies）每一位無比傑出的博士後研究員。尤其要感謝Rob Mickey（還有整個McTraig家族）在個人層面與專業領域的支持。Adam Casey提供了卓越的研究協助與研究管理，我們要特別讚賞；在本書寫作的最後階段，他與Bill Achariya-soonthorn、Wilson Liu以及Max Shpilband等絕頂聰明的研究員合作，對本書貢獻良多。

在我們所屬的學術機構之外，要感謝的對象太多了，真是不知從何說起，也不知如何結束。但是我們最受用也感謝的是珍貴的友情與精闢的建議，來自Aries Arugay、Tun-Jen Cheng、Bruce Dickson、Iza Ding、Richard Doner、Alexandra Filindra、Edward Friedman、Anna Grzymala-Busse、Stephan Haggard、Mohamad Hanafi、Walter Hatch、Jeffrey Javed、Adrienne LeBas、Steve Levitsky、Rachel Riedl、Shelley Rigger、James Scott、Victor Shih、Ben Smith、Tariq Thachil、Kai Thaler、Kathy Thelen、Kellee Tsai、Maya Tudor、Tuong Vu與Daniel Ziblatt。我們要特別提到與感謝Rachel與Daniel，與我們合作在《政治學年度評論》（*Annual Review of Political Science*）發表一篇專文，共同探討威權政權帶領的民主化（authoritarian-led democratization）。

為一本書長期耕耘意謂你必須與同事分享內容，經常向相關人士發表成果。過去十年，許多同事提供了重要的洞見與回饋，讓我們受益良多；這些同事包括：Ben Ansell、Nancy Bermeo、Yun-Han Chu、Larry Diamond、Dafydd Fell、Douglas Fuller、Chang-Ling Huang、William Hurst、Bruce Jacobs、Cedric Jourde、Robert Kaufman、Byung-Kook Kim、Erik Kuhonta、Jih-Wen Lin、Chunrong Liu、James Loxton、Scott Mainwaring、Eddy Malesky、Marcus Mietzner、T. J. Pempel、Liz Perry、David Rueda、Paul Schuler、Jonathan Sullivan、Netina Tan、Shiping Tang與Steve Tsang。我們也藉由在許多機構的發表，得到建設性與批判性的回饋，包括：Australian National University、East China University of Political Science and

Law、Fudan University、Harvard University、Hong Kong University、Hong Kong University of Science and Technology、Institute for Southeast Asian Studies、Juan March Institute、King's College London、Korea University、McGill University、McMaster University、Monash University's Malaysia campus、Murdoch University、National Chengchi University、National Taiwan University、National University of Singapore、Northern Illinois University、Nottingham University's Malaysia campus、Royal Military College、School of Area and International Studies (SAIS)、School of Oriental and African Studies（SOAS）、Seoul National University、Singapore Management University、Stanford University、Stellenbosch University、Taiwan Foundation for Democracy、Tsinghua University、UC Berkeley、UC Irvine、UCLA、University of British Columbia、University of Cambridge、University of Chicago's Beijing Center、University of Helsinki、University of Hokkaido、University of Illinois-Chicago、University of Michigan、University of Notre Dame、University of Oregon、University of Oxford、University of South Carolina、University of Sydney、University of Tokyo、University of Toronto、University of Washington、Yale University、Yangon School of Political Science、Yonsei University，以及American Political Science Association與Midwest Political Science Association的年會。

這項研究計畫的時程如此漫長，也意謂必須仰賴普林斯頓大學出版社（Princeton

University Press）朋友與合作夥伴的耐心。Eric Crahan對我們探討十二個亞洲案例歷史的能力懷抱「勝利信心」，是啟動整個計畫的關鍵。Bridget Flannery-McCoy的專業建議與協助，Elizabeth Byrd、Kate Gibson與John Donohue的高超編輯技巧，幫助我們越過計畫的終點線。

最後，我們要感謝過去三十年來結識與訪談的學者、運動人士、異議人士、政府官員與政治領袖，他們的洞見對這本書影響深遠。無論是對選擇接受民主的統治菁英，或者堅決要求民主的公民，民主從來不會是什麼穩當順利的計畫。對於每一位曾經做出這種高風險抉擇的人，我們要為你的勇氣喝采。

1 憑藉實力轉向民主

從經濟發展起步

亞洲經濟發展是一樁無可迴避的事實。想像一九七〇年代初期一位經驗老到的亞洲旅行家，突然穿越來到五十年後今日任何一座亞洲城市，[1]無論他落腳之處是東京、首爾、香港、新加坡、上海或臺北，甚至是河內、雅加達、曼谷或吉隆坡，什麼樣的印象會撲面而來其實無庸置疑。過去全世界最貧窮的地區之一，如今的富裕程度卻是名列前茅。

我們稱這個地區為「發展亞洲」，界定方式除了實體地理環境，還有政治經濟體系。它蓬勃發展的經濟體都位於環太平洋亞洲（Pacific Rim of Asia），因此地理仍然是相關因素。然而並不是東北亞與東南亞的每一個國家都可以廁身「發展亞洲」，國家必須推行特定的發展政策、累積卓越的發展成績，才能夠「加入」其中。更明確地說，這個地區的十二個案例[2]

都曾經追求迎頭趕上的經濟發展，藉由政治力優先推動快速成長，立足於重視出口、以國家力量帶動工業化、將私營企業視為經濟進步基石的發展模式。

發展亞洲整個區域的經濟成長一直是大放異彩，然而也無可諱言有著參差不齊的樣態。在每一個社會之中，經濟成長的成果嚴重分配不均。雖然已有好幾億人脫離貧窮，但數千萬人仍然深陷其中。縱觀十二個案例，有些很早就踏上發展之路，達到的財富水平遠遠超過其他國家。日本、南韓、臺灣、香港與新加坡數十年來以高收入地位自豪；馬來西亞、泰國與印尼起步較晚，至今發展水平較低。此外，四個心態內縮的落後國——中國、越南、柬埔寨與最晚加入的緬甸——直到冷戰結束後才開始追求出口導向、國家支持的快速資本主義式成長；四者之中，中國超群絕倫，但是人均收入尚未趕上發展亞洲的其他先行者。

模式

然而，本書的宗旨並不在於詮釋發展亞洲的經濟轉型，而是要詮釋另一個能見度遠低於經濟轉型的模式。儘管發展亞洲的經濟現代化可圈可點，整個區域——各國之間與各國內部幅度不同——也從貧窮走向富裕，但只有大約半數的案例從威權主義走向民主。[3]

這種參差不齊的民主化模式，就跟亞洲優異的經濟發展幾乎同樣突出，也同樣令人疑惑。因為，經濟發展如果是亞洲無可迴避的事實，那麼經濟發展與民主化之間的連結就是現代世界無可迴避的相互關係。明顯而且重要的例外當然會有：非洲零星出現的貧窮民主國家，中東幾個富裕的獨裁政權。但是整體而言，一個全球性的模式相當清楚、歷久不衰，現代化理論許久之前就已指出：比較富裕的國家通常也會比較民主。當經濟發展是由資本主義市場驅動（發展亞洲就是如此），並且伴隨著大規模的階級轉換，此一模式尤其顛撲不破。

我們採取一種比較性與歷史性的觀點，來檢視與解釋發展亞洲參差不齊的民主化經驗。有一點相當重要：從這個地區的地圖來看，民主化的參差不齊與經濟發展的參差不齊並不完全重疊。在發展亞洲，經濟發展水平與民主化水平之間看不出明確的關聯性，否則的話，亞洲的民主化歷程將會是單純的現代化歷程，但顯然並非如此。最突出的案例包括：新加坡與香港極為富裕，然而並不民主；中國的富裕程度近年突飛猛進，然而並未因此走向民主；印尼在二十多年前民主化，至今仍是民主國家，儘管它的經濟只達到中等收入水平；就連一直是發展亞洲最貧窮國家的緬甸，都在二〇一〇年代大步邁向民主化，直到二〇二一年軍事政變爆發，薄弱但實質的民主進展才被送上回頭路。

本書的核心主張之一在於，發展亞洲當中各個地方的民主化不僅參差不齊，而且形成群聚。換言之，發展亞洲只有特定類型的政治經濟體曾經實驗民主改革，其中一部分完成並鞏固了自身的民主轉型。其他類型的政治經濟體則不曾民主化。想要解釋發展亞洲威權政體與民主化的群聚模式，就必須從根本重新思考亞洲的地理性質。

另一項必要的重新思考，則是關於經濟發展如何影響民主化。眾所周知，經濟發展深刻影響發展亞洲的民主化模式。但唯一的原因在於，不同型態的經濟發展會關聯到不同型態的政治發展。發展亞洲的各個威權政權在提升國家經濟的同時，也蓄積了強大但不同型態的政治實力。

還有一點特別重要：伴隨著不同的經濟發展模式，不同的政治組織與政治行為者會躍居顯著、主宰的地位，他們包括官僚體系、保守派政黨、社會主義政黨、軍方。不同的發展模式也讓發展亞洲的十二個案例在全球經濟體系占據相去甚遠的位置，並且對強權國家——中國、英國、日本與美國——培養出不同模式的歷史性依賴。以這種強而有力但是間接運作的方式，一種各國共用、包羅一切的經濟發展模式在二十一世紀早期，將亞洲劃分為旗鼓相當的威權陣營與民主陣營。

論點

我們認為，發展亞洲最常見的民主化道路其實頗不尋常，但並非獨一無二。這條道路就是「憑藉實力轉向民主」。[4]「唯有當威權政權積弱不振、岌岌可危，民主才有可能發生」這樣的觀念看似理所當然，但是發展亞洲的民主化歷史經驗一再告訴我們，實情並非如此。從走出第二次世界大戰之後美國占領時期的日本，到二〇一〇年的緬甸，還有臺灣、南韓、印尼與泰國，發展亞洲的威權政權並未認輸投降，就一再讓步轉向民主。它們接受比較自由、公平的選舉競爭考驗，目的不是放棄權力並轉移給對手，而是要在民主的遊戲中鞏固自家的權力。

發展亞洲「憑藉實力轉向民主」最重要的特質是政權信心，不是政權崩潰。更明確地說，我們發現某些威權政權之所以展開民主改革，是因為它們從長期累積的實力獲致兩種型態的信心。首先是「勝利信心」，威權菁英預期自己可以在民主選舉中獲勝，甚至可以繼續全盤掌控政局。其次是「穩定信心」，威權菁英預期政治穩定——以及連帶的經濟發展——會在民主的環境中長期維持。

我們將以詳盡的討論呈現，穩定信心與勝利信心最主要的來源是政治組織，尤其是政黨與官僚制國家（bureaucratic state）。然而經濟發展本身也有助於培養勝利信心與穩定信心，讓威權政權展開憑藉實力轉向民主的進程。

圖一・一以最簡要的方式說明我們的邏輯。威權統治者如果擁有卓越的經濟發展成績，將能夠催生出一種績效正當性（performance legitimacy）——對於經濟發展成就的可信歷史紀錄——來協助他們贏得自由公平的選舉，繼續前進。[5] 經濟發展如果做到減少貧窮、擴大中產

階級，將能夠緩解各方要求財富向下重新分配的壓力；這種壓力往往會讓有錢有勢者不敢擁抱民主化。[6]

發展亞洲的威權領導人如果缺乏勝利信心與穩定信心，無論面對多大的民主化壓力，他們都不會追求民主改革。另一方面，當他們開始進行民主化，起心動念不是交出權力，而是要讓權力的立足點更為穩固。

我們的主張與傳統觀念南轅北轍；後者認為唯有最為極端、甚至攸關存亡的壓力，才能夠迫使獨裁者讓步。柏拉圖的《理想國》寫道：「是的，民主就是如此建立；若非倚賴武力，就是另一方因恐懼而退讓。」二十一世紀以來關於民主化最具影響力的著作之一、艾塞默魯（Daron Acemoglu）與羅賓森（James Robinson）的《獨裁與民主的經濟起源》（*Economic Origins of Dictatorship and Democracy*）認定威權統治者會接受民主的唯一原因，就是要防範迫在眉睫的人民暴動起義。相較之下，我們論述的核心不是**革命的威脅**，而是**穩定的期望**。

這並不意謂對於穩定的預期會是絕對或者毫無疑問。懷抱信心來容許民主化一定會有風險與不確定性。我們並不認定強勢的威權政權能夠未卜先知，精準預測自身容許民主改革之後的遭遇是福是禍。信心從來不是無所不知，憑藉實力轉向民主也不是什麼精心設計，而是一場**可以逆轉的實驗**。憑藉實力轉向民主想要踏出第一步，需要相當程度的信心；憑藉實力轉向民主想要達到終點，信心必須在改革實驗的經驗中得到印證。[7]

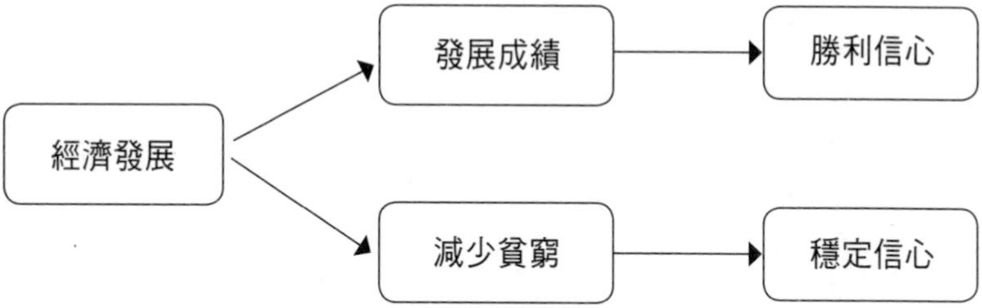

圖 1.1 威權經濟發展與政權的信心

儘管我們特別重視政權對於穩定的預期，這並不表示要求民主化的壓力無關緊要。這些壓力非常關鍵。道格拉斯（Frederick Douglass，譯注：十九世紀美國廢奴運動領導人）說得好：「除非受到要求，權力絲毫不讓。」強勢威權政權如果不曾遭遇變革的壓力，改變路線的可能性微乎其微。獨裁者如果不曾面對政治挑戰，幾乎不可能擁抱民主改革。

民主化的壓力有時來自外界，例如日本與臺灣，民主化的部分原因是要確保美國持續提供安全保障。壓力可能來自民間，南韓一九八〇年代晚期爭取民主化的大規模示威抗議，加速了政權更迭的腳步。壓力也有可能來自經濟，印尼在一九九〇年代晚期的亞洲金融危機之中崩潰，痛苦揭露了蘇哈托（Suharto）政權的經濟發展策略已經山窮水盡。

獨裁政權遭遇的壓力愈多，愈有可能進行民主化。但我們必須在觀念上清楚區分**政權突然間面對的壓力，以及它們長期擁有的實力**；並以實證方式分別評析。發展亞洲的威權政權在強化經濟狀況的同時，先逐漸累積了可觀的政治實力，之後才遭遇突然出現的政治變革壓力；對於基礎堅實的威權政權，壓力除了帶來新的挑戰，也會帶來新的選擇。

總而言之，依據我們的憑藉實力轉向民主理論，民主改革的關鍵並不是威權菁英察覺革命威脅逼近、政權即將崩潰，而是他們有充分依據的預期：國家民主化發生之後，情勢仍將保持穩定，他們甚至可以繼續全盤勝利。[8]

比較案例

在更仔細闡述我們的理論之前，首先來看一個真實發生的事件。亞洲民主化歷來最受全球關注的案例，莫過於一九八六年推翻菲律賓總統馬可仕（Ferdinand Marcos）的人民力量（People Power）運動。當時大規模示威癱瘓首都馬尼拉，顯示獨裁者政權已經是日暮途窮，終於將聲名狼藉的馬可仕趕下總統寶座、趕出菲律賓。示威行動本身是由一場反馬可仕軍事政變觸發，馬尼拉大主教辛海棉（Jaime Sin）也激情呼籲民眾走上街頭、迫使馬可仕下臺。當時菲律賓軍方嚴重分裂，無法在馬可仕厚顏無恥操弄選舉之後，繼續捍衛他的總統大位。老獨裁者的美國支持者也表明立場，這回不會幫助他繼續掌權。

這是「因為衰弱引發民主」的經典案例，大多數人對於民主化發生過程也是如此理解，研究民主化的學者如此，對馬尼拉人民運動戲劇性電視畫面記憶猶新的公眾也是如此。政權衰弱引發的民主化意謂會出現無法控制、鍥而不捨、有時訴諸暴力的大批城市示威者。它也意謂獨裁者搭飛機出國流亡，承認自己無法繼續掌權；意謂激勵人心的一方打敗並取代恥辱的一方：一九八六年二月，身材瘦削、神情謙卑的柯拉蓉・艾奎諾（Corazon Aquino）在成排攝影機以及觀禮者的歡呼聲中宣誓就職，成為一位透過民主選舉產生的菲律賓總統。

柯拉蓉宣誓就任菲律賓總統整整兩年之後，一九八八年二月，一場非常不一樣的總統宣誓就職在南韓舉行。退役將領盧泰愚換下軍服，穿上畢挺的西裝，舉起右手，宣誓要維護南韓新誕生的選舉民主體制。儘管軍旅出身，盧泰愚並不是以軍事領導人或任何形式的獨裁者身分接掌總統大位。他在一九八七年十二月帶領「民主正義黨」贏得總統大選；這個政黨與其創立者全斗煥將軍曾經以威權手段統治南韓。南韓的民主選舉不是起源於威脅要推翻舊政權的城市革命、不是分裂而忠誠度動搖的軍方、不是美國政府不再支持，而是起源於南韓軍方與政黨威權領導人的策略性讓步，他們有信心可以透過自由而公平的選舉繼續掌權，不會因此大敗虧輸，甚至淪為歷史的過去式。這樣的信心後來得到印證，而南韓至今仍然是運作相當健全的民主政體。

南韓經歷了不同於菲律賓的「憑藉實力轉向民主」；對於這個術語，本書將會從觀念上與理論上做全面的解析。不過在此之前，我們可以先對這兩個亞洲國家的案例提出一些觀察，藉此說明幾個更廣泛的重點。首先，菲律賓從來不曾是「發展亞洲」的成員，因此也不會是本書探討的案例。對照政治學領域一系列既有的民主化理論，菲律賓「因為衰弱引發民主」的過程符合相關論述。同樣不足為奇的是，菲律賓至今並未鬆綁它在後殖民時期與美國的政治與經濟連結，也因此未曾像許多東南亞鄰國一樣，全力追求步調快速、政府領導的國家經濟發展。[9] 像菲律賓這樣威權實力與經濟發展實力兩頭落空的國家，根本不會有「憑藉實力轉向民主」這個選項。（譯注：二〇二二年五月，菲律賓舉行總統大選，前獨裁者馬可仕長子小馬可仕〔Bongbong Marcos〕高票當選。）

南韓則是本書準備探討的案例，它呈現了一種世人很不熟悉的民主化過程；然而就亞洲地區而言，這是最為重要、不可不知的一種過程：威權政權能夠憑藉實力進行民主化，威權菁英能夠在新出現的民主體制中保持大部分實力。在本書檢視的「憑藉實力轉向民主」案例中，舊日的威權菁英能夠轉型為成功的民主菁英。非常重要的是，這一點並不意謂來自威權統治者讓步的民主體制，其民主成分會不如因為威權統治者崩潰而興起的民主體制。事實上，今日南韓的民主體制遠比菲律賓健全；儘管南韓的民主轉型並未伴隨著獨裁者倉皇去國、全球實況轉播帶來的情緒淨化。

實力與衰弱

「憑藉實力轉向民主」並不是世人想像中「民主如何興起」的典型場景。本節將進行對照性的探討：一邊是歷史上較少受到檢視的「憑藉實力轉向民主」場景，一邊是人們比較熟悉的威權統治者衰弱引發民主化的路徑。的確，每一個威權政權都是實力與衰弱並陳，在真實世界發生的民主化既不能忽略實力、也不能忽略弱點。然而有時民主化過程是由政權的實力主導，有時政權更迭的關鍵因素是威權統治者的衰弱，兩種情況有非常顯著的差異。

關於威權體制如何結束、民主體制如何展開的正統詮釋，也就是我們所謂的「因為衰弱引發民主」，過程大致上是這樣：統治菁英陷入嚴重分裂，他們如果不願意退讓，遭到暴力推翻的威脅愈來愈迫切。他們與反對派領導人坐下來談判，希望能談出一條和平退場的道路，否則就只能逃之夭夭，留下一個崩潰政權的爛攤子。民主化成為威權領導人最不得已的選擇。在這樣的場景中，威權政權的崩潰相當突然，全新的統治集團接手之後全面否定其正當性。舊政權變身為反對黨，前提是他們能夠撐過轉型過程的考驗；反對派則組成政權。一言以蔽之：政權崩潰，認輸投降。菲律賓馬可仕政權在一九八六年的滅亡，正是一個經典案例。

從前述的各個層面來看，「憑藉實力轉向民主」截然不同於「因為衰弱引發民主」，民主化過程的開端並不是分裂，統治階層大體上站在同一陣線。儘管民主化的壓力可能與日俱增，但是威權政權並未面對立即遭到推翻的風險。政權的處境不是革命威脅來勢洶洶、除了放棄之外沒有多少選擇，而是期待民主化會保持穩定局面，甚至帶來持續的勝利，政權不會面臨太大的風險。威權政權因此搶占先機，單方面制定新規則、讓競爭場域更為公平，而不是被迫與反對派談判相關細節。這種過程通常涉及一連串的讓步，推行漸進式的民主改革。威權政權的正當性並沒有就此消失，而是得以重新界定。儘管政權發生更迭，威權統治菁英並沒有遭到排斥或者被迫讓位給對手陣營，而是往往能夠繼續統治，或者至少進入統治聯盟分享權力。南韓的民主轉型比較接近這種「實力模式」；菲律賓則屬於「衰弱模式」，幾乎與南韓同時進行，在國際社會受到更高關注。

憑藉實力轉向民主在另一個層面也與一般對民主轉型的理解不同，值得強調一番。國際關係學者認為國家很容易誤打誤撞陷入戰爭，比較政治學的學者依循類似理路，愈來愈認為民主化來自誤打誤撞而非刻意設計。[10] 威權政權做了某種誤判，民主化過程因此一發不可收拾。

相較於這種對民主化過程的詮釋，我們的觀點不能說是完全相反，但終究有所不同。我們並不認為獨裁者會擁有完美的資訊，他們也不可能靠著先知先覺而讓步轉向民主。在我們看來，「憑藉實力轉向民主」過程是一種**可逆的實驗**。當強勢的威權政權開始進行自由化，它們並沒有把握改革過程會走向何方。政權有充分的理由來預期穩定性與成功得以繼續保持，但政治就是政治，情勢有可能會急轉直下，遠不如預期平順。果真如此，獨裁政權可以中斷自由化進程，至少嘗試回歸先前的威權統治。換言之，它們可以逆轉民主實驗的方向。[11]

事實上，威權領導人搶占先機、憑藉實力進行民主化的一個好處，就在於他們更能夠依照自身好惡來引導轉型過程，當意外狀況發生時保有改變做法的能力。政權開始民主化時的實力愈是強大，它就愈有機會控制轉型過程。相較之下，如果政權因循拖延，錯失依據自身需求來進行自我轉化與政治體系轉化的機會，它很可能會完全失去對轉型過程的掌控權。二〇一〇年代的馬來西亞、柬埔寨與香港的情勢發展正是如此，而且不久之後可能會發生在中國、新加坡與越南。

對於稱霸發展亞洲的強勢威權政權，在民主化議題上最大的誤判就是等待太久。想要憑藉實力進行轉型的政權，應該要在「賞味期限」之前付諸行動。每一個威權政權都會經歷極盛時期，憑藉實力轉向民主的關鍵就是要在極盛時期還沒有成為陳年往事之前開始動作。政權行動的時機距離自身極盛時期愈近，愈有可能憑藉實力來走向民主。這種機會極不可能取之不盡，原因在於政權的實力也不會是取之不盡。我們認為如此一來，憑藉實力轉向民主之路將成為強勢威權政權的理性選擇。

群聚地區

發展亞洲的特質在於，十二個案例的實力可觀但各有高下。日本、南韓與臺灣組成的群聚是全世界「發展型國家」（developmental states）的典範，實力相當雄厚。[12] 東南亞軍事政權——印尼、緬甸與泰國——形成的群聚，政治實力遠遠遜於前三者。[13] 然而縱觀這六個各有特色的亞洲國家，可以看出同樣的核心故事：**民主改革之所以啟動，是因為威權菁英擁有充分的勝利信心與穩定信心，不是因為他們墜入政治危機與即將崩潰命運的死亡螺旋**。[14] 此外，這些威權政權在民主化之前的實力愈是強大，它們抱持的信心在民主化之後就愈是能夠兌現。我們已經說明，這些威權政權在**實力**光譜當中坐落的位置，可以對應到它們在民主化**成功**光譜中的位置。

因此並非偶然：戰後日本、南韓與臺灣強勢保守派執政黨的民主化過程相當順利，印尼、泰國與緬甸軍事政權從威權體制到民主的轉型過程則相當坎坷，而且會逆轉。[15] 的確，後見者能夠明白看清的事，當局者並不全然清楚。然而這六個威權政權在自由化過程當中的相對「安定性」（settledness）與「不安定性」（unsettledness），可以由各個政權在這個過程展開階段的實力狀態加以解釋。[16] 戰後日本、臺灣與南韓——我們合稱為「發展型國家主義」（developmental statist）群聚——從最強大的威權政權轉型為亞洲最健全、最經得起考驗的民主國家。我們將在第三、四、五章深入探討這三個案例，以及它們從經濟發展到民主化的旅程。相較之下，由泰國、緬甸與越南組成的「發展型軍國主義」（developmental militarist）群聚（第七章），其民主實驗就充滿不確定性，而且非常容易倒退回到威權體制。

以泰國為例，它在一九八〇年代初期展開的「憑藉實力轉向民主」實驗後來完全逆轉，儘管其民主崩潰過了數十年才發生。（譯注：泰國二〇二三年五月舉行國會選舉，反對黨陣營獲勝並組成新政府，終結九年軍人執政。）緬甸二〇一〇年代的民主化實驗功虧一簣，並沒有建立真正的民主體制，後來也像泰國一樣完全逆轉，在二〇二一年爆發軍事政變。唯有在印尼，軍方掌控的政權從讓步轉向民主開始，一路走到鞏固民主體制，不曾退回威權統治。我們認為印尼的成功反映了昔日威權政權的實力，威權時期根深柢固的保守派執政黨尤其扮演重要角色，但泰國與緬甸都缺少這類政黨，對其民主化形成致命傷。

本書的實證分析焦點在於，探討「憑藉實力轉向民主」在發展亞洲這六個國家不同的運作方式。然而我們的主要論點——威權政權實力的光譜會對應到民主化成功的光譜——對於未曾追求「憑藉實力轉向民主」的另外六個發展亞洲案例也有重要意義。不同於前述的發展型國家主義群聚（日本、南韓、臺灣）與發展型軍國主義群聚（印尼、緬甸、泰國），後面這六個亞洲政治經濟體雖然擁有威權實力，但做法並不是讓步轉向民主，而是**迴避民主**（democracy avoidance）。就如同六個讓步轉向民主的案例，六個迴避民主的案例也分為兩個群聚：

「發展型不列顛」（developmental Britannia，新加坡、馬來西亞、香港）與「發展型社會主義」（developmental socialism，中國、越南、柬埔寨）。

本書最後兩章（第八章、第九章）探討一個問題：對於「發展型不列顛」與「發展型社會主義」兩個群聚，憑藉實力轉向民主是否如同在發展亞洲其他地區一樣可行？我們特別關注兩個國家：發展亞洲的巨無霸中國與小不點新加坡；兩個國家在擴張財富的同時，仍然長期維持威權體制，因此備受國際社會注目。

表一・一簡要呈現整個地區的發展群聚化（developmental clustering）與民主群聚化（democratic clustering）。左半邊明體字部分是兩個「讓步案例」（concession cases）群聚，六個案例曾經憑藉實力追求民主；其中泰國與緬甸屬於「逆轉案例」（reversal cases），其讓步轉向民主的進程遭到軍事政變破壞。表的右半邊兩個黑體字群聚，儘管其威權實力足以做出讓步，但是並沒有這麼做。

表一・一右半邊六個「迴避案例」（avoidance cases）都曾蓄積充分的威權實力，如果讓步轉向民主也能夠保持良好發展，然而六個案例都迴避了民主化進程。一部分案例——也就是中國、新加坡、越南——至今仍然保有進行民主化的實力，我們以加粗黑體字標示為「候選案例」（candidate cases），因為只要它們的威權領導階層做出選擇，還是可以走上「憑藉實力轉向民主」的道路。

表1.1 發展群聚與民主模式

強大實力	
發展型國家主義	發展型不列顛
1. 日本	1. **新加坡**
2. 臺灣	2. 馬來西亞
3. 南韓	3. 香港
中等實力	
發展型軍國主義	發展型社會主義
1. 印尼	1. **中國**
2. **泰國**	2. **越南**
3. **緬甸**	3. 柬埔寨

說明：明體字代表讓步轉向民主案例（日臺韓印泰緬）；黑體字代表迴避民主案例（星馬港中越柬）；加粗黑體字代表民主化候選案例（星中越）；加底線代表苦澀案例（馬港柬）；加粗明體字代表回歸威權統治（泰緬）。

相較之下，另外三個「迴避案例」都讓自身大幅弱化，以致只有可能「因為衰弱引發民主」，無緣「憑藉實力轉向民主」。馬來西亞、柬埔寨與香港曾經有實力入列「候選案例」，但已今非昔比，我們在表中加上底線，稱之為「苦澀案例」(embittered cases)，本章稍後會進一步說明原因。三個案例全都錯失了讓步轉向民主、但不至於立即潰敗的最佳時機。政權選擇硬撐直到自身的威權極盛時期早已不再，倚賴愈來愈壓迫性的手段來維繫政權，「憑藉實力轉向民主」的選項已經消失。

唯有時間才能告訴我們，發展亞洲的三個「候選案例」(中國、新加坡、越南)最後是否會淪為「苦澀案例」(一如柬埔寨、香港、馬來西亞）：實力強大的威權政權拒絕憑藉實力轉向民主，後來國勢中衰，就算想這麼做也不可能。

表一．一可以橫向解讀也可以縱向解讀。面對民主化壓力的威權政權愈是富裕，在表中的位置也就愈高。整體來看，六個高所得案例（相對富裕的國家主義群聚與不列顛群聚）位置高於六個中等國民收入案例（持續成長但仍落後的軍國主義群聚與社會主義群聚）。基於圖一．一解釋過的基本原因，案例的財富水平與其威權實力以及信心有密切關聯，甚至有可能完全一致。較富裕的政權往往擁有較為優異的發展成績，具備更為深厚、能夠強化勝利信心的績效正當性；大幅消除貧窮、擴大中產階級則有助於提升穩定信心。[17]

表一．一的垂直面向呈現了案例的實力與財富水平，因此帶出一個攸關本書論述的重點：儘管威權實力是「憑藉實力轉向民主」的先決條件，但只看實力的水平並無法解釋哪些國家出發上路，哪些國家裹足不前。弔詭的是，**「憑藉實力轉向民主」並不能單從實力本身來解釋**，強大的政權未必會進行民主化。對於「憑藉實力轉向民主」進程開展的可能性，最有效的解釋就是看案例是在哪一個發展群聚蓄積實力。發展型國家主義與發展型軍國主義群聚的每一個案例都進行了民主化改革，至少是曾經進行過；發展型不列顛與發展型社會主義群聚的每一個案例都迴避民主改革，頑強拒絕讓步。

為什麼發展群聚對於民主化模式會有如此深遠、甚至精準的影響？下文將進一步詳述，原因在於群聚會影響案例接收到什麼樣的訊號、採行什麼樣的策略，這兩個因素與案例的實力相結合，將決定「憑藉實力轉向民主」轉型是否可能進行。[18]兩種訊號能夠提高民主改革的可能性：表明政權遭遇的治理困境不能完全靠威權主義解決（我們稱之為「凶險訊號」〔ominous signals〕）；表明進行自由公平的選舉並不會讓威權政權萬劫不復（我們稱之為「安心訊號」〔reassuring signals〕）。

歸根究底，「憑藉實力轉向民主」永遠是一個選擇。更明確地說，它永遠是威權領導人做出的策略性選擇。領導人面對不同型態與強度的訊號，思考自身累積與擁有的實力有哪些成分、如何分布。然而無論威權領導人如何強大，都不必然會選擇「憑藉實力轉向民主」。

在更深入鋪陳整個論證之前，我們要先描述幾個理論的基石：民主、實力與信心。

什麼是民主？

民主是一種政府形式，讓反對派政黨與政治人物享有不受阻礙的機會，藉由全國性選舉爭取人民支持，進而爭取政權。這個定義並不是民主的全部意涵，然而缺少它就沒有民主。本書鎖定的一個問題就是原本阻礙反對派爭取人民支持、爭取國家權力的威權政權，如何移除這些重大阻礙？李維茲基（Steven Levitsky）與魏伊（Lucan Way）的比喻相當恰好：民主需要一個公平的競技場。[19]本書就是要探討與解釋，為什麼某些威權政權願意開闢公平的競技場，與反對派一較高下，但是其他威權政權拒絕這麼做？

這樣的聚焦方式，略而不提民主發展的許多面向。完整、健全的民主體制會尊重少數族群的權利，約束政治領導人與脅迫性的國家機構，鼓勵廣泛的政治參與，讓政府內部運作大幅透明化，盡可能降低富豪對於選舉過程的影響力。本書沒有解釋為什麼某些國家在這些極為重要的民主特質上，表現優於其他國家。威權政權只要能夠舉行自由與公平的選舉，並且尊重選舉結果，它們就已經為轉向民主做出重大讓步，儘管還遠遠不能建立高品質的民主、獲致種種民主特質。

競爭場域公平化的變革或許看似不大，但仍然需要政治體系與其遊戲規則進行實質、大幅的轉型。競爭場域公平化並非等閒小事，尤其重要的一點是：自由公平的選舉必須以公民自由為前提、與公民自由長相左右。政黨必須能夠自由地組成、動員與傳播；媒體必須能夠免於新聞檢查；選民做抉擇的依據不能是脅迫與恐嚇，必須是自由流通的資訊。如果透過選舉形成的政府無法達到這些標準，我們會稱之為「選舉式威權政體」（electoral authoritarian），與民主完全搭不上邊。[20]

我們希望與相信民主選舉應當搭配什麼樣的自由，並不是本書分析的重點。政府領導人可能粗暴凌駕國會，警察可能濫殺犯罪嫌疑人，多數族裔可能攻擊宗教少數族群而且不受懲罰；諸如此類的行為經常被稱為「不自由的民主」（illiberal democracy）。相關的政府作為或者不作為儘管惡劣，卻不意謂一個國家喪失了它的民主實質核心：政府之外的人士擁有不受阻礙的機會，透過民主選舉爭取政府內部的權力。[21]

總而言之，沒有重大阻礙的選舉競爭雖然未必是民主最重要、最具價值的層面，但卻是民主最核心的層面，也是本書探討的焦點。作為一種民主的成就，選舉競爭相當重要，值得做一番解釋。

什麼是實力？

說明如何看待民主的問題之後，我們是如何探討威權實力的問題呢？在我們的理論框架之中，威權實力主要呈現為絕對而非相對的型態。換言之，**當反對派的實力增強，威權政權的實力不必然會衰退**。反對派變得更強大，意謂威權政權面臨更大的壓力，但我們並不會因此得知這個歷經數十年經濟發展的政權，累積了多少實力來因應日益升高的挑戰。事實上，反對威權政權的運動人士在民主化之後，有可能轉而支持「威權繼承者政黨」（authoritarian successor party），原因在於它過往的發展成績能夠吸引那些期望數十年經濟發展延續下去的選民。[22]臺灣的中國國民黨是最明顯的例證。

任何一個威權政權的實力都會不斷變化，很不容易衡量。我們鎖定的目標是長期支撐政權的體制與聯盟。體制是威權實力的核心，但我們強調的是組織而非規則。規則對於威權政治的重要性不如對於民主政治，因為威權領導階層要臨時改變規則會比民主政府更容易。然而政治組織在威權型態的環境中往往能夠長期維持，而且居於主導地位。[23]舉例而言，中國國家主席只能連任一次的「規則」數十年來被視為中國共產黨體制化的基石，然而習近平在二〇一八年揚棄這項「體制」，讓自己無限期掌權——至少原則上如此。他只要繼續領導中共，就可以繼續統治中國。從過去、現在到可預見的未來，共產黨都是中國最重要的體制。

體制的關鍵本質在於為政治互動設定架構，因此就算當今這個世代的領導人退下舞臺，我們可以預期固有的互動模式與長期的宰制基礎多少仍將持續運作。在威權型態的環境中，政權的延續性與可預測性主要來自組織而非規則。組織是反覆互動的發生場所，就算威權領導人大幅改變組織內部與組織之間的互動規則，也不會改變這一點。威權組織可能無比強大，也可能無比虛弱。發展亞洲的威權組織通常特別強大、能力卓越，只不過它們在強弱光譜上的分布範圍很廣，從最強的臺灣、新加坡與日本，到最弱的柬埔寨、泰國與緬甸。

在任何一個威權型態的環境中，最重要的組織都是國家機器。[24]領導人與政權來來去去，國家的「鐵籠」（iron cage）——以眾多官僚機構作為支撐的架構——永遠都在。當國家是依照才能（in meritocratic ways）來任用人員，給予他們在某種程度上不受政治領導階層日常干預的自主性，賦予他們達成國家政策目標所需的財政資源與組織基礎結構，這樣的國家會相當強大。

具備這些特質的國家通稱為「韋伯式（Weberian）國家」或者「官僚制國家」。相較之下，當國家人員是因為個人身分而非其才能獲得任用，而且缺乏自主性、資源與基礎結構來對社會進行有效率的治理，這樣的國家會相當衰弱，經常被稱為「家產制（patrimonial）國家」。

國家強大或者衰落會對經濟發展產生相當重大的影響。只有韋伯式國家能夠成為發展型國家，家產制國家則往往淪落為掠奪型態的統治。真實世界的國家通常兼具官僚制與家產制性質，結果呈現為中等實力，這個特點對於瞭解與分析都很有幫助。[25]

平均來看，發展亞洲的國家與後殖民世界其他國家相比較，前者偏向韋伯式國家，後者偏向家產制國家。然而整個發展亞洲地區的官僚體系實力，呈現非常廣泛的分布。發展型國家主義群聚的日本、南韓與臺灣，官僚體系的實力與效率向來在全世界名列前茅。中國從一九七〇年代晚期開始，其官僚體系的人才任用、自主性與資源在發展型社會主義群聚脫穎而出，至少勝過同一群聚的越南與柬埔寨。新加坡的官僚體系實力也高人一等，優於同樣曾被英國殖民的鄰國馬來西亞，後者長期以來結合了韋伯式與家產制的性質。最後來看看發展型軍國主義群聚，緬甸的官僚組織特別孱弱，泰國官僚體制——尤其是經濟官僚體制——能力與自主性的過往表現遠比緬甸傑出。印尼介於緬甸與泰國之間，立國之初受惠於殖民者留下的強大官僚體制，後來的威權統治卻深陷於家產制模式。由此可見，國家實力的差異不僅存在於國家與國家之間，也存在於一個國家的內部。

然而國家用來統治人民的工具，並不是只有官僚體制。特別是在威權型態的環境中，國家會透過安全機制——警政組織、情報單位與力量最強大的軍方——來脅迫人民。脅迫組織如同官僚組織，其力量決定於可利用的資源，以及一套大規模布建的統治基礎結構。但脅迫組織並不需要韋伯式的特質，而且情況正好相反：威權領導階層並不樂見自家的警政、情報與軍事機制享有高度自主權、不需理會來自高層的政治壓力。因此就脅迫組織而言，威權實力的主要憑藉不是強大官僚體制倚賴的韋伯式特質，而是指揮與調度這些組織的人們能否在政治上緊密團結。[26]

縱觀發展亞洲的各個威權政權，對照其脅迫組織的政治團結與官僚組織的韋伯式能力，前者的變化程度遠遠小於後者。事實上，發展亞洲的威權政權運用脅迫組織來壓制與迫害異議人士的時候，這些組織從來不曾因為不忠或分裂而造成問題。此一地區的威權政權普遍擁有強大的脅迫力量。

民主化進程在發展亞洲並不是起源於威權政權的崩潰，脅迫組織的這項特質正是主要原因。這個區域的獨裁者之所以推行自由化，並不是因為懷疑軍方或警方不能幫助他們抵擋人民的威脅，而是因為他們有充分理由預期在新出現的民主環境中，舊政權最重要的政治與經濟組織依然能夠存活、甚至繼續吃香喝辣。當威權政權憑藉實力採行民主，對於舊有的官僚體制、軍方與警方而言，這樣的民主是帶來新的生機，並不是敲響喪鐘。另一方面，民主化也可能完全符合威權政權最重要領導人及其追隨者的利益，我們接下來就要探討這一點。

什麼是信心？

就我們的論證而言，**實力之所以重要是因為信心非常重要**。這兩個觀念相互關聯但截然有別。在某些案例中，威權政權可能實力不足但信心過剩，以為自身在讓步轉向民主之後會有良好發展。這種狀況符合一種論調：民主化通常來自獨裁者誤判情勢，期待民主符合自身的利益，結果卻是過度樂觀。[27]另一方面，威權政權可能擁有強大實力但缺乏信心，不認為自身實力可以在民主之中轉化為持續的主導地位與穩定性。最顯著的案例就是中國與新加坡，國家實力強大、政權掌控大局，但是堅定拒絕民主。就像外幣必須先兌換才能夠花用，實力也必須先轉化為信心，政權才能夠做到「憑藉實力轉向民主」。

威權政權如果缺乏信心，不認為民主化之後還能夠繼續享有成功，它們就不會憑藉實力讓步轉向民主。前文討論的國家實力特別重要，因為它能夠提升**穩定信心**：預期向民主讓步不會傷害政治穩定性或者經濟發展。然而穩定信心只關係到我們論述的一半，另一半是**勝利**

信心。如果說穩定信心主要來自強大的國家機構，那麼勝利信心又是來自何方？我們的答案：來自強大的威權執政黨，其基礎則是廣泛的支持聯盟與亮眼的發展紀錄。[28]

在某個層面上，任何一個政黨的實力完全決定於組織。就好比韋伯式國家，強大的政黨是一種專業化的組織，在黨員與非黨員之間劃清界線，賦予黨員正式的角色，要求他們遵循可預測的規定。強大的政黨號稱擁有忠誠的黨員、經驗豐富的領導人。這些政黨打造出金字塔型態的組織，從廣大的基礎開始建立，向頂端逐漸縮窄範圍，忠誠與稱職的幹部獲得提拔，避免讓局外人空降到組織高層。

然而要判斷一個威權執政黨是否強大與自信，不能只看組織架構圖。我們還必須觀察政黨內部、政黨與社會互動的歷史，才能夠衡量它在讓步轉向民主的過程中，有著什麼樣的實力與信心。政黨幹部想要在威權的環境中獲取經驗、展現忠誠，一種途徑就是投入並贏得威權選舉。這些選舉儘管受到扭曲，多半仍有真實意義。如果執政黨在歷屆選舉寫下佳績，而且選舉大致能夠反映選民意願，那麼可以合理推測這個政黨會更有信心，相信自身能夠在更為公平、民主的選舉型態中獲得同樣的民意支持。想要衡量一個政權的實力與它對民主的勝利信心，競爭性的威權選舉是一個特別重要的指標。

強大的執政黨能夠營造出內部的凝聚性，主要應歸功於推行一套一致的意識形態，吸引不同階級與族群的民眾。它們不是只吸引特定經濟階級或族群社群的「分歧」（cleavage）政黨，而是爭取整個國家政治體支持與歡迎的「普涵性」（catch-all）政黨。在發展亞洲，這類政黨承諾以推動經濟發展來厚植國力，務實運用國家干預手段，視情況需要釋放市場力量，不會因為僵化心態而有所偏好。換言之，它們不會讓意識形態凌駕國家發展。

過往的經濟發展是政黨實力的來源。這些強大、追求發展的威權執政黨，通常會因為一種共同的歷史英雄主義與歷史目的感而緊密結合在一起，兩者的基礎是贏得革命、驅逐帝國主義勢力、從內戰廢墟重建和平與穩定等經驗。事實上，在中國與越南，長期執政的共產黨就是標榜這三項功績，並且頗具說服力。

最後，我們要再次以強大國家來做類比：經年累月下來，強大的執政黨會建立一套全國性的全方位基礎結構，徹底深入地方基層，達到國土最遙遠的角落。威權政權的掌控解除之後，這套政黨機制可以改頭換面，運用在民主選舉的競爭之中。雖然政權讓步轉向民主總是會有風險，但扎實的執政黨基礎結構能夠降低這些風險。民主化之後，個別的前執政黨成員可能會投身其他政黨，或者以無黨籍身分參選；但如果民主是來自威權政權的讓步轉向，這個黨還是能夠以「威權繼承者政黨」的身分繼續存在。

正在考量是否進行民主改革的威權菁英需要強大的組織為他們帶來勝利信心，而要成為這樣一個組織，執政黨必須從外在到內在都展現強勢。換言之，它需要一個可靠的支持聯盟，這個聯盟的範圍必須大到足以贏得全國性選舉，其組織也必須緊密到足以催生出一批忠誠的核心選民與追隨者。就某種程度而言，尤其是在某些案例中，這種政黨來自前文提及的一致性意識形態。畢竟，選民以及支持者其實與政黨成員一樣容易、甚至更容易被意識形態與歷史神話鼓動；政黨成員享有特定的福利，非成員無法獲得。然而強大的政黨聯盟也是來自政黨與社會組織的長期連結，包括工會、行業協會、農民團體、宗教社群等等。這種社會的基礎結構與政黨內部的基礎結構並立，讓政黨領導人能夠動員一個全國性的支持者網絡，並且有信心在民主化之後仍然可以做到。

對威權政權而言，這些來自國家、政黨與聯盟的實力都是勝利信心與穩定信心的基石，也讓「憑藉實力轉向民主」得以實現。不過除了合理預期自身可以順利渡過民主化，威權領導人還需要別的因素才會搶占先機進行民主化。弔詭的是，**任何一個實力足以順利渡過民主化的威權政權，如果選擇繼續維持現行的掌權型態，短期內也都做得到**。下一節我們將進一步解釋這些選擇，探討為什麼有些強勢的威權政權會讓步轉向民主改革，有些——其實占大部分——卻不這麼做。

為什麼要憑藉實力轉向民主化？

本書的核心論證在於，發展亞洲民主化的典型路徑是憑藉實力。然而「憑藉實力」並不等於「因為實力」。在我們列入發展亞洲的十二個案例中，每一個都曾經展現相當可觀的威權實力，其中正好半數曾在某個時間點上憑藉實力採行民主，另外半數則始終未曾。

這兩組案例的差異並不在於威權實力的水平，我們已經藉由圖一．一呈現出來。乍看之下，決定一個國家是否憑藉實力轉向民主化，關鍵差異只需看它位於哪一個發展群聚。三個發展型國家主義案例（日本、南韓、臺灣）與發展型軍國主義案例（印尼、緬甸、泰國）都曾經憑藉實力讓步轉向民主。相較之下，三個發展型不列顛案例（新加坡、馬來西亞、香港）與發展型社會主義案例（中國、越南、柬埔寨）則不曾讓步。我們將前六個案例稱之為「讓步案例」，因為它們曾在某個時間點上讓步轉向民主；另外六個則是「迴避案例」，因為它們曾經擁有足夠的實力，不必承認失敗就能向民主讓步，但全都迴避民主化。

進入本書下一章時，我們將探討發展群聚化影響民主群聚化的幾個原因。但是就核心的因果關係而言，其實相當單純。一言以蔽之，憑藉實力來轉向民主的過程，起源於實力、訊號與策略三者的結合。

發展群聚在許多方面都與民主化有密切關聯，我們稍後將會詳細論述。最重要的關聯在於它們會影響實力、訊號與策略，這是憑藉實力轉向民主過程「食譜」的三種核心食材。我們已經討論過經濟發展與相伴生成的強勢國家、政黨與聯盟，能夠催生出勝利信心與穩定信心。但是只看這些實力的因素並無法解釋，為何某些強大的威權政權會搶占民主化先機，其他同類政權卻不這麼做。對於如此重大的抉擇，關鍵影響因素是什麼？為了瞭解做與不做的差異，我們要探討訊號與策略。

為了政治上的存續，威權政權會不斷尋找與接收自身實力變化的訊號。藉由推動經濟發展與現代化，它們催生出新的支持基礎，但也引發了新的分歧與公民要求。[29]正因如此，人們常說的「威權主義現況」（authoritarian status quo）其實是一個錯誤說法，尤其是發展亞洲這類地區，全心全意追求快速經濟成長與發展，意味著攸關政權存續的背景環境會像激流一樣變化，不是像冰川那樣凍結。就連極為強大的威權政權也是如此，想要保持穩定就必須因應變動的訊號不斷進行調整，而不是「堅持立場」來維繫某種難以捉摸、甚至虛幻不實的「現況」。中國與新加坡是全世界最為穩定、看似天長地久的兩個威權政權，然而就連它們也有長足的進展，與二十一世紀之交的情況相比大不相同：它們為人民提供更多好處，換取人民接受威權掌控。中國與新加坡的調整反映了兩國持續變化的社會、不斷演進的政治經濟體、以發展為導向來驅動它們的國家機制。

我們將威權政權能夠接收的訊號分為四種類型：選舉訊號、抗爭訊號、經濟訊號、地緣政治訊號。這些訊號的清晰度與強度各有不同。回想我們先前區分的持久實力與新興壓力，與我們論述最相關的要點在於：這些訊號通常（但並不必然）呈現為壓力的型態，迫使政權嘗試進行民主改革實驗。

四種類型之中，選舉訊號**最為清晰**。當一個選舉式的威權政權經歷好好壞壞的選舉結果，它就接收到關於政權實力強弱變化最清晰的訊號。第二種類型抗爭訊號**強度最高**，當數千名（有時數萬名、數十萬名）群眾走上街頭，要求威權政權改革甚至下臺，威權領導人將無法裝聾作啞。本書的實證分析會特別關注選舉訊號與抗爭訊號，當一個威權政權遭遇反對派強力要求民主化，這兩種訊號會是最鮮明的壓力型態。

第三與第四種類型，也就是經濟訊號與地緣政治訊號，通常缺乏選舉訊號那樣無比清晰、抗爭訊號那樣如雷貫耳的特質，然而對於特定的發展群聚，兩種訊號還是相當重要。[30] 舉例而言，對於發展型國家主義群聚，美國支持的轉移與減弱攸關這些國家的民主展望。在臺灣，美國與臺灣斷交、與中國建交，為國民黨帶來強大的壓力，迫使它以新思維來看待民主改革。在南韓，一九八七年春天與夏天美國的外交壓力變得更為強硬，改變了南韓威權菁英的政治盤算，促使他們改採讓步策略。在日本，一九四七年美國的政策走上「逆反路線」（reverse course），表明支持保守派帶領的民主化。經濟訊號則是對於發展型軍國主義群聚特別重要，尤其是在印尼，一九九七至一九九八年的亞洲金融危機強烈顯示，蘇哈托政權的快速經濟成長與社會穩定年代已經一去不返。[31]

各種訊號如何提升強勢政權憑藉實力進行民主化的可能性？我們的因果邏輯指出，訊號必須有助於打破兩種幻象其中之一：第一種幻象是威權壓迫手段無往而不利，第二種幻象是民主化會讓威權政權大難臨頭。我們稱打破第一種幻象的訊號為「凶險訊號」，打破第二種幻象的訊號則是「安心訊號」。

哪一種訊號更能夠引導民主改革，答案決定於政權的實力。極為強大的政權（例如新加坡）除非接收到凶險訊號，否則不太可能進行改革。如果政權的實力只是中等程度（例如越南），要它們承擔讓步轉向民主的風險，能否接收到安心訊號會更為重要。回到我們理論的核心變數：訊號之所以重要，是因為它們會影響威權政權的穩定信心與勝利信心。

凶險訊號與安心訊號會偶發性地混合出現，讓相對強勢的威權政權進入我們所謂的「苦澀甜蜜點」(bittersweet spot)，憑藉實力轉向民主的可能性將大幅提高。[32] **來到此一狀態的威權政權既不預期持續或升高壓迫能夠恢復政治穩定性，也不擔心為反對派打造公平競爭場域會導致自己立即潰敗**。當新的訊號——選舉、抗爭、經濟、地緣政治——顯示情勢已經發生根本變化，壓迫不再是無往而不利，而且如果憑藉實力轉向民主，民主化也不會是大難臨頭。反映政權實力與支持度變化的訊號，既不能讓政權太過安心以至於無所作為，也不能太過凶險而顯示政權已經無力回天。[33]

來到這個狀態會讓威權政權感到「苦澀」，是因為它伴隨著許多壞消息。凶險訊號顯示平靜祥和、長期穩定的「威權主義現況」已經一去不返。然而這個狀態同時也是一個「甜蜜點」，為政權的民主再生帶來重大希望，整個政治體制——尤其是現任執政黨——都還可以有所作為。安心訊號讓政權知道民主化歷程會是軟著陸，不會是自尋死路。

然而現任政權如果無法把握時機進行改革，它可能完全錯失機會，衝過苦澀甜蜜點，讓自己衰弱到無法憑藉實力來追求民主。馬來西亞正是如此，我們將在第八章詳述。它在一九九〇年代中期曾經是亞洲最強而有力的威權政權之一，但是在亞洲金融風暴之後拒絕走上憑藉實力轉向民主之路，接下來是持續二十年的國勢中衰，最終導致長期執政的國民陣線（National Front）在二〇一八年國會選舉慘敗，儘管當時它仍能大致保持威權掌控。馬來西亞的威權政權錯失了機會之窗，未能憑藉實力讓步轉向民主。（譯注：國陣在二〇二一年八月藉由政爭奪回政權，二〇二二年十一月大選再度慘敗，但後來加入聯合政府。）

柬埔寨也經歷同樣的命運，衝過並錯失苦澀甜蜜點。柬埔寨政權一度廣獲民意支持，締造經濟發展佳績，二〇〇〇年代能夠在自由公平的選舉中勝出，但是到二〇一〇年代已今非昔比。洪森（Hun Sen）總理的柬埔寨人民黨（Cambodian People's Party）為了繼續掌權，已經擺脫選舉政黨性質，全力加強威權掌控，轉型為一黨專政政權，是鄰近的發展型社會主義國家中國與越南的翻版。（譯注：二〇二三年七月柬埔寨舉行大選，人民黨囊括九六％席位；八月，洪森將總理寶座傳給長子洪瑪奈〔Hun Manet〕。）

發展亞洲錯失苦澀甜蜜點最戲劇化的案例，最近發生在香港。一九九七年香港主權從英國移交中國之後，親北京的建制派政黨與候選人一直如各方預期，在競爭性選舉中締造佳績。然而香港民主改革的牛步化與開倒車，仍然不時引發示威抗議，這些訊號顯示香港建制派政黨與為它撐腰的北京支持者遲遲不處理改革要求的危險。然而香港命運的最終決定者是中國，因此仍是選擇迴避民主改革，而不是讓步轉向民主。二〇一九年大規模示威抗議爆發，香港陷入無法治理的地步；反北京的民主派反對黨在地方選舉拿下史無前例的勝利，讓各方跌破眼鏡。一如柬埔寨與馬來西亞的情況，香港建制派在二〇〇〇年代初期享有的勝利信心與穩定信心基礎，到二〇一〇年代末期已腐蝕殆盡，香港政府也已衝過苦澀甜蜜點，民主實驗的前景煙消雲散，絲毫無存，「候選案例」從此淪為「苦澀案例」。（譯注：二〇二〇年六月，北京當局實施「香港國安法」，全面打壓香港民主力量。）

馬來西亞、香港與柬埔寨的例證凸顯了我們論述的一個關鍵教訓：**憑藉實力轉向民主一定是以實力為起點，但也一定需要做選擇——威權統治者可能根本拒絕進行**。只是拒絕本身也帶有風險：浪費掉穩紮穩打、讓步轉向民主的有限機會。因此我們必須嚴肅看待政權領導人的策略，那是一道因果關係鏈的最後環節；鏈的一端是政權長期累積的實力，另一端是憑藉實力讓步轉向民主、一念之間就可以揭開序幕的進程。

強大政權的威權統治者是全世界最有權勢的人物之一，關於他們為什麼會選擇某些策略，不可能有單一的解釋。憑藉實力轉向民主從來不是必定會發生的進程，在結構上也不會排除任何有心追求的強勢領導人，連凶險訊號或安心訊號都不曾出現的情況也是如此。我們只是發現，如果缺少我們描述的訊號，轉向民主的讓步幾乎不可能發生；一旦這些訊號愈來愈強大、清晰，民主讓步的可能性也會隨之上升。

事到臨頭，最終極決定因素會是領導人的策略。我們認為，**憑藉實力轉向民主最重要的源頭，在於採行新的正當化策略**。單一領導人是否壟斷決策權並不是關鍵所在：這種權力型態固然可以用來描述臺灣的蔣經國總統，但並不適用於印尼弱勢的哈比比（B. J. Habibie）總統。真正的關鍵是領導人及其核心追隨者能夠理解，舊日、威權的正當化做法——例如只看經濟表現——已經走到盡頭，搶占先機的民主化將讓威權掌權者得以延續政治生命。

就觀察的層面而言，我們永遠無法確知領導人的想法。但是我們可以知道他們做了什麼事、說了什麼話。行為和言語在政治上相當重要，特別是用來說明重大方向轉變的時候。本書接下來幾章將呈現憑藉實力轉向民主的歷程，領導人一開始的時候會宣稱「一個時代即將結束」，威權政權在為國家帶來發展與穩定之後，下一份大禮將是民主化。對於憑藉實力轉向民主，威權政權的目標並不是退出國家的舞臺，將權力移交給對手陣營，他們的目標正好相反：持續爭取權力，最好能夠繼續贏得權力，只不過做法是民主而非獨裁。

本書脈絡

本章導論的宗旨是要鋪陳我們的論證，包括幾個作為論證基礎的觀念，以及作為論證舞臺的地理領域。

第二章進一步說明地理領域：發展亞洲及其四個獨特的群聚。第三至第五章詳細說明發展型國家主義如何開闢道路，奠定戰後日本、臺灣與南韓非常穩定的民主形式。雖然三個案例都呈現了如何憑藉實力來轉向民主，但我們也強調各個威權政權實力的差異，以及這些差異如何影響它們的民主轉型進程。

第六章聚焦一九八九年天安門廣場危機期間的中國，當時中國累積的國力還不如兩個東北亞國家主義鄰國，導致政權因為衰弱而進行鎮壓，而不是憑藉實力做出讓步。正統觀念認為中國共產黨遠比蘇聯集團的社會主義兄弟政黨來得強大，因此免於崩潰命運；但我們另闢蹊徑，指出一九八九年的中共遠比發展型國家主義群聚的日本、臺灣與南韓衰弱，因此缺乏信心，無法憑藉實力讓步轉向民主。一九八九年的中共相當強大，因此不至於崩潰；但是也不夠強大，因此無法憑藉實力讓步轉向民主。

第七章將注意力轉移到發展型軍國主義群聚的印尼、泰國與緬甸。這個群聚的發展與威權實力都是中等程度，雖然也嘗試搶占先機進行民主實驗，但實驗結果遠比日本、臺灣與南韓脆弱，而且會走上回頭路。第八章關注發展型不列顛群聚的新加坡、馬來西亞與香港，它們對現代化理論形成難題，伴隨卓越經濟發展而來的是迴避民主，不是讓步容許民主。第九章回到發展型社會主義的巨無霸——中國，指出中國共產黨的強大實力並沒有伴隨必要的訊號：對於中國與日俱增的治理挑戰，民主改革是否是密切相關，或者是迫切要務。換言之，今日的中國擁有平穩讓步以轉向民主的實力，但是缺乏必要的訊號。同屬發展型社會主義群聚的越南與柬埔寨堅持迴避民主，我們也做了簡要論述。

本書的結論針對民主與穩定性的複雜關係，進行更廣泛的理論探討。我們坦然承認，民主也許不是世界的終極價值，但它仍然是一種普世價值。在無法以民主解決和平與繁榮問題的地方，它會一直容易受到傷害。民主在許多方面都與政治穩定契合相容，釐清這一點才能夠讓民主的未來與它的過去等量齊觀。

2 形塑發展亞洲

在一般人對於全球政治的想像之中，亞洲與威權主義的關係密不可分。要任何一個人為「民主」指定一個基本方向（cardinal direction），答案十之八九會是「西方」。近年民主的健全性在歐洲與美國遭遇挑戰，讓人有正當理由懷疑：民主未必是大西洋世界順理成章、勢所必然的政權型態。然而就算民主在「西方」的處境岌岌可危，也不意謂世人對它的「西方現象而非東方現象」觀感會稍有淡化。民主在「西方」占有優勢、在「東方」屈居劣勢，這樣的觀念根深柢固。

我們並不一味怪罪老派的東方主義（Orientalism），而是體認這些觀感的長期存在有其實證基礎。亞洲與威權主義長相左右的執著信念之所以能夠維繫，最主要原因在於兩個威權政權顛撲不破的穩定性：其中一個政權無比巨大，另一個是蕞爾小國但極為富裕。大國中國的獨裁統治歷久不衰，每當人們將目光移向亞洲，都會被它巨大的身影吸引；尤其民主觀察者總是憂心忡忡指出，亞洲愈來愈多「大衛」（David）被北京的威權「歌利亞」（Goliath）納入勢力範圍。小國新加坡將驚人財富以及現代性與嚴格的政治控制結合，因此為亞洲政治染上「他者性」（otherness）色彩，甚至予人難以捉摸之感。這個彈丸島國的領導人長期高調宣揚其威權主義「亞洲價值」（Asian values），與自由民主但是腐敗的「西方世界」分庭抗禮，也讓這種「他者性」得以強化。

將亞洲政治與威權政治混為一談不僅來自文化偏誤（cultural bias），也是一種選擇偏誤（selection bias）。威權的中國與新加坡成為範例，民主的日本與印尼卻被視為特例。然而當我們縱觀整個發展亞洲——也正是本書的做法，我們很快就會發現，這個地區的變異程度其實遠比人們的初步印象來得平緩。第二次世界大戰之後，發展亞洲的十二個國家與地區有六個進行民主改革，另外六個裹足不前。當半數的案例追求民主改革，它們不會是特例，它們需要解釋。

想要合情合理解釋發展亞洲的民主與獨裁，就必須超越「為何亞洲與威權主義長相左右」這樣的問題，進而追問：首先，為什麼此一地區的半數案例會進行民主改革，但另外半數不曾上路？其次，為什麼六場民主實驗有些順利走上民主化道路，有些卻遭遇政權動盪衝擊，甚至走上民主的回頭路？

任何對於亞洲民主多樣性的解釋，都必須先行體認其經濟發展的多樣性。在這個地區，國家推動的工業化造就出高經濟成長率，降低了貧窮率，擴大了中產階級，讓創業家獲取大筆財富；對於這些創業家而言，威權統治者可能是徵收他們財富的掠奪者，也可能是讓他們生意興隆的好幫手。這個地區的經濟政策、發展導向與階級轉化的共通性與擴散性，全都非常顯著。

正因如此，本書探討的十二個案例儘管有許多差異，但仍然被我們歸入所謂的「發展亞洲」。本章接下來的各節將首先指出，十二個案例具有一種家族的相似性，可以視為同一個世界區域。因此我們的強調重點是從相似性開始，然而接下來也會指出，發展亞洲內部存在著非常根本的變異，讓我們可以區分出完全不同類型的政治經濟體系。[1]

變異雖然根本，然而並非隨機發生。從型態的變異產生四個發展群聚，每一個群聚包含三個案例。此外，我們強調在每一個發展群聚之中，三個案例的威權體制與威權聯盟的實力水平也有顯著差異，形成我們所謂的「實力光譜」(spectrum of strength)。

總而言之，發展亞洲可以視為一個地區，並且劃分為四個群聚。這些群聚的實力水平不同，型態上也有差異。不僅如此，每一個群聚的三個案例各依據其威權統治能力與經濟發展成功程度，分布在一道實力光譜上的不同位置。

群聚化不僅是一種描述方式。本章即將說明，發展亞洲六個曾經進行全面民主改革的案例全都位於「發展型國家主義群聚」(日本、南韓、臺灣)與「發展型軍國主義群聚」(印尼、緬甸、泰國），這個現象絕非偶然。另外六個案例全都拒絕了打造公平競爭場域的民主改革，分別位於「發展型不列顛群聚」（新加坡、馬來西亞、香港）與「發展型社會主義群聚」（中國、越南、柬埔寨）。其間的相關性未必全然是因果關係，然而如此眾多的案例呈現如此完美的相關性，不太可能純屬巧合。可以這麼說，亞洲的**發展群聚化催生了民主群聚化**；探究其原因、解釋其過程正是本書的宗旨之一。

我們可以預先透露：一個案例屬於哪一個發展群聚，足以決定它搶占先機推動民主改革的可能性。此外，群聚之間與群聚內部的威權實力光譜，會深刻影響民主化的平順程度，並且大體決定舊日威權菁英在新生民主環境中，是否能夠享有良好的發展。

民主化的平順程度與民主化之後的良好發展，兩者在本質上有密切關聯。在實力光譜上位置較高的舊日威權菁英，能夠將自身可觀的實力轉化為新生民主體制中的良好境遇，正因如此，這類政權在開放過程中的障礙、挫折與逆轉會比較少。強勢的威權政權如果選擇憑藉實力轉向民主，將可望經歷比較平順的轉型過程。

相較之下，威權實力較遜的案例在進行民主改革時，結果——我們會指出這是意料中事——將是走上較為坎坷、經常倒退的路徑。展望未來，我們有充分理由相信，發展型社會主義案例（像是中國）與發展型不列顛案例（像是新加坡）民主轉型過程的平順與坎坷程度，將決定於這些威權政權數十年來建構與累積的實力。

區域的輪廓與起源

劃分亞洲地理區域的典型做法是依據基本方向。「南亞」意指次大陸，印度位居中心，巴基斯坦、孟加拉、尼泊爾、不丹與斯里蘭卡向四面八方輻射。「東南亞」通常指的是位於印度次大陸東方、中國南方、澳洲西北方的十多個國家，其中包括「大陸」國家如緬甸、泰國與柬埔寨，以及「島嶼」東南亞國家如印尼、馬來西亞與菲律賓。「東北亞」或更簡單的「東亞」從中國向外輻射，一如南亞與印度的關係，南韓與北韓、日本、臺灣、香港與蒙古都在這裡，但「俄羅斯的『遠東地區』」通常不會列入，因為俄羅斯首都在東歐，不在東亞。「中亞」主要指前蘇聯的中亞加盟共和國（例如哈薩克、烏茲別克），阿富汗有時也會入列。此外，「西亞」一詞近來似乎乏人問津，讓伊朗、黎巴嫩與葉門之類的國家在「中東」載浮載沉，不屬於「亞洲」本身任何一個地區。

這種完全根據方向來劃分亞洲地理區域的做法，對於本書寫作宗旨並無幫助。只需初步檢視就可以看出，這些由基本方向界定的地區內部極為多元化。任何一個「方位亞洲」（directional Asias）都是如此，一個國家在其中的位置對於我們瞭解其經濟狀況、政治體系或發展軌跡，幫助可說是微乎其微。

為了瞭解「發展亞洲」的意涵，首先可以討論發展亞洲的起源。它最深層的根源是發生在日本明治時期、十九世紀晚期的革命性經濟改革。[2]二戰之後，日本發展型國家模式沿著環太平洋地區不均勻地漸次擴散，一個新型態的世界區域浮現而出。日本激發的發展主義（developmentalism）以及各式各樣的政治體制——有些由英國帝國主義勢力主導，有些是高度政治化的軍方，有些是長期運作的共產黨——發生碰撞，發展亞洲因此不僅擁有共同的特性，而且具備群聚化的特性。其結果並不是十二個如出一轍的案例，而是四個面貌不同的發展群聚，各自涵蓋三個案例。

探討這個區域的群聚化現象之前，我們首先必須確認將發展亞洲視為一個區域是有意義的。當前主流的觀點認定亞洲是由中國形塑與宰制，其實不然；亞洲之所以成為一個現代區域，是由日本依據自身的發展樣貌開啟進程，一路擴張跨越東南亞，掠過印度次大陸東緣。十九世紀中期，日本在捍衛主權對抗帝國主義入侵的過程中，建立了新型態的政治與經濟體制，讓國家得以快速工業化，並以經濟強權之姿將自身完全整合進入成長中的全球市場。

在日本之前，沒有任何一個亞洲國家做過類似的嘗試。後來試圖「趕上」日本腳步的亞洲國家，每一個也都採取日本採用的模式：國家支持的工業化加上出口導向的經濟成長。

日本的崛起讓全世界天翻地覆，首先就從亞洲開始。一八五三年美國「黑船」迫使日本開放兩座通商口岸（條約港）、進行對外貿易，飽受羞辱的日本在十五年後的一八六五年啟動明治維新，開展出歷史上規模最大的「由上而下的革命」，全面翻新國家機器、徹底改變封建社會體制。日本的發展道路與當時才剛統一的德國相互平行，並且巧妙地借鏡德國與其他國家的模式，建立了全世界最早期的發展型國家之一：以一套強而有力的經濟官僚體系為中心，追求「富國強兵」的目標。[3]

一八九五年，日本向全世界宣示自身的崛起，打贏中日甲午戰爭（日清戰爭），從中國手中奪占臺灣，躋身帝國主義強權。一九〇五年，歐洲帝國主義宰制全球正值顛峰時期，日本卻在日俄戰爭中擊潰俄羅斯，徹底震撼全世界。

日本在地緣政治崛起帶來的激勵效應，很難以後見之明來衡量。一九〇五年之前，世人難以想像在一場全面性的國際戰爭之中，白種歐洲人竟然會被非白種歐洲人擊敗。對於世界各地的歐洲帝國主義受害者，日本的成就振奮人心，在亞洲尤其是如此。「國家迎頭趕上」的觀念在歐洲之外地區扎根，日本就是最早的例子。儘管二十世紀有各式各樣的經濟發展模式，受到日本啟發的發展主義——發揮愛國精神將國家送進全球最富裕、最強大國家的行列——在日本的亞洲鄰國留下深刻的印記，至今鮮明可見。

就是這種共同依循、堅定執行的國家經濟快速發展導向，以類似但並不完全相同的經濟政策與政治體制為實施基礎，讓發展亞洲成為一個獨具特色的地區。快速經濟發展——由一種資本主義發展模式推動，特別重視出口與融入國際經濟，果斷運用國家支持來促進工業化，在此同時仍將民營企業視為國家經濟發展的基石——的政治優先性，是發展亞洲與世界其他地區不同之處。世界上沒有一個地區像發展亞洲這樣，一系列的國家位於同一個地理區域，在政治上同樣全心投入，推行這種會讓國家脫胎換骨的經濟模式。

帝國主義與發展主義

從日本在十九世紀晚期崛起為亞洲第一個發展型國家，再到一個羽翼豐滿的發展地區在二十世紀後半期出現，中間有一段漫長的過程。這一方面反映日本「由上而下的革命」確實是走在時代前端，另一方面也反映了這個地區很晚才迎頭趕上。將近一個世紀時間，「發展亞洲」與「發展日本」是同義詞。日本曾經是亞洲唯一的出口導向工業強權，直到一九六〇與一九七〇年代才有所改變，所謂的「亞洲四小龍」——南韓、臺灣、香港、新加坡——開始締造快速經濟成長與工業化。

日本出口導向工業化發展模式的模仿與擴散，耽擱了很久才出現在其鄰近地區，原因不一而足。最重要的因素就是帝國主義。只要亞洲國家無法享有國家主權，它們就無法推動全國性的工業化政策。第二個重要因素是日本在第二次世界大戰的軍事潰敗。日本在明治維新時期首度建立了國家領導的出口經濟，並在一九五〇與一九六〇年代重新建立；直到第二個時間點，日本式的發展主義才茁壯為範圍更廣的亞洲式發展主義。明治維新時期的日本倡議

「脫亞論」；進入冷戰時期，亞洲開始追隨日本。

然而日本無法帶領整個亞洲地區照著它的模式依樣畫葫蘆，原因在於外部強權的抑制。阻力最大的兩個強權就是美國與英國，這兩個霸權國家對亞洲的影響至今猶存，因此協助打造出發展亞洲獨特的群聚。英國的影響率先發生，從十九世紀上半葉開始，並在下半葉快馬加鞭。拿破崙戰爭之後的一八一五年，英國控制了新加坡，從此以它為前哨站來推行亞洲的「開放經濟」：為英國供應必要資源，換取英國出口貨物。從一八三九年進行到一八四二年的第一次鴉片戰爭，英國將軍事力量帶到中國，占據香港超過一百五十年。

美國緊跟在英國之後。隨著「黑船」在一八五〇年代抵達日本海岸，美國成為激發明治時期日本政治與經濟改革的主要角色，儘管也是一個不受歡迎的角色。一九〇〇年，美國占領菲律賓，正式加入亞洲的帝國主義賽局，不過日本仍然是這個區域最能造成改變的強權。有一點對本書的論述相當重要：日本不僅成為一個工業化國家、一股激勵的力量，它也在對抗外部壓力的同時成為帝國主義強權，分別在一八九五年與一九一〇年殖民臺灣與韓國。

來到第二次世界大戰前夕，亞洲已成為一個高度國際化、徹底帝國主義化的區域政治經濟體，美國、英國與日本三強鼎立。二戰的毀滅效應讓美國一枝獨秀，成為整個冷戰時期亞洲唯一的超級強權。蘇聯在亞洲雖然有附庸國，中國、越南與柬埔寨後來構成發展型社會主義群聚，但蘇聯完全無法與無所不在的龐大美國勢力相比擬。

日本在二戰之後卓越的經濟復甦，將在下一章詳述。我們在這裡只需指出一個關鍵，美國對於亞洲的宰制營造出一座舞臺，以兩種方式讓發展亞洲成為一個完整的地區：首先，在美國監督之下，亞洲昔日帝國全面而逐步地解體。美國是亞洲帝國主義賽局的後進，向來厭惡歐洲強權在資源富饒的殖民地建立的據點，諸如英屬馬來亞（British Malaya，馬來西亞）、荷屬東印度（Dutch East Indies，印尼）與法屬印度支那（French Indochina，越南與柬埔寨）。戰後的美國身為全世界最大經濟體，受惠於一個擺脫帝國主義控制的全球貿易體系，獲得巨大的利益。

美國想確保自家在亞洲的宰制地位，並不需要正式型態的帝國主義。二戰才剛結束，美國就同意菲律賓獨立；美國對日本的軍事占領，也在東京親美政府站穩腳跟之後和平結束。然而美國持續在菲律賓與日本大量駐軍；在韓戰以僵局畫下句點之後的南韓，以及被共產北越（越南民主共和國）擊敗之前的南越（越南共和國）也都是如此。重點在於，美國駐軍亞洲國家的目的，並不是要抑制活力充沛、全球導向的亞洲經濟，而是要刺激它的成長。

戰後美國霸權如何鋪設舞臺、讓本書的主角——亞洲人民——打造發展亞洲，第二道關鍵就在這裡。美國為了與蘇聯競爭並加以圍堵，將戰後走向和平的日本留在親美陣營，並且徹底發揮戰後自身巨大的經濟優勢，於是催生出一個跨越太平洋的開放貿易體系，讓亞洲地區與美國一起受惠。**發展亞洲因此成為出口導向的亞洲**。

這個貿易體系之所以能夠在二戰之後的數十年間建立，要歸功於美國做了大量的進口。日本對美國出口在一九五〇與一九六〇年代開始興盛，到了一九七〇與一九八〇年代一飛沖天。而且不只是日本，戰後初期，臺灣與南韓都受惠於日本的國際資本主義式發展主義。一九八五年美國透過《廣場協定》(*Plaza Accord*) 迫使日圓升值，從而降低日本對美國的巨額貿易順差；但是在那之前的數十年間，亞洲四小龍——南韓、臺灣、香港、新加坡——已經成為美國市場的主要出口者。

《廣場協定》雖然旨在迫使日圓升值，但是並沒有為美國市場封堵亞洲的出口洪流，反而是讓更多亞洲經濟體能夠出口到美國市場。隨著日圓升值，日本開始在亞洲各地大舉投資，將其高科技製造業的終端製程轉移到匯率與工資遠低於日本的地區。一九八〇與一九九〇年代，這些地區是印尼、馬來西亞與泰國。一九九〇年代晚期與二〇〇〇年代，中國成為最大的受益者。[4] 越南、柬埔寨與緬甸也沒有脫隊，日益積極地爭取對內投資與製造業出口商機。這個新興區域的中心是日本，緊跟在後的則是它的前殖民地與最優秀的發展學徒：南韓與臺灣。

作為一個區域，發展亞洲就此誕生。美國市場與日本投資有如兩部成長發動機，然而對於建立一個新的世界區域，最重要的「原料」來自東亞與東南亞大部分國家政府的政治意志；這些政府全力追求發展，努力趕上亞洲經濟領導者的步伐。以日本為代表的「國家帶領但市場導向」發展模式、進入美國出口市場與取得日本來的外國直接投資（foreign direct investment）的能力、冷戰時期強權對立的恩怨糾葛、透過發展迎頭趕上的民族主義精神，這些因素相互結合，擴展到東北亞與東南亞各地。因為這樣的特質，本書探討的十二個案例與其亞洲鄰邦如孟加拉、印度、寮國、蒙古、巴基斯坦、菲律賓、北韓等國截然不同。發展亞洲區域涵蓋大部分曾在二戰時期遭到大日本帝國侵略的國家，但是並沒有超出後者的範圍。

四個群聚：發展型國家主義、發展型不列顛、發展型軍國主義、發展型社會主義

形容發展亞洲是一個獨具特色的區域並不是否認它內在的異質性，而是要建立一個基礎來理解它、掌握它。在這個發展亞洲的大家庭之中，我們會看到各個發展群聚「水平」的類型差異，以及群聚之間與群聚之內的「垂直」差異（參見表一・一）。接下來我們會先詳細解釋四個群聚，然後探討每一個群聚的實力光譜。

在最細節的層面，發展亞洲的十二個案例代表十二個不同的政治經濟體。當然，每一個經濟體都有其終極的獨特性。然而，不同的案例仍然會形成顯著的共同模式；而且為了進行比較，案例呈現的類型異質性也不能忽略。事實上，在評估每一個案例的體制實力之前，我們必須先將發展亞洲劃分為不同群聚。

原因在於「同類相比」有其必要：舉例而言，對於發展型社會主義群聚中特別突出的案例中國，我們不能直接拿它的實力來與發展型不列顛群聚的馬來西亞做比較。中國的實力與養成其實力的發展資源，應該與發展型社會主義群聚的同儕國家越南與柬埔寨做比較；馬來西亞則應該與其「手足兄弟」香港與新加坡直接比較，因為這種比較涉及的政治與經濟體制型態大致相同。至少，同一群聚的案例比較總是要比跨群聚的案例對照來得合理。

我們也看到，發展群聚造就了民主群聚，從發展亞洲的敘述統計（descriptive statistics）可以看出這個顯著的模式。唯有深入檢視這十二個案例所屬的發展群聚，我們才能夠擺脫現代化標準理論——從經濟發展的水平可以直接預測民主的水平——的局限。群聚化理論讓我們體認到，除了經濟發展的水平之外，發展的**類型**也與發展亞洲的政權類型息息相關。

發展型國家主義

發展亞洲從發展日本起步，日本的發展歷程既是由外來帝國促成，後來也造就了它自身的帝國事業。為了回應美國與歐洲的侵門踏戶，日本踏上建立帝國之路，在二十世紀前半葉正式化身為韓國與臺灣的帝國主義勢力，藉此擴展自家的核心發展體制。儘管二戰摧毀了日本，粉碎了它的帝國，然而我們的第一個發展群聚——涵蓋日本、南韓與臺灣的**發展型國家主義**群聚，已經在戰前這段成長、帝國、體制轉移、模仿效法的時期中播下種子。

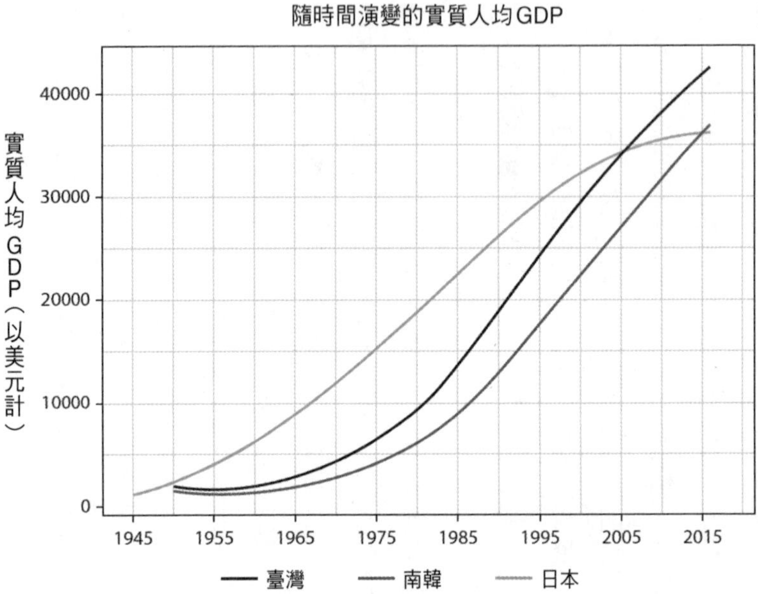

圖2.1 國家主義群聚的經濟發展軌跡

這個群聚在發展亞洲的獨特之處，在於其中三個國家都做到國家帶動的工業升級與科技升級，最終成為全球高科技製造業出口的領頭羊。發展型國家主義群聚有如一個家族，三個國家的政治體制頗為類似，為它們的經濟成就奠定了基礎。

最基本的要素是能力強大的官僚體系國家，與主要出口業者緊密結盟，但從來不會百依百順或者任其擺布。國家實力讓日本、南韓與臺灣最終能夠倚賴自身科技進展成為全球經濟領頭羊，而不是完全且長期倚賴外國直接投資與技術轉移。三個國家在戰後都是由保守派政黨穩定執政，軍隊大致保持專業化，地主菁英階層在

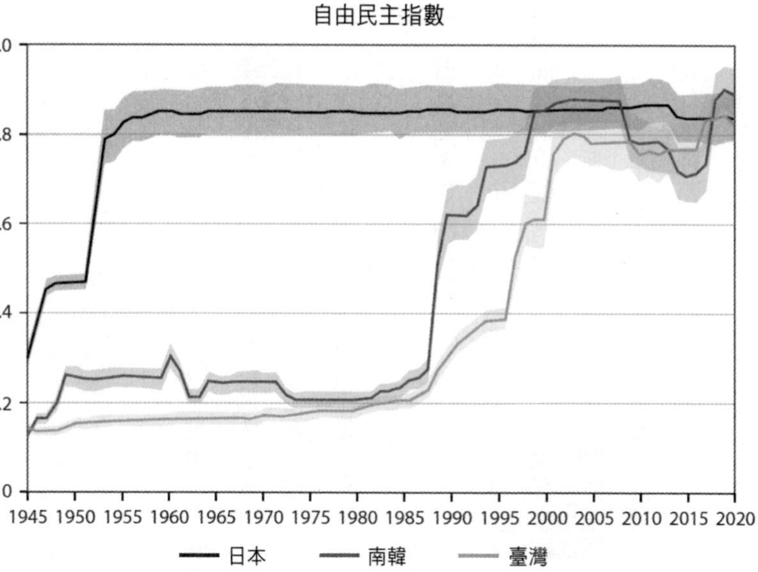

圖2.2　國家主義群聚的民主分數

大規模土地改革之後淪為政治邊緣人。從地緣政治層面來看，三個案例在冷戰時期都受惠於美國提供的安全保護傘，以及維護相對開放的跨太平洋貿易的承諾。與那些更為倚賴自然資源、外國直接投資以及自身地理位置的鄰國相比較，亞洲發展型國家主義群聚的三個案例能夠善用自身可觀的體制實力，以製造業與科技強權的姿態爭取進入已開發國家行列。

藉由這種共同的發展策略得到的經濟成果極為豐碩，難以忽視。圖二．一顯示，日本、南韓與臺灣在二戰之後走過同樣的軌跡，從開發中經濟體晉升為已開發經濟體。日本自然是一馬當先，它在一九六〇年達到的發展水平，南韓要到一九八〇年才追上。儘管如此，三個國家共同的向上軌跡非常明顯。雖然日本的發展軌跡在二〇〇〇年代變得平緩，被南韓與臺灣以人均（per capita）計算方式超越，但它仍是地球上最富裕的國家之一，人均國內生產毛額（gross domestic product, GDP）遠超過三萬美元。

發展群聚和民主群聚的對應現象，在國家主義群聚最為明顯。藉助於強而有力的官僚體制國家、受到民意支持且基礎廣大的保守派執政黨、令人豔羨的經濟成績，日本、南韓與臺灣都憑藉可觀的實力進行民主化。從圖二．二可以看出，三個國家都締造了穩定、持久、高品質的民主。民主的基本方向不是只有西方，其實它也指向東方。

發展型不列顛群聚

發展亞洲的第二個群聚也有其帝國淵源。十九世紀進軍亞洲各地的英國帝國主義，讓億萬亞洲人民臣服於米字旗之下，不過其中絕大部分位於印度次大陸，後來成為三個人口大國印度、巴基斯坦與孟加拉，以及小國斯里蘭卡。這四個國家與美國消費者、日本投資者距離相當遙遠，因此未能加入發展亞洲的行列。[5]

只有在新加坡、馬來西亞與香港——與幾個南亞大國相比都是彈丸之地，英國留下的政治和經濟體制與冷戰以及後冷戰時期快速成長的跨太平洋經濟相互結合。英國的統治帶來強而有力的體制，但是與發展型國家主義群聚的體制有著微妙的差異。特別重要的地方在於，發展型不列顛群聚特別重視法院與司法體制；相較之下，對發展型國家主義群聚而言，官僚體系的自主性與裁量權更為重要。[6]

英國的經濟干預主義和保護主義沒有那麼強勢，這一點也非常重要，與英國強調以司法體制捍衛市場發展的政策一致。新加坡、馬來西亞與香港在英國人離開的時候，已經與全球貿易以及投資市場深度整合。三個案例也欠缺日本的一項特質：積極的干預主義工業政策。日本推行這項政策長達一個世紀，並且在殖民韓國與臺灣的數十年間移植到當地，後來也被這兩個發展型國家仿效。

除了這些迥然不同的歷史進程，我們還要考慮一樁事實：英國人離開三個殖民地的過程，是與當地的保守派合作夥伴談判協商，而不是激進勢力崛起並推翻與宗主國合作的舊有勢力。經由談判協商離開殖民地，讓英國人得以在三地建立他們偏好的西敏制（Westminster）選舉系統，特別是在馬來西亞與新加坡，這樣的過程無心插柳，讓獨立時期的領導政黨如虎添翼，從一九六〇年代開始鞏固其選舉式威權的統治。

不列顛群聚與國家主義群聚雖然有許多類型上的差異，但兩者的經濟發展經歷了同樣卓越的上升軌跡。圖二．三顯示，不列顛群聚的三個案例都在經濟領域大放異彩。新加坡與香港尤其是如此，這兩個都會型經濟體沒有多少鄉村成分可言，因此工業與經濟的發展能夠達

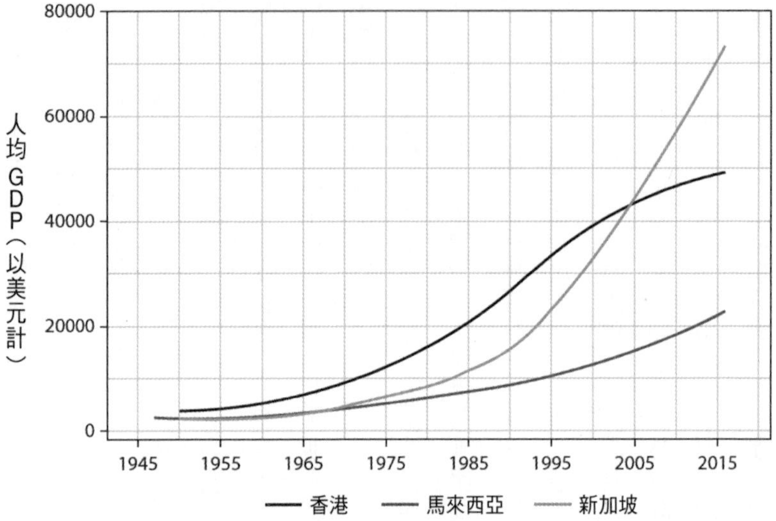

圖2.3 不列顛群聚的經濟發展軌跡

到、甚至超越國家主義群聚——日本、臺灣與南韓——的水平。馬來西亞無疑是不列顛群聚中的掉隊者，但仍然是東南亞地區第二富裕的資本主義經濟體。香港進入一九九〇年代、主權從英國轉移至中國之後，也像日本一樣成長欲振乏力，但整體來看，它的發展成績仍然是可圈可點。

一如以往，我們能夠從發展群聚來預測民主群聚。發展型國家主義群聚的三個案例都在冷戰時期憑藉實力走向民主，然而發展型不列顛群聚的三個案例直到冷戰結束後數十年，都還沒有走上這條路。對於三者共同的迴避民主模式，並沒有一體適用的詮釋。三個案例的保守派執政者都不曾進行民主改革，圖二・四凸顯了這一點，非常平坦的軌跡代表選舉威權體制歷

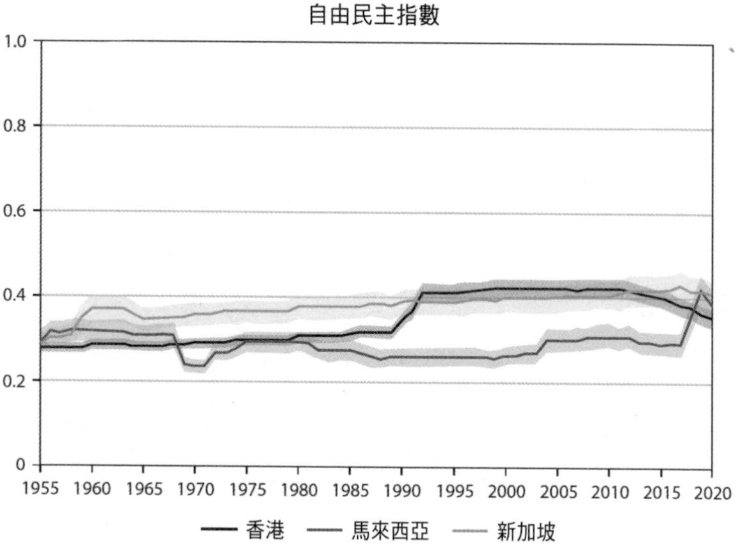

圖2.4 不列顛群聚的民主分數

久不衰，但三者的政治背景大不相同，我們將在第八章討論。屬於發展型不列顛群聚就沒有憑藉實力推動民主化，這樣的完美對應至少有一部分根源有跡可尋，也就是三個案例共同的英國殖民經驗，我們在本章先略做介紹，到第八章再進行深入、詳細的探討。

在結束關於發展型國家主義與發展型不列顛兩個群聚的討論之前，必須先體認兩者與發展型軍國主義以及發展型社會主義群聚在經濟層面有巨大的差異。圖二・五明確顯示國家主義與不列顛兩個群聚都屬於富裕地區，只有馬來西亞觸及中等收入邊緣。軍國主義與社會主義群聚（稍後將簡要討論）整體而言遠比前兩者貧窮，六個國家之中只有中國與泰國有希望超越

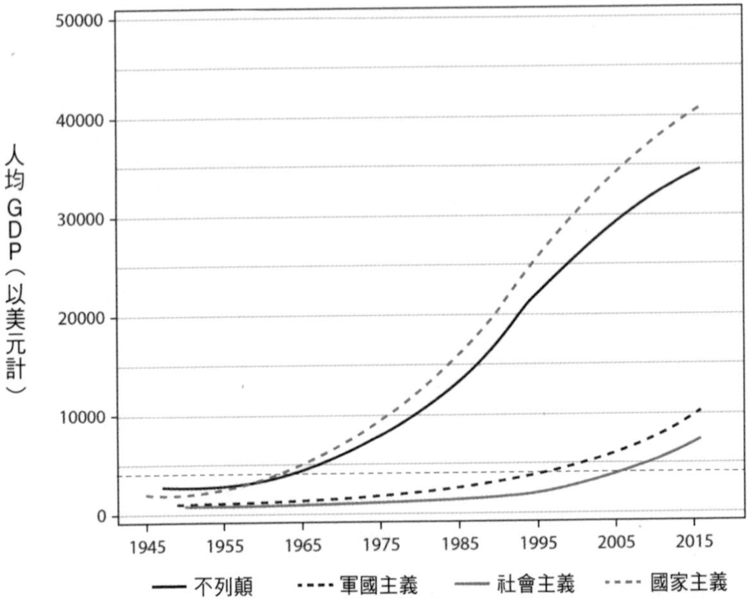

圖2.5　兩個高收入群聚與兩個中等收入群聚

中等收入水平，但兩者的財富以人均計算連馬來西亞都比不上，而且馬來西亞的發展程度還遠不如國家主義與不列顛群聚的其他成員。

我們即將離開發展型國家主義與發展型不列顛兩個群聚，進入幾個威權主義政體案例，它們培養出的體制實力遠遜於前兩個群聚，但還是頗有可觀。

發展型軍國主義群聚

在冷戰年代的印尼、泰國與緬甸（英文國名在一九九〇年由「Burma」改為「Myanmar」），威權主義權力主要由執政的軍方掌控，而不是獨大的政黨與官僚組織，與國家主義以及不列顛兩個群聚的特質不同。然而這並不影響三個軍國主義案例加入發展亞洲的行列，因為它們都採行出口導向的成長政策，以及相當幅度的國家干預。泰國與印尼在一九七〇年代加入發展亞洲，緬甸在二〇〇〇年代跟進。它們加入之後一直是發展亞洲經濟的後段班，而不是領導者。

發展型軍國主義群聚不同於發展型國家主義以及發展型不列顛群聚，其中的案例並沒有被帝國主義遺緒框限。這三個案例的政治發展走向有著強烈的反殖民色彩。泰國抵抗殖民主義非常成功，始終能夠保持形式上的獨立。泰國軍方在一九三二年推翻絕對君主專制政體，從此成為政局主導者。在印尼與緬甸，殖民主義造成嚴重的破壞與深刻的痛苦；二戰時期被日本侵略逼退的歐洲帝國主義者在戰後試圖重返，結果遭到兩地的軍事力量驅逐。事實上，印尼與緬甸的軍事力量都是由日本建立，目的就是要對抗吃回頭草的帝國主義勢力，取代先前由歐洲宗主國建立並與之合作的部隊。後來的情勢顯示，兩國軍方在獨立建國成功之後，還必須對抗地區分離主義勢力，最終並成為國家的統治者。

與發展型國家主義以及發展型不列顛群聚相比較，發展亞洲的軍事政權在經濟成長與升級方面，表現相對遜色（見圖二．六）。儘管三個國家最後都採行出口導向的策略，但它們仍然極度倚賴自然資源以及低技能、低附加價值的製造業。對印尼與泰國而言，這種倚賴足以維繫數十年的高速成長，並且在一九七〇與八〇年代接收如潮水般湧來的日本投資。另一

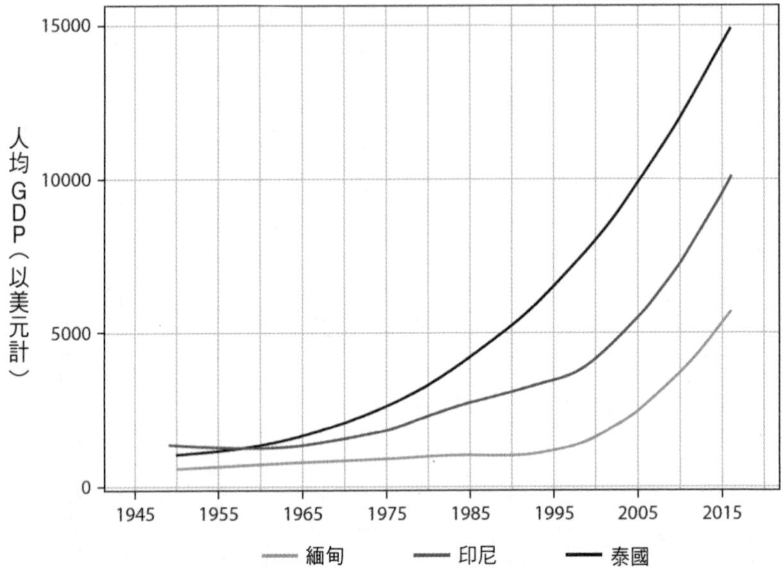

圖2.6　軍國主義群聚的經濟發展軌跡

方面，緬甸就遠遠沒有做好準備，直到一九八八年之前都還堅守一套自給自足、社會主義的成長策略，並且因為暴力鎮壓民主運動而淪為國際社會的化外之國（pariah）。我們將在第七章詳細探討這些差異，但儘管如此，緬甸作為發展型軍國主義群聚的一分子，還是可以被視為發展亞洲的最後一名成員。

發展型軍國主義群聚除了經濟發展大為遜色，民主化的穩定程度也遠遠不如發展型國家主義群聚，從圖二・七曲線崎嶇的高峰與低谷（甚至包括資料的缺口）可以看出。當軍方放棄直接統治，他們知道自家的保守派政黨盟友未必能夠贏得選舉勝利，但是在憲法中保留了足夠的安全機制，並且得到民意支

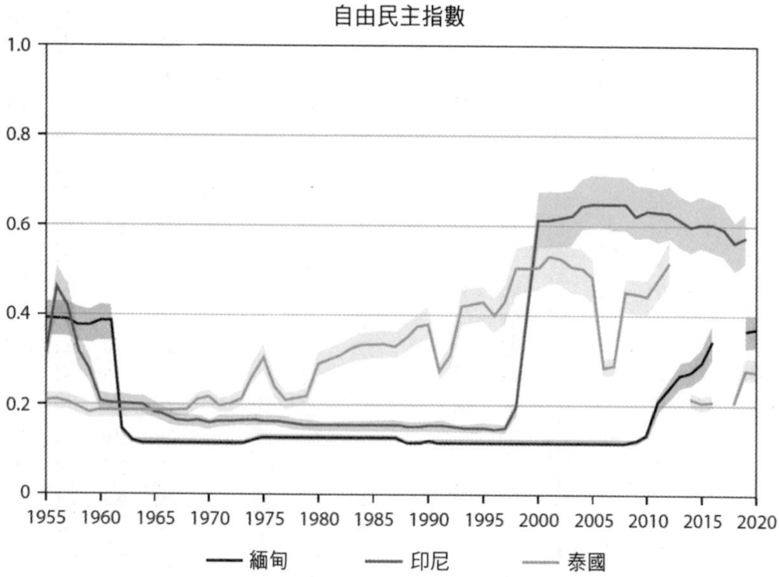

圖2.7　軍國主義群聚的民主分數

持，因此有信心在民主化之後，他們至少能夠與民選政治人物達成某種權力分享的「共治」(cohabitation)協議。圖二·七也明確顯示，憑藉實力轉向民主的實驗目前只在印尼營造出穩定的民主政治。我們將在第七章探討，這種情形的主要原因在於印尼的軍事政權建立了較為強大、持久的保守派政黨組織，非常類似我們在臺灣、南韓看到的情形，甚至可說是如出一轍；緬甸與泰國的軍事政權就沒有做到這一點。昔日的印尼以軍事政權為核心，但是仍然具備發展型國家主義群聚的某些體制特質。

發展型社會主義群聚

發展亞洲奠基於出口市場，出口市

場代表資本主義。因此對於全世界最大的共產主義政權中國而言，在一九八〇年代初期開始追求經濟自由化、施行出口導向的成長策略，是非同小可的舉動、影響深遠的轉型。越南後來也走上類似的路徑，推動外部導向的經濟改革，只不過繳出的發展成績單沒有那麼亮眼。柬埔寨位於經濟成就光譜的更底層，越南在一九七〇年代晚期入侵這個國家，並將自家的政權型態移植過去。

儘管三者之間存在差異，我們仍將這三個案例稱為「發展型社會主義」，因為它們都結合了社會主義政治體制——最重要的是一黨專政——與遲來但熱忱的努力，推動工業化並融入區域與全球資本主義經濟體系。三個案例也許是落後者而非領先者，但確實已經「加入」發展亞洲的行列。

從圖二．八可以看出，社會主義群聚平均而言與軍國主義群聚一樣，經濟發展的水平不上不下。然而社會主義群聚有一項特質比其他群聚更為顯著：只看案例的平均發展水平，容易忽略它們彼此間巨大的差異。更明確地說，中國的成長一飛沖天，遠遠超過越南與柬埔寨，不免讓人懷疑三者是否可以列入同一個群聚。

然而國家變得富裕不代表其政治經濟體的型態必然會改變。本書的群聚化研究策略是基於政治經濟體的型態，而不是發展的水平。中國目前是發展型社會主義群聚最成功的案例，越南與柬埔寨渴望追隨它的腳步。中國顯然也具備以日本與南韓為著名範例的「科技民族主

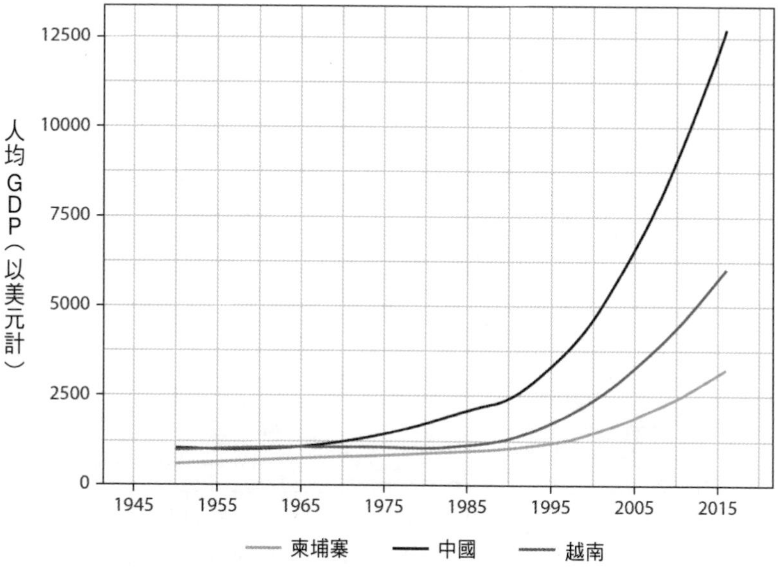

圖2.8　社會主義群聚的經濟發展軌跡

義」（techno-nationalist）特質；但是我們不要忘記，整個發展亞洲地區都抱持著「迎頭趕上」的民族主義意識形態，並不局限於發展型國家主義群聚。我們在第六章與第九章也會論述，中國的政治與經濟體制截然不同於國家主義、不列顛、軍國主義三個群聚。

有幾項特質讓發展型社會主義群聚獨具一格，並且對其民主化前景產生重大影響。首先從基本面談起，中國、越南與柬埔寨在進入社會主義統治之前與進入的過程中，都曾發生怵目驚心的政治暴力。這項特質導致三個國家的執政黨在盤算民主改革及其可能結果的風險時，穩定信心或缺乏穩定信心會成為特別重要的因素。另一項關鍵特質在於，

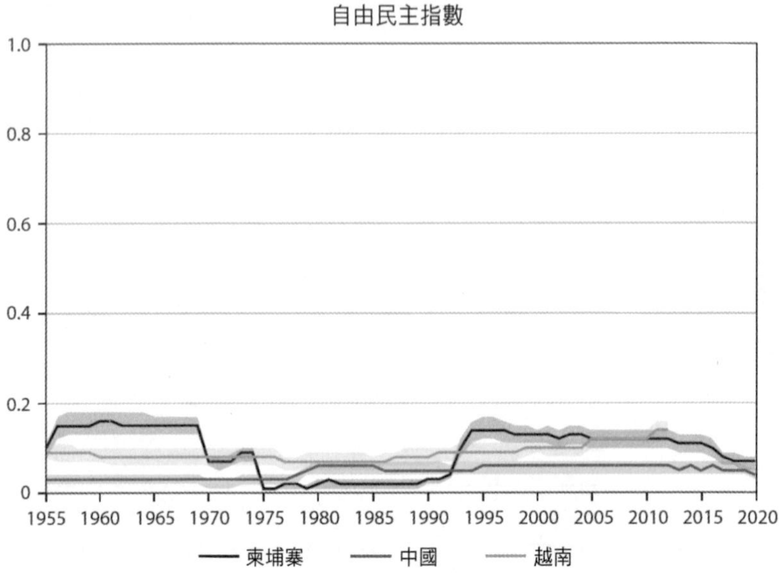

圖2.9 社會主義群聚的民主分數

社會主義很容易導致一黨專政，而非選舉式威權政體；儘管柬埔寨在後冷戰時期的大部分時間並非一黨專政，原因是聯合國的介入與外界壓力促使它保持競爭性的多黨政治。與容許多黨競爭的政權相比，一黨獨大的政權難以接收到清晰的選舉訊號。可以想見，亞洲的發展型社會主義群聚與美國的歷史連結最低、對美國的倚賴性也最低，導致外來的民主化壓力不但難有效果，而且適得其反。發展型社會主義群聚極度欠缺民主改革，圖二・九的平坦曲線充分顯現。

這些因素或許可以解釋發展型社會主義政權為何**不願意**憑藉實力轉向民主，但是並無法因此認定它們**無能為力**。中國與越南的共產黨數十年前在崛起的過程中，就已完全消滅有組織的反對勢力；因此它們就算開放黨禁，也不會催生出具可觀影響力的全國性對手。數十年來的快速經濟成長與政治穩定，讓兩國——尤其是中國——的都市中產階級大幅擴張，也逐漸改變人民的政治期望，要求政府做出持續成長的經濟大餅，而不是摔不破的鐵飯碗。

柬埔寨無疑是另一個故事。掌權的柬埔寨人民黨是外來勢力扶植的產物，並不像中國共產黨與越南共產黨那樣的民族主義革命力量。柬埔寨曾擁有數十年的競爭性選舉，但年事漸長的洪森總理在二〇一〇年代破壞體制，將柬埔寨轉型為一黨專政國家。從這方面來看，柬埔寨近年的轉變更加符合發展型社會主義群聚的特質。

從群聚到光譜

在每一個亞洲發展型群聚之中，三個案例都呈現有如手足的相似性，然而它們並不是同卵三胞胎。觀察這四個群聚在威權主義時期的狀況，我們很容易就可以找出體制實力最強與最弱的案例。以發展型國家主義群聚為例，臺灣的執政黨顯然擁有最強大的威權實力；南韓則是軍方與官僚系統的體制實力高於執政黨。中國強而有力的黨國體制在發展型社會主義群聚讓越南相形失色，柬埔寨更是遙遙落後。在發展型不列顛群聚，新加坡的體制實力獨占鼇頭，香港與馬來西亞在某些方面可以匹敵，但整體而言無法相提並論。在威權體制實力水平最低的發展型軍國主義群聚，印尼在民主化之前相對堅實的政黨體制，讓它與緬甸以及泰國大不相同。

在接下來的幾章，我們將探討發展的群聚模式如何預示了國家主義群聚及軍國主義群聚的案例憑藉實力轉向民主，但是社會主義群聚與不列顛群聚卻沒有出現同樣的效應。我們也將說明每個群聚**內部**的政治與經濟實力差異——實力的光譜——如何深刻影響發展亞洲各個政權的變異。臺灣的民主化一如預期比南韓平順，原因在於國民黨擁有較強大的前置實力（antecedent strengths）；印尼的民主化也基於類似的原因——起步前的實力，一如預期比緬甸平順。由此推論，我們預期在不列顛群聚之中，新加坡的民主化過程會最為平順。中國的政治體制讓中國共產黨具備可觀的能力來實現平順的民主化過程，讓越南與柬埔寨的執政黨望塵莫及。

從經濟發展到民主

界定了發展亞洲既是單一的區域、也有四個各具特色的群聚之後，接下來可以進一步探討發展群聚如何影響民主群聚。在前面的章節中，我們已經利用多元民主中心（Varieties of

Democracy, V-Dem）的自由民主指數（Liberal Democracy Index），分別說明了每一個群聚基本的敘述統計資訊。圖二・十則是以聚合與對照四個群聚的方式，呈現它們從二戰落幕到今日的民主軌跡。[7]

有幾個聚合模式（aggregate patterns）特別引人注目。首先，在這個後來成為發展亞洲的地區，二戰落幕的初期並不存在民主體制。其次，在整個戰後時期，民主發展歷程較為平順的群聚就只有國家主義群聚（日本、臺灣、南韓）。第三，社會主義群聚（中國、越南、柬埔寨）是唯一欠缺實質多黨選舉經驗的群聚。

一如以往，群聚案例的平均狀況會掩蓋重要的例外。國家主義群聚的南韓在一九七〇與一九八〇年代初期深陷於威權主義之中；柬埔寨在一九九〇與二〇〇〇年代曾經歷不尋常的民主趨勢。但是整體而言，發展型國家主義群聚會出現漸進、平順的民主發展，發展型社會主義群聚的形象則是閉關自守的威權主義；這樣的整體態勢是很重要的討論起點。

發展型不列顛與軍國主義群聚介於前兩個群聚之間。發展亞洲的前英國殖民地拜共有的帝國主義經驗之賜，一直能夠保持多黨選舉競爭與西敏體制，意謂發展型不列顛群聚整體的民主分數一直高於發展型社會主義群聚，後者的一黨專政體制牢不可破。圖二・十精確呈現了發展型不列顛群聚的三個案例在二戰之後，全都走向一種混合式的威權政體（也就是選舉式威權政體），並且在所謂的「中途之家」——介於封閉的威權體制與完全競爭的民主體制之

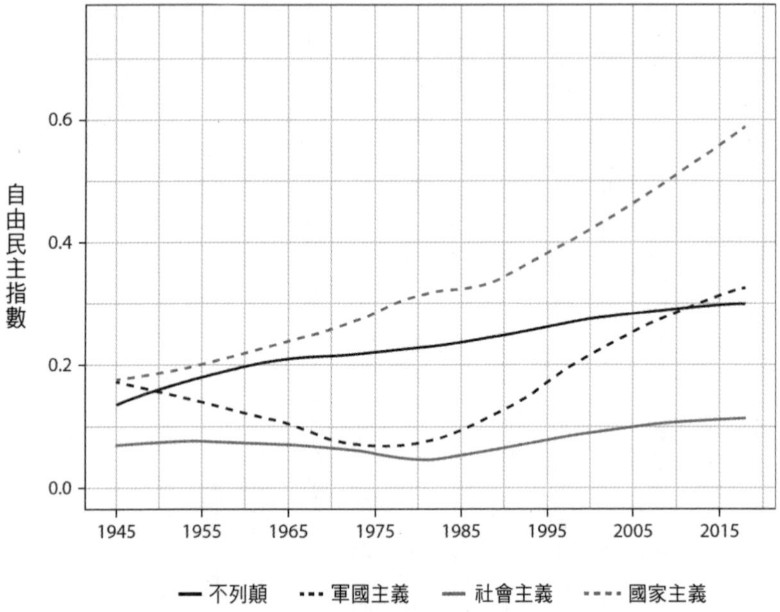

圖2.10 全部四個群聚的民主分數

間——保持甚為穩定的狀態。[8] 發展型不列顛群聚的執政黨從來不曾預先、主動為對手提供比較公平的競爭場域。這個群聚憑藉實力展現了歷久不衰的選舉式威權政體。

軍國主義群聚發展至今，整體的民主分數與不列顛群聚在伯仲之間，然而兩者的政權類型與政權軌跡大不相同。不列顛群聚優異的經濟與體制實力轉化為威權主義的穩定性，但是軍國主義群聚較為平庸的經濟與體制實力卻顯現為威權政權的劇烈動盪。

在穩定信心高漲的時期（例如一九八〇年代的泰國、一九九〇年代的印尼、二〇一〇年代的緬甸），發展亞洲的軍事政權曾經進行重大的民主改革。然而軍國主義群聚保守派政黨的相對弱勢（尤其是相對於發展型國家主義群聚）意謂其民主經驗一波三折、民主實驗容易倒退。當掌權的軍方缺乏穩定信心，就像一九九〇年代的緬甸與今日的泰國，民主改革也就不會展開。但儘管軍國主義群聚的國家實力只是中等程度，它的民主化經驗主要憑藉仍是實力與讓步，而不是因為衰弱與崩潰。

進一步討論之前，我們應該先仔細觀察圖二・五（衡量各個群聚的發展程度）與圖二・十（衡量各個群聚的民主程度）的相似與相異之處，並且思索它們對現代化理論的意涵。四個群聚在兩張圖的四道軌跡愈是接近，也就愈能顯示現代化理論的正確性。事實上，富裕且民主的發展型國家主義群聚（兩張圖最上方曲線）就印證了現代化理論，遠比前者貧窮且專制獨裁的發展型社會主義群聚（兩張圖最下方曲線）也是如此。

因此亞洲並不是現代化理論的墳場；如果只看中國突飛猛進式的經濟成長與歷久不衰的威權體制，確實可能會有這種錯誤的看法。當然，現代化理論還是會遭遇挑戰：比較發展型不列顛與發展型軍國主義兩個群聚，前者遠比後者富裕，但是卻也遠比後者更抗拒讓步轉向民主。兩個群聚的兩條線在衡量經濟發展的圖二・五天差地遠，在衡量民主分數的圖二・十卻發生交會。將這兩張圖對照並列將鮮明呈現：現代化理論可以幫助我們理解亞洲從經濟發展到民主的軌跡，但是絕不代表它的全貌。

從模式到機制

亞洲的發展群聚為何能夠深刻影響其民主群聚？想要回答這個問題，我們必須探究兩者之間的因果關係機制。我們如果聲稱發展類型對政權類型的影響，完全是透過一組為數很少、前後一致、適用於本書全部十二個案例的機制，那就顯示我們沒有好好處理這些錯綜複雜、具有眾多面向的歷史紀錄。本書接下來各章的實證分析，將探討許多與特定案例相關的因果機制細節。但是我們在這裡要先介紹幾個對所有案例都特別重要的細節，並將它們連結到本書憑藉實力轉向民主的理論。

首先要回顧**信心與訊號**兩個要素在本書理論的核心地位。擁有可觀實力的威權政權如果也擁有勝利信心與穩定信心，而且接收到的訊號顯示自家的威權宰制已經在最近盛極而衰，這時政權最有可能推動民主化。

對於威權體系，這些訊號經常呈現為突發性的震撼，包括四種類型：選舉訊號、抗爭訊號、經濟訊號、地緣政治訊號。因此我們的理論如果正確無誤，發展群聚化之所以重要，原因就在於它以某種方式影響不同的威權政權如何接收、處理與回應四種類型的訊號。我們可以假定，這些群聚化威權政權的體制具有某種特質，決定它們面對四種訊號時的脆弱性與接受度，進而影響它們的勝利信心與穩定信心，並且提高或者降低它們讓步轉向民主的可能性。

我們先從**選舉**訊號開始。不同發展群聚的不同政治體制如何影響政權面對選舉訊號的脆弱性與接受度？它們從訊號得知自家才剛開始、但已無可逆轉的衰退，發展型社會主義群聚的中國與越南都不會出現選舉訊號，因為多政黨參與的競爭性選舉遭到禁止。這與發展型不列顛群聚形成強烈對比，新加坡與馬來西亞的執政黨長久以來定期接收選舉訊號，透過全國性選舉掌握自身支持度的起伏。因此產生一個引人深思的概念：憑藉實力轉向民主的案例如果會在近期出現，新加坡的可能性要高於中國，因為新加坡人民行動黨（People's Action Party, PAP）可能會從選舉結果明確得知自身已經開始走下坡，中國共產黨目前不可能接收到這樣的訊號。

地緣政治訊號在發展亞洲的四個群聚也有顯著差異。國家主義群聚與社會主義群聚之間的對比尤其鮮明。戰後日本、南韓與臺灣從冷戰開始直到今日，都受到美國亞太安全傘的保護。一九八〇年代、接近冷戰落幕時期，美國表明愈來愈無法容忍威權統治，發展型國家主義群聚收到的訊號比其他地區都來得清楚、強烈。

另一方面，發展型社會主義群聚與地緣政治訊號的關係，截然不同於國家主義群聚。中國成為美國地緣政治的主要對手，同時也是柬埔寨在地緣政治的後臺。因此可以理解，美國的壓力在發展亞洲某些地方能夠促成與鼓舞民主實驗，g0 tj6某些發展群聚接收到的地緣政治訊號會格外清晰與強烈。

當一個威權政權盛極而衰，它能夠收到的最強大訊號莫過於**抗爭**訊號。當大規模、跨階級的示威爆發，試圖終結威權政權執政，政權無可避免要做出某種形式的調適。調適的方式不一而足，有些獨裁政權會殘暴鎮壓，有些會採取比較開明的方式，有些會擬定混合運用鎮壓與回應的彈性新做法。[9]由於每一個威權政權遲早會面臨大規模示威抗議的威脅，而且每一個威權政權都必須正視這些威脅。因此與選舉訊號、地緣政治訊號相比，抗爭訊號的差異性比較無法解釋發展亞洲不同群聚的民主化差異性。

經濟訊號也有同樣的因果關係模糊性。由於發展亞洲就是資本主義亞洲，資本主義到任何地方都帶有經濟突然重挫的風險，因此這個區域的每一個威權政權都必須擔心，經濟危機可能對政權的正當性造成影響。我們沒有特別的理由來認定，某些群聚會比其他群聚更容易接收顯示政權衰退的經濟訊號；或者在接收訊號之後，某些發展群聚會比其他群聚更重視這類訊號。

總而言之，縱觀這四種與我們「憑藉實力轉向民主」理論息息相關的訊號，有些訊號可能比其他訊號更能夠決定不同發展群聚的差異性。**選舉與地緣政治訊號可能性最高**，**抗爭與經濟訊號最不可能產生群聚差異性**。然而在個別國家之中，四種訊號都可能造成政權的勝利信心與穩定信心大幅轉變，因此影響一個政權是否搶占先機從事民主改革。本書接下來幾章將深入探討這些訊號與機制，以及它們如何在十二個案例與四個群聚之中相互作用。

群聚的關鍵特質

發展群聚化透過許多機制來決定民主群聚化的模式；對此，四種訊號類型絕不可能完全涵蓋。我們打造理論工具來理解這個世界，但真實世界總是遠比理論複雜。每一個群聚都有一套共同的政治歷史，具備某些特質來塑造不同的前景：平順進行的民主化、動盪不安的民主轉型、始終不曾進行民主實驗。本書接下來的篇章會更詳細討論這些與特定案例、特定群聚相關的特質，不過我們在這裡可以先為每一個群聚介紹幾項最顯著的特質。

先從發展型國家主義群聚開始，除了財富與政治體制的強大實力之外，這個群聚還擁有幾項民主優勢。三個國家都曾經在二戰落幕之初進行規模驚人的土地改革，[10] 因此有助於營造出更為公平的社會；否則三個國家可能會經歷難以控制的財富重分配衝突，民主進程因此遭到破壞，或者根本胎死腹中。臺灣尤其如此，當年如果出現嚴重的經濟不平等，外省人與本省人的族群分歧會讓重分配衝突更具爆炸性與顛覆性。我們也要注意到，三個國家戰後土地改革的執行者都是後來推動民主化的執政聯盟。這一點顯示在戰後的日本、南韓與臺灣，及早進行的經濟改革能夠為發展導向的政權帶來實力與全國性的支持（包括鄉村地區），最終讓它們做好準備，讓保守派憑藉實力做出讓步、轉向民主。

發展亞洲的國家主義群聚也受益於冷戰時期共產黨威脅的外部化。對三個國家而言，共產主義形成的外在威脅遠大於內在威脅。臺灣與南韓的情況尤其是如此，內戰留下一道實質的政治邊界，分隔兩個反共政權與它們位於中國以及北韓的共產主義對手。三個國家內部的共產主義威脅相對沒那麼嚴重，這意謂其保守派執政勢力相較於大部分鄰國，會有更高的穩定信心來開放體系進行全面民主化。

發展型不列顛群聚有幾項共同特質，也值得大書特書。新加坡、馬來西亞與香港都曾經是英國殖民地，這意謂它們都擁有西敏制選舉體系，以及一套高度發展的司法體系。對於具競爭性和基於規則的選舉，發展型不列顛群聚的經驗勝過全世界所有其他的威權保守勢力。此外，全世界沒有其他執政黨像馬來西亞的馬來民族統一機構（United Malays National Organization，UMNO，簡稱巫統）與新加坡的人民行動黨，受益於單一選區相對多數決（first-past-the-post）選舉規則，在國會中保持絕對多數席次，就算得票率下滑也能夠保持。（譯注：巫統主導的國民陣線在二〇一八年馬來西亞大選落敗，交出政權。人民行動黨則至今掌控國會六成以上議席。）

新加坡、馬來西亞與香港的民眾通常能夠信賴自家競爭性的選舉過程，以及一套效能出眾、專業化的司法體系，來補償體制有時令人窒息的威權主義掌控。拜強而有力的法治（依法治理〔rule of law〕；或者至少是「以法治理」〔rule by law〕）之賜，[11] 發展型不列顛群聚雖然不能完全免於貪腐，但程度遠比其他三個群聚來得輕微。

我們也要觀照發展型不列顛群聚獨特的地緣政治態勢，其中一項尚未受到充分重視的特質來自英國殖民根源：三個案例對於美國的倚賴遠遠低於發展型國家主義群聚的日本、臺灣與南韓，而且並不是對英國的倚賴取代了對美國的倚賴。由於英國的國際地位遠低於美國，因此發展型不列顛群聚的三個案例能夠在全球倚賴的態勢中取得平衡，從而避免遭到任何一個外在強權宰制。

均衡與分散的倚賴態勢也意謂著，政權的威權主義現況比較不會被地緣政治的意外打亂陣腳。除了慣於強勢干預的全球超級強權——美國與中國——之外，日本、歐洲聯盟（European Union）與澳洲也都是發展型不列顛群聚的主要支持者。事實上，香港人民與中國政府之間日益激烈對抗的關係雖是例外情況，卻也證明此一規則。中國收回香港主權之後，這座島嶼的英國根源與均衡的全球倚賴，讓北京的中國共產黨很難將它完全降服，只能訴諸逐漸升高的鎮壓力道。

發展亞洲兩個較為弱勢的群聚也具備顯著的共同特質。在發展型軍國主義群聚的印尼、泰國與緬甸，軍方都曾經強勢主宰國家政治，因此政權在推動民主化的過程中，穩定信心帶來的確定感要比勝利信心更為重要。軍國主義群聚中的威權政黨相對弱勢，也伴隨著相對弱勢、傾向家產制（patrimonialism）的國家體制。這個群聚的經濟發展極度倚賴外國直接投資與自然資源，貪腐行為猖獗。儘管如此，最後是軍國主義群聚而非不列顛群聚，保守派執政者干冒風險解除威權掌控，嘗試在自由民主競爭眾聲喧譁的不確定性中保住政權。

一部分原因在於，發展型軍國主義群聚在歷史上經歷了獨特的暴力模式。回顧發展型國家主義群聚，日本、臺灣與南韓遭遇的頭號暴力威脅來自外界——亦即鄰近的共產主義敵國；但是軍國主義群聚的主要暴力威脅來自內部的地區叛亂組織。印尼、泰國與緬甸自獨立以來的大部分時間，比較擔心的危機主要是國家被武裝分離主義者四分五裂，而不是外來的敵國征服或者叛軍推翻中央政府。

這些暴力威脅為印尼、泰國與緬甸軍方的持續干政提供理由，[12] 同時也與民主改革較為契合，因為軍方相信引進自由與公平的選舉，絕對不會讓他們最忌憚的武裝組織染指國家權力。發展型軍國主義群聚的案例一再做到，讓民主化與升高的穩定信心攜手同行；尤其是當軍方退出干政行列、但國家並未因此四分五裂的時候。

最後，發展型社會主義群聚的幾項共同關鍵特質，也必須在這裡做一番強調。其中最顯著的就是社會主義意識形態。的確，中國、越南與柬埔寨為了開展國家做莊的資本主義、另闢蹊徑增強國力，都必須擱置正統的共產主義信條。然而社會主義意識形態的持續影響，導致三個國家在逐漸接納國家資本主義（statist capitalism）的同時，仍然抗拒選舉民主。更明確地說，社會主義承諾一條不同於自由主義民主、選舉民主的民主之路，強調單一執政黨天長地久的帶領指導，能夠為整個社會締造福祉；執政黨的正當性則是來自它在國家革命精神扮演的領導角色。

中國、越南與柬埔寨的社會主義執政黨領導人宣稱，國家已經建立一種更優質的民主，勝過對它們虎視眈眈的西方世界；這種說法當然是為自身利益辯護，但又並不全然如此。[13]從意識形態的觀點來看，人們可以聲稱自由主義多黨民主與這些國家的DNA不合，因此它們對民主的探索嘗試終究徒勞無功。但是另一方面，資本主義在意識形態上比民主更難與社會主義相容。因此，我們不能低估這些發展型社會主義政權的調適能力。

更重要的共同特質或許是，發展型社會主義群聚的國家都有過一段暴力的革命史，深刻影響它們的民主前景，直到今日仍然如此。三個政權建立之前，國家都處於毀滅性的政治暴力之中：中國歷經了二戰以及之後的國共內戰；越南有對抗法國與美國的解放戰爭、北越與南越統一戰爭；柬埔寨在赤柬（Khmer Rouge）革命統治時期發生種族滅絕，隨後越南入侵並扶植一個社會主義政黨，統治柬埔寨至今逾四十年。

因此無法否認，亞洲三個發展型社會主義政權之所以具備霍布斯式正當性（Hobbesian legitimacy），完全是因為能夠提供些許的政治穩定性，甚至還不必考慮經濟成長的重要性。不僅如此，暴力的歷史意謂這些政權面對的反對勢力是烏合之眾，也幾乎不會收到足以轉向民主改革的抗爭訊號——中國一九八九年的天安門廣場示威抗議是一大例外。整體而言，這些政權不會接收到最清晰的訊號（選舉訊號），也不會有最強烈的訊號（抗爭訊號）顯示政權已經盛極而衰。然而這也意謂它們應該會擁有可觀的勝利信心，可以容許新政黨成立並投入選舉，與根基穩固、老字號的社會主義執政黨競爭公職。

從傾向到政治

本章提出一個主張，認為發展亞洲是一個獨具特色的世界區域，可以劃分為不同的發展群聚。這種群聚化現象非常有助於解釋，為什麼發展亞洲有些國家比其他國家更具備憑藉實力轉向民主的傾向。然而傾向並不等於政治行動，它們的作用只是鋪設舞臺，讓政治大戲的演員粉墨登場。在接下來的幾章，我們將說明具備可觀實力的威權政權如何接收到訊號，明白自身的威權現狀不可能天長地久。這些政權因此思考進行新的政治實驗以維護自身利益，有些時候甚至做到全面民主化。

本書的關注焦點大部分落在憑藉實力轉向民主的典範群聚：發展型國家主義群聚的日本（第三章）、臺灣（第四章）、南韓（第五章）。這三個案例——尤其是臺灣——對於我們在第一章與第二章提出的憑藉實力轉向民主理論，鋪陳出思維邏輯、呈現其動態變化。然後我們將這三個案例對照一九八九年之前的中國與中共（第六章），後者欠缺長期累積的發展實力，我們認為這意謂中共在天安門廣場與全國各地示威者面前，面臨不鎮壓就垮臺的抉擇。當然，中共政權選擇鎮壓。

接下來我們以兩章來做比較對照，將因果關係邏輯從我們理論的最佳案例延伸到最邊緣的案例。首先我們檢視一個發展群聚，實力雖然遠遠不如國家主義群聚，但是仍然憑藉實力進行搶占先機的民主化，那就是印尼、泰國與緬甸組成的發展型軍國主義群聚（第七章）。然後我們分析另一個群聚，儘管擁有可與國家主義群聚媲美的實力，但是並沒有進行類似的民主實驗：新加坡、馬來西亞與香港組成的發展型不列顛群聚（第八章）。由於發展型社會主義群聚的民主命運絕大部分取決於中國，而且中國的民主化對這群地表最大規模人口、對於全世界都有巨大影響，因此我們在第九章先聚焦中國，然後簡要討論越南與柬埔寨。

本書從這個階段開始，政治科學讓位給政治史。儘管我們相信與現有其他理論相比較，憑藉實力轉向民主的理論最能夠洞察發展亞洲的民主化模式與威權主義，但我們並不認為這套理論能夠完全闡釋一系列複雜的歷史案例。

我們接下來幾章的寫作宗旨，在於確切呈現十二個案例發展與民主化的歷史，然後進行更廣泛的討論，探索民主會在世界各地興起的原因。就算讀者認為這套解釋發展亞洲民主與威權的理論沒有什麼附加價值，本書竭盡所能鋪陳的歷史仍然非常值得參考。如果我們不曾完整呈現如此錯綜複雜的歷史，我們的民主化理論將會流於貧乏空洞。

我們的分析將從世界史上最重要的一個民主化案例開始；政治學家向來不認為有必要將

它理論化，只視為一個無趣的民主案例，由美國占領軍從外部強行扶植；這個案例就是日本。

3 日本：亞洲第一個民主的發展型國家

一九四一年，日本出動戰機攻擊夏威夷珍珠港的美國海軍基地，正式將第二次世界大戰帶進太平洋地區。美國及其盟邦在因應歐洲的戰事之外，很快就將注意力轉移到太平洋戰爭。一九四五年八月初，廣島與長崎遭到原子彈轟炸，迫使日本昭和天皇在八月十五日宣布無條件投降。這場戰爭結束時，逾二百萬名日本軍人陣亡；包括平民在內，多達三百萬日本人死於戰火。

日本潰敗後幾星期之內，勝利者——由美國領導的盟國——建立了一個占領日本的行政機構，從一九四五年運作到一九五二年。對於戰後的日本，美國最主要的使命之一就是「非軍事化（解除武裝）與民主化」。歷史學家道爾（John Dower）形容美國的雄心壯志「大剌剌展現了傲慢的理想主義——既自以為是，又高瞻遠矚」。在麥克阿瑟將軍（General Douglas MacArthur）的鐵腕統治之下，美國的占領行動不僅要改革日本的政治體制，還要讓日本的社會與政治從此脫胎換骨。[1]

在許多方面，美國的占領都嘗試依照美國自身的民主樣貌，來重建戰後殘破不堪的日本。日本民主憲法的頒布一方面反映了美國的勝利者傲慢，一方面也代表戰後美國強大的軍事與經濟力量。想像這幅場景：日本戰後憲法於一九四七年五月生效施行時，典禮是在東京皇居前面舉行，一個日本樂團演奏〈永恆的星條旗〉（The Stars and Stripes Forever）。有鑑於這樣的背景，人們可能會認定日本的民主——相當穩定，延續至今——沒有多複雜難解，只不過是當時衰弱的日本被迫接受的某種外來事物。簡而言之，日本的民主是外力強加的結果。

一九四五年之後的日本確實是一敗塗地，我們對這樣的標準形象沒有什麼意見。二戰摧毀了這個國家，數百萬軍人與平民死於戰火，轟炸廣島與長崎的兩枚原子彈重創了國家與其體制。日本政府陣腳大亂，昔日繁榮的經濟毀於戰火。工業生產力在戰後初期退回到一九三〇年代之前的水平。當時的日本一方面深陷災難，一方面滿懷羞恥，因此心態十分脆弱。因此可以合理推論，由於國家的衰弱與脆弱，日本沒有多少選擇，只能接受並採行強權美國趕鴨子上架的民主轉型。日本的情況似乎是「因為衰弱引發民主」的經典範例，放在一本討論「憑藉實力轉向民主」的著作中顯得格格不入。

根據這種常見的論述，日本並沒有主動進行民主化，將日本民主化的是美國。瑪莉．哈達德（Mary Alice Haddad）批判地總結這種過度簡化的傳統觀點：「一九四五年日本戰敗，美國送上一部民主憲法，日本從此成為民主國家。」[2]我們與哈達德一樣，拒絕這種標準化、過度簡化、只考慮外在因素的觀點：日本締造了一個長治久安的民主體制，但日本政治人物在其中扮演的角色微不足道。學者一直沒有對日本的民主轉型做充分的理論研究，只單純地視為外力強加民主的案例。

我們的主張：在二戰爆發之前的數十年間，日本的保守派文人菁英已經從各種源頭累積了政治權力或「前置實力」，而且絕對沒有在二戰落幕之後銷聲匿跡。的確，許多與日本法西斯政權合作的人士因為犯下戰爭罪行而被定罪，退下政治舞臺。然而，許多曾經在一九二〇年代支持日本早期民主實驗的保守派菁英，並沒有遭到法院起訴。歷史學者戈登（Andrew Gordon）形容他們設法「過關」，後來與占領當局領導人合作，在打造與鞏固日本民主轉型的過程中扮演重要角色。[3]因此，日本的戰後民主有一大部分是來自該國保守派政治人物的作為，他們就像臺灣的國民黨、南韓的獨裁者，甚至印尼的威權主義政黨戈爾卡黨（Golkar），將民主視為一種重新獲取並持續擁有政治權力的方法。

我們認為一九四五年的日本保守派政治菁英，並不像大多數人認定的那麼軟弱無力。當這些菁英設法從戰爭的廢墟崛起，他們在政治上與經濟上的前置實力也是如此。儘管戰後日本國力慘遭重創，然而文人保守派的相對力量卻因為廢除軍隊、限縮天皇權力而大幅提升。保守派政治人物也與國家官僚體系保持深度連結，後者從十九世紀開始引導日本締造卓越的工業與經濟發展。他們也與戰前的工業界領導人過從甚密，後者即將重新啟動日本的工業發展。最關鍵的一點在於，日本的政治菁英讓保守派政黨重獲生機；他們在數十年前創立這些政黨，但在一九三〇年代不敵法西斯主義。日本保守派政治人物藉由重建政黨與政黨體系來做好準備，要在新生的民主體制中治國理政。

換言之，在一九四五至一九五二年美國占領日本期間，日本保守派愈來愈有信心：引進民主並不會削弱他們的政治與經濟權力基礎。他們也體認到民主競爭——保守派政黨相較於左派對手享有顯著優勢——其實有助於他們鞏固權力。國家官僚體系的實力在戰爭中得到保全，為保守派政治人物帶來政治與經濟的穩定性，那是日本重返戰前發展軌跡的必要條件。以我們的理論來詮釋：日本保守派政治人物同時具備了勝利信心與穩定信心，因為他們的戰前實力來源並未消失。因此對日本而言，民主並不全然是外力強加，傳統觀念並不正確。**日本的保守派菁英讓步轉向民主，最後並全心接納，因為他們相信這麼做符合自身的利益**。

本章並不會試圖改寫歷史，我們仍然認為美國占領是民主在戰後日本扎根的關鍵先決條件。對於日本的民主轉型，美國占領的的確確是不可或缺，促使日本快速建立民主體制。然而只談美國的干預介入，並不足以全面解釋戰後日本的民主轉型與長期進行的民主鞏固歷程，也無法解釋日本民主在一九五〇年代之後卓越的穩定性。

日本之所以成為亞洲運作最長久的穩定民主政體，並不能單純歸因於美國的意圖與做法。我們即將在本章說明，戰後日本的保守派菁英曾經有多次機會逆轉民主實驗，尤其是在美國結束占領之後，但是他們並沒有那麼做，原因在於他們是民主的受益者。雖然日本民主化符合美國的地緣政治利益，但它也符合日本菁英階層的政治與經濟利益，特別是從戰前就開始受益的保守派菁英。就如同我們將在第五章探討的一九六〇年代南韓，「發展型國家主義」群聚的保守派執政者一旦遭遇極大的威脅，無論他們與美國的關係有多緊密，還是有能力逆轉自家的民主實驗。

我們在本章指出，日本保守派菁英對民主做出策略性的讓步，以確保自身的政治與經濟權力；他們從國家數十年發展繼承的前置實力，賦予他們必要的勝利信心與穩定信心，讓他們踏上民主之路，並且一路走下去。日本從發展走向民主的戰後經驗，雖然不能算是憑藉實力轉向民主的範例——這項任務由臺灣擔當（第四章詳論），但仍然為發展亞洲的專制獨裁政權提供一本戰術手冊，幫助它們策略性地選擇民主、並且在民主中獲致成功。對於如何結合發展與民主，日本做了正面示範；發展型國家主義群聚的民主化後進——也就是臺灣與南韓——也學習日本經驗。

推動日本現代化

當今日本是經濟強權。身為全球第三大經濟體，日本確實是二十世紀戰後的發展奇蹟，發展亞洲經濟動力的領頭羊。然而日本早在十九世紀中期就開始追求現代性。在本書探索的十二個案例之中，現代日本的故事最早發生，起源於一八六〇年代的明治維新。

日本第一次接觸西方世界與其先進科技是在一八五三年，美國派遣一支艦隊進入江戶灣（東京灣），迫使原本與世界經濟體系隔絕的日本開放通商港口（條約港）。這支被日本人稱為「黑船」的美國艦隊，代表外國令人畏懼的現代性與軍事力量。外國的力量凸顯了日本的落後，導致日本只能一再退讓、簽訂商業條約。美國的軍力迫使日本開放港口，進行國際貿易，也激發日本致力於追求快速現代化、迎頭趕上西方國家。

與西方的衝突啟動了日本內部改革，試圖將日本的政治、社會與經濟現代化。明治維新是一場「由上而下的革命」，一場菁英帶領的革命性轉型歷程，而不是由下而上的人民起義。[4]日本統治階層從一八六八年開始揚棄封建政治體系，拆解大名（封建領主）階級體系與幕府攝政機制。

為了因應黑船壓境，日本也進行了軍事現代化。明治政權建立了一支國家軍隊，發展海軍戰力，實施徵兵制。日本的「國家」概念是在明治維新時期生根，當時也推行標準語與國家教育體系。在政治發展方面，日本皇室於一八八九年頒布明治憲法（《大日本帝國憲法》），以此為依據在一八九〇年設立國家立法機構，也就是帝國議會。

日本一方面建立現代化的官僚國家機制，一方面在明治政權內部進行集中行政權力。日本的國政原先是由大名掌理，他們屬於封建菁英階層。明治維新之前的公共行政主要是為地主仕紳階級的利益服務，並且設法保持封建軍閥之間的均勢。然而，現代國家與強大官僚體系要能夠出現，先決條件是建立一個專業、具備技術、全國性的公務員體系。

一八八七年，明治改革者實施日本歷史上第一次公務員（文官）考試，以才能為任用標準的召募制度確保國家官僚都是最為優秀、才智出眾的人才，而且熟稔技術專業。明治時期日本擇才用人的官僚體制，是亞洲發展型國家模式的關鍵特質；戰後，發展型國家主義群聚的後進——臺灣與南韓——也起而效法。[5]

日本的現代官僚體系全力推動迎頭趕上的經濟發展與工業化；日本與西方國家的衝突印證了自身經濟遙遙落後其他工業化強權。明治政權為發展型國家召募人才，運用他們的技術專業，修正政府的財政體系，尤其是政府開徵賦稅、分配公共資源以追求國家經濟發展的能力。

擁有徵稅與支出經費的能力之後，明治政府開始投資興建鐵路、造船廠、港口等硬性基礎設施。舉例而言，從一八八〇年代到一九〇〇年代，日本鐵路的長度成長了將近三·五倍，加速提升日本的能力來發展全國性整合、以商業為基礎的經濟。明治政府也投資於軟性基礎設施，推行公立學校教育和現代醫療照護都很值得一提。

政府的投資有了回報。整體而言，從一八九五到一九一五年，日本的製造業生產成長了二．五倍，幅度讓美國相形見絀。然而日本政府的投資並不是對所有的產業部門一視同仁，發展型國家的策略是尋找贏家。政府投注公共資源的對象，會是官僚體系認定對日本經濟具有策略重要性的部門，例如重工業的煉鋼與造船，還有勞力密集的製造業。礦業生產也是日本的策略性產業，在十九世紀最後二十五年間成長了七倍。政府與民間對紡織廠的投資提升了絲綢的生產，這對日本欣欣向榮的出口經濟非常重要。

發展型國家也著手扶植、組織產業界的公司。官僚體系監督並鼓勵對於財閥企業的投資，它們是日本龐大的工業集團。日本產業界的主導者是大型而非小型企業。財閥企業如三菱和三井能夠運用規模經濟、整合全國供應鏈，從而宰制國內經濟、進軍國際貿易。日本企業快速做到技術升級、趕上西方水平、融入全球經濟。日本只花了相對短暫的時間，就成為具備全球競爭力的工業製造大國。[6]

來到十九、二十世紀之交，日本已經是一個現代工業國家：自給自足、全球整合、擁有軍事安全。它做到了「富國」與「強兵」。趕上西方國家之後，現代日本開始在區域運用實力。一八九五年，日本與中國為了朝鮮半島的掌控權開戰，結果日本擊敗中國，藉由《馬關條約》

取得臺灣，在臺灣進行殖民統治直到二戰結束為止。一九一〇年，日本併吞韓國，為它一九三〇年代的帝國主義與擴張主義事業做好準備。

民主實驗

現代化理論告訴我們，社會、經濟與政治現代化會引發不滿情緒，催生出一個要求更多的社會。人民對參與政治事務的期望，很快就在現代化的日本出現。明治政權的帝國「子民」愈來愈將自己視為現代「公民」。爭取政治改革的民眾示威與動員——例如自由民權運動——在十九世紀末年出現，充分代表明治日本的政治異議文化。

日本民眾開始挑戰絕對君權與皇室。一九〇〇年代初期，民眾要求對政治有更大的發言權與參與權。政治不滿蔓延到全國。隨著日本現代化，從街頭到工廠，產業勞工開始組織與動員。勞工暴動、罷工、民眾抗議愈來愈頻繁。民眾尋求建立更為強勢的立法機構，那是明治憲法遲遲未兌現的承諾。他們也要求政府擴大投票權，這過程在一九一〇與一九二〇年代逐步進行，最終成果是一九二五年通過的《普通選舉法》。簡而言之，隨著日本的社會與經濟現代化，民眾要求更多的政治民主，而且並沒有空手而回。

明治政權的政治在許多方面都相當進步，也從十九與二十世紀之交開始回應人民的改革訴求。一九一〇年代，日本的政治體系逐漸開放，對民主形式的權力分享、更具民意基礎的治理參與體制進行實驗。一些社會救濟與脫貧政策也陸續出爐。這一段初步改革時期從一九一〇年代進展到一九三〇年代，因為當時領導皇室的大正天皇（譯注：一九一二至一九二六年在位）而得名「大正民主」。

日本早期民主實驗的最主要特質，在於政治競技場出現政黨。當時頗具影響力的《大阪朝日新聞》在一九二四年發布一篇社論，主張：「政黨必須為全體國民擬定政策，政策是否正確則由國民裁決。」日本的政黨從起步之初就不只是用來組織與動員政治力量的體制性機制，它們能夠反映民眾的意志與偏好，因此被視為具正當性的政治行為者。《大阪朝日新聞》寫道：「如果執政黨的綱領不再符合國民的意志，它就應該將政權轉移給反對黨。」[7] 政治權力必須分享、可以在競爭政黨之間轉移，這樣的觀念反映了對於政權民主輪替的理解，以及對於貨真價實選舉競爭的投入。日本民眾期待政黨角逐政權。

民主的基本原則在二戰前的日本已經扎根。除了一九二二到一九二四年的兩年例外，從一九一八到一九三二年日本的第一場民主實驗——大正民主期間，每一屆政府內閣都是由政黨組成。一九一八年，原敬首相（內閣總理大臣）組成第一屆政黨領導內閣，他也是第一位由民選國會推選出的日本領導人。日本維繫到一九三〇年代初期的帝國民主（imperial democracy）時期，最常見的政府形式正是經由人民選舉產生、政黨領導（而不是軍方領導或威權人物領導）的內閣。

然而大正民主並不代表日本的全面民主化。畢竟，帝國民主是一種可以逆轉的實驗，預示了戰後發展亞洲各個地區——從日本自家開始——出現的可逆轉民主實驗。明治憲法反映的是在威權統治之中，加進了一些民主參與、權力分享的成分。舉例而言，這部憲法規定天皇是大日本帝國的最高政治權威，但同時也建立了民選的帝國議會（眾議院）等參與式政治體制。大正民主在威權主義的明治傳統與剛起步的民主進程之間，勉力維持稍縱即逝的平衡。[8]

儘管如此，我們不能否認日本早期民主實驗——亦即所謂的「帝國民主」——得以建立的基礎，是民選行為者與非民選行為者的權力分享。以我們討論發展型軍國主義的用語來說，那是一種「共治」。雖然日本民眾可以選舉議員，但複雜政治體系中的非民選行為者限制了帝國議會的立法權。舉例而言，帝國議會上議院「貴族院」就能夠制衡內閣。直接由天皇任命的樞密院，更有權否決國會通過的法案。為了確保皇室統治日本不會假手他人，天皇任命一小群忠於皇室的政治菁英作為「元老」，參贊國家政策。元老有權力任用首相，確保皇室保有對政府領導人的決定權。一旦民間出現動亂威脅，日本現代化的軍隊會負責鎮壓平定，從而在維持秩序、擁護皇權方面扮演重要角色。

因此，日本的帝國民主觀念代表一種緊張關係，一邊是大權在握、備受擁戴的君主，一邊是民選的文人政府。許多歷史學家認為，大正時代的民主頂多是一種層次淺薄、問題叢生的民主體制，崩潰是必然命運。學者指出，「帝國」與「民主」是兩個相互矛盾的觀念，在實務上很難協調。「帝國」意謂君主至高無上，違反了作為民主本質的「民治的政府」（government by the people）先決條件。

戈登在體認這些矛盾的同時指出，此一時期的「帝國民主」一方面「擁護天皇、擁護帝國」，一方面「致力於實現不易捉摸的政府概念，以及人民的政治參與」。戈登認為，大正時期的帝國民主之所以能夠化解矛盾、維持一段時間，原因在於天皇、軍方、官僚體系與民主政黨的目標「有邏輯上的關聯性」。換言之，這些政治行為者在大正時代共存並分享權力，是因為他們對國家有著同樣的期盼：讓日本快速現代化。[9]

然而這種一致性並沒有持續下去。大正時代日本的政黨領導政府維持了將近十五年，這場民主實驗終於失敗，到一九三二年（譯注：昭和七年）被法西斯主義軍事政權取代。當時日本爆發一連串經濟危機，一九二九年之後的全球經濟大蕭條（Great Depression）更是雪上加霜，凸顯政黨領導政府無法應對經濟動盪。政治責任必須有人承擔，政黨與政黨領導政府首當其衝。[10]

早在一九二七年，日本金融業因為被鉅額的工業界逾期放款拖累，陷入無力清償危機，引發廣泛恐慌（譯注：史稱「昭和金融恐慌」）。日本民眾批評政黨領導政府對金融危機應對無方，要求樞密院發布緊急敕令，遏阻金融體系崩潰。幾年之後的一九二九年，大蕭條爆發，日本經濟和世界許多經濟體一樣陷入停滯，日本銀行業不顧政府勸阻，趁著大蕭條的時機炒作日圓，在一九三〇年代初期獲利頗豐，一般日本民眾卻痛苦萬分。這段時期的日本，同時經歷了經濟危機與政府治理危機。

大蕭條時期的日本有投資客靠投機致富，但也有薪資倒退、工會活動與政局動盪，影響遍及日本各地。比較一九二〇年與一九三〇年，勞資爭議（労働争議）從二八二件激增到九〇六件。原物料價格慘跌，日本農業遭受重創。農民家庭平均收入幾乎是一夕腰斬，一九二九年還有一三六六日圓，到一九三一年只剩六四一日圓。這段時期，佃農（小作人）與地主的紛爭也激增超過六倍，一九二〇年與一九三〇年各為四〇八件與二四七八件，一九三五年更多達六八〇〇件。

從一九二〇到一九三〇年代，政治、經濟與社會動盪不安蔓延各地，日本政黨體系與政黨領導政府的聲望也大受影響。各方普遍認為政黨無法領導國家，我們所謂的「穩定信心」蕩然無存。在此同時，沙文民族主義（chauvinistic nationalism）也在日本各地興起，風靡意識形態光譜上形形色色的政治人物，既有右派法西斯主義者，也有放棄階級鬥爭、奉行民族民粹主義的左派勞工組織。歷經了一九二〇年代晚期與一九三〇年代的政治與經濟危機，天皇不再信任政黨有能力治理日本，日本新生帝國民主的種種矛盾於是全面引爆。[11]

政黨領導政府喪失正當性，讓日本軍方有機可乘，從民選政治人物與政黨手中奪取政權。民主體制即將崩潰，可逆轉的民主實驗即將遭到逆轉。

一九三〇年代早期，日本軍方公開違抗文人政府。例如一九三一年日軍入侵中國（譯注：九一八事變），在滿洲建立傀儡政權，儘管當時的內閣擔憂日本的擴張野心日益高漲。一九三七年惡名昭彰的「南京大屠殺」尤其殘暴，日軍占領南京之後，數十萬名中國人民慘遭殺戮，包括數萬名被性侵、被殺害的成年與未成年女性。回到日本國內，愈來愈多法西斯主義者與反民主政治人物進入政府，他們與軍方同一陣線，迫害反對派人士。一九三二年，大正民主被送進棺材，敲下最後一根釘子，首相犬養毅遭到軍方右翼團體暗殺。[12]

日本的第一次民主嘗試以慘烈的失敗收場，在結束相關討論之前，我們應該要強調大正時代的民主與明治時代的現代化都留下長久的遺產，而且深刻影響了日本戰後的民主轉型。

首先，拜明治憲法之賜，政治權力分享成為現代日本政治體系的關鍵特質，儘管它在實務運作上遭到法西斯軍國主義壓制。顯而易見的是，只要軍方大權在握，政治競爭場域就不可能公平。因此，大正時代帝國民主有其根本的缺陷，必須進行更深層的改革。

其次，明治維新摧毀了大日本帝國殘存的封建體制，從而催生出一群政治與經濟菁英，他們在一九四五年之後的日本成為發展與民主的中堅。

第三，明治改革時期的現代化工作打造出一個現代國家官僚體系，並且得以在戰後的轉型過程中保持完整。官僚體系的持續性能夠提供信心，相信戰後政治體系的民主化並不必然導致動盪不安。國家領導的經濟復甦能夠穩定日本的局勢，官僚體系如果保持完整則是經濟復甦的關鍵所在。

第四，日本早期的民主實驗引進了政黨，作為一種脆弱但可運作的政治組織，用於動員民眾、為政府建立民意正當性（popular legitimacy）。這些影響在面對法西斯主義時或許相形見絀，但是仍然為日本最終——而且極為成功——的民主轉型搭建了舞臺。

打造戰後民主

一九四五年八月十五日，昭和天皇裕仁宣布日本投降；幾天之前，美國在廣島與長崎投下原子彈。原子彈造成的浩劫讓日本無法承受，九月二日正式簽署《降伏文書》。短短幾天之內，美國帶頭的占領當局接掌了日本的行政權，目標非常明確：將日本非軍事化、民主化。日本投降過程與戰後重建的藍圖《波茨坦宣言》（*Potsdam Declaration*）明確規定：「言論、宗教及思想自由，以及對於基本人權之重視必須成立。」宣言第十條並要求：「日本政府必須消除所有阻礙日本人民復興及增強民主趨勢之障礙。」

值得注意的是，占領當局的領導人並不認為對日本而言，民主是新奇或外來的觀念。相反的，他們體認到民主實驗的種子已在數十年前播下，大正民主對戰後日本而言是正面遺產。因此，占領當局的目標是要復興日本的民主並予以鞏固，而不是為日本「發明」民主。

麥克阿瑟將軍負責帶領美國主導的占領行動，他運用駐日盟軍總司令的職權，迅速啟動一項民主改革計畫。麥克阿瑟負責占領行動，在日本擁有巨大的政治權力與權威。他曾經快人快語，形容自己有如日本的新任政治領導人，比天皇與帝國議會更強而有力。日本民眾則稱麥克阿瑟是「藍眼睛的幕府將軍」。

很重要的一點在於，占領當局並沒有直接統治日本，而是施行「間接」統治，與日本領導人合作推動改革。占領當局從政治考量出發，很在意自己在改革日本政治體系時，是否會給人高壓手段的感覺。它也不希望外界認定它是透過武力或脅迫，將民主移植到日本。舉例來說，占領當局刻意將盟軍總司令部的民主改革計畫呈現為「日本政府本身的建議」，以便營造出一種國內運作的正當性。[13] 日本政治學者袖井林二郎指出，占領當局的改革工作之所以成功，一部分要歸功於盟軍總司令部（General Headquarters, GHQ）對日本政治人物尋求並得到的「本國人合作」。[14]

然而施行間接統治策略的動機，並不僅是政治考量。從實務與行政的觀點來看，占領當局需要日本的政治人物來領導民主改革。日本投降後的幾個星期之內，占領當局尋求盡快任命一名首相、組成臨時政府，條件是要能夠忠實推動民主改革。占領之初，盟軍總司令部選擇一位皇室成員出任首相（譯注：東久邇宮稔彥王），但麥克阿瑟很快就打消計畫，因為這位人選無法與占領當局合作。

占領當局領導階層如果想要打造一個民主體制，就需要可靠、幹練的日本合作對象。麥克阿瑟選擇與資深政治人物、外交官出身的幣原喜重郎合作，由他執行占領當局的改革計畫。幣原喜重郎在二戰之前曾經擔任外務大臣，他屬於溫和保守派，支持政黨領導的帝國民主，反對日本在一九三〇年代的擴張主義政策。日本的戰時法西斯政權將幣原喜重郎打入冷宮，他繼續擔任貴族院議員，但不再參與立法工作或內閣事務。二戰之後，幣原喜重郎原本打算退隱，然而在一九四五年十月被麥克阿瑟任命為臨時首相，他也立即組成一個臨時內閣。一九四五年晚期，幣原內閣改革選舉法，賦予女性投票權，降低投票年齡，開啟日後民主改革的先聲。

如同本書探討的其他「憑藉實力轉向民主」案例，政治領導階層的連續性是日本民主轉型的關鍵特質。儘管日本在戰爭中落敗，戰後遭到外國強權占領，但是這場戰爭並沒有消滅日本的政治領導階層。本書前面曾指出，大正民主的關鍵貢獻之一，在於催生出一個長期運作的保守派政治人物群體，成為日本帝國民主的推動者。

這些政治人物是明治維新的產物，儘管對天皇的角色抱持保守而傳統的觀念，但仍然支持政黨領導、人民選出的政府。他們一度被一九三〇年代的法西斯政權邊緣化，但設法通過戰後轉型歷程的考驗。他們不僅在戰爭中存活，而且對日本民眾而言仍然具備政治重要性，那是日本早期民主實驗的重要遺緒。隨著軍方潰不成軍，君權遭到限縮，這些政治人物在日本統治體系的相對實力也大幅擴張。

在占領當局改革日本政治體系的過程中，保守派政治人物成為重要的合作夥伴。占領當局授權他們帶領日本民主改革，但他們除了與占領當局領導階層合作，也協助擬定了民主改革的進程。因此對於日本的政治變革而言，他們是主動而非被動的行為者。

戰後民主憲法的制定，很能夠說明這種一體兩面的過程。日本民主憲法在一九四六年春天出爐，一九四七年生效施行。這部憲法建立並強化了民主的體制，包括賦予全體國民更多的權利與自由，國會成為最主要的公共政策制定機構，政治競爭場域變得更為公平，天皇的角色被降格為國家與國民的象徵。最重要的是，日本軍隊遭到嚴格限縮，其規模與獲取軍備的能力都大打折扣。日本民主憲法又被稱為「和平」憲法，充分顯示軍方已被拔除毒牙。

傳統觀點認為，由於這部憲法是由麥克阿瑟的顧問起草，因此日本人在制憲過程中沒有多少、甚至完全沒有置喙餘地。就如同哈達德所云，一般似乎認為美國帶頭的占領當局就只是「給予」日本一部民主憲法，強迫日本照單全收。的確，盟軍總司令部委派一小群美國專家負責起草憲法，最後由日本接受並施行。也的確，占領當局的談判代表曾經威脅要將憲法草案公之於世，迫使日本臨時政府接受這部美國版的憲法。

然而指稱日本方面——尤其是得到占領當局重用來領導民主改革的保守派政治人物——在制憲過程中沒有聲音或能動性，這種說法並非事實。「外力強加的民主」這種傳統說法掩蓋了一個更深層的故事：一方是占領當局，一方是日本保守派政治領袖（包括幣原內閣成員在內），雙方進行有來有往的爭論、談判與讓步。[15]

占領期間開始之後不久，盟軍總司令部邀請日本政府起草一部新憲法。保守派本性難移，日本臨時政府建議新憲法應保留明治政權諸多威權主義特質，特別是天皇仍應扮演重要政治角色。簡而言之，他們尋求讓帝國民主復辟，只是放棄了海外帝國。

日本保守派政治領袖並不打算俯首接受美式民主。他們相信——後來顯得天真——占領當局會接受他們的憲法草案，至少在協商中進行考量。麥克阿瑟對於日本臨時政府居然提出這種憲法大感訝異，委任一個盟軍總司令部內部小組撰寫新草案。換句話說，日本曾經嘗試提出自家版本的憲法，然而美國帶頭的占領當局決定起草新的版本。

日本臨時政府藉由第一個版本的憲法草案明確宣示，政府絕不可能照單全收一部「外國」憲法，一定會對如何治理日本保留發言權。事實上我們也必須肯定麥克阿瑟，他並沒有忽略日本的政治現實。他體認到，天皇與君主體制是凝聚整個日本的重要力量。天皇不能完全廢除，儘管美國人與麥克阿瑟本人厭惡君主體制的觀念。麥克阿瑟後來被迫讓步：想要維持戰後日本的團結與穩定，並且為新憲法賦予正當性，天皇的角色不可或缺。他不得不承認，新憲法必須保留君主體制，才能夠得到日本民眾接納。

因此當美國將軍惠特尼（Courtney Whitney，譯注：律師出身，時任盟軍總司令部民政局局長）在一九四六年二月拜訪日本各界領袖、討論修憲議題時，他提出的草案保留了天皇與君主體制的象徵性地位，這是對於保守派當家的日本臨時政府的策略性讓步。但儘管麥克阿瑟做出讓步，日本的反應一如預期很不友善。日本的談判代表團由外相（後來出任首相）吉田茂領銜，認為新憲法在日本必然失敗，他們「完全無法接受」。知名日本法律學者松本烝治發出嚴峻警告：「憲法一旦無法符合國情，勢將導致暴政與苛政。」[16]許多政府人士及其保守派盟友都對草案相當反感，視為占領當局要強迫日本就範。

然而日本保守派菁英之中有幾位意見領袖，以策略性的方式參與制憲過程，最終目標是維護自身利益。這些政治人物認為，向新憲法草案讓步將為保守派現任政府帶來政治利益。舉例而言，一位政府高階領導人蘆田均（譯注：時任厚生大臣，後來出任首相）認為，一味反對或拒絕新憲法草案可能導致保守派在日後的選舉中落敗。他還進一步指出，保守派政治人物——有許多都是國會議員——如果對惠特尼提出的草案讓步，將可望在未來的選舉中締造佳績，尤其是一九四六年四月的國會眾議員選舉，保守派將爭取到支持民主的選民。換句話說，向新憲法草案讓步有助於提升保守派的信心，他們相信自己能夠贏得可觀的民意支持；另一方面，拒絕新憲法草案將為尋求連任的現任議員造成困擾。

保守派陣營其他人士看得更遠，但同樣以策略為重。有些人相信臨時政府沒有什麼選擇，只能接受占領當局的憲法草案。前文曾經提及，保守派承受的政治壓力實在太大，無法視而不見。然而同一批政治人物也相信，「假以時日，修憲還是可以走回頭路。」雖然此時讓步放行憲法草案，但美軍占領結束之後，未來的日本政府還是可以修憲。曾在一九四六年會晤惠特尼、後來出任首相的吉田茂就承認：「我當時心想，等到我們恢復獨立，該修正的都可以修正。」[17]放行新憲法不僅讓臨時政府在即將來到的國會選舉中如虎添翼，也讓它有朝一日可以擺脫美國干擾、進行修憲。與發展亞洲其他後進的「憑藉實力轉向民主」案例一樣，日本一開始的讓步放行民主也是一場可逆轉的實驗。

究極而言，日本政府之所以讓步放行民主憲法，是基於一種追求政治自保的策略思維。美國的壓力的確重要，但日本保守派政治人物也明白，接受新憲法最能夠幫助他們繼續掌權，而且是藉由民主方式：贏取選票。臨時政府的政治人物讓步放行民主，然而他們並不是承認失敗，也沒有被打入政治冷宮。他們讓步是為了勝利。保守派政治人物重建了一九一〇與一九二〇年代的政黨體系，用以動員保守派選民。幣原喜重郎在一九四五年晚期的選舉改革也有類似的動機：相信選民會持續支持保守派政治人物，擴大選票基礎「有助於保守勢力的持續運作」，不會讓現任政府受到挫敗甚至傷害。[18]

執政者「讓步換取勝利」的策略很快就收到成效。一九四六年四月，日本舉行戰後第一屆國會選舉，兩大保守派政黨「日本自由黨」與「日本進步黨」大舉動員支持者，在四六四席的眾議院中合計斬獲二五八席，比例高達五六%。兩個保守派政黨各有其保守派的前身，徵召出身大正時代政黨的老手與政治人物，投入一九四六年的選舉。日本社會黨是選後眾議院第三大黨，但它只贏得九十六席。一九四六年這場選舉的投票率超過七〇%，進一步證明了保守派擁有廣大的民意基礎。

與傳統觀點正好相反，日本戰後初期的保守政治勢力並不衰弱，也絕不能說是過氣或者無足輕重。戰後日本通過新憲法的過程，凸顯了日本的政治菁英——尤其是一批通過戰後轉型考驗的保守派政治人物——展現了可觀的策略能動性，為日本的戰後民主實驗制定憲政規則。他們讓步放行民主以確保自身繼續掌權。臨時政府與其保守派盟友基於自身繼承的實力做出豪賭，一九四六年日本戰後第一場選舉登場，結果他們賭贏了。

憑藉信心讓步

民主理論學者普沃斯基（Adam Przeworski）提醒我們，選舉的不確定性是民主政治的招牌特徵。[19]自由而公平的競爭意謂政治結果無法預先安排，也不會等而下之地被貪腐、脅迫的惡勢力操控或決定。然而選舉的不確定性並不意謂政治人物不能懷抱這樣的信心：藉由讓步轉向民主，他們可以擴大自身的政治支持度，政治力量不減反增。普沃斯基指出，民主畢竟不是全然的不確定性，而是一種「體制化的不確定性」(institutionalized uncertainty)，具民意支持的執政黨有信心選舉能夠反覆進行，結果受到各方尊重，而且不斷增進他們的利益。

在日本，憑藉實力讓步等於是憑藉信心讓步，相信引進民主符合掌權者的利益。從早年大正民主一路走來的保守派政治人物有許多理由懷抱信心：不僅戰後民主憲法有助於營造穩定的轉型過程，而且保守派掌權者能夠保持、甚至擴大自身的政治力量。

這些過去倡議帝國民主的保守派政治人物，儘管曾經涉足戰前日本那場失敗的民主實驗，但還是能夠對選民顯示，他們成功為戰後日本帶來了民主。一部分原因在於保守派政治人物全面參與了制憲的談判協商，因此可以拿新憲法來佐證他們對民主的誠心誠意。不僅如此，他們聲稱自己為日本帶來民主的說法頗具說服力，因為占領當局將他們納入改革過程，視為日本民主改革的夥伴，而不是敵對人士或者反民主頑固分子。

對於保守派政治人物與現任政府來說，締造民主為他們掙得了民主正當性與可信度。我們在接下來幾章將會看到，現任政權將自身描繪為改革者、有功於民主轉型的能力，將會催生出重要的政治與選舉支持。這項政治策略成效卓著，而且不僅在日本如此。以臺灣與南韓為例，威權執政黨啟動民主轉型並締造民主，因此多少能夠彌合政權的分歧，而且在選舉時從民主派反對黨吸走一部分支持。

日本的民主改革者不僅重建政黨體系，他們還很有信心單一選區相對多數決的選舉體系（同樣沿襲自大正時代）對保守派的執政黨有利。一九四六年國會選舉之前，規模較小的社會黨與共產黨要求重新設計選舉規則，施行比例代表制（proportional representation）。這種選制有利於規模較小、意識形態取向的政黨，因此社會黨與共產黨有此主張不足為奇，他們期望日本左派政黨擁有更大的發言權。

同樣不足為奇的是，保守派抗拒這項選制變革。他們尋求保持單一選區相對多數決制度，讓大型選區的選民從不同政黨的候選人做選擇，得票最高的候選人即可當選，得票並不需要過半數。此外，大型保守派政黨能夠在全國各選區提名具競爭力的候選人，像社會黨與共產黨這種較小型政黨則無法做到，它們通常在城市地區較受歡迎。因此，既有的選舉體系讓全國性保守派政黨藉由鄉村地區拿到席次紅利。鄉村地區早在一九二〇年代就看到保守派政黨深入經營，以城市地區為主的左派政黨支持度相形見絀，席次劣勢每況愈下。簡而言之，維持既有的選舉體系、避免進行改革，都讓大型全國性政黨相較於反對黨占有顯著優勢。[20]

雖然民主化應該要帶來自由而公平的選舉，但特定的遊戲規則總是會讓某些政黨比其他政黨更占優勢。我們將在討論臺灣與南韓的篇章中看到，民主轉型時期特定的選舉體系，也會深刻影響民主開展的過程。在臺灣與南韓兩個案例中，選舉的遊戲規則都為在位政權帶來優勢。政黨如果有信心民主轉型不會讓他們在選舉中落敗、而會提升自家的選舉成績，他們將會更願意採行民主。

保守派偏愛的單一選區相對多數決體系，在日本成為主流選制。兩個保守派政黨日本自由黨與日本進步黨一如預期，在一九四六年的國會眾議院選舉——日本戰後第一場選舉——表現搶眼。日本自由黨囊括最多席次，成為眾議院最大黨，與日本進步黨合計拿下四五．七%的選票，在全國各地從城市到鄉村都廣受支持。拜選舉規則與選區劃分之賜，保守派政黨的四五．七%得票率囊括了眾議院的五六%席次，代表一〇%的席次紅利。相較之下，反對黨社會黨的席次紅利只有二%，反映了他們在城市地區超額代表（overrepresentation），在鄉村地區則缺乏支持。共產黨得票率不到四%，印證了保守派的信心。

民主轉型並不會傷害或削弱堅實幹練的官僚體系，那是日本戰前發展型國家的核心要素。[21] 儘管占領當局以改造日本政治為目標，但是並沒有對日本的官僚體系開刀。美國人期望日本保持穩定，因此無意拆解這一套發展型國家的官僚體系。占領當局從一種韋伯式的觀點出發，將官僚體系視為非政治的行為者。對占領當局的領導階層而言，一個堅實幹練的官僚體系並不會威脅民主。而且正好相反，盟軍總司令部相信堅實幹練的官僚體系對於推行政治改革、振興日本經濟不可或缺。日本這套發展型國家的機制最初是在十九世紀中期、明治維新之後發展起來，來到二十世紀中期則確保日本能夠平穩進行轉型過程。

本章稍早曾經論述，戰前發展型國家官僚體系對於日本的經濟發展至關重要；日本戰後經濟快速復甦則為保守派政府帶來政治支持，並且營造出整體的穩定情勢。官僚體系的連續性也讓保守派政黨能夠強調他們在戰前繳出的發展成績，用安娜・格齊瑪拉－布斯（Anna Grzymala-Busse）的話來說就是「可用的過往」（usable past）。[22]在這方面，官僚體系的連續性與優質發展型國家的長期運作都對保守派掌權者有利，讓他們更有信心民主化不但不會威脅、甚至可能強化保守派對政治權力的掌控。

對照日本戰後的官僚體系連續性，在一九三〇年代摧毀早期民主實驗的軍方到一九四五年之後已被邊緣化。《波茨坦宣言》第六條宣示：「欺騙及誤導日本人民使其妄欲征服世界之人的威權及勢力，必須永久剔除。」日本投降之後，盟軍總司令部立刻解散軍方多個部門，裁撤戰時法西斯政權用以壓迫人民的祕密警察（特別高等警察）。一九四六年東京大審（遠東國際軍事法庭）期間，數千名曾經參與戰爭與日本帝國主義擴張的軍人遭到審判與懲罰。戰後民主憲法也特別著墨，限縮日本重新武裝軍方的能力。

對於迅速徹底剷除占領行動發揮的作用極為重大。如果沒有美國介入，戰後日本不可能引進民主。以美國為首的占領行動趕鴨子上架，確保日本軍方勢力被大卸八塊，剩餘部分由文人體系牢牢掌控。對軍方的壓制加上新憲法對君主角色的限縮，解決了大正時代帝國民主的矛盾衝突，改善了天皇、軍方與民選政黨之間原本脆弱的平衡。

拔除軍方勢力為日本創造出一個政治空間，讓政黨及其角色得以重獲生機，成為民主組織與體制的中流砥柱。民主在本質上就是要讓執政黨與反對黨能夠公平競爭，然而日本的民主化在做到這一點之前，必須先讓民選政治人物與非民選掌權者能夠公平競爭，戰後日本不能重返戰前帝國民主的文人與軍人「共治」。

總而言之，保守派政治人物及其盟友讓步轉向民主，但出發點是自身相對強勢的實力，而非衰弱不振。實力為保守派帶來信心，相信引進民主不會終結他們的政治生涯，也不會導致國家動盪不安。民主反而能夠強化保守派對於權力的掌控、重振發展型國家、推進日本經濟復甦。一九四六年的選舉結果，印證了保守派政黨的勝利信心與穩定信心。

留守民主賽局

日本戰後第二場大選很快就登場，保守派執政聯盟意外遭到挫敗。一九四七年的選戰是三方短兵相接，日本自由黨、新成立的民主黨（繼承保守派的日本進步黨）與社會黨各自拿到逾二六％選票。社會黨得票率上升八％，席次從九十六席增加到一四四席，淨增四十八席，成為眾議院第一大黨，占有全院三一％席次，日本自由黨與民主黨各占二八％。

一九四七年大選是日本戰後民主轉型歷程的十字路口。兩個保守派政黨加總計算雖然繼續擁有多數民意支持（五三％得票率、五六％眾議院席次），但與一九四六年的選後情勢不同，無論是日本自由黨抑或民主黨都不是國會第一大黨。非保守派的社會黨掌握眾議院最多席次，得以組成一個左傾的聯合政府。這是發展亞洲選舉史上罕見的情況，左派比右派更為團結，至少短時間內如此。

兩大保守派政黨發生政治內鬥，這對抗衡社會黨領導政府的保守派聯盟而言不是好兆頭。許多人擔心保守派政治人物甚至會背棄民主的賽局；一九三〇年代保守派政府陷入困境時，一些保守派政治人物就曾這麼做。人們也擔心一九四七年的國會選舉沒有明確的贏家，社會黨只是拿到最多席次，這種情勢可能會引發政局動盪。當時，日本的民主實驗岌岌可危。

後來，日本保守派政治人物仍然忠於民主。何以致之？一個原因是社會黨領導的執政聯盟相當脆弱，而且相當短命。社會黨原本無法與任何一個主要政黨建立穩定的合作關係，拖延一段時間之後，他們拉攏到民主黨內的進步派系，加入聯合政府。然而為時已晚，聯合政府從起步就注定失敗，社會黨無法展現決斷的領導風格，拼拼湊湊的聯盟反而凸顯了保守派政黨仍然不可或缺，他們的政治力量仍然強大。日本的保守派政黨類似印尼的戈爾卡黨（第七章詳述），儘管不再能夠憑一己之力掌控國會，但仍然是決定社會黨聯合政府命運的「造王者」(kingmakers)。

由於施政困難，社會黨的聯合政府在一九四八年秋天垮臺，距離成立才幾個月時間。日本自由黨領導人吉田茂被任命為臨時首相，他在一九四九年一月舉行國會大選。保守派儘管在一九四七年選舉遭到挫敗，但仍然留在民主賽局之中，因此能夠策動新的選舉，爭取機會讓保守派政治人物藉由民主方式重新站上政治領導位置。儘管一度敗在社會黨手中，但是對民主賽局不離不棄，日本兩個保守派政黨的做法收到成效。一如我們先前的論證，民主符合保守派的政治利益。

有一點相當重要：保守派占據優勢也符合盟軍占領當局的利益。基於地緣政治以及意識形態的理由，美國政府希望民主日本由保守派掌權，而不是左傾的社會黨或共產黨。區域的共產黨威脅日益升高，促使華府在一九四七年採行日本所謂的「逆反路線」政策。冷戰已經來臨，美國需要一個強大、堅韌的日本政府，進而讓日本成為一個可靠的盟邦，遏阻此一地區的共產主義擴張。[23]

華府的非正式遊說團體「日本派」（Japan Crowd）這時開始倡議一種縮小規模、步調溫和、較不具野心的日本民主改革計畫。這批親日本遊說者更重視政治與經濟的穩定，擔心占領當局的改革計畫野心太大，會導致日本情勢動盪不安，容易遭到共產黨滲透。美國政府與占領當局領導階層日益關切如何圍堵地區的共產主義勢力，因此不再那麼重視民主政治改革的步調與範圍，而會優先考量政治穩定與經濟復甦。

隨著美國自家政策改變，占領當局領導階層鼓勵日本重建國家警察部門，這一點相當特別，因為占領當局幾年前才解散了日本的祕密警察。此外，日本政府開始限縮憲法保障的勞工權益，占領當局對此沒有多少意見。當日本政府動手鎮壓共產黨及其支持者，盟軍總司令部也秉承美國的冷戰政策，並未做任何干涉。一九四七年之後的美國政策，優先考量是在國會選舉中擊敗社會黨。

冷戰興起的時代背景、美國在此一地區的地緣政治戰略，以及所謂的逆反路線政策，都在政治上強化了日本的保守派，協助保守派在一九四八年社會黨聯合政府垮臺之後捲土重來。珍妮佛・米勒（Jennifer Miller）指出：「對於旗幟鮮明的右翼與保守派政黨，美國一方面倚賴、一方面助長其勢力；這些政黨很快就與美國志同道合。」[24]美國因此釋出無比清晰明確的訊號：繼續留在美國支持的民主道路上，是日本這些保守派政黨的最佳選擇。[25]

一九四九年國會選舉，新近由保守派日本自由黨與民主黨部分派系組成的民主自由黨（民自黨）成為最大贏家，拿下四四％選票、五八％眾議院席次，獲得一四％的席次紅利以及戰後任何政黨最大的勝選差距。這場選舉也是戰後日本首度有單一政黨囊括眾議院過半數席次（不只是相對多數）。社會黨慘遭挫敗，得票率只剩一三・五％，席次只剩四十八席（占比一〇％），與一九四七年上次選舉相比遽減九十六席。

保守派在一九四九年大選重振聲勢，之後長期主宰政局；這樣的結果不只是日本保守派政治人物與政黨的期望，美國占領當局和美國政府顯然也有志一同。在美國安全保護傘庇蔭之下，日本——尤其是保守派領導人——在華府找到了強而有力的支持者，讓民自黨面對民主的勝利信心與穩定信心更加堅定。美國希望民主能夠在日本運作，而且是由保守派掌舵。

基於類似的地緣政治因素，確保戰後日本經濟繁榮也符合美國的利益。一個重獲生機、市場導向、工業化的日本經濟，融入全球市場體系，成為美國重要的貿易夥伴與經濟盟友。正如同民主有助於確保日本成為美國的政治盟友，經濟繁榮的日本也成為美國抵抗共產主義擴張的橋頭堡。

民自黨重建了日本的發展型國家，日本經濟成長率隨之快速攀升。一九五〇年代結束之前，日本工業生產力已回復到戰前的八〇%水平。早在一九五〇年代中期，日本工業經濟的兩大支柱礦業與製造業就已重返戰前水平。占領當局原本試圖解散財閥——戰前建立的企業集團，但日本政府不但沒有打壓財閥，反而大力幫助它們，以便推動產業成長。民自黨重建的發展型國家包括在一九四九年設立的通商產業省（通產省，MITI），強化了國家官僚體系的能力，來擬定與執行目標明確的產業政策。

美國的支持幫助了日本的經濟復甦，這一點並無疑問。尤其是美國的貿易與經濟政策，更是直接讓日本獲益。一九四七年的逆反路線政策迫使美國取消日本的戰爭賠償，讓日本政府大幅減輕財政負擔，釋出資源來對經濟進行國家指導的投資。不僅如此，在美國貿易官員的鼓勵之下，日本政府從一九四九年開始實施刻意低估的固定匯率（譯注：一九四九至一九七一年間，三六〇日圓兌一美元），藉此促進日本出口，特別是出口到美國市場；直到一九八〇年代，日本經濟都享有這樣的貿易優勢。

日本經濟——以及保守派日本政府——從美國支持得到的最大助益，就是美國在朝鮮半島捲入的冷戰衝突。當韓戰在一九五〇年爆發，美國需要日本製造商供應的工業產品，這項需求為日本帶來經濟榮景。從一九五一到一九五三年，美國的採購占日本出口總額將近三分之二，啟動了日本追求快速經濟成長的出口導向策略。韓戰在一九五〇年代帶來的貿易商機，讓日本的經濟復甦加速進行，也反映了美國的地緣政治優先考量，以及日本保守派掌權者的政治利益。隨著日本經濟成長，保守派政黨領導階層也愈來愈受民意支持，從而為保守派牢牢掌控日本戰後民主奠定了基礎。

鞏固保守派主宰地位

為了一九四九年大選而組成的民自黨，後來蛻變為自由黨（譯注：「自由黨」與「日本自由黨」不同，在一九五〇年由民自黨與民主黨連立派組成），並在一九五二年國會選舉大勝，掌控眾議院五二％席次。反觀社會黨則是在一九四九年大選潰敗後分裂，化身為兩個政黨（譯注：社會黨左派與社會黨右派）投入一九五二年大選。就算將兩個社會黨都納入，日本左派政黨在一九五二年只拿到二三％選票、二五％席次，雖然比起一九四九年大有進步，但仍遠遠不如領先的保守派自由黨。

日本的黨派政治看似穩定，然而國會的黨派組成卻預示了一九五〇年代初期發生的轉變。儘管兩個保守派政黨仍然主導政局，但政黨體系正在重新洗牌。自由黨與更廣大的保守派陣營發生分裂，逐漸侵蝕他們的選舉優勢。在此同時，左派的社會黨再次衝刺選情。一九五三年的大選尤其讓保守派政黨陣腳大亂，自由黨在首相吉田茂帶領之下損失了四十席，兩個社會黨則增加了二十二席。自由黨仍然是唯一能主導國會的最大政黨，但掌權地位顯然已經鬆動。

一九五五年大選是一道分水嶺，執政的自由黨只拿到二七%選票，比一九五三年的四〇%大幅倒退，席次也只剩一一四席。相較之下，另一個淵源自大正時代、選前才重新成立的保守派政黨「日本民主黨」（譯注：「日本民主黨」與「民主黨」不同，在一九五四年由改進黨、自由黨與日本自由黨組成）斬獲三七%選票、一八五席眾議員。政治光譜另一端的兩個社會黨合計拿到二九%選票、一五六席，亦即眾議院三分之一議席。

一九五五年的日本政壇四黨並立：兩個社會主義政黨與兩個保守派政黨（自由黨與日本民主黨）。四個政黨都不是獨當一面的選舉贏家。對於一九五五年大選與選後的四黨體系，有一種看法認為它預示了日本民主政治的黨派分裂，未來可能出現更不穩定的政黨體系。然而另一種看法則著重於政黨的重組。歷史告訴我們，後者才是正確看法。[26]

事實上，一九五五年大選鞏固了日本的政黨體系。儘管左派與右派陣營都發生政黨分裂，但是絕大部分日本選民那年仍然投給兩個保守派政黨。自由黨與日本民主黨合計囊括眾議院六四％議席，社會黨陣營三三％。一九五五年大選之後，兩個社會黨合併為日本社會黨，也促使兩個保守派政黨合併為自由民主黨（簡稱自民黨）。選後快速的政黨重組被稱為「五五年體制」，形成日本的兩黨政治：左派的日本社會黨對抗保守派的自由民主黨。一九五五年的政黨重組也形成了一黨獨大制：自民黨長期掌控國會多數席位，直到一九九〇年代的將近四十年間都擔任執政黨。自民黨成立就是為了鞏固自身在日本民主的保守派主宰地位。

一九五五年之後，自民黨成為日本發展型國家機制的領導者，掌握近三分之二眾議院議席，能夠進行高效率立法工作，經濟政策的優先順序與施政方向不受黨派鬥爭干擾。自民黨為了強化自身的決策能力，成立了「政務調查會」（簡稱政調會），負責培養黨內的政策專業，讓自民黨能夠在與發展型國家的官僚體系合作時扮演領導角色。政調會參照發展型國家的模式，僱用最優秀的技術官僚來導引政府政策，而且往往是從以才能為任用標準的官僚體系召募人才。

自民黨政府也與產業界密切合作。根據日本一項名為「官員空降」（天下り）的慣例，退休的政府官員或高階黨工可以轉進大企業擔任要職。約翰遜（Chalmers Johnson）在《通產省與日本奇蹟》（*MITI and the Japanese Miracle*）一書中描述，發展型國家官僚體系大權在握的副部長級官員，退休之後會被財閥企業延攬為副社長、社長、會長。[27]菁英在自民黨、發展型國家官僚體系、大型企業之間的流轉，營造出一個緊密連結的發展聯盟（developmental alliance）體系。

一九五五年之後，自民黨領導的發展型國家加速了日本的經濟復甦與發展。自民黨鎖定日本的基礎設施與重工業作為目標，對發電、造船、煤礦、鋼鐵等產業投入大量政府資源。這些投資很快就開始回收，從一九五五到一九六五年之間，日本鋼鐵生產成長了四倍有餘，這又成為其他重要的基礎設施與重工業的後盾。透過政府補助、目標性投資、策略性產業政策等做法，發展型國家讓日本的財閥企業重整旗鼓，特別是在勞力密集、出口導向的製造業部門。

整體而言，自民黨執政十年之後，日本製造業的產值增加了將近四倍。從一九五五到一九六五年之間，日本的經濟成長率年平均值在九%以上。日本的經濟發展有一大部分是由於自民黨政府推行出口導向的成長策略，讓日本融入國際市場。拜韓戰之賜起步的日本出口，在一九五〇到一九六五年間成長了十倍。一九六五年，日本達成貿易出超與國際收支盈餘，對照二戰結束之初的日本經濟慘狀，這是相當了不起的成就。同一地區其他在戰後快速成長的經濟體——尤其是臺灣與南韓——也採行了自民黨的經濟發展策略，包括推動出口導向的工業化。

來到一九六〇年代，日本再度崛起，成為一個經濟強權，是全世界成長最快的經濟體之一，也是亞洲地區各國效法的典範。自民黨將經濟治理、帶領日本的發展型國家塑造為自身的功勞。可以想見，日本民眾在受惠於經濟復甦之餘，也不斷以選票獎勵執政黨。自民黨執政的前二十年，政治主宰地位蒸蒸日上，在一九七六年之前的每一場眾議院選舉都贏得過半數席次。

除了協助發展大型企業、鎖定關鍵產業力推成長，自民黨政府還將**兼顧公平的成長**視為重點。[28]自民黨運用這項精心設計的策略來擴大、鞏固選民的支持基礎。儘管出身日本保守派，但自民黨體認到自身必須成為一個「普涵性」政黨，才能夠抵擋反對派陣營的社會黨。藉由採納社會福利政策計畫，這個保守派領導政黨吸走左派政黨的一部分選票。

日本執政黨成功地擴大自身的號召力，超越了傳統的保守派選民。自民黨仍然是一個為大企業利益服務的政黨，但是並不局限於這樣的角色。舉例來說，鄉村農民一直是自民黨及其保守派前身政黨的關鍵選民。占領時期初期，保守派臨時政府實施了土地改革，做法類似戰後的臺灣與南韓。土地改革以及解除地主對於土地租佃的控制權，促進了小規模農業的發展。一九五〇與一九六〇年代，自民黨不斷提高對農民的補助；對於爭取鄉村地區選票，這是一種粗糙但有效的肉桶政治（political pork）策略。對於城市地區，自民黨也對企業主、創業者提供類似的補助與信用貸款，以鼓勵中小企業發展。

一九六〇年，自民黨政府實施「池田計畫」（所得倍增計畫），得名自時任首相池田勇人。計畫的核心精神是兼顧公平的成長，特別著重要讓都市勞工「所得倍增」。這項所得倍增計畫透過目標性的經濟政策，來推動工業成長與部門多元化，並且倚賴一套完全就業策略來消除貧窮，同時還要促進國際經濟、與美國等進口國家簽署有利日本的貿易協定。藉由培養出口導向的工業部門，日本經濟擴大了勞動市場的規模，創造了高薪的產業工作。

對於擴大選民基礎，自民黨還祭出一項更為精心策劃的做法：在一九六〇與一九七〇年代，立法推行一連串政府支持的社會福利計畫。在發展亞洲，日本是第一個針對醫療、就業與老年收入實施全民社會保險的非社會主義經濟體。數十年之後，在一九八〇與一九九〇年代民主化的臺灣與南韓，也複製了日本的社會福利政策模式。保守派的強勢政黨——像是臺灣的國民黨——帶頭進行社會政策改革，有如日本自民黨的翻版。[29]

兼顧公平的成長這套策略，為自民黨帶來巨大的經濟與政治利益。國家帶領的發展造就了卓越的經濟成長，並且兼顧所得公平分配。日本在一九六〇與一九七〇年代高經濟成長率時期，吉尼係數（Gini coefficient）與強調所得公平的北歐國家同一水平。在政治上，公平成長的策略擴大了自民黨的訴求，除了爭取傳統的保守派選民，也吸引了原本可能投票給左派政黨——例如一九五五年之後風波不斷的社會黨——的選民。兼顧公平的成長鞏固了自民黨在民主日本的選舉優勢，而且維持將近四十年不曾中斷。在這個發展亞洲最大、最穩定、最富庶的國家，從一九五五到一九九三年的每一屆民選政府都由自民黨組成，不是直接掌握眾議院過半數議席，就是帶頭組成聯合政府。

日本的戰術手冊

本章的寫作宗旨之一，是要增益與修正——而不是駁斥——關於日本戰後民主轉型的傳統觀點，尤其是美國占領在此一轉型過程中扮演的決定性角色。占領行動對於日本民主轉型至關重要。舉例而言，剷除軍方勢力才能讓政黨重獲生機、蓬勃發展。日本採行美國專家草擬的憲法，進一步證明了美國對於日本民主化的影響力。占領當局的壓力發揮了關鍵作用，促使日本接受這部憲法。

然而這並不是故事的全貌。本章也說明了戰後的日本儘管是戰敗國，然而並不是一塊白板，讓美國的民主願景很容易就可以依樣畫葫蘆。美國占領日本是一樁獨立、單一的事件，但日本的民主轉型不是，它呈現為一系列相關聯的事件，具備從戰前到戰後的連續性。與傳統觀念相反，日本並不是在一九四五年投降之後重新引進整套的民主政治。我們認為日本的民主脈絡早在十九世紀就已出現，沿著日本現代發展的不同時期奮力前進，最終為憑藉實力轉向民主的進程提供助力。日本此一進程是一場可逆轉實驗的延伸，之後數十年間也發生在發展亞洲的其他地區。我們必須先體認保守派力量對於保持民主政治穩定的重要性，然後才能夠全面理解日本戰後民主是如何通過冷戰的考驗並維繫至今，理解為何這場可逆轉的民主實驗始終不曾真的逆轉。

我們在本章也闡述，明治時代的日本出現了一個現代化、幹練的官僚體系。來到戰後時期，這樣的發展型國家一直保持完整型態，讓保守派政治領導階層得以振興日本戰後的經濟。同樣的道理，一九二〇年代大正民主的遺緒，對於日本戰後的民主轉型也相當關鍵。大正民主不僅引進政黨作為重要的民主體制，同時也為政黨領導政府、政治競爭、政權轉移建立了基礎。大正民主還培養出大批保守派政治人物，他們既是傳統的君權主義者，也是代議制政府的支持者。雖然一九三〇年代的法西斯政權對這些新生的民主理念與做法先是排斥、後來壓制；但是到了戰後日本，它們起死回生，並不是什麼新發明的事物。

國家官僚體制的延續而非斷裂，保守派政治人物在戰後「過關」；這些因素為日本政治人物提供了前置實力與信心，從而在一九四六年接納一部民主憲法，重振發展型國家，加速日本的經濟復甦，鞏固民主政黨體系。儘管日本在戰火摧殘下淪為一個衰弱的國家，但是戰時被束之高閣的政治領導階層、國家官僚體系與政黨並沒有積弱不振。這些前置實力的泉源撐過一九三〇年代法西斯時期，為戰後上位的政治人物帶來勝利信心與穩定信心；他們讓步轉向民主，但並不是失敗認輸，而是預期國家會保持穩定、他們未來可望在選舉中獲勝。

我們在本章指出，日本從一九四六到一九五五年漸進式的民主化經驗，不妨重新解讀為一段可逆轉實驗的時期。日本那幾年的政權比較類似「選舉式威權政體」，追求漸進式的選舉自由化；亞洲另外兩個可逆轉民主實驗的重要案例——泰國與臺灣——也是如此。這類可逆轉實驗會成功抑或失敗，關鍵在於保守派政黨及其菁英盟友是否持續保有勝利信心與穩定信心。在一九五〇年代的日本，兩種信心都擁有扎實的基礎。

對於一九四〇年代日本的可逆轉民主實驗，雖然美國扮演帶頭啟動的角色；但是日本的民主化能夠在一九五〇年代完成，最關鍵的因素仍是日本保守派的盤算考量與成功經驗。美國的占領行動相當重要，但是單就其本身而言並非決定性因素，並不足以決定日本的民主命運；我們會在接下來的篇章看到，許多地區的民主實驗雖然得到美國支持，結果仍以失敗收場。

我們的分析提供了新的洞見，來觀照一個未被充分體認的謎團：冷戰期間日本強大的官僚體系，為什麼從來不曾淪落為官僚威權統治？日本的案例還不是憑藉實力轉向民主的最佳範例，臺灣的國民黨才是。然而作為發展亞洲第一個民主政體，日本的案例提供了重要的實證與理論洞見，可以用於解釋發展亞洲其他的民主政體是如何出現。

我們觀察到在民主的發展亞洲，強大的威權政黨之所以讓步轉向民主，原因不是承認失敗，而是為了繼續掌握政權，在民主政治中繼續主宰政局。當他們相信自身繼承的前置實力讓他們面對反對陣營占有優勢，而且局勢會保持穩定，這樣的信心會讓他們選擇民主。日本經驗也佐證了一個觀念：民主與經濟發展可以攜手同行，成功而持久的民主實驗能夠強化一個國家的長期發展前景。

在本書接下來的篇章與個案研究，我們會看到發展型國家主義群聚其他民主化後進的案例，它們的經驗如何反映日本的經驗。日本與其他民主化後進國家的發展與民主過程，呈現出驚人的相似性。我們認為這些相似性並非偶然：它們代表群聚化現象。

4 臺灣：憑藉實力轉向民主的範例

如果日本是發展亞洲憑藉實力轉向民主的第一個案例，那麼臺灣就是經典案例。日本戰前的保守派菁英得到機會，從第二次世界大戰的廢墟與灰燼中崛起；臺灣的國民黨則是憑藉長期強勢的實力，啟動民主改革。

一九八六年，臺灣反對派運動人士創立新政黨「民主進步黨」（民進黨）。當時國民黨威權統治臺灣已將近四十年，並且實施戒嚴。國民黨鐵腕治國，禁止反對派組黨，因此民進黨是在反抗威權政權下違法組成。各方預期國民黨會鎮壓這個新興的反對黨，畢竟強而有力的威權政權都會這麼做。

事態發展出人意料，國民黨領導人蔣經國總統決定容許反對黨成立。一年之後的一九八七年，國民黨政權宣布解除戒嚴，逐步開放政治場域，讓反對派有更大的活動空間，限縮威權國家最具壓迫性的措施。一九八九年，臺灣立法院局部改選（增額立法委員），反對黨候選人投入選戰，國民黨之外的政黨旗幟頭一回亮相。三年之後的一九九二年，立法院進行史上第一次全院改選；一九九六年，臺灣第一場競爭性的總統選舉登場，國民黨與民進黨都推出候選人。從蔣經國一九八六年決定不鎮壓民進黨開始，一連串的政治讓步引發了有如連鎖反應的政治事件，最終造就了臺灣的民主轉型。

臺灣案例的特殊之處，也是讓它成為本書「憑藉實力轉向民主」經典案例的原因在於，國民黨一九八〇年代晚期啟動民主化進程的時候，仍然是一個非常強大的政黨。一九八六年的國民黨並沒有陷入危機，臺灣在政治或經濟領域也沒有面臨崩潰邊緣。

當時臺灣的經濟相當繁榮，沒有走下坡的跡象。國民黨掌控發展型國家的數十年間，臺灣經歷長期持續的經濟成長。一九八〇年代的國民黨政權在政治上也相當穩定。示威抗議事件不時發生，但國民黨政權都還能應付——可能是國家策動的鎮壓，也可能是選擇性給予經濟好處。一九八〇年代初期出現的「黨外」反對勢力後來演進為民進黨，本質上是一個菁英化的政治運動，成員包括本土政治人物與異議知識分子；相較之下，其他威權政權遭遇的挑戰往往是以群眾為基礎的革命運動。

不僅如此，臺灣在一九七〇與一九八〇年代進行的限制性選舉，儘管有無黨籍、非國民黨籍的候選人參選，但國民黨仍然能夠保持不錯的戰果，獲得民意支持。雖然國民黨在這二十年間的選舉成績逐漸下滑，一九八六年的立法委員選舉仍然囊括六七％選票，對政權的強勢掌控牢不可破。換言之，一九八〇年代晚期臺灣政府先是鬆綁政治體系、後來進行民主化的時候，執政的國民黨並不是一個陷入死亡螺旋、即將垮臺的政黨。雖然選舉支持率逐漸下滑，但國民黨仍然實力雄厚，仍然是臺灣政治圈獨一無二的勢力。

因此我們面對一個令人困惑的問題：如果一九八〇年代的國民黨政權並不是被迫接受民主，仍然是一個強而有力、能夠穩定大局、以發展為導向的政黨，它為何還要讓步容許民主？為何選擇那個時間點？換一種問法：為什麼國民黨並非逼不得已，政權崩潰危機根本難以想像，卻還是讓步容許民主？我們認為，當時**國民黨之所以讓步並走上民主之路，部分原因在於它仍是一個強勢政黨**，相信憑藉自身現有的實力與政治支持基礎，短期而言可以保持一黨獨大的地位，長期而言也能夠在民主中繼續發展。國民黨政權接收到的訊號顯示自身的威權實力正在走下坡，這樣的訊號既是警告，也是保證：黨對選民的吸引力仍然無人能敵。簡而言之，國民黨讓步容許民主並不是要退出政治、放棄權力，而是要藉由民主方式來繼續掌控政權；整個一九九〇年代，國民黨輕易做到。

本章接下來講述的故事是關於臺灣政治與經濟在戰後的發展，一路直到國民黨的重大決定：憑藉實力讓步容許民主。與本書其他篇章相比，本章講述的歷史更加偏向這個引導民主進程的執政黨的視角。我們已經在日本的案例看到，強而有力的發展型官僚體系能夠在民主化期間穩定大局，甚至不必等到某個強勢政黨建立獨大地位。同樣的道理，發展型國家官僚體系對於臺灣的民主轉型過程也非常重要，但是最重要的舞臺仍然屬於國民黨。因此，想要瞭解臺灣的政治與經濟發展，首先必須瞭解國民黨。

我們的故事首先要談國民黨如何從中國發跡；如何在一九四〇年代被中國共產黨擊敗之後，來到臺灣自我改造並獲致成功。後來，國民黨在臺灣展開深思熟慮的政黨營造與國家營造工作，成就了臺灣的經濟奇蹟與高度政治穩定性。在此同時，國民黨也為它的威權政權打造出廣大的政治與經濟基礎。我們也說明了國民黨政權的發展成就如何播下種子，催生出一個要求更高的臺灣社會。我們還闡述國民黨最後如何選擇一條民主之路來統治臺灣——原因不是這個政黨面臨危機，而是它希望藉由民主選舉贏得支持，來抵擋日後挑戰其霸權地位的勢力，並且重新鞏固自身的力量。我們解釋臺灣如何「從一黨專政轉型為一黨獨大」，儘管政治體系從威權轉為民主，國民黨仍然留在臺灣的權力顛峰。[1]

國民黨的發跡與流亡

二十世紀初期之前，中國是由一個接一個王朝政權統治，最後一個是清朝。反清運動在十九世紀後期興起，最終促成清朝皇帝在一九一二年退位，為中國最後一個王朝畫下句點，共和派勢力組成的臨時政府取而代之。

國民黨從反清運動起家，正式成立於一九一二年，很快就掌控這項運動。然而早期的國民黨並不是一個強大的政黨，就連在一九二八年組成政府之後都還相當脆弱。清朝滅亡之後，中國四分五裂，國民黨必須和地方軍閥混戰，無法組建一個穩固的民族國家。當時的國民黨並未得到廣泛支持，內部貪腐叢生，黨派鬥爭嚴重。正因如此，儘管國民黨反清有功，以新誕生的中華民國合法統治者自居，但並不能為現代中國帶來團結與穩定。

國民黨無法好好妥善治理中國，也為毛澤東領導的中國共產黨打開一道大門。中共於一九二一年在上海創建，爭取鄉村地區支持，號召農民共同追求其農業社會主義的願景，建立一個堅忍不拔、崇尚民族主義、能夠對抗外部帝國主義的中國。在毛澤東充滿個人魅力的領導之下，一九三〇年代的中共對抗日本帝國主義。毛澤東的農民軍也與國民黨進行內戰，競逐中國的統治權。

國民黨由蔣介石領導，在一九四〇年代晚期敗給共產黨，被迫逃離中國大陸，退守臺灣，重建中華民國政府。臺灣位於中國大陸東南方外海，一八九五到一九四五年間受到日本殖民統治。國民黨來到臺灣時，雖然其政府仍然合法代表中華民國或「自由中國」，實質上卻是一個破落戶政黨，內部貪腐，體制敗壞，與臺灣本土社會毫無連結。蔣介石繼續擔任國民黨最高領導人（總裁）與中華民國流亡政府總統。

儘管國民黨潰敗後撤退到臺灣，蔣介石並無意讓國民黨永遠以臺灣為大本營，也不認為國民黨會從此積弱不振。他的雄心壯志是要在臺灣締造國民黨的復興與重建。撤守臺灣只是權宜之計。根據蔣介石的規畫，一旦國民黨恢復元氣，就可以從共產黨手中奪回中國，讓中華民國政府重新立足大陸。

國民黨撤退到臺灣的過程並不平順。一八九五年，在中日戰爭落敗的中國割讓臺灣，臺灣自此受到日本殖民統治。十九世紀末年之後，臺灣不曾由任何一個中國政權統治。國民黨在一九四〇年代晚期來到時，某些臺灣人視之為另一個殖民政權，並不特別歡迎。國民黨自己也火上澆油；一九四七年二月二十八日，國軍士兵（譯注：應為臺灣省專賣局查緝員）毆打一名臺灣婦女，引發大規模暴動，釀成惡名昭彰的「二二八事件」。此一事件對臺灣政治發展造成深遠的影響，「臺灣人」的身分認同開始形成：從族群認同演進為政治認同，將占人口多數的本省人與少數的外省人區別開來，後者隨著國民黨政權移居臺灣。

然而國民黨擁有一項優勢，它仍被國際社會認定為中華民國的合法政府，名義上領土涵蓋整個中國大陸。相較之下，中共在國際上遭到排斥，被大部分國家視為叛亂政權。一如日本與南韓的執政黨，二戰之後圍堵共產主義勢力的思維也對國民黨有利，讓它找到一座超級強權靠山——美國。我們即將看到，地緣政治在國民黨的演進歷程中扮演重要角色。

強化國民黨

鞏固國民黨在臺灣的權威絕非易事，這個衰弱的政黨必須從內部強化，改善自身與臺灣人民的關係。國民黨最高黨務機構中央委員會常務委員會（中常會）多名領導人遭到整肅，包括數名蔣介石在中國時期的心腹。一九四九年五月，蔣介石召集十名忠誠的高層幹部，開始規劃黨務改革。那年稍晚，十人委員會提出國民黨組織改造的指導原則。然而沒有改變的是國民黨明確宣示，它將繼續獨占臺灣政治權力的頂層，並以威權主義手段行使權力。國民黨既不打算進行民主化，也無意推動臺灣的政治自由化。組織改造行動是要強化一個威權主義的國民黨。

國民黨改造從一九五〇年開始進行，由中央改造委員會負責。委員會成員都是蔣介石欽定的忠誠黨員，也全部都是外省人（譯注：委員會成員連震東為本省籍，但曾經長期居留大陸）。改造行動有幾個目標，最重要的是國民黨轉進臺灣之後要立即進行黨內集權。蔣介石認為黨在內戰時期從內部開始弱化，造成貪腐與利益交換猖獗，最終傷害了黨的治國能力。[2]改造行動也要求消弭黨內派系鬥爭，因為它也會造成黨的弱化，而且是國民黨敗給共產黨的主因。

中央改造委員會的另一個目標：建立新的體制性機制，讓國民黨深入臺灣社會。當時國民黨在反省檢討後承認，共產黨比他們更擅長爭取中國基層農民支持，並轉化為動員對抗國民黨的關鍵力量。蔣介石與國民黨高層認為，如果黨要有效治理臺灣、得到民意支持、最後反攻大陸，那麼黨就必須具備某些機制，一方面由上而下施行威權，一方面由下而上讓民意反饋。

國民黨藉由幾種方式來達成此一目標。首先，黨透過由忠誠黨員形成的小組，進入每一個政府機構。改造工作在一九五二年結束時，超過二千七百名黨員組成近三百個小組，進入中央政府各個部門。總統府與行政部門有近一千五百名幹部，分成一百五十五個小組運作。立法院的國民黨政治人物也劃分為類似的小組。行政院與司法院等行政機關也不例外，遍布由中央改造委員會管轄的政治小組。改造行動落幕時，中央政府官員黨員與非黨員的比例是五比一，地方政府則有超過三分之一是國民黨員。

其次，國民黨牢牢掌控軍方。一九五〇年四月，蔣介石任命兒子蔣經國（小蔣）接掌國防部政治部（譯注：後來改稱「總政治作戰部」）。小蔣重建了國民黨一九二〇年代在大陸廢除的軍中政治委員系統（政委，譯注：先後改稱「黨代表」、「指導員」、「輔導長」）。國民黨透過政委系統在軍中建立基層小組，藉由政治教育對官兵嚴格貫徹黨紀。有共產黨員嫌疑的人不是遭到整肅，就是身陷牢獄。政委系統充當「黨在軍中的耳目」。一九五二年，臺灣軍隊與政府安全機構大約有十四萬五千名國民黨員，之後兩年間持續快速成長，光是軍方就召募了九萬五千名新黨員。來到一九五四年，軍中官兵超過三分之一是國民黨員。[3]

第三，國民黨開始在臺灣社會內部建立民意基礎，大肆召募黨員。一九五〇年的國民黨只有八萬名平民黨員，兩年後擴大到十七萬人，增幅超過一倍。一九五二年的新進黨員將近半數是農民與勞工，不是專業人士或中產階級，反映了國民黨刻意擴大支持基礎的策略。新進黨員也比較年輕，很多人是在臺灣出生，代表國民黨本土化或者「臺灣化」的早期跡象。

國民黨組織改造行動啟動之初，黨員與總人口比例大約是一比一百，亦即一%；到了一九五二年，比例提高到三．五%；五年之後，國民黨誇稱黨員超過五十萬人，占總人口五．三%。平民黨員依據工作與居住地編入三萬個小組，讓這個威權政黨在鄉村與都市地區建立據點。國民黨的小組與支部也進入公部門體制，從公立學校到政府部門都有。儘管當時的國民黨並不認為自己會長期局限於臺灣，仍然以光復大陸為目標，但它還是進行了成功的組織改造，一方面是內部改造，一方面與本土社會建立連結，為臺灣卓越的發展歷程奠定基礎。[4]

發展型國家與國民黨

發展型國家機器的垂直型態組織，反映了國民黨的威權式組織。官僚部會——包括負責經濟、外交與財政的重要部會——被納入行政院經濟建設委員會（經建會），由其督導指揮，經建會本身則由國民黨高層官員領導。官僚體系與政治的權力集中到經建會之中，約翰遜稱它為一個「領航」（pilot）機構，負責指導與形塑各項公共政策，包括臺灣的經濟政策。[5]

臺灣的發展型國家雖然是中央集權，但並不像中國時期的國民黨那樣貪腐橫行。儘管黨員與黨的領導無所不在，國家官僚體系仍是依照以才取人的原則來組織，而不是恩庇侍從（patron-client）關係。舉例而言，各部會的技術官僚來自臺灣頂尖大學，歷經競爭激烈的公務員考試。發展型官僚多半曾在技術領域受過訓練，其中又以工程領域為主。換言之，臺灣的國家機器精實、有效能、人才濟濟。臺灣的發展型國家師法日本經驗，以由上而下的方式帶領工業化與經濟發展。[6]

一九五〇年代，臺灣的工業開始加速成長；但在此之前密集進行的土地與農業改革，已經為臺灣打下堅實的經濟基礎。一九四〇年代晚期，國民黨剛來到的時候，臺灣半數以上的人口是農民，其中絕大多數是為地主工作的佃農，那是日本殖民統治的遺緒。國民黨在美國顧問的協助之下，從一九四九年開始進行一場大規模的土地改革運動。第一階段主要是減輕佃農繳交給地主的地租（譯注：三七五減租政策），國家也直接徵收地主的土地。一九五〇年代早期，從地主徵收得來的土地不是被轉售，就是直接分配給沒有土地的農民。一九五三年啟動的耕者有其田政策，土地從地主轉移到佃農手中；因此到一九六〇年代時，臺灣大部分的可耕地都由個別家戶擁有。

農民有自己的土地可以耕種之後，不僅農業生產力隨之提升，鄉村民眾的糧食安全得以確保，而且吃不完的穀物（例如稻米）可以在國內銷售，後來還賣到國外市場。臺灣早期的外貿收益主要來自農業出口，後來用於投資並啟動臺灣的工業化。從這方面來看，土地改革讓臺灣為工業起飛做好準備。[7]

臺灣早期的土地改革還有一個重點：在鄉村地區引發政治改造，大地主菁英階層因此沒有變成民主化的絆腳石，這項因素在其他地區——特別是拉丁美洲——抑制了民主轉型過程。等到一九八〇年代後期臺灣展開民主化，鄉村地區的掌控者是長期培養地方支持基礎的國民黨政治人物，不是壓迫農民的地主菁英階層。

一九五〇年代，臺灣的工業公司進軍勞力密集的輕工業。一如預期，這些公司無法在技術先進的工業領域競爭，但能夠取得數量龐大、工資低廉的勞動力，這是許多開發中經濟體的常態。國民黨的發展型國家致力於促進新產業成長，由上而下帶領臺灣經濟發展，成效良好。臺灣政府透過外匯管理政策、進口價格控管等機制，保持總體經濟的穩定性；此外還運用多項法規監管，讓金融部門為成長中的產業與公司提供貸款與賦稅優惠。

國民黨在中國大陸曾經歷一發不可收拾的通貨膨脹，也是政權垮臺的原因之一；因此來到臺灣之後，國民黨盡可能避免重蹈覆轍。國民黨的發展型國家奉行保守的貨幣政策，來緩解消費者物價與工業投入的通膨壓力。貸款、工業信貸等投資資本都由國營金融與銀行部門進行策略性管理。就連非正規的二級借貸市場——所謂的「場外市場」(curb market)——也受到國家密切監控。

臺灣戰後的工業在亞洲發展型國家中獨樹一幟，原因在於大部分的公司都是中小企業。在南韓與日本，大型企業「財閥」受惠於信貸寬鬆、偏愛大企業與規模經濟的銀行；在臺灣，政府採行另一種投資策略，運用財政(亦即基於賦稅)誘因來催生、培養小規模而靈活的公司。國民黨的中小企業成長策略反映了日本殖民政權在臺灣的遺緒，特別是鄉村地區小型公司的發展。從意識形態立場來看，中小企業的發展反映了國民黨長期以來的「反大資本家偏見」。[8] 在政治上，這套中小企業策略也有利於國民黨，因為為能夠遏阻工業部門財富集中，日後成為反對派的力量來源。

對臺灣的工業化而言，中小企業策略在經濟上相當合理。臺灣政府運用策略吸引外國直接投資投入特定工業部門，鼓勵小而靈活的公司與全球供應鏈接軌。政府特別重視勞力密集的製造業，實施進口替代工業化政策，針對競爭性領域課徵進口關稅，來保護臺灣剛起步的工業與公司。一段時間之後，臺灣的公司茁壯為具競爭力的製造業產品供應商與組裝廠；臺灣的中小企業進入全球市場競爭，政府也再一次提供財政誘因。

臺灣向出口導向工業化轉型的過程，在一九六〇年代加速進行。一九五〇年代後期，臺灣出口貿易的年增率還不到三%；一九六〇年之後，年增率飆升至二五%；整個一九六〇年代，年增率在三三％到五五％之間，臺灣從此成為全球市場的重量級貿易經濟體。

一九七〇年代前期，臺灣經濟奇蹟迎來另一個轉捩點。那段時期之前，臺灣工業的主要經營型態是勞力密集、輕工業的公司。後來國民黨的經濟規劃者認為臺灣的工業基礎必須多元化，並將重點放在高附加價值的產業與公司，電子業尤其重要。如果臺灣期望自家的勞工持續學習新技能，面對全球經濟保持競爭力，那麼臺灣的公司就必須沿著全球價值鏈步步高升。

為了做到這一點，臺灣的發展型國家提出「十項重要建設計畫」（十大建設），一項從一九七〇年代初期展開、政府領導的重大基礎設施投資行動。十大建設包括能源生產、港口與鐵路、鋼鐵生產、重工業，宗旨在於強化臺灣的出口競爭力，支持資本密集工業，擺脫臺灣早年對於低技術、勞力密集、輕工業製造業的依賴。

然而十大建設計畫卻差一點失敗。一九七三年十一月，石油輸出國家組織（OPEC）引發的能源危機將進口油價推升為四倍。臺灣的經濟大受打擊，陷入停滯性通貨膨脹（stagflation）。從一九七三到一九七四年，消費者物價指數從八％竄升到將近五〇％；躉售物價指數（wholesale price index）則是從二三％上升到四一％，幾乎倍增。當時臺灣經濟成長停滯，一九七四年的成長率只剩一％，而且出現多年來首見的貿易逆差。

為了因應變局，臺灣政府施行嚴格的貨幣計畫。這項保守的貨幣政策穩定了經濟情勢，吸收了物價高漲形成的通膨壓力。調整過程相當痛苦但短暫，臺灣經濟很快就回到正軌。[9]

石油危機過後，臺灣政府繼續推動十大建設，全力發展非能源密集型產業，為轉型高科技產業領域奠定基礎；轉型關鍵則是善用臺灣蓬勃發展的科學與技術能力。對於臺灣高科技密集產業的成長，國民黨帶領的發展型國家扮演播種者與培育者的關鍵角色。一九七三年，國民黨政府在距離臺北不遠的新竹設立工業技術研究院（工研院）；新竹至今仍是臺灣科學與技術商品化的重鎮。工研院是一家由政府出資的研發中心，致力於應用研究與商業發展，從一開始就聚焦電子領域。後來，工研院將其研發與商品化工作集中火力，專攻更為先進的資訊與通訊技術（ICT）。

臺灣的發展型國家如何引導產業進軍資通技術領域，最佳案例就是臺灣半導體與積體電路製造能力的成長。一九八〇年代初期，「臺灣積體電路製造公司」（臺積電，TSMC）成立，工研院發揮重要作用。臺積電開創了半導體製造與晶片製造的專業晶圓代工（pure-play foundry）模式，在半導體與積體電路（IC）製造領域，藉由這種創新的生產模式成為全球產業與市場的領導者；半導體與積體電路則是高科技資通技術全球價值鏈非常重要、利潤豐厚的一部分。臺積電的創辦與成功要感謝公家經費資助的技術授權（原始技術來自美國一家晶片製造商，由工研院引進授權），以及後來公司成立時政府直接投資。

臺灣的發展型國家選擇並打造產業界的贏家，以降低高科技產業升級的風險，臺積電並不是唯一的案例。臺灣企業在其他產業——諸如光學產品、電腦硬體製造，甚至醫療裝置——的成功也依循類似的升級策略，由發展型國家領頭帶路。[10]

威權宰制的頂點

短短三十年間，臺灣成為一個蓬勃發展的經濟強權。因此可以想見，臺灣戰後經濟發展以及國民黨主導的發展型國家對於臺灣經濟轉型扮演的角色，為國民黨政權爭取到非常可觀的績效正當性。國民黨就像其他的威權體系，人民的公民權利與政治權利淪為國家經濟發展祭壇上的祭品，因此績效正當性是重要的政治支持來源。

臺灣曾經是全世界最貧窮的經濟體之一，卻在國民黨威權統治下躋身亞洲發展的前段班。一九六〇年代，臺灣經濟年成長率平均值接近一一%。一九七〇與一九八〇年代，臺灣工業進軍高科技製造領域，經濟持續繳出年成長率八%的成績。相較之下，一九六二年的臺灣是開發中地區最貧窮的經濟體之一，與薩伊（Zaire，譯注：後來改名剛果民主共和國）和其他撒哈拉沙漠以南（sub-Saharan）非洲國家同為難兄難弟。從一九六二到一九八六年，臺灣的經濟規模從全球第八十五名上升到第三十八名。以美元計算，比較臺灣經濟起飛前的一九五二年與一九八七年，臺灣的人均收入從五十美元上升到接近五千美元，幾乎增加了一百倍。

隨著臺灣經濟日益富裕，人民的生活也有了改變，走向現代化。汽車擁有量是社會經濟現代化的指標之一，在一九七〇年代增加了五倍以上。日報與雜誌的發行量也在同一時期倍增，電話裝設則增加了五倍。臺灣的經濟結構也有大幅改變。從一九五三到一九八三年，製造業勞工比例增加超過一倍，占臺灣勞動力將近一半。農業勞動力比例從五五％遽降至一八％。臺灣社會愈來愈都市化、中產階級化。在此同時，臺灣的教育也更加普及，政府在一九六〇年代推動九年國民義務教育。

從進展速率來看，臺灣的現代化過程格外出人意表。田弘茂《大轉型》（*The Great Transition*）一書對臺灣經驗做了比較，指出「歐洲與北美洲的現代化過程歷經了至少兩個世紀」，然而在臺灣「過程時間被壓縮到短短幾十年間」。[11]

不難想見，臺灣的經濟起飛——從一九五〇到一九八〇年代，持續進行且脫胎換骨——對於國民黨的政治命運至關重要。然而，國民黨得到的政治回報——績效正當性與政權獲得的政治支持——並不僅限於臺灣整體經濟發展的福祉。除了從一九五〇年代開始累積的經濟成長，國民黨帶領的發展型國家還以兼顧社會經濟公平性自豪。一九六〇與一九七〇年代臺灣工業起飛期間，我們原本預期不公平的嚴重性會升高而非降低，但臺灣的所得分配卻更為公平。事實上一直到一九八〇年代後期，臺灣的吉尼係數（所得分配的標準衡量方式）保持在〇・三左右，與最公平的北歐經濟體不相上下。

締造兼顧公平的成長是政治上的明智之舉，有助於威權國民黨延續政治生命，尤其是當它面對臺灣日益緊繃的族群關係。國民黨特別擔心臺灣人的族群身分認同逐漸浮現，影響大多數生活在臺灣的民眾。二二八事件之後，居少數的外省人與占多數的本省人關係始終暗潮洶湧，讓國民黨相當焦慮。一九四〇年代晚期國民黨逃離大陸、抵達臺灣時，隨之而來的外省人占臺灣總人口僅一三％。國民黨避免讓財富集中在外省人手中，確保經濟成長成果能夠公平分配，這種做法為威權政權帶來政治紅利。兼顧公平的成長也有助於避免一種批評：國民黨打壓臺灣本省人，獨厚與政府關係密切的外省人。

回顧一九五〇年代的日本，兼顧公平的成長讓保守的自民黨得以擴大選舉基礎，強化自身「普涵性」的吸引力。臺灣也有類似的情形，公平的發展為國民黨的威權政權鞏固了政治支持。臺灣與戰後日本還有另一個共同點：兼顧公平的成長是政府刻意為之的政策抉擇。舉例而言，一九五〇年代初期的土地改革不僅提高了農業生產力，同時也藉由摧毀殖民年代遺留的地主體系，讓農民土地與經濟機會的分配更為公平。扶植中小企業而非大型企業的策略，降低了臺灣本地創業家進入的門檻，進而提升臺灣民眾的社會經濟地位流動性。一九六〇年代臺灣擴大國民義務教育，有助於培養更具技能的勞動力，以及更高薪資的跨行業就業機會。國民黨致力於消弭嚴重的不公平，在危機時期的做法分外明顯。前文曾經提及，一九七三年底石油危機油價飆升帶來通膨失控的威脅，國民黨政府運用一套嚴格而保守的貨幣政策，透過國營企業進行補貼，抑制消費者物價漲勢，確保貧富窮差距不至於擴大。

儘管國民黨政府在戰後臺灣締造了兼顧公平的經濟成長，但這並不代表臺灣變成我們所謂的「強健的福利國家」。兼顧公平的成長要歸功於臺灣總體經濟政策；這些政策的目標是經濟成長、完全就業與勞工技能升級。日本自民黨從一九六〇年代開始建立全民社會福利計畫，但臺灣的社會政策與社會保障計畫相當碎片化，由不同的官僚部門負責。各項社會福利計畫並沒有整合為一個單一架構、條件優渥的福利制度。不同的社會計畫提供給特定的受益者，經費大部分來自繳費式保險機制，而不是政府出資。

儘管如此，社會計畫仍然為國民黨政權達成一個政治目的：透過選擇性給予福利來贏取及維繫不可或缺的政治基礎，這些計畫協助國民黨保持自身的威權主宰地位。每當政權遭遇政治危機，諸如勞工保險之類的選擇性福利計畫就會擴大；這是一種危機與選擇性補償/策略，讓國民黨得以收買潛在的政治反對者。社會福利計畫一旦擴大，首先受惠的會是國民黨政權的政治支持者，例如軍官、士兵、公務員。一直到一九八〇、一九九〇年代臺灣開始民主化之前，小型企業的勞工、農民及其眷屬都被社會政策計畫排除在外。社會政策計畫施行之初，對象限於那些攸關威權政權存亡的人士。[12]

一九五〇年代之後的數十年間，是國民黨威權宰制臺灣的黃金時期。然而國民黨的實力並不是經濟成績與績效正當性理所當然的副產品。國民黨的實力有一大部分來自它深思熟慮，鞏固自身在臺灣的政治基礎。進入一九七〇年代，從黨的領導階層到政府公務員，國民黨積極改造黨員組成。拜成立青年工作委員會之賜，國民黨開始年輕化。兼顧公平的成長避免了財富集中，因此分散了潛在政治反對派的經濟力量。

很重要的是，國民黨愈來愈積極招募在臺灣出生的本省籍黨員，讓他們加入政府官僚體系。到了一九七〇年代，政府與國民黨的領導階層出現相當多本省籍人士。國民黨刻意推動「本土化」與「臺灣化」，將自身形象從一個外省人的外來政黨轉型為本土政黨。臺灣化拓寬了國民黨的政治支持基礎；換言之，雖然國民黨運用威權手段來打壓敵人，但是它也積極爭取臺灣民眾的支持。[13]

國民黨在臺灣內部催生政治支持的做法，從它藉由地方選舉尋求自身統治正當性看得特別清楚。一九六九年國民黨政府修改選舉法規，進行立法機構增額選舉，在此之前的選舉都只是國民黨一黨專政的陪襯品。增額立委選舉仍然反映了國民黨的威權本質，反對派受制於戒嚴無法組黨。儘管如此，一九六九年之後，無黨籍人士（亦即非國民黨員）還是能夠投入選戰。

然而，國民黨推動的選舉法規修改與真心誠意的政治自由化不能混為一談。一九六九年的改變並不是政治民主化的先聲。正好相反，有限制的選舉是國民黨的一項工具，形成一種「贏得」選舉的正面光環效應，用來強化（而不是削弱）它對政治權力的壟斷。臺灣經濟從一九五〇年代開始快速發展，國民黨擁有經濟的績效正當性，兩項因素再加上反對派被禁止組黨，無黨籍、非國民黨籍候選人想要贏得增額選舉非常困難。一九六九年第一屆增額立法委員選舉應選十一席，國民黨拿下八席。一九七二年與一九七五年兩屆增額立委選舉，國民黨也是輕騎過關，分別拿下七三％與七八％選票，幾乎囊括所有席次。

增額立委選舉的宗旨並不是自由與公平，而是要讓國民黨藉由選票鞏固政治權力。有限制但定期進行的選舉會提供清晰的訊號，顯示人民對政權的支持程度。縣市長地方選舉也形成一種體制化的回饋機制，讓國民黨連結地方社群，並且定期動員地方黨部基層組織。因此不足為奇的是，拜這些選舉之賜，國民黨打造出一部涵蓋全臺灣的強大政治機器，透過選戰累積經驗，包括如何培養與提名候選人、如何深化恩庇侍從關係。換言之，投入定期選舉讓執政黨在策略上與組織上，獲取反對派望塵莫及的優勢；因此等到臺灣正式的反對黨在一九八〇年代成立，國民黨對於如何贏得選舉已是駕輕就熟。[14]

要求更高的社會，分裂的政治體制

我們在明治日本已經看到，現代化會催生社會不滿情緒。從一九五〇到一九七〇年代，臺灣經濟突飛猛進。在國民黨威權宰制雷厲風行的同時，臺灣的經濟結構卻愈來愈多元化。

臺灣社會也邁向現代化：更多民眾能夠讀寫、受過教育、都市化、中產階級化、工業化。發展型國家並不必然催生出**心懷民主的**公民，但是一個邁向現代化的社會與發展中的經濟體終究會播下種子，催生出政治**要求更高的**公民。

國民黨治下的臺灣也是如此。在現代化的過程中，臺灣出現各種利益集團。農會從一九六〇年代開始政治動員；接下來的十年間，工業、商業與各行各業的工作者也組織起來。政治色彩濃厚的團體諸如中國人權協會（譯注：後來改名「中華人權協會」）、臺灣人權促進會也在一九七〇年代之後出現。這些組織有時會對抗國民黨政權，但由於政治性的示威抗議只會在臺灣各地小規模出現，因此很容易遭到威權政權鎮壓。當時，零星的示威抗議對國民黨並不構成嚴重威脅，然而預示了一個要求愈來愈高的臺灣社會，而且統治者無法沿用舊日做法來對付這個社會。

一九六〇與一九七〇年代，隨著臺灣經濟更趨工業化、勞工的聲音與力量蒸蒸日上，勞工運動也蓬勃發展。雖然大部分的工業勞工都被吸納進入政府資助的「中華民國全國總工會」，獨立工會仍屬非法組織，但是工廠示威與街頭抗議在一九七〇年代日益頻繁。一九六三年，登錄在案的勞資爭議只有二十件；從一九七一到一九八二年，政府登錄了將近六千四百件勞資爭議；光只是一九八一年就發生超過一千件，涉及大約七千名勞工。勞工對於薪資、工作條件的不滿情緒日益高漲。不過勞工抗議與勞資糾紛並沒有激化出大規模的勞工運動。臺灣的產業結構是中小企業當家，這意謂勞工抗議多半局限在公司內部。中小企業大行其道也不利於推進大規模的集體行動。南韓一家企業集團的員工動輒數千人，很容易發起大規模示威抗議；臺灣與此不同，勞工抗議行動多半零碎而分散。

在威權統治下的臺灣，分散性質的勞工示威抗議也映照出公民社會反對派的狀況。儘管臺灣社會在一九七〇與一九八〇年代日益躁動不安，政治爭端層出不窮，然而從規模與組成要素來看，示威抗議對於政權生存並不構成重大威脅。根據朱雲漢整理的資料，有紀錄的示威行動在一九八三至一九八八年間大幅增加，但是就絕對數字而言仍然很少。一九八三年只有一七五件，具政治敏感性的事件更只有三件。社會示威行動的遽增出現在一九八七與一九八八年，當時國民黨解除戒嚴，鬆綁威權掌控，示威事件分別增加至七三四件與一一七二件。儘管如此，一九八三至一九八八年間，絕大部分社會示威事件的參與者不到一百人，只有大約四分之一事件是針對國民黨中央政府，大部分事件的矛頭指向地方當局。[15]

因此，雖然由下而上的動員顯示臺灣社會的要求愈來愈高，但是對於鬆綁政治權力的國民黨政府而言，反對派的示威抗議並不是最強烈、最凶險的訊號。在政治抗爭動員的規模與範圍上，臺灣與南韓（第五章詳論）的對比非常顯著。一九八七年數十萬名示威者走上漢城（首爾）街頭，要求終結威權政治；相較之下，國民黨從未遭遇如此強大的由下而上動員。

不過國民黨仍然接收到強烈的訊號，顯示它向來固若金湯的威權勢力正在走下坡。在國際社會上，它也接收到一個更清晰、可能更為凶險的訊號。一九六〇年代初期，中國與蘇聯交惡，冷戰時期中共政權與蘇聯的結盟關係出現鬆動，美國與中國展開和解進程。這對臺灣的國民黨政權而言是大難臨頭。一九七一年，聯合國不再承認臺灣是所謂「自由中國」的合法政府。接下來的幾年裡，美國與中國的關係逐漸改善。一九七八年十二月，美國總統卡特（Jimmy Carter）宣布將與共產黨領導的中華人民共和國建交，顯示美國冷戰時期圍堵（containment）戰略的重大轉向。這兩起事件——聯合國驅逐中華民國與美中關係正常化——讓國民黨政權不再有資格宣稱自己是全中國的合法統治者。

美國在一九七九年一月與共產中國正式建交，然而並沒有完全拋棄臺灣。美國國會採取行動，在一九七九年通過《臺灣關係法》（*Taiwan Relations Act*），確保對臺灣持續提供安全保障。儘管美國官方不再承認臺灣的國民黨政府，《臺灣關係法》仍然顯示美國持續對臺灣提供間接支持。雙方心照不宣：只要臺灣繼續扮演「自由中國」的堡壘，與大陸上的共產中國分庭抗禮，美國就會恪守對臺灣的安全承諾。換言之，雖然美國不能直接以政治壓力要求國民黨民主化，臺灣昔日的超級強權靠山還是可以——後來也這麼做了——從外部間接施壓，迫使國民黨政權推動政治體系自由化。

在臺灣內部，美中關係正常化也對國民黨政權形成政治壓力。中華民國被聯合國驅逐，動搖了國民黨作為中國合法政府的訴求，國民黨政權變得可有可無，立足臺灣的根本意義已經消失。國民黨在臺灣淪為一個局外人政權，它的外交孤立讓身分認同政治（identity politics）再度升溫，深化了臺灣政治場域的族群與認同分歧。一九七〇年代結束時，臺灣身分認同與臺灣人民主反對運動的連結，在政治上已經非常明顯。臺灣運動人士的批判攻擊，愈來愈鎖定外省人國民黨的威權本質。[16]

對於威權政權而言，身分認同政治是重大威脅；尤其是在身分認同與政權分歧相互增強對方的時候。一九七五年，一群臺灣知識分子發行《臺灣政論》，成為臺灣反對陣營——特別是本土的國民黨批判者——發聲的意見論壇。《臺灣政論》刊載探討臺灣族群性的報導與評論，強化了一種臺灣特質鮮明、反對外省人國民黨政權的政治身分認同。刊物名稱使用「臺灣」而不用「中華民國」，被國民黨視為刻意抹殺他們統治全中國的資格。《臺灣政論》只發行五期就被政府查禁關閉，但臺灣知識界的運動人士繼續動員。一九七七年地方選舉過後，非國民黨籍候選人指控國民黨選舉舞弊。這場選舉引發「中壢事件」，示威者走上街頭，與國家安全機構爆發衝突。國民黨政權鎮壓這些示威者，但中壢事件充分顯示黨外運動已經成形。

臺灣的「黨外」是什麼與不是什麼，在這裡必須釐清。黨外是一個鬆散的結盟關係，由反對國民黨威權政權的臺灣政治人物與異議知識分子組成。黨外政治人物以無黨籍候選人身分參加選舉，但是受制於戒嚴而無法組成政黨或政治聯盟。黨外人士不是群眾運動者，而是一個菁英知識分子的小團體。他們在政治上具有顛覆性，然而並不是大規模示威抗議的先鋒。[17]

一九七九年八月，黨外異議人士發行《美麗島》雜誌。就像《臺灣政論》，《美麗島》刊載反國民黨的文章，鼓動臺灣知識界菁英反抗政權。而且《美麗島》更進一步，將身分認同與政權分歧明確連結起來：作為臺灣人就是要反威權，因此也要反國民黨。《臺灣政論》的取名反映了一種顛覆性的政治立場，《美麗島》也是如此，名稱來自歐洲殖民者對臺灣的葡萄牙文稱呼「Formosa」，黨外人士用它來挑戰國民黨政權。一九七九年十二月，《美麗島》雜誌社高雄市服務處主辦一場大規模人權集會；十二月十日當天，警方與集會示威者發生衝突，造成多人受傷，示威行動領導人先後入獄。事發後《美麗島》主事者隨即遭到通緝、圍捕，有些人在監禁期間被嚴重毆打，有些人遭驅逐出境。

一九八〇年，國民黨政權控制的軍事法庭宣判，美麗島事件被告叛亂罪的罪名成立，他們步上《臺灣政論》編輯的後塵，兩個刊物的主事者被判處包括無期徒刑在內的重刑。高雄事件（美麗島事件）再度顯示，國民黨願意使用暴力與法律手段來鎮壓反對力量。這起事件成為臺灣人反抗國民黨強而有力的象徵，讓黨外政治人物與異議人士如虎添翼。

雖然國民黨的政治宰制在一九八〇年代初期如日中天，但國內與國際的政治紛擾預示其政治前途並沒有那麼安穩。這段期間，顯示國民黨已盛極而衰的訊號愈來愈清楚，在國民黨遠比黨外占優勢的選舉場域尤其如此。中壢事件與一九七九年高雄事件之後的第一場選舉，是一九八〇年的增額立法委員選舉，立法院改選全院約四分之一席次（九十七席），國民黨囊括八二%的競選席次（譯注：九十七席之中有二十七席為總統遴選的僑選立委，七十席開放競選），得票率也有七二%。但是非國民黨籍候選人的表現之佳出人意料，考量他們並沒有國民黨候選人的資源與組織優勢，尤其難能可貴。

一九八〇年立委選舉雖然是現任政權大勝，但仍舊讓國民黨遭遇亂流。特別顯著的問題是得票率，從一九七五年的七八%滑落至七二%。對於國民黨的選舉宰制力，一九八〇年選舉事實上是一個轉捩點。一九八〇年代，國民黨的選舉得票率持續滑落，到一九八九年已低於六〇%。

一九八〇年代前半期的地方選舉也呈現類似狀況。國民黨持續在限制重重的增額選舉中表現優異，但是非國民黨籍候選人也持續進步，黨外得到愈來愈多的支持。一九八一年地方選舉（譯注：縣市長、省議員與直轄市議員），國民黨籍候選人贏得過半席次，但是非國民黨籍候選人——尤其是黨外候選人——的表現是歷屆選舉最佳。黨外領導人如陳水扁（後來在二〇〇〇年當選總統）以及其他後來成為民進黨要角的運動人士，都在臺北市議會、縣市長，以及省議會贏得席次。

接下來的歷屆選舉，黨外候選人持續攻城略地。在一九八五年的省議員選舉中，黨外候選人逾半數當選。同一年的臺北市議會選舉，黨外候選人大獲全勝。換言之，儘管國民黨在政治上仍然舉足輕重，其政權完全不必擔心立即的威脅，但是黨外候選人得到的支持一路看漲，仍然令它憂心忡忡。我們在本書序論曾經闡述，對於執政黨是否已經盛極而衰，選舉訊號能夠傳達最為清晰的訊息。國民黨如果想要維繫自家的政治生機，必須做出調適。

民主的開端

調適以維繫生機，國民黨早已有過經驗。一九四〇年代晚期落腳臺灣之後，國民黨已證明自己是個與時俱進的政黨，靠著持續改革與調適而維繫數十年的政治生命。儘管如此，國民黨還是有積習難改之處。來到一九八〇年代，跡象愈來愈清楚，國民黨的政治力量已經盛極而衰，但它仍無法在短時間內擺脫威權性質。一如預期，國民黨繼續祭出慣用的鎮壓手段，企圖扼殺反對勢力。

進入一九八〇年代，臺灣的運動人士與異議人士仍然經常鋃鐺入獄，甚至遭到殺害。一九八四年十月，民進黨組黨兩年之前，發生了一件惡名昭彰的事件：國民黨明目張膽地蔑視法治，下令暗殺劉宜良（Henry Liu）；他是美國公民，也是一位長期批判國民黨政權的新聞工作者。這個威權政權厚顏承認殺人犯行，下達命令的將軍只受到薄懲。臺灣反對派人士扣住這起非常事件（譯注：史稱「江南案」），凸顯國民黨粗暴獨裁的本質。

一九八六年秋天，距離劉宜良遭暗殺僅僅兩年，黨外政治人物獲准組成民進黨。蔣經國總統接著在一九八七年解除戒嚴，啟動臺灣的民主轉型進程。用曾銳生（Steve Tsang）的話來說，為什麼國民黨要「拆解」黨國倚賴的威權掌控、進行民主改革實驗？[18]而且為什麼會在當時突然採取行動？

民進黨在一九八六年九月二十八日成立。在那之前一週，黨外人士在臺北集會決定，儘管戒嚴尚未解除，但創建反對黨的時機已然成熟。政府掌控的媒體與國民黨官員隨即展開行動，對民進黨大加撻伐。從當時情勢來看，民進黨恐怕氣數不長。九月三十日，也就是宣布組黨兩天之後，時任副總統的李登輝向蔣經國報告這個新成立的反對黨。根據李登輝的日記，蔣經國的反應相當平靜，他表示：「此時此地，不能以憤怒態度輕率採取激烈的行動，引起社會不安情形。」

蔣經國息事寧人的態度，與他在一九七〇年代面對反對派人士興起的反應大相逕庭，當時他指示國民黨忠誠黨員：「與群眾站在一起，控制群眾，如此我們才能夠瞄準敵人，擊敗他們。」然而一九八六年民進黨成立之後，蔣經國指示同一批黨員：「不得對民進黨採取報復行動。」於是國民黨讓步，民進黨順利組黨。[19]

家博（Bruce Jacobs）對於國民黨在臺灣民主化的角色頗多批判，提醒我們雖然蔣經國「對於臺灣最終民主化的確有其貢獻」，但他本人絕非民主人士。沒有多少具體事證足以顯示，蔣經國突然間就全心接納民主原則與承諾。儘管如此，他的政治決策仍然扮演決定性角色，將臺灣送上通往民主之路。此外有許多證據顯示，早在一九八六年的關鍵事件發生之前，蔣經國對於國民黨的威權掌控已經開始改變想法。家博指出，蔣經國在一九八五年明白表示，臺灣不會出現家族王朝統治，下一任總統不會是蔣家人。[20]蔣經國也讓許多人驚訝，選擇臺灣本土政治人物李登輝作為副總統與接班人。

蔣經國在一九八三年、民進黨組黨三年之前告訴一位外國記者：「在我們的社會中，政治反對派有助於推動進步。」這與他在一九七〇年代的觀點截然有別，也顯示他處在一個逐漸自由化的臺灣，願意容忍反對的聲音。[21]更值得注意的是，在民進黨反抗戒嚴而組黨之後，蔣經國表示讓步的名言：「時代在變，環境在變，潮流也在變，因應這些變遷，執政黨必須以新的觀念，新的做法，在民主憲政體制的基礎上，推動革新措施，唯有如此，才能與時代潮流相結合。」[22]研究臺灣政治發展的權威學者任雪麗（Shelley Rigger）如此形容：「迫害與鎮壓讓位給容忍與競爭。」[23]

臺灣的民主開端先是一九八六年民進黨出人意料的組黨，緊接著是國民黨更出人意料的容許，從此啟動臺灣的民主轉型。隨著國民黨政權讓步進行改革，威權體制的骨牌開始倒下。一九八九年十二月，臺灣舉行增額立法委員選舉，首度容許候選人代表反對黨參戰。在這場史無前例的選戰中，民進黨得票率逼近二五%，在一〇一席競爭席次中斬獲二十一席。一九九二年，立法院全院改選；一九九六年，第一場競爭性的總統選舉登場；兩者都為臺灣樹立了民主化的里程碑。

臺灣的民主開端不只是反映在選舉場域的變化。國民黨政權也為公民社會開放了政治空間。一九八六年民進黨成立之後，黨內人士與其他反對派人士走上街頭，發動示威抗議，反對威權主義政體。從一九八六到一九八七年，政治示威參與人數增加將近一倍，比經濟或環保抗議行動更為活躍；社會抗議行動的規模也有同樣的成長。[24]

國民黨政權並沒有訴諸鎮壓，還釋放了一部分因為反對運動入獄的政治犯。最值得注意的是一九八七年七月，國民黨威權政權解除戒嚴，解除近四十年的高壓統治。國民黨祭出這項劃時代的決定性做法之前，內部進行了幾個月的激烈辯論；然而木已成舟之後，國民黨並未出現公開的異議或叛離。民主性質的讓步接連出爐，顯示國民黨的狀況是團結一致，而不是四分五裂。

國民黨政權也以其他方式鬆綁威權掌控。一九八七年晚期，政府開放臺灣民眾赴大陸探親；這是國民黨一九四〇年代遷臺以來首開先例，代表執政黨對於海峽兩岸關係的立場轉趨溫和。一九八八年元旦，蔣經國總統正式解除報禁，批判國民黨政權的獨立媒體受惠最大，當時距離他過世不到兩個星期。解除報禁為臺灣催生出許多日報、雜誌、廣播電臺與電視新聞網，發表在威權時代可能會導致查禁的報導與評論。從一九八七年開始，社會抗議行動蓬勃發展，次數與規模快速增加，國民黨中央政府成為反對派動員的頭號打擊目標。幾乎可說是一夕之間，臺灣的政治體系與社會百花齊放。

國民黨的政治大轉向令人困惑，有幾個原因。首先，臺灣民主化進行時，經濟發展正順風順水。[25]許多進行民主化的社會是在嚴峻經濟危機期間，讓步轉向民主改革。然而臺灣民主化的開端時期，經濟運作順暢一如以往，社會情勢大體穩定。當時臺灣的經濟體質強健，而且蒸蒸日上，就業率則居高不下，產業沿著全球價值鏈攀升，勞工收入與雇主的財富都有成長。來到一九八〇年代中期，國民黨帶領的經濟並沒有出現衰退或發展遲緩，它帶領的發展型國家讓大多數人民認為，它是臺灣經濟奇蹟的功臣。

就政治面而言，國民黨也沒有陷入危機，或者走到崩潰邊緣。對於任何可能讓它淪為無足輕重政黨的死亡螺旋，國民黨連開端都還沒經歷。相較於以往，社會抗議事件在一九八七年有所增加，但政治性的示威抗議並不多見，規模也很有限，遠不如其他威權國家，尤其是一九八〇年代中期的南韓，「民眾」（minjung）運動讓數十萬人走上街頭示威抗議。臺灣的案例絕不是因為衰弱而引發民主，那是幾年之前發生在菲律賓的情況：「人民力量」運動爆發，馬可仕被迫流亡，政權遭到推翻、潰不成軍。

不僅如此，當時臺灣並沒有任何一個政黨已經做好準備，能夠取代國民黨。儘管黨外與無黨籍候選人在一九七〇年代後期與一九八〇年代前期的選舉中表現搶眼，但國民黨仍然是立法院與行政部門最重要的政治力量。國民黨的支持度顯然逐漸滑落，然而並沒有急轉直下。就連一九七〇年代它在中壢事件與高雄事件強力鎮壓抗議人士、支持度大打折扣之後，它在立委選舉仍然能夠拿到三分之二以上選票。換言之，當時崛起的反對勢力還無法嚴重威脅國民黨、奪取其政權。但是儘管如此——或者說正因如此，國民黨選擇讓步轉向民主。

懷抱信心讓步

我們認為國民黨之所以選擇讓步容許民主，並不是因為自家政權受到迫切威脅，而正是因為它的政治宰制並沒有受到真正的威脅，**就連全面民主化之後也不必擔心**。一九八〇年代中期，國民黨已經盛極而衰，但也**才剛開始**走下坡。因此在那個時候讓步容許民主，對國民黨而言未必是壞事，對其未來的政治命運也不會是一場災難。

國民黨是「憑藉實力轉向民主」的經典案例，它讓步轉向民主主要就是**因為**它擁有壓倒性的實力。當時的選舉訊號清楚顯示，國民黨面對一個日漸崛起的反對黨，但現任政權依然穩固，就算民主化之後也能繼續掌權。一九八九年的增額立委選舉是臺灣解嚴之後的第一屆，民進黨首度以政黨身分參選，結果國民黨拿下五九%的選票、六八%的競爭席次，繼續在立法院掌控絕對多數。

我們在闡述憑藉實力轉向民主的理論時強調，當一個威權執政黨過了極盛時期，它會發現自己處在一個「苦澀甜蜜點」，同時也是一個絕佳的時機，讓它考慮採行憑藉實力轉向民主的策略。「苦澀」是因為執政黨已經盛極而衰，「甜蜜」則是因為這類政黨——在臺灣就是國民黨——仍然保有廣大的支持者聯盟，讓它很有機會以「威權轉型民主政黨」的身分在民主體制中獲致成功。如果這個政黨實力強大——例如國民黨，它甚至有可能繼續主宰政局。

我們在下一章將會討論，南韓昔日的威權政權也相當強大，但是還比不上臺灣的國民黨。南韓政權在選舉中的支持度遠低於國民黨，而且全斗煥政府面對的反對運動規模更大、更為持久。簡而言之，讓步策略會使南韓的政權承受更大的風險。但是對國民黨來說，讓步容許民主顯然不等於承認失敗。政治學家狄忠浦（Bruce Dickson）指出，在臺灣接納民主並推動改革是國民黨「保有政權……改善國際形象的不二法門」。[26] 諷刺的是，憑藉實力轉向民主不僅造福臺灣，最終也讓國民黨受惠。

對於自身在民主體制中的前景，國民黨最大的信心源頭是它能夠讓人們相信，它是臺灣戰後經濟奇蹟的操盤手。從一九五〇年代早期的土地改革開始，然後是一九六〇年代對教育的投資，國民黨帶領的發展型國家不僅將臺灣經濟推上快速成長之路，而且締造了兼顧公平的經濟成長。國家對於培植中小企業發展的重視，讓大多數臺灣人都能夠享受到經濟現代化的好處。本土工業公司得到國家政策的支持，從目標性的財政誘因到高科技研發補助等，這些政策保護並誘導臺灣新生的產業，讓它們獲致全球競爭力，與全球價值鏈結合。國民黨繳出的發展成績單，加上對於未來成長的可信承諾，為它爭取到非常可觀的績效正當性。國民黨相信進入民主體制之後，這樣的正當性能夠轉化為選舉的支持度。

國民黨對於自身在民主體制的前景懷抱信心，還有幾個更為切身的理由。首先可能是最重要的理由，國民黨對民進黨占有壓倒性的選舉優勢。國民黨身為執政黨——在一九八六年之前更是「唯一」的政黨（譯注：臺灣戒嚴時期另有兩個合法政黨青年黨與民社黨，但都是國民黨的附庸）——累積了龐大的基層黨員基礎，以及由上而下的組織架構，因此得以深入臺灣社會。不僅如此，本章稍早曾經論及，國民黨召募延攬本土人士與本省籍人士，加入黨的組織與政府的領導階層，讓國民黨在臺灣的政治社會扎根，並試圖擺脫外來政黨的形象。在臺灣民主開端時期，國民黨已經打造出一部強大的政治機器，控制大規模的黨組織網絡，能夠確保地方選區的選票。國民黨從一九六九年開始進行中央民代增額選舉，獲取競爭性選舉的經驗，最終幫助自身在民主體制中保持選舉優勢。

作為執政黨的國民黨也藉由打造民主的遊戲規則，掌握了主導臺灣政治轉型的權力。國民黨類似戰後日本的保守派政黨，訂定有利於執政黨的規則，但同時仍保持過程的民主性。值得注意的是，國民黨政權採用單記不可讓渡投票制（single nontransferable vote）與複數選區

（multimember district）選制，因此占有相當大的優勢。國民黨拜自身規模與龐大政黨資源之賜，能夠進行策略性的候選人提名，並且針對單一選區分配選票。相較之下，民進黨的候選人人才庫與資源都比不上國民黨，而且內部又有溫和派與激進派的嚴重分歧，導致它很難在複數選區協調候選人提名。選區劃分與席次分配也為國民黨在鄉村地區帶來不成比例的席次紅利，就像日本的自民黨；鄉村地區是執政黨的吸票利器，反對黨卻使不上力。民進黨的選舉重點是城市地區、受過良好教育的本省籍菁英。

換言之，雖然民主化為臺灣帶來自由與「比較公平」的選舉，但是選舉的遊戲規則加上國民黨的執政權力，讓國民黨相信自身進入民主體制也能獲致成功。儘管政治競爭場域的規則趨向公平，但是政黨前置實力的巨大差異仍然讓競爭無法公平進行——至少在臺灣民主經驗初期是如此。這種不公平是國民黨長期累積實力的產物，不是因為國民黨強行訂定的選舉規則本質上不公平或不民主。

國民黨另一個切身的信心來源，在於它能夠自居為推動民主改革的政黨。國民黨主動進行政治改革，而非故步自封、抗拒民主直到落入悲慘下場。早在一九八六年民進黨組黨之前，蔣經國就開始組織黨內的溫和派，為未來的黨領導人、副總統李登輝鋪路，讓他得以鞏固黨內支持改革的「主流派」。國民黨溫和主流派後來扮演關鍵角色，排除並肅清黨內反民主的強硬派。鞏固李登輝的權力與主流派之後，國民黨溫和派從此當家作主，能夠正大光明地與反對陣營進行民主對話。

早在一九八四年，蔣經國就開始嘗試接觸溫和派黨外人士，針對政治改革議題展開政治對話。這些對話也有助於國民黨找出自家與對手陣營的溫和派領袖。匯集兩邊的溫和派人士為國民黨帶來信心，知道未來反對派組成的政黨不會激進化，也不會破壞政局的穩定性。透過民主轉型前的對話，國民黨與反對陣營的溫和派熟悉彼此，不必等到民進黨組黨。

一九八六年民進黨組黨之前的幾個月，事態發展已經相當明顯，國民黨再一次在蔣經國明確指示之下，進行「與反對陣營加強相互理解」的對話。[27]國民黨與黨外的溫和派都強調必須保持政治和諧，進行包括制定新憲法在內的改革，成立「黨外公共政策委員會」，也就是民進黨組織的前身。

儘管國民黨有著一黨專政的歷史，但還是能夠憑藉創建共和的基礎與反共的歷史背景，正當化自身的民主轉型。蔣經國援引孫中山的三民主義，來確立國民黨的民主共和傳承，彰顯其民主願景。蔣經國強調國民黨必須「全面推行民主憲政，根除極權獨裁和階級專政的遺害，切實做到國是決之於公意，政權歸屬於全民，法律之前，人人平等」。[28]蔣經國一九八六年三月、民進黨組黨六個月之前，在國民黨第十二屆三中全會做了上述宣示，進一步為黨內溫和派背書，支持他們帶領民主改革。

與發展亞洲大部分的民主實驗相對照，臺灣的民主轉型歷程比較沒那麼顛簸。對於這樣的穩定性，國民黨與反對陣營雙方都有功勞，早在民主轉型啟動之前，他們就已依據民主的藍圖來調整自身的立場。調整立場對於國民黨的信心相當重要，讓他們相信民主化既不會引發政治動亂，也不會危及他們保住政權的能力——至少在近期內是如此。從反對陣營的觀點來看，儘管轉型歷程中國民黨的影響無所不在，但仍意謂民進黨能夠正式以政黨身分投入民主選舉，而且就算當時看似希望渺茫，但有朝一日確實有可能擊敗國民黨，成為臺灣以民主方式選出的執政黨。[29]反對陣營也與臺灣的民主前景息息相關。

鞏固國民黨的民主宰制

臺灣民主轉型前夕的國民黨，是本書十二個案例中實力最雄厚的執政黨，它相信民主化既不會威脅臺灣的政治與經濟穩定性，也不會威脅自身對政權的掌控。等到國民黨在一九八〇年代晚期啟動民主改革，它持續在選舉中贏得過半數選民支持，帶領臺灣經濟蓬勃發展。社會抗議行動雖然日益增加，但無論是規模抑或強度都不能與民主轉型時期的南韓相提並論。就地緣政治而言，讓步容許民主對國民黨與臺灣都是好事一樁，因為能夠確保美國在與中國關係正常化的同時，繼續支持臺灣。綜觀本書探討的憑藉實力追求民主「讓步案例」，國民黨是最具實力的威權執政黨，最有信心讓步轉向民主之後能夠保持穩定，也最有可能以民主執政黨的型態繼續運作。[30]

根據我們的憑藉實力轉向民主理論，最強大的威權執政黨如果選擇讓步轉向民主，也可望成為民主轉型**之後**最強大的政黨。國民黨的實力維持不墜，繼續在臺灣剛起步的民主中宰制政局。

一九九二年，臺灣立法院首度全院改選，國民黨贏得五三％選票、六三％席次。一九九六年，臺灣首度公民直選總統與副總統，國民黨候選人李登輝與連戰輕騎過關，囊括五四％選票；民進黨總統候選人、資深異議人士彭明敏得票率只有二一％。國民黨的民主豪賭贏得回報：它讓步容許民主，但是並沒有將政權拱手讓給反對黨，而是保持宰制政局的地位。

諷刺的是，國民黨早年的選舉成功有助於臺灣民主的正常化，而不是造成破壞或者引發倒退。對於一九九二年、一九九六年兩場選舉勝利，國民黨並沒有解讀為選民期望回歸威權體制；臺灣的民主化進程已經啟動，不會回頭。國民黨對選舉連勝的解讀是它必須進一步推動改革，轉型為一個真正的民主政黨，並以民主的方式主宰政局。**國民黨相信自己能夠在民主體制中成功發展，因此加速進行民主轉型**。強勢的民主政黨遇上政治亂流時，未必就會破壞民主或者走回頭路。以國民黨的例子來看，這個執政黨之所以繼續走改革的路，正是因為它可望繼續保持成功。

國民黨確保自身在民主體制的優勢，複數選區選制居功不小；而且在臺灣民主化開始之後，國民黨也持續展現了民主精神的克制。民主克制帶來民主深化，讓反對黨有更公平的政治競技場，也在國民黨內部為民主建立防衛機制。

一九八八年蔣經國過世，繼任者李登輝在一九九〇年召開「國是會議」，邀集國民黨與反對黨領導階層，針對如何深化政治改革營造共識。會議召開之前，李登輝強化了國民黨內支持改革的主流派，壓制威權傾向的對手。李登輝領導的國民黨在政治上轉趨溫和，說服民進黨領導人在一九九〇年坐上會議桌，其效應正如同蔣經國在一九八〇年代中期強化黨內的溫和派。一九九〇年的國是會議上，國民黨與民進黨領導人為民主改革擬定藍圖，包括關於憲政改革、立法院全院選舉與總統選舉的協議。接下來的數年之間，國是會議的論壇化身為幾個協商論壇繼續進行，國、民兩黨領導人勾勒更進一步的民主改革計畫。

民主的遊戲規則上路之後，國民黨再也無法藉由鎮壓異議人士等威權手段來把持政權，必須設法在競爭激烈的選舉中取勝。此外，國民黨還必須擴大選民支持基礎；在這方面它向日本自民黨取經，調整政策綱領與施政計畫，例如全力推動經濟重分配、縮小貧富差距的政策。

國民黨也和自民黨一樣，將自身定位為一個普涵性政黨，讓反對黨在經濟改革、社會政策擴大等民生議題上討不到便宜。從一九九〇年代開始，國民黨推出一連串社會政策與經濟政策，與日本自民黨一九六〇年代鞏固選舉實力的做法如出一轍。國民黨政府也啟動了大規模的社會福利政策改革，擴大現有社會計畫的照顧範圍與福利，例如政府經營的勞工保險與其他職場福利。

國民黨政治策略的邏輯思維，在健康保險改革過程中顯露無遺。一九八八年國民黨宣布一項計畫，七年後開始實施全民健康保險，讓國民黨得以在立法院首次全院改選之前，爭取到都市勞工與鄉村農民可觀的支持。在李登輝總統的壓力之下，一九九六年臺灣第一次總統直選之前幾個月，國民黨政府推出全民健保，締造社會政策領域的重大成就，挖走民進黨一部分選票，尤其是社會民主主義傾向的選民。

國民黨也在其他選舉運用類似的普涵性策略。對於地方選舉，國民黨候選人提出老人年金計畫以吸引銀髮族選民，迫使民進黨跟進，做出類似的社會政策承諾。關鍵重點在於，國民黨持續到一九九〇年代的政治宰制地位，並不單純只是其威權過往的遺緒，部分也是由於它刻意調整政策與政綱來吸引選民。[31]換言之，國民黨並不僅是「將民主當成賽局」(gaming democracy)[32]，它也做到「為民主設計賽局」(game for democracy)[33]，而且想方設法成為贏家。

臺灣民主正常化

民主沒有什麼事情是確切不移的。事實上正如普沃斯基所云，民主就是將政治不確定性體制化。國民黨對於選舉的宰制並不是理所當然、天長地久。民主要正常化，政權轉移的「可能性」不可或缺。否則反對陣營將無從體認民主的價值，進而背離放棄，因為這樣的民主體制過於淺層，政治競技場太不公平，他們只能充當威權政權的花瓶擺飾。

然而反對派背離與民主倒退並沒有在臺灣發生。國民黨對政權的掌控一度看似鐵板一塊，後來隨著民主的正常化而逐漸削弱。一九九三年，國民黨內殘存的強硬派另起爐灶，成立新黨。新黨頂多只是一個邊緣政黨，但仍然瓜分國民黨一部分立委席次。一九九五年立委選舉，國民黨一如預期，過半優勢縮水，只拿到五二%席次，較一九九二年的五九%退步。

很重要的是，隨著民主在臺灣日益正常化，反對黨扳倒國民黨的希望也逐漸升高。比較一九九二年與一九九五年兩屆立委選舉，民進黨席次從五十一席略增至五十四席，得票率從三一%微升至三三%。在此同時，國民黨的席次與得票率雙雙顯著衰退，得票率從一九九二年的五三%滑落至一九九五年的四六%。原因除了新黨的瓜分，也是因為民進黨有所進展。民進黨顯然不會只是曇花一現，它將成為一個長期政黨。

二〇〇〇年總統選舉，臺灣民主經歷第一次政權轉移，民進黨總統候選人陳水扁以三九%得票率險勝國民黨對手（譯注：陳水扁險勝的對手是脫離國民黨自行參選的宋楚瑜）。四年後陳水扁連任成功，但得票率差距更小。對國民黨以及臺灣民主化的命運而言，陳水扁在二〇〇〇年當選總統是一個重大關頭，儘管國民黨仍然掌控立法院過半數席次，但這場總統選舉是國民黨在臺灣輸掉的第一場（全國性）選舉。當時國民黨會如何應對自身第一回挫敗，情勢渾沌不明。有些人推測國民黨將逆轉民主改革進程，重返威權主義型態，因為首度挫敗而變成民主的破壞者。[34]

但是國民黨重整旗鼓。它在二〇〇四年再度挫敗，而且差距更小，後來選擇時任臺北市長的馬英九接任黨主席。當時馬英九頗受選民歡迎，被許多人視為一位年輕、魅力十足、立場溫和（這一點很重要）的領袖。同時國民黨也積極改造形象，在黨內進一步推行改革。儘管是威權政黨出身，選舉成績每況愈下，但國民黨並沒有選擇當一個民主的破壞者，而是選擇更加努力深化對民主的投入，設法強化自身的民主競爭性。

國民黨之所以選擇民主正常化的道路，有幾個原因，全都來自它的實力以及信心：就算每隔一段時間就遭到選舉挫敗，它還是能夠在民主體制中獲致成功。國民黨持續強調過往的發展成績，告訴選民它能夠確保臺灣經濟持續發展。國民黨也持續調整自家的社會與經濟政策綱領，更加強調經濟重分配計畫，擴大作為一個普涵性政黨的支持基礎。國民黨指稱民進黨治國能力未經考驗，只關注少數特定議題。此外，國民黨在鄉村地區繼續享有可觀的席次紅利，意謂它的選舉得票率雖然不斷下滑，但是立法院的多數黨地位並未受到威脅。

國民黨在臺灣之所以走上民主的道路，是因為它擁有信心與執政實力，而且在二〇〇〇年與二〇〇四年的總統大選接連敗北之後，仍然保持信心。以實際狀況而言，兩場挫敗對國民黨來說不算非常嚴重，勝負差距相當有限，二〇〇四年更是差之毫釐。輸掉總統大位之後，國民黨在整個二〇〇〇年代仍然掌控立法院過半數席次。換言之，國民黨仍然保有當初讓步容許民主的實力與信心。

國民黨雖然名義上已經「在野」（不再掌權），但它知道自己並沒有遠離權力中樞，而且不太可能永遠淪為在野黨。國民黨相信自己能夠在近期內重掌政權。它也的確做到了，馬英九在二〇〇八年總統選舉大勝，二〇一二年順利連任。國民黨持續掌控立法院，儘管它後來又在總統選戰中連續慘敗。國民黨並未選擇當民主破壞者，因為只要依循民主的規則，它就能夠繼續角逐日後的選戰。身為一個長期累積深厚實力的強大政黨，國民黨有信心自己能夠恢復競爭力，而且年復一年長期保持。[35]

5 南韓：走走停停的民主之路

一九八七年夏天，南韓動盪不安。學生、勞工與他們的中產階級盟友走上首都漢城（首爾）街頭，對威權政權發動抗議；從一九六〇年代開始，南韓就由一個接一個軍事獨裁者統治。數十萬示威抗議者在南韓全國各地行動，他們忍無可忍，要求政治改革，要求國家走上自由民主的道路。

戰後南韓也出現過這種政治亂局，然而這一回狀況有所不同。即將卸任的總統全斗煥將軍在那年夏天指定接班人盧泰愚，從一個獨裁者到另一個獨裁者，各方預期這場威權權力交接會相當平順。然而盧泰愚在南韓公民社會與美國政府的強大壓力之下，做出「震驚全國」之舉：同意進行民主改革。他在一九八七年六月宣布，當年十二月進行總統選舉，翌年春天進行自由而公平的國會選舉。南韓突然一百八十度轉向，走上新的道路，最終成為發展亞洲最經得起考驗的民主國家之一。[1]

南韓的民主勝利並不是從一開始就成定局。事實上，南韓原本被各方認為很早就會民主化，但多次嘗試都宣告失敗，無法締造長期的民主。如果我們將民主轉型視為一種可以逆轉的實驗，那麼一九八〇年代之前的南韓民主化，就是經年累月一連串的挫敗。

二戰剛落幕時，美國占領朝鮮半島南半部，蘇聯管轄北半部。美國帶頭的軍事占領目的是要在南韓建立民主體制，與占領日本異曲同工。占領日本行動有麥克阿瑟將軍，占領南韓行動則有駐韓美軍司令霍奇（John Hodge）中將。然而儘管日本成功走上民主之路，一如本書第三章所述，南韓的民主前景卻因為一九五〇到一九五三年的韓戰而迅速黯淡，第一場民主實驗也宣告失敗，軍事政權在一九六一年建立。

美國的韓國研究先驅華格納（Edward Wagner）一九六一年在《外交事務》（*Foreign Affairs*）發表一篇專文〈韓國的失敗〉（Failure in Korea），[2] 看標題就能知道內容。對於南韓的政治狀況、經濟狀況與國家前途，華格納相當悲觀，他以苦澀的筆調寫道：「十六年前美國來到南韓，試圖為它的人民引進民主自我治理的技藝；十六年後我們發現，今日的南韓是一個不折不扣的威權政權。」

如果人們只看日本的狀況，會以為二戰之後的美國擁有強大的力量，可以在任何地方「施行」一套長期的民主。然而同一時期南韓的歷史經驗顯示，美國自身並沒有那樣的力量。發展亞洲能夠讓民主穩固扎根的地方，必然有實力強大、得以在民主化之後持續壯大的保守派。戰後初期的南韓還不具備這種條件。

從許多方面來看，南韓從經濟發展到最終民主化之路與臺灣經驗相映成趣，兩者都是本書探討的發展型國家主義群聚範例。南韓的發展型國家類似臺灣，推動了工業化、經濟現代化與社會轉型，為一個政治要求升高的社會撒下種子。南韓戰後的威權政權也類似臺灣的國民黨，剛起步的時候體質虛弱、貪腐橫行、內部分裂；雖然連續幾任獨裁政權也蓄積了龐大的發展能力。南韓的威權體制從一九六〇年代開始壯大，過去虛弱的國家體制與統治政權變得極為強大，靠著經濟績效正當性與殘暴高壓權力的結合而存續。

盧泰愚在一九八七年展開民主化的時候，南韓的威權政權已經過了顛峰時期。如同臺灣的情形，南韓政權只靠經濟發展帶來的績效正當性，無法抵擋要求愈來愈高的社會。也如同臺灣的國民黨，南韓政權在政治上並沒有與世隔絕，而是接收各種顯示自身權力掌控日益衰微的訊號，包括一九八五年國會選舉的執政黨重挫、反政府的政治示威抗議動員、美國支持的消退、美國政府直接公開施壓要求南韓政府民主化等等。

面對壓力快速上升、宰制逐漸式微的情勢，南韓領導階層決定進行一場豪賭。他們的盤算是：自家政權仍然擁有足夠——甚至占優勢——的力量與卓越的發展成功紀錄，能夠撐過民主轉型過程的考驗，甚至在民主體制中發展壯大。南韓的威權體制並沒有崩潰，政權也沒有遭到推翻；它的情況是執政黨主動啟動民主化過程，非常類似本書第四章呈現的臺灣。在這方面，南韓是另一個憑藉實力轉向民主的案例。

然而我們也指出，在不同案例與不同時期，強大的國家體制與政黨在實力上會有差異與變化。就連臺灣與南韓這種高效能的發展型國家，也是分布在實力光譜之中不同的位置。國民黨的威權掌控長期維持，而且愈來愈強；相較之下，南韓的威權統治就沒有那麼持續，區分為不同的年代與接二連三的政權，各自由不同的獨裁者掌控。臺灣的故事可以從國民黨的角度來呈現，單一執政黨經營的單一政權。然而南韓的故事是一連串的威權政權，執政黨的名稱不時改換，軍方扮演的角色遠比臺灣軍方突出。南韓的政治發展大起大落，有時進行政治開放與民主實驗，但接著又是漫長的威權封閉統治。[3]

盧泰愚一九八七年讓步容許民主改革的時候，南韓執政黨仍然相當強大，但是政治宰制力不如臺灣的國民黨。就威權體制帶領的民主轉型而言，南韓是一個比較弱勢的案例，不過仍然足以說明如何憑藉實力轉向民主——儘管南韓的民主走走停停，其威權政權在一九八七年讓步容許民主時命運未卜。

南韓失敗的第一代民主

從一九一〇年直到二戰結束，韓國都是日本殖民統治的受害者。它的被殖民經驗充斥暴力，反日情結也深植韓國人的民族性之中。經濟壓榨、軍事占領以及強徵「慰安婦」之類的反人道暴行，讓戰後的韓國在經濟上與政治上都破敗凋敝。一九四五年日本投降，對韓國而言是令人欣慰的重新開始，可望帶來國家獨立、經濟自主與民主。

大戰方才落幕、冷戰逐漸興起之際，朝鮮半島被分而治之，以北緯三十八度線為界，北部由蘇聯管轄（譯注：後來建立「朝鮮民主主義人民共和國」，即今日北韓），南部由美國占領。美國的軍事占領從一九四五年持續到一九四八年秋天，比占領日本的時間來得短暫。從華府的觀點來看，戰後重建南韓是百廢待舉，而且時間緊迫。一如在日本，美國在南韓的主要目標是引進民主體制，尤其重要的是一部民主憲法。一如在日本，美國領導人在南韓察覺到一股民主的脈動，占領當局（譯注：全稱為「駐韓美國陸軍司令部軍政廳」）希望將這股脈動擴展成羽翼豐滿的民主。與並未被美軍占領、國民黨一黨專政受到美國包容的臺灣不同，美國從占領南韓開始，念茲在茲就是締造民主。

由霍奇將軍領導的美國占領當局，基本上是照抄麥克阿瑟轉化日本的戰術手冊。從一九四五到一九四八年間，占領當局針對如何制定一部民主憲法，諮詢南韓的菁英階層與一個崛起中的政治領導階層。如同日本的情況，占領當局主導整個諮詢過程。霍奇早早就提出一份《韓國人民權利宣言》作為政治改革藍圖，借鑑日本經驗，確保所有南韓人民「在法律上一律平等」，「人身自由不可侵犯」。也如同日本的情況，占領當局是依據美國的樣貌來打造南韓的民主。如果說美國是在日本進行一場民主實驗，那麼美國在南韓也是如法炮製。

美國擬定的宣言成為南韓憲法的靈感來源，這部憲法在一九四八年夏天由南韓制憲國會通過施行，其總綱明訂南韓（大韓民國）是一個民主共和國，因此擁有獨立的主權，並為其民主演進奠定基礎。南韓的民主體制迅速建立，軍隊由文人政府指揮。行政、立法、司法部門各就各位，針對政治權力提供民主制衡機制，政黨成為民主競爭的基石之一。

南韓選民在一九四八年選舉制憲國會，國會隨後選出第一任總統李承晚。曾經留學美國的李承晚堅定反共，被美國視為盟友，儘管占領當局對他並不完全信任，認為他是政治投機分子。李承晚的民主素養受到質疑，原因在於他從來不是民主運動人士。然而有鑑於當時冷戰方興未艾，華府沒有什麼選擇，只能接受李承晚以美國盟友的身分坐鎮漢城。

情勢發展很快就清楚顯示，南韓的民主憲法難以抵擋李承晚的威權做法。[4] 憲法第二十八條與第五十七條容許政府——尤其是總統——在「特別時期」為了「公共秩序」凍結與限制國民的權利。類似的條文在憲政民主體制司空見慣，但這種特殊的憲政權力只會在最極端的情況下行使。結果顯示，李承晚的南韓並不依循這種觀點。南韓爆發大規模示威，政府強力鎮壓，國會在一九四八年十二月通過《國家保安法》，賦予總統壓制反對派的權力。《國家保安法》也讓南韓政府得以起訴與囚禁「國家的敵人」，包括反對李承晚政權的人士。

儘管擁有這種高壓的特別權力，李承晚其實是政治弱勢的總統，在自家政黨與軍方都缺乏穩固的權力基礎。本書的主要論點之一就是，政黨實力能夠促成從專制到民主的平穩轉移。在一九五〇年代初期的臺灣，國民黨的組織改造不僅大幅改變黨的結構，也改變了黨如何影響社會，特別是黨的小組深入全臺灣各地。國民黨在此一時期也大規模召募黨員，充實基層，強化黨對臺灣社會的扎根工作。日本也曾出現類似做法，早期民主實驗的重要性與大正時代政黨的遺緒，為戰後自民黨的鞏固提供了體制與組織的基礎。然而南韓的情況不同，外國占領（日本與美國）推動的轉型過程只帶來薄弱的體制成果。正因如此，南韓的民主才會一起步就翻車。

李承晚的自由黨欠缺組織能力，與日本的自民黨和臺灣的國民黨不同，它沒有發展出群眾黨員基礎，無力動員基層黨員，因此難以應付反對黨的挑戰。一九五〇年代南韓各項選舉，自由黨得票率從未超過四五％，對上反對派的民主黨（譯注：南韓歷史上曾出現多個「民主黨」，此一民主黨存在於一九五五至一九六五年）愈輸愈多。不僅如此，李承晚也不曾像自民黨與國民黨那樣發起組織性的行動，來強化自由黨深入南韓社會的能力。他甚至與自家政黨其他領導人漸行漸遠。派系鬥爭與貪汙腐敗，從內部侵蝕了自由黨。

李承晚後來應驗了美國對他最大的憂慮：證明自己頂多只是個見利忘義的「民主人士」，只想靠警察與國安單位保住權力，無意爭取南韓民眾的認同。統治初期，李承晚幾度動用《國家保安法》來維持政治秩序。從一九四〇年代後期到整個一九五〇年代，南韓政府例行性地殘暴鎮壓示威抗議，包括惡名昭彰的一九四八年濟州起義（濟州四三事件），數千名示威者遭到暴力鎮壓與逮捕。一九四九年則有聞慶屠殺事件，南韓警察殺害近一百名平民，連兒童也無法倖免。

在此同時，美國與蘇聯的冷戰對立，南韓與北韓各為其主，讓朝鮮半島持續分裂。一九四〇年代晚期，兩韓「熱戰」陰霾籠罩。一九五〇年韓戰爆發，李承晚再度動用《國家保安法》鎮壓反對勢力。從一九四〇年代晚期到一九五〇年代，南韓瀰漫著對共產黨顛覆行動的恐懼，政府以此為由施行嚴酷的緊急權力。

就地緣政治而言，韓戰加深了漢城與華府的相互倚賴，讓原本就糾結的關係更加複雜。基於李承晚的反共立場，以及美國遏阻區域共產主義擴張威脅的戰略要務，華府被迫深化它與李承晚的結盟關係。為了圍堵共產黨在亞洲的擴大勢力範圍，美國必須為李承晚政權提供軍事與經濟支援，甚至是政治上的默許支持。在此同時，李承晚的威權鉗制手段變本加厲。據估計，李承晚政權拘禁、起訴、殺害了數十萬名南韓人，只因為他們被懷疑是共產黨同路人。

除了暴力與鎮壓，威權政權還可以藉由經濟發展與績效正當性，來抵擋政權的挑戰者。在臺灣，國民黨的發展型國家對於創造經濟績效正當性成效良好，再加上它的威權能力，讓這個威權政權存續將近四十年。本書下一章將會探討，在冷戰稍微後期的印尼與泰國，快速經濟發展如何鞏固軍方宰制的政權。相較之下，戰後初期李承晚治下的南韓經濟發展遲緩，他的政權在績效正當性方面表現不佳，因此可能會被另一個承諾帶來更卓越經濟發展的威權政權取而代之。

歷史上，朝鮮半島南半部是農業地帶，在日本殖民時期也是如此。殖民政權偏重投資半島北部的工業發展，忽略南部。二戰結束時，半島南部仍以農業為主。當時南韓還面臨能源短缺的問題，工業發展難以起步，失業率一飛沖天，一九五〇年代初期嚴重的通貨膨脹讓情勢雪上加霜。相較於臺灣在戰後很快就整頓好經濟的基本面，南韓遙遙落後。

當時儘管美國提供經濟與軍事援助，南韓的經濟發展仍然欲振乏力，前景也不樂觀，韓戰爆發後更是每況愈下；這場戰爭直到一九五三年才停戰落幕，進一步重創南韓經濟。光是戰爭造成的實體破壞，就相當於一九五三年南韓經濟產值的將近兩倍。李承晚的貪腐政權吸走數百萬美元的外來援助，讓他本人與親信中飽私囊，無數南韓民眾則深陷貧窮。南韓一九五三年的人均國民生產毛額（GNP）只有六十七美元，到一九六〇年也只微增至七十九美元。

李承晚政權沒有績效正當性可以倚賴，沒有經濟發展計畫可以運用，在一九五〇年代下半期遭遇一連串挫敗。反對黨持續壯大，李承晚的自由黨失去國會多數黨地位。示威抗議者受到鼓舞，公開批判李承晚政府的貪腐與經濟施政無能，最終爆發為一九六〇年的「四一九運動」，成千上萬名學生與工人走上街頭。安全部隊體認到李承晚政權來日無多，拒絕對示威者開火。[5]

李承晚的自由黨內部四分五裂，部分領導人開始與反對派領導人接觸，磋商改革方案、安排個人退路。一九六〇年國會選舉，自由黨在應選二百三十三席之中只拿到二席。自由黨慘敗之後，許多李承晚的支持者選擇跳船，而不是堅持不懈、重建政黨。李承晚的拙劣領導將自由黨帶向泡沫化，他本人別無選擇，只能辭職下臺。儘管李承晚自己是強人型態的統治者，但他從未掌控一個強勢政黨。當他的總統生涯結束，他的政府也來到死亡邊緣。李承晚沒有任何組織性的權力基礎來安排政治退路，這個名聲掃地的獨裁者流亡國外，一九六五年過世。

風雨飄搖的過渡期

李承晚下臺為南韓帶來民主轉機的希望。張勉從李承晚政府的廢墟應運而生，他在一九六〇年帶領反對黨民主黨贏得國會選舉。選舉過後，國會修改一九四八年憲法，廢除許多被李承晚濫用的權力。新憲法遠離總統制，走向內閣制，總統變成虛位元首，國務總理率領內閣執掌政權。一九六〇年八月，南韓國會選舉張勉出任國務總理。

當時民主黨在國會掌握遠超過半數的席次，儘管如此，這個新執政黨在組織上相當脆弱，黨內山頭林立，鬥爭激烈，領導人的個人恩怨遠比意識形態的分歧嚴重。張勉只是黨內一個派系的首領，無法獲取其他派系的合作。一九八〇年代後期臺灣的李登輝縱橫捭闔，鞏固國民黨內對他的支持，然而南韓的張勉做不到，無法在民主黨內部組建一個改革的聯盟。南韓的新執政黨陷入癱瘓，立法工作停擺，黨內僵局難解。南韓重啟經濟發展因此遭到阻礙，張勉的人馬試圖重新推動幾項經濟計畫，但一如預期全軍覆沒。一九六〇年，南韓經濟成長率只剩一%。

張勉也缺乏其他的政治權力基礎。值得注意的是，他並沒有努力爭取美國支持他的政權。張勉在外交政策上屬於鴿派，試圖限縮軍方的資源，卻因此惹惱美國決策階層。美國雖然樂見李承晚垮臺，但是並不歡迎張勉將南韓非軍事化的計畫，因為那會影響冷戰時期美國對共產黨擴張的圍堵。李承晚倚靠安全機構鎮壓反對派，張勉則拔除這些機構的毒牙。然而他並沒有起訴李承晚，儘管大量證據顯示這名前總統貪汙腐敗、扭曲南韓的民主憲法。李承晚建立了許多壓迫性體制，張勉試圖撥亂反正，然而南韓社會認為他對前總統太過軟弱，成千上萬人走上街頭抗議新政府，從一九六〇年延燒到一九六一年。張勉政府維持不到一年就宣告垮臺。[6]

李承晚以殘暴、強人的手段維繫政權，但領導一個衰弱的政黨；相較之下，張勉是一個弱勢的領導人，所屬政黨則四分五裂。張勉不是強人，在自家黨內欠缺強大的組織權力基礎。

因此，**張勉帶領的短暫民主實驗是因為衰弱引發民主，而不是憑藉實力轉向民主**。這段轉型過渡時期從一開始就很不穩定、一路顛簸。沒有強勢的執政黨，民主無法穩定運作。南韓一九六〇年的民主化是因為衰弱，不是憑藉實力，因此產生的民主也是既衰弱又不穩定。

不足為奇的是，張勉政府的結束與開端一樣突然：一九六一年，朴正熙將軍發動一場速戰速決的軍事政變。經歷了李承晚的貪腐政權與張勉的虛弱政府，南韓經濟發展停滯、政治體制敗壞，朴正熙為南韓現代化提出了新的政治與經濟願景。如同發展型國家主義群聚的其他案例，民族主義與國家自給自足是朴正熙計畫的核心；這項計畫涵蓋社會、經濟與政治發展，然而民主不在其中。

發展型威權體制

評斷朴正熙政權以及它如何在一九六〇與一九七〇年代將南韓從弱勢威權體制轉變為強勢威權體制之前，我們應該先強調一點：朴正熙一九六一年政變之前，南韓政權的民主成分少得可憐。整個一九五〇年代，政權舉步維艱，在民主與威權之間走走停停。從這個觀點來看，一九六〇年代的朴正熙政權並不會比前朝更為威權；朴正熙也不是拆解或者逆轉一個健全的民主體制，然後樹立威權體制。關鍵重點在於，朴正熙政權顯然比前朝更重視**經濟發展**。

一九六一年五月十六日政變之後不久，朴正熙在政治上重起爐灶，設立「國家重建最高會議」，作為其政權的政治神經中樞。朴正熙身為職業軍人，執政得到軍方支持，這是李承晚政府與張勉政府都欠缺的權力基礎。雖然朴正熙的統治力量來自軍方，但他治理南韓是透過民主共和黨（DRP）。這個執政黨是一部組織機器，讓朴正熙行使政治權力。一九六〇年代，其他政黨也被容許參與選舉，只是南韓的選舉法規極度扭曲，獨厚執政的民主共和黨，反對黨沒有任何勝選的機會。

的確，朴正熙從不掩飾他對自由民主的鄙夷，認為那是「抽象、無用的概念」。在他看來，南韓政治現代化與民主轉型的前提是經濟發展。他擬定現代化理論的信條，特別強調經濟現代化優先於政治轉型的順序。他在一篇著名的專文〈國家、革命與我〉中強調，像南韓這樣的低度開發國家「一定要訴諸非民主的特殊手段，才能夠改善人民的生計」。民主必須排隊等候。[7]

從朴正熙的觀點來看，只要南韓繼續深陷貧窮、經濟發展不振，就沒有資格實驗政治民主化，而當時的南韓仍然非常貧窮。朴正熙威權統治初期，南韓經濟已經停滯十年。二戰剛結束時，南韓是全世界最貧窮的國家之一，來到一九五〇年代盡頭，南韓仍然是全世界最低度開發的經濟體之一。[8]不同於李承晚與張勉，朴正熙啟動了南韓的工業化與現代化。國家大手筆投資人力資本開發，尤其著重於教育。類似臺灣的發展型國家做法，南韓在一九六〇年代實施小學國民義務教育，一九七〇年代擴大到中學。世界銀行（World Bank）指出，教育與人力資本開發的投資是南韓工業勞工技能升級的關鍵，確保本國勞動市場能夠為工業化的公司充分供應技能熟練的勞工。[9]

與臺灣及日本的發展型國家類似，朴正熙政權運用策略性的工業政策與干預措施，來促成工業成長與經濟發展。從一九六〇年代早期開始，南韓的發展型國家實施一系列的進口替代關稅，來保護剛起步的本土工業，特別是勞力密集的製造業，例如面臨外國強勁競爭的紡織業。關稅以人為方式提高了進口產品的價格，讓南韓公司得以發展本土製造業能力，最終進入全球市場競爭。

一九六〇年代在朴正熙政權治下，南韓製造業快速發展。類似日本與後來的臺灣，南韓的發展型國家會挑選並協助打造工業界的贏家。有前景的公司受惠於策略性的進口關稅，並且在國家鼓勵之下進軍國際市場。南韓政府運用多種出口誘因措施——例如信貸與賦稅優惠——來推動出口導向的工業化。從一九六一到一九六三年，南韓出口總值從四千一百萬美元上升至八千七百萬美元，增幅超過一倍；到一九六五年再度倍增至一億七千六百萬美元。來到一九七〇年、朴正熙政權上臺十年之際，南韓出口總值高達八億八千二百萬美元，製造業所占比重節節升高。

南韓的發展型國家也在一九六〇年代將銀行體系國有化，因此得以控制投資資本的分配方式。外國援助與投資透過國營行庫運作，讓政府掌握工業金融資源的運用，以信貸與財政誘因獎勵勝券在握的出口導向企業。

一九六〇年代，南韓經濟在朴正熙政權帶領下突飛猛進。從一九六一到一九七〇年，南韓人均國民收入從八十二美元增加為三倍，來到二四三美元；經濟年平均成長率逼近八・五%。從一九六五到一九七〇年，年平均成長率更高達一〇・四%。國家對製造業的投資也得到回報，從一九六一到一九七〇年，製造業占經濟產值比重由一三・六%提高至二一%。南韓經濟顯然已邁入現代化，生產力不再那麼倚重農業；從一九六一到一九七〇年，農業占經濟產值比重由三九・一%滑落至二六・六%。一九六〇年代結束時，南韓勞動市場重心已轉移至都市地區的工業中心。家庭收入也更為公平，因為勞工可以找到都市、工業、薪資穩定的工作。南韓的中產階級日益壯大。[10]

如同日本與臺灣的發展型國家，南韓將指導與推動工業轉型的權力，集中在一個強大的國家官僚體系之中。經濟企劃院（EPB）是南韓國家機器的領航機構。類似日本的通產省與國民黨的經建會，南韓的經濟企劃院擁有協調各個部會的權力。南韓還有一點與其他發展導向國家相同：官僚體系是以才能為僱用標準，確保各部會科技官僚都是來自南韓頂尖大學的最優秀人才。[11]

南韓的官僚體系也和日本以及臺灣一樣，在政治上由統治政權牢牢掌控。朴正熙總統定期與部會首長開會，並且插手經濟企劃院的議程擬定。從這方面來看，南韓的發展型國家既是一個熟練的技術官僚體系，也是朴正熙與執政黨的政治權力工具。

朴正熙政權對於政治權力的壟斷，並不全靠脅迫達成。南韓社會大體上認為朴正熙享有績效正當性，他兌現了經濟發展的承諾，也補償了政治改革的闕如。前文提過，朴正熙相信政治改革的前提是經濟現代化。因此他在一九六〇年代的掌權從來不曾出現問題。儘管朴正熙政權蔑視民主、反對擴大人民的政治權利，但他與執政黨受到的支持在一九六〇年代持續上升。朴正熙政權的第一個十年是南韓發展型威權體制的鼎盛時期。[12]

威權的發展型國家最終會撒下種子，催生不滿情緒與反對勢力。臺灣就曾發生這種情形，數十年的經濟成長與社會轉變之後，民眾開始動員，要求政治改革。這種情形也發生在戰前的日本，民眾要求更大的政治參與，促成一九二〇年代的大正民主實驗。發展型政權最終會面臨壓力，原因一如托克維爾（Alexis de Tocqueville）的描述：人民升高的期望會引發革命。簡而言之，成功的經濟發展會催生出要求高漲的社會。

一九七〇年代初期，南韓出現一個政治要求高漲的社會。連續十年的經濟發展之後，反對派的聲音開始浮現，反對黨開始在選舉中動員。朴正熙的民主共和黨在一九七一年五月的國會選舉表現不如以往，反對黨新民黨（NDP）的得票率上升近一二%。儘管朴正熙在一個月前的總統選舉中獲勝，但新民黨候選人金大中緊追在後，對現任政權形成威脅，朴正熙據說對選舉結果「大感不悅」。[13]

威權體制重新啟動

一九七二年，朴正熙施行高度壓迫性的「維新憲法」，將政治權力集中到總統手中。這項重大舉動強化了現行政權，讓朴正熙更加牢固地掌控政治權力與國家壓迫工具。反對運動遭到暴力鎮壓，朴正熙最信任的安全機構中央情報部，被授權剷除與懲罰反對運動人士。一九六〇年代倖存的少數幾項公民權利，維新憲法全數扼殺。朴正熙也加速推動一九七〇年春天發起的「新鄉村運動」，在鄉村地區催生群眾支持。

維新憲法將南韓公民政治參與的表象粉碎無遺。一九六〇年代的選舉雖然透過不公正選區劃分（傑利蠑螈，gerrymander）獨厚執政黨，但還是留給南韓人民一些政治參與的殘渣。從朴正熙政權的觀點來看，選舉提供了相當重要的社會輿情回饋，並且為執政黨與總統塗抹一層「透過選舉掌權」的色彩。維新憲法改變了一切，總統直選在一九七二年之後成為絕響，改由國會（譯注：改名「統一主體國民會議」）組成的選舉人團間接選出。不僅如此，新憲法還對反對黨候選人參加總統選舉多所限制。一九七二年十二月南韓進行總統選舉，朴正熙「獲勝」，他是唯一的候選人。

儘管南韓的國會選舉在一九七〇年代並沒有完全取消，但執政黨改變選舉規則，讓自己立於不敗之地。根據維新憲法，總統可以將國會三分之一席次分給執政黨。以一九七三年國會選舉為例，民主共和黨以三九%得票率拿到六七%絕對多數席次，兩個比例的落差高達二八%。

對照之下，臺灣的國民黨也因為獨厚現任政權的選舉規則而大為獲益，但是它拿到的席次紅利遠遠不如南韓的民主共和黨。從一九七二到一九八九年，國民黨在立法院選舉中的得票率與席次比例差距平均值為一二%；相較之下，朴正熙的民主共和黨在一九七三年選舉的席次紅利是二八%。簡而言之，南韓的民主共和黨遠比臺灣的國民黨脆弱，因此它必須大費周章進行欺騙與操控，才能得到近似的選舉結果。

一九七八年南韓再次進行國會選舉，不公正選區劃分變本加厲，反對黨得票率奪冠，卻只能分到二六%席次。朴正熙的民主共和黨輸給反對黨，但是拜席次分配規則與總統任命席次之賜，在選後國會掌控六三%席次。也就是說，反對黨贏得最多選票，卻還是輸掉選舉。

維新憲法不僅涉及政治權力運作，也試圖強化國家領導階層對於經濟發展的指導者角色。隨著朴正熙對政權的掌控穩如泰山，南韓發展型國家對工業化與經濟發展的推進也加大力道、加快速度。一九七〇年代初期，朴正熙揭櫫「大推進」工業政策，全力發展鋼鐵、化學等重工業。選擇這些產業是基於策略，因為朴正熙期望更多元化的工業經濟，而這些產業將提供非常重要的貢獻。

南韓企業在全球價值鏈步步高升，從勞力密集的輕工業轉進高附加價值的產業諸如營建、造船，最終發展出汽車、電子等高科技製造業。南韓的發展型國家運用策略性關稅、出口獎勵、政府補助研發、國家管制投資資本分配等做法，締造了持續開展的工業轉型。

南韓本土企業的規模與層級持續提升，居領導地位的財閥企業如三星與現代是多角化經營、組織整合的龐大金融與工業集團，它們在就業市場占了極大的比例，同時也是工業與出口產值的大戶。

朴正熙政權處理一九七三年石油輸出國家組織油價飆升危機的方式，充分顯示南韓對於經濟發展的積極做法，尤其是朴正熙致力於擴張性、出口導向的措施。在這方面，南韓與臺灣的對比特別有啟發性。我們在第四章談過，國民黨藉由一套保守的貨幣政策，來因應石油危機引發的通貨膨脹。基本上，國民黨將經濟的步調放慢到幾乎停滯。相較之下，南韓採取遠比臺灣積極的策略。朴正熙並沒有像國民黨那樣抑制貨幣供給，而是為了採行擴張性政策而擴大貨幣供給，包括接受新的外資貸款。朴正熙的策略是提升出口貿易，在一九七三到一九七七年間增加為三倍，從三十三億美元增至一百億美元。南韓以擴大出口的方式來走出危機。臺灣為了因應石油危機，在一九七四年將經濟成長率放慢至一%；但同樣處於石油危機高峰期的南韓，一九七四年成長率是八．三%，一九七三年更高達一四%。[14]

從經濟成長的觀點來看，一九七〇年代的南韓可圈可點。不管以哪一項指標來衡量，南韓經濟都是突飛猛進；一九七〇到一九七九年間的年平均成長率高達九．六％；同一時期人均收入從二百四十美元增加至接近一千六百美元，短短十年內增加將近七倍。南韓製造業愈來愈能自給自足，倚賴進口工業投入的程度隨之降低。南韓採行出口導向策略得到回報，出口總值成長將近十七倍，從一九七〇年的八．八億美元成長到一九七九年的一百四十七億美元。

南韓經濟發展的發生背景是威權統治，催生出政治要求高漲的社會，一方面對政治改革滿懷期望，一方面對欠缺政治改革滿懷挫折。儘管南韓經濟成長率搶眼，對朴正熙政權的反抗卻日益升溫，情勢愈來愈急迫。

南韓中產階級的規模在一九七〇年代壯大，調查顯示他們雖然是經濟成長的受益者，但是除了尋求經濟穩定性，他們也要求漸進的政治民主化。

勞工階層運動人士覺得他們被南韓經濟轉型忽略，勞工示威抗議因此如火燎原。朴正熙以日益嚴厲的鎮壓回應，但也因此引來更多的批判、更強的反對，為威權國家體制與南韓社會的衝突火上澆油。

一九七〇年代將兩位異議政治人物推上政治的風口浪尖，金泳三與金大中都主張終結威權政權。一九七九年秋天，釜山大學的學生對殘暴的朴正熙政權及其高壓的維新憲法發起示威，全國各地都有學生與運動人士響應，加入批判朴正熙政權的行列。他們對朴正熙發出強而有力的訊號：這個威權政權已經盛極而衰。希望的微光閃現，藉由實力轉向民主的前景浮現在地平線上。[15]

然而一個驚天動地的轉折，改變了南韓的歷史進程。一九七九年十月二十六日，南韓中央情報部部長金載圭刺殺朴正熙。朴正熙遇害過程的細節至今仍有謎團未解，許多人相信殺機起自中央情報部與朴正熙親信之間的權力鬥爭。另一種推測指出，當時統治階層某些領導人認為政府做得太過火，應該要降低鎮壓力道；他們反對朴正熙，因為他堅持加強鎮壓。無論朴正熙是什麼原因遭到暗殺，他的暴斃留下巨大的權力真空，南韓社會的反威權行動一時間風起雲湧。

變本加厲的獨裁

朴正熙遭刺殺之後，民主改革之窗再度被撬開，南韓公民社會要求終結威權體制，運動人士要求政治改革。朴正熙政權內部有些領導人似乎願意軟化鎮壓手段。一個臨時政府立即組成，準備開放政治領域，解除前政權的獨裁措施。南韓全國瀰漫著樂觀氣氛。

一九八〇年初，在「漢城之春」期間，反對派人士動員走上街頭，大力要求政治改革。

臨時政府取消幾項朴正熙以維新憲法之名施行的緊急措施。許多入獄的運動人士，尤其是追求改革的教授與學生被臨時政府釋放。包括金泳三與金大中在內的政治異議人士，公民權利得到恢復。

臨時政府也準備推動制訂新憲法：重點在於強化國會與司法部門的權威、制訂更公平的選舉規則讓反對黨有機會競爭、限縮總統的行政權力，藉由這些做法來推動南韓政治體系真正的民主化。簡而言之，漢城之春讓南韓運動人士滿懷希望，也是民主實驗的時刻。

然而就在民主希望春意盎然之際，全斗煥將軍祕密策劃一場奪權行動。朴正熙遇刺之後，全斗煥策動軍方支持自己，首先掌控了中央情報部。以後見之明來看，南韓臨時政府垮臺是遲早的事，而它也在一九八〇年春天突然畫下句點，距離朴正熙遇刺不過幾個月，全斗煥建立民主正義黨（民正黨，DJP），並且隨即接管南韓的文人政府。

全斗煥政權立刻動手，徹底遏殺南韓的民主動能。政治學者吳其強（John Kie-Chiang Oh）形容，全斗煥政權「是南韓現代史上最赤裸裸的威權政權」，甚至比朴正熙政權還要殘暴。全斗煥在一九八〇年實施戒嚴。[16] 反對陣營領導人金泳三與金大中再一次遭到打壓，國會被暫停職權，作為反對運動溫床的大學校園被迫關閉。全斗煥政權也祭出新法律鉗制言論自由；通過嚴重束縛勞工的法案，進一步侵害勞工權利。

南韓學生走上街頭示威抗議，要求全斗煥解除戒嚴，回歸幾個月前漢城之春設想的民主改革道路。最大規模的示威行動發生在全羅南道首府光州。全羅南道與漢城距離遙遠，是異議領導人金大中的家鄉，反對運動蓬勃發展。光州事件（光州民主化運動）發生時，大約十萬民眾抗議全斗煥政權，政府出動近二萬名部隊進城；一九八〇年五月下旬，全斗煥政權下令部隊對抗議民眾開火。「光州屠殺」造成五百多人罹難，有些估計更多達兩千人。

全斗煥政權與朴正熙政權如出一轍，透過國安機構的壓迫性力量與國會選舉的操控來鞏固政治權力。一九八一年國會選舉，不公正選區劃分讓全斗煥的民正黨拿到過半數席次，儘管其得票率只略高於三分之一。然而全斗煥對這樣的結果還不滿意，於是他修改國會選舉法，不合比例選區劃分（malapportionment）變本加厲，讓執政黨占盡便宜。結果就是四年後的一九八五年，民正黨再度拿到國會過半數席次，得票率卻是遠低於五成的三五％；反對黨新韓民主黨（NKDP）得票率二九％，高於上屆大選的反對黨民主韓國黨（DKP），但席次反而減少。

一九八五年的國會選舉是一樁關鍵焦點事件，凸顯全斗煥政權如何大肆濫用權力；而且儘管政府承諾會帶來經濟發展，南韓民眾仍然愈來愈難以接受威權統治。不公正選區劃分大行其道，顯示全斗煥為了裨益民正黨，扭曲體制規則不是問題。在此同時，新韓民主黨的優異表現反映了支持民主、對抗民正黨的反對派愈來愈受歡迎。新韓民主黨在選舉中擴大了支持者基礎，涵蓋勞工、學生、中產階級與教會。民主運動者堅守陣地，對抗威權的反對陣營激發出更廣大的選舉支持。[17]反對派與全斗煥政權的衝突節節高升，全斗煥開始感受到壓力。

一九八五年國會選舉過後，全斗煥表明他或許會考慮推動南韓政治體系自由化，啟動另一場政治改革實驗。政府釋放部分政治犯，包括廣受支持的反對黨領導人金泳三與金大中。全斗煥也承諾考慮推動總統直選。從一九八六到一九八七年，全斗煥政權與反對陣營磋商憲政改革，各方認為政府可能做出重大讓步。[18]

然而雙方討論了幾個月，依舊無法達成協議，部分原因在於執政黨與反對陣營立場差距太大。反對陣營內部也出現裂痕，無法形成共識。「兩金」及其支持者之間關係日益緊張，反對陣營難以團結。全斗煥察覺有機可乘，在一九八七年四月喊停談判，終結這場短暫的政治自由化實驗。一天之後，全斗煥下令全面鎮壓，逮捕四千名民主運動人士。一九八五年的解凍迅速告一段落，全斗煥政權威權故態復萌。

一如預期，反對派怒火中燒。接下來的幾個月，民主示威抗議燎原，全斗煥政府的威權做法變本加厲，壓制社會運動。南韓的政治場景日益暴力，《紐約時報》以「戰區」（war zone）形容。[19]

一九八七年六月十日，全斗煥宣布盧泰愚將軍為接班人，將接掌總統與民正黨領導人，反對陣營更加憤怒。盧泰愚是全斗煥在軍中的同袍，曾負責執行多場鎮壓反對派的行動，包括光州屠殺事件。盧泰愚也是全斗煥的親信，靠著南韓的威權體系在政壇發跡。全斗煥一九八七年的傳位計畫並不是預示民主改革，也不會讓反政權人士相信民主即將來臨。在反對運動人士看來，盧泰愚接班是在他們的傷口上撒鹽。

全斗煥宣布交棒之後，二十五萬名民主運動人士走上南韓各地街頭示威。一九八七年六月十九日，全斗煥下令部隊待命，準備大舉鎮壓示威，情勢一觸即發。吳其強寫道：「南韓走到懸崖邊緣，人民可能即將遭到史無前例的軍隊屠殺。」[20]

選擇民主

一九八七年一月，在夏天的示威事件之前六個月，全斗煥政權逮捕並刑求一名國立漢城大學（首爾大學）學生朴鍾哲。朴鍾哲後來被凌虐至死，成為南韓民主運動的烈士。他的犧牲進一步催化了追求民主的「民眾」社會運動聯盟，引發新一波的反政權動員。一九八七年六月底，成千上萬的示威者加入「國民和平大遊行」的行列，南韓國家體制與社會的衝突上升到最高點。

全斗煥政權再度走到十字路口：它可以選擇鎮壓反對陣營，也可以選擇政治自由化並讓國家走上民主之路。這並不是史上頭一遭南韓獨裁者面臨抉擇，然而在過去——從李承晚、朴正熙到全斗煥——的政權最後都是選擇變本加厲的威權主義。

六月二十九日，全斗煥下令部隊待命鎮壓反對派的一個星期之後，盧泰愚出人意料地提出《民主化宣言》(《六二九宣言》)，鋪陳一份政治改革的民主藍圖，包括對於人權與言論自由的憲政保障、釋放政治犯與異議人士、設立新的法律機制來打擊貪腐、權力下放地方政府等等。這份改革藍圖也倡議訂定新法律，限縮總統的權力；將針對行政部門的權力制衡體制化，包括賦予民選國會彈劾總統的權力。盧泰愚也宣布在一九八七年十二月舉行總統直選，翌年三月舉行國會選舉。全斗煥政權解除反對派候選人受到的限制，金泳三與金大中得以參選。盧泰愚的改革宣言承諾會讓政治競技場更為平等，那是真正民主轉型的必要先決條件。[21]

盧泰愚在一九八七年六月讓步容許民主的決定，來得突兀且出人意料。一如本章先前所述，南韓過去曾經出現民主的開端與實驗，反對派政治人物曾經動員，執政黨曾經遭遇選舉挫敗。這也不是南韓政權第一次面臨大規模示威抗議，光州事件的嚴重性不在一九八七年示威行動之下，然而在一九八〇年，全斗煥政權殘暴鎮壓反對運動。

那麼盧泰愚為什麼會讓步容許民主？就我們憑藉實力轉向民主的理論來看，威權政權如果接收到清晰而強烈的訊號，顯示他們面對反對運動的權力穩固程度正在減弱，他們會比較願意考慮民主讓步的策略。我們在本書序論也提及，威權政權可能會接收到的訊號有四種類型：地緣政治、選舉、抗爭與經濟。一旦政權接收到這些訊號，它們會比較可能讓步以容許民主，尤其是當鎮壓的政治成本極為高昂（凶險訊號）、執政黨相信自身在民主體制能夠保持競爭力（安心訊號）。

縱觀一九八七年夏天南韓的政治經濟場景，盧泰愚會接收到既清晰又強烈的訊號，顯示其威權政權正在式微，執政黨的力量已經過了鼎盛時期。然而很重要的是，盧泰愚並不會接收到大勢不妙的經濟訊號。一九八〇年代中期的南韓如同臺灣，經濟表現仍然強勁。南韓的工業發展持續帶動經濟成長，財閥企業在全球經濟場域的競爭有聲有色。

當時美國政府公開施壓南韓政府，要求進行民主化，這也是威權政權盛極而衰的訊號。從一九五〇年代戰後的李承晚政府到一九八七年夏天，華府都曾對南韓政府幕後施壓。對於全斗煥鎮壓光州事件，美國也曾低調予以斥責。然而美國從未公開對南韓的威權政府喊話。事實上，南韓的民主運動人士批評美國對南韓政局漠不關心，甚至公然為威權政權撐腰。南韓民主人士尤其不滿美國總統雷根（Ronald Reagan）邀請全斗煥進行國是訪問、美國不聞不問朴正熙與全斗煥獨裁政權如何打壓反對黨領導人金泳三與金大中。[22]

美國對南韓威權政權檯面下批評、檯面上支持的做法，在一九八七年起了變化。當時冷戰即將落幕，華府對其威權盟邦不再百般包容。一九八七年夏天，全斗煥下令軍隊待命鎮壓之後不久，美國強力敦促全斗煥懸崖勒馬。美國國務院亞太事務助理國務卿席格爾（Gaston Sigur）率領代表團前往南韓，「嚴厲警告」全斗煥「不得為政治目的動用南韓軍隊」。[23] 那年稍早，席格爾批評全斗煥的威權做法，敦促他與盟友「將他們的政治文人化」。[24] 一九八七年六月，雷根致函全斗煥，「呼籲他不要使用軍力來處理社會動亂」。[25]

美國政府在一九八七年首度改變做法，做出公開、露骨的批評，對漢城當局送出強而有力的訊號。美國政府是南韓最重要的外交、軍事與經濟後臺，如今卻對全斗煥政權的高壓手段失去耐性。

當政治改革在區域擴散，南韓的獨裁者也無法隔絕其影響。舉例而言，對於同一時期發生在臺灣的事件，南韓也相當關注。臺灣總統蔣經國在一九八六年決定讓步進行政治改革、第二年解除戒嚴，必然影響了盧泰愚如何盤算持續威權壓迫的政治成本。蔣經國讓步容許民主改革的決策，也讓南韓政權預見自身如果也在仍具一定實力時鬆綁政治體系，可以得到什麼樣的政治利益。臺灣的案例顯示，現任政權讓步容許民主並不等於敲響自身喪鐘。事實上，憑藉實力讓步轉向民主，反而有助於鞏固執政黨的權力掌控。

國內抗爭訊號也非常重要。南韓到一九八七年時，反對運動的規模與強度已經讓威權政權難以招架。有鑑於南韓民主發展模式是走走停停，民眾對政權發動抗議不是什麼新鮮事。南韓歷來幾個威權政府都曾面對強大反對勢力的衝擊。然而一九八七年春天與夏天的社會動員，規模之大前所未見，讓盧泰愚知道其威權政權正遭遇強度史無前例的反對，而且反對陣營立場堅定。

南韓有一點與臺灣不同。臺灣的「黨外」勢力主要是反對派政治人物與異議菁英知識分子；南韓的「民眾」運動在一九八〇年代興起時動員了成千上萬反政權人士，跨越不同的社會階層與政治、經濟分野。南韓「民眾」聯盟的強度與規模在數量上極為可觀，讓威權政權非常頭痛。這項運動陣線廣闊，涵蓋與動員眾多不同型態的運動人士，矛頭一致對準共同的敵人，也對威權政權傳達了一個凶險的訊號。[26]

地緣政治壓力與抗爭性前所未見的政局，對全斗煥與盧泰愚送出非常強大的訊號：從南韓國內到國外，威權統治得到的支持正在減弱。然而南韓就如同臺灣，最能夠顯示威權政權已經盛極而衰的訊號，仍是選舉訊號。比較一九八一年與一九八五年的國會選舉結果，南韓執政黨的得票率不見起色，都只拿到略高於三分之一的選票。相較之下，主要反對黨的得票率大幅成長八％，新韓民主黨在一九八五年斬獲二九％選票。

在這兩場選舉中，執政的民正黨都保住國會過半數席次，但這要歸功於不公正選區劃分。人盡皆知，民正黨之所以能夠維持國會多數黨地位，主要原因是明目張膽的舞弊與操控選舉結果。與臺灣的國民黨相比較，民正黨的選舉成績遠為遜色。一直到臺灣啟動民主轉型的前夕，國民黨都能夠在歷屆選舉拿到過半數選票；相較之下，南韓的民正黨只能勉強躋身為得票最多的政黨。

南韓的民主轉型並不是由經濟問題激發。盧泰愚接收到的訊號是持續性的民間基層動員、選舉成績退步與地緣政治壓力，顯示全斗煥政權一度固若金湯的政治權力掌控，已經開始動搖。一九八七年夏天，南韓威權體系確實已經來到苦澀甜蜜點，程度更甚於臺灣的國民黨。一方面，全斗煥政權繼承了可觀的前置實力；民正黨儘管得票率退步，但仍主宰國會運作；政權完全掌控國家安全機構；南韓經濟仍然蓬勃發展。但另一方面，顯示這個政權已經開始衰微、已經過了鼎盛時期的訊號也非常清晰，而且愈來愈凶險。盧泰愚和全斗煥顯然明白：「舊有的威權政治已經來日無多。」[27]

對候任總統盧泰愚而言，關於政權掌控力日趨衰弱的清晰、強烈訊號，為民主實驗如何進行提供了可能的狀況。諷刺之處在於，盧泰愚的前任全斗煥是南韓歷來最殘暴的獨裁者之一，但建議盧泰愚讓步容許民主、加速民主轉型的人，也正是全斗煥。根據全斗煥祕書的說法，他如此解釋：「有鑑於要求總統直選的呼聲日益高漲，接受這項要求最能夠幫助新政權收買人心。」他進一步推測：「這項行動會讓盧泰愚擊敗兩金（反對派領導人金泳三與金大中），因此我告訴盧泰愚：接受總統直選體系。」[28]可以想見，儘管有全斗煥的鼓勵，盧泰愚仍然對讓步容許民主之舉感到焦慮，因為民主改革可能導致民正黨政權徹底潰敗與消失，他也擔心政權相關人士——包括他自己——會遭到報復。

我們要再次指出：讓步容許民主永遠帶有風險，對現行政權而言是一場利害關係重大的豪賭。然而在全斗煥看來，威權政權以現有型態持續掌權的邊際報酬（marginal returns）正在遞減，能夠為執政黨帶來最大利益的做法是啟動民主轉型，不是讓政權繼續弱化到必須再一次訴諸大規模暴力壓迫。就全斗煥的個人利益而言，他與他的親信威權罪行累累，民主讓步將會為他們鋪出一條赦免之路。全斗煥也明白盧泰愚是領導民主改革的不二人選，他自己無法做到。全斗煥缺乏成為民主改革人士的正當性，因為他與光州屠殺事件關聯太深，而且一再壓迫其他民主改革人士。

全斗煥設想，盧泰愚讓步同意進行總統直選的舉動，會讓他成為「英雄」。為了鼓勵盧泰愚懷著信心進行民主讓步，全斗煥大費周章「確保盧泰愚的勝利」。他指出現任政權的前置實力——特別是民正黨的發展成績——如何讓盧泰愚以顯著優勢面對反對黨。盧泰愚最後終於接受讓步策略，原因除了政權開始衰退的凶險訊號已經無比清晰，也是因為他懷抱信心，自家政權擁有足夠的實力，能夠通過民主讓步的考驗，甚至可以發展為一個民主的執政黨，就像日本的自民黨與臺灣的國民黨。

《六二九宣言》的問世相當戲劇性，即將卸任總統的全斗煥與接班人盧泰愚聯手安排、公開演出。盧泰愚發表宣言時表明他提出的八點改革建議，將呈請全斗煥總統批准。他還在這場政治大戲中加碼演出：如果全斗煥總統拒絕批准改革建議，他也將拒絕成為總統候選人。盧泰愚藉由這種做法，將南韓的民主命運緊密連結他的大刀闊斧宣示與全斗煥的民主讓步意願。接下來是一場觀察家所謂的「精心設計的騙局」：全斗煥在七月一日公開批准盧泰愚的八點建議，儘管他根本事先知情，甚至參與擬定。[29]

懷抱信心（或者半信半疑）的讓步

我們的理論指出，威權政權如果蓄積了可觀的前置實力，而且已經過了顛峰時期，這時比較可能會考慮採行民主讓步策略。當政權接收到清晰而凶險的訊號，顯示它們的威權掌控已經盛極而衰，這時最有可能會讓步容許民主。然而獨裁者必須要有信心，讓步容許民主未必會導致他們滅亡或者喪失政治前途。憑藉實力來進行民主讓步是一個策略性的選擇，可望確保現行政權繼續運作，甚至在民主體制中再度成為統治者。讓步容許民主有其風險，但現任政權的前置實力為決策者帶來信心：擁抱而非排斥民主改革會催生出穩定的轉型過程，讓執政黨有機會奮力一搏，在民主體制中獲致成功。

盧泰愚接收到威權政權日漸式微的清晰、強勁訊號，但還是有很多理由對其政治權力掌控抱持信心。南韓經濟蓬勃發展，有助於執政黨說服選民相信，讓它繼續執政符合全民利益。威權政權也強調反對黨缺乏管理經濟、推動成長的經驗；這個理由更具說服力。從一九八一到一九九〇年的十年之間，南韓經濟年平均成長率超過九．五％。尤其是從一九八六到一九八八年、盧泰愚啟動民主改革期間，年平均成長率接近一三％。換言之，對於南韓威權政權，在一九八七年讓步容許民主是「非常恰當的時機」。南韓發展型國家的成績能夠吸引中產階級選民，盧泰愚的政治改革承諾抵消了能夠動員中產階級反對派的政權分歧。藉由讓步以容許民主，南韓威權政權爭取到機會來擴大核心支持者基礎。

盧泰愚之所以下定決心進行民主改革，選舉遊戲規則是一項關鍵因素。南韓的情況類似日本與臺灣，國會選舉規則有利於執政黨，提升了民正黨（以及盧泰愚）的勝利信心。一九八八年國會選舉前夕施行的選舉制度改革，對於鋪平政黨競爭場域做了許多努力，但仍然讓執政黨保有先天優勢。

舉例而言，因為民正黨能夠跨越地域吸引全國的選民，因此它更容易贏得最高票（而非得票率過半）當選的單一選區。相較之下，規模較小、以地域為基礎的反對黨就比較吃虧。兩位反對黨候選人金泳三與金大中的政治支持，主要來自兩人的家鄉地帶。金大中在全羅南道一呼百諾，金泳三則在家鄉慶尚南道廣受擁戴。兩人帶領的反對黨都可望在各自的大本營勝出，但是難以在全國擊敗民正黨與盧泰愚。

南韓選區的劃分也讓鄉村地區出現超額代表現象，鄉村是民正黨傳統上的大本營。一如先前的例子，這種狀況也類似日本的自民黨與臺灣的國民黨。一九八八年南韓國會選舉，選區劃分在鄉村為執政黨帶來可觀的席次紅利。那年投票之前，民正黨宣布政府計劃擴大實施健保，嘉惠農民與鄉村自營作業者，進一步鞏固自身在鄉村地區獲得的支持。

南韓國會選舉的比例代表制給予最高票政黨不成比例的席次，讓民正黨更是如虎添翼。這些規則確保執政黨能保有可觀的國會席次。因此一九八八年國會選舉雖然是一場自由投票的選舉，遊戲規則較以往的選舉公平許多，但絕不是一場完全公平的選舉。就像臺灣的國民黨，民正黨在選舉制度中建立了防衛機制，確保這個威權背景政黨能夠在民主競爭中占有決定性優勢。

南韓威權政權對於民主讓步策略比較沒把握的地方是一場豪賭：金泳三與金大中會造成反對派選民分裂，各為其主。[30] 盧泰愚想贏得一九八七年總統選舉、民正黨想贏得一九八八年國會選舉，最穩當的途徑就是反對陣營分裂。如果兩金能夠設法結合彼此的政治基礎，盧泰愚和民正黨很有可能在選舉中落敗。全斗煥與盧泰愚評估一九八七年夏天的狀況，判斷在這場為民主奠基的選舉中，兩金將無法及時整合雙方的選民。

結果顯示全斗煥與盧泰愚的盤算正確。金泳三與金大中儘管是民主運動盟友，然而兩人有多年恩怨，追求民主之餘，也激烈競爭南韓民主運動的領導人地位。在朴正熙與全斗煥獨裁統治年代，兩金聯手打拚，特別是一九七〇與一九八〇年代威權壓迫最嚴重的時期。然而兩人的結盟關係只是政治權宜之計，等到民主化歷程不再需要反對派共同奮鬥，兩人也欠缺一個明確、持久的結盟基礎。[31]

一九八七年總統大選登場之前，金泳三與金大中曾探討聯袂競選、對抗現任政權的可能性，他們深知結盟是克敵致勝之道。兩金甚至在一九八七年組成統一民主黨，準備進行總統與國會選戰。然而這樣的結盟為時短暫。一九八七年十月，南韓第一場民主選舉幾個月前，金大中脫離統一民主黨，另組和平民主黨。反對陣營發生分裂，一如全斗煥與盧泰愚的預期甚至祈求。

像盧泰愚在一九八七年那樣領導民主轉型，不僅讓威權政權有管道與能力來打造改革歷程、創造對自身有利的局面，而且會讓政權能夠形塑自身是推動改革、已經改革的政黨形象。臺灣的蔣經國與國民黨也曾藉由推動民主轉型，打造具說服力的政治改革者形象。日本的保守派政治人物依循類似的策略，援引自身戰前的民主理想，主動與美國占領當局合作制定新憲法。盧泰愚主動搶占先機讓步推動民主轉型，抵消了有利於反對黨最重要的政治分歧，因此獲取類似的政治利益。

《六二九宣言》發布之後，盧泰愚以民主化支持者自居，儘管他原本對南韓政治改革猶豫不決。他立刻著手贏回美國政府的支持，美國是南韓最重要的地緣政治後臺與國際經濟夥伴。一九八七年九月，盧泰愚進行一場廣為宣揚的美國之旅，向雷根總統保證南韓已經走上絕不回頭的民主之路；他甚至承諾，如果他本人或者民正黨在選舉中落敗，他們會進行和平的權力移交。盧泰愚已經做好準備——至少他如此聲稱，不僅願意讓步容許民主，而且願意承認失敗。

總而言之，盧泰愚對民主前景的信心雖然比不上臺灣的國民黨，但是仍然足以讓他啟動南韓的民主轉型，相信自己與民正黨至少能夠承受轉型進程的考驗，民正黨甚至有機會繼續壯大、保有政權。南韓經濟持續成長、選制有利於執政黨、反對黨很可能發生分裂、啟動民主改革帶來的信譽，這些因素都有助於盧泰愚產生信心：讓步容許民主雖有風險，但值得一試。

盧泰愚與民正黨的豪賭成果豐碩。盧泰愚贏得一九八七年總統大選，以三六%最高票勝出，金泳三以二八%居次，金大中以二七%緊追在後。一如盧泰愚與全斗煥的研判，兩金相爭導致反對黨選票沿著兩人的區域大本營分裂。兩人得票合計顯示，反對陣營明顯占多數；這印證了一個觀點：如果兩金的支持者能夠整合，盧泰愚將在總統選戰中落敗。

一九八八年的國會選舉有類似情況。民正黨拿到三四%選票，但是由於比例代表的席次分配規則相當偏頗，它在二百九十九席國會中囊括一百二十五席，占比達四二%。金大中的和平民主黨七十一席（占比二四%），金泳三的統一民主黨五十九席（占比二〇%），新成立的新民主共和黨三十五席。儘管民正黨席次並未過半，但仍然是國會最大黨。換言之，這個前威權執黨雖然在一九八八年民主選舉遭到挫敗，然而「並沒有因此喪失」政治權力。[32]

成為正常民主體制

盧泰愚在一九八八年初指出：「改變之風正強勢吹襲這個國家。」呼應臺灣蔣經國「時代在變」的說法，盧泰愚表示：「我們將進入民主成熟的年代。」[33]面對自身在民主化過程扮演的角色，盧泰愚和蔣經國有許多類似之處。兩人讓步容許民主的決策，分別是南韓與臺灣長期發展轉型的結果。盧泰愚和蔣經國不是什麼誠心誠意的民主人士，然而民主符合他們的利益，兩國的執政黨也能受惠。

威權統治數十年下來的經濟發展，最終為保守派帶領的民主轉型鋪平坦途。國家引導的成長模式徹底改變了南韓與臺灣的社會，催生出要求政治改革的公民。來到一九八〇年代中期，兩個發展型國家主義政權都體認到，儘管它們都仰賴經濟的績效正當性來維繫威權統治，但它們已經過了權力顛峰時期，進入苦澀甜蜜點。如果威權政黨讓步容許民主有「適當時機」可言，那麼從現任政權的觀點來看，此其時矣。

南韓與臺灣的經驗雖然有許多類似之處，但並非如出一轍。我們在前一章曾經指出，臺灣是憑藉實力轉向民主的範例。國民黨啟動民主改革的時候，實力比南韓民正黨強大得多。臺灣的反對派人士動員對抗國民黨，但是規模與強度都遠遠比不上一九八〇年代的南韓。國民黨的選舉支持度在一九八〇年代衰退，但是沒有民正黨在南韓掉得那麼快。也就是說，全斗煥與盧泰愚謀劃要讓步容許民主時，南韓威權政權的實力的確強大，然而與蔣經國在臺灣啟動民主改革時的國民黨相比是小巫見大巫。

我們的憑藉實力轉向民主理論非常關注這類差異，指出各個威權政權分布在實力光譜上的不同位置。我們在前一章曾經論及，一九八〇年代中期的國民黨**剛過**了顛峰時期，**剛進入**苦澀甜蜜點。國民黨與民正黨型態與實力的差異，從兩者在民主轉型前的選舉結果來看一目瞭然。民正黨的選舉支持度一路下滑到不超過三分之一，國民黨持續贏得過半數選票，直到民主讓步時刻來臨。

然而不同於負隅頑抗的威權政權，南韓的民正黨並沒有一路衝過苦澀甜蜜點而萬劫不復。民正黨在一九八七年的處境不同於臺灣的國民黨，也不同於菲律賓崩潰的馬可仕政權。它的實力仍然足以撐過民主轉型的考驗，儘管其民主前景的不確定性高於國民黨。國民黨從一個實力強大的威權政黨轉變為同樣強勢的民主政黨（從強勢到強勢）；相較之下，民正黨則是從一個還算強勢、但逐漸式微的威權執政黨，轉變為一個岌岌可危、但仍然能夠執政的民主政黨。

一如預期，南韓民主化的出發點不如臺灣穩固。奠基的總統選舉與國會選舉過後，民正黨的地位削弱。它持續扮演執政黨，儘管不再擁有決定性的選舉支持度與國會過半數席次。儘管如此，民正黨藉由保住政權也保住了成為「正常」政黨的機會。盧泰愚也因此成為一名經由正常民主程序選出的總統。

民正黨與盧泰愚都體認到，他們必須設法贏取支持才能夠執政，再也無法訴諸高壓手段保住政權。就像臺灣的國民黨與日本的自民黨，南韓當時的政權適度調整政治與經濟立場，以擴大對選民的吸引力，並與自身的威權背景劃清界線。在經濟方面，南韓政府持續聚焦於成長與發展。經濟發展是贏回南韓中產階級支持者的關鍵，他們先前投向追求民主的反抗陣營。民正黨也開始發現如何作為一個「普涵性」政黨，就像自民黨與國民黨，它藉由追求「兼顧公平的經濟成長」的發展計畫，來擴大自身的選民基礎。從一九八八到一九八九年，民正黨政府將醫療保險擴大到鄉村與都市的自營作業者，從而建立全民健保。面對由下而上來自工會的壓力，南韓政府改革勞工法規，立法通過新政策來促進中小企業成長。[34]

在政治上，民正黨組成民選政府時雖然步履蹣跚，但是並沒有淪為民主的破壞者。我們可能會以為一個前威權政黨一旦遭到挫敗，就會逆轉民主改革進程；但民正黨並沒有這麼做，而是持續深化、正常化南韓的民主做法與體制。它兌現了盧泰愚將民主遊戲規則體制化、推動修憲工作的承諾。政府為公民社會與示威抗議開放政治空間，軍隊交由文人掌控，媒體不再遭到干預，異議人士可以發起動員，反對黨投入選舉不受鉗制。

最重要的是，民正黨——就如日本的自民黨與臺灣的國民黨——在一九八七年之後鞏固權力是透過民主方式，而不是走回訴諸威權手段的老路。民正黨在南韓民主的奠基選舉表現不如人意，但是它並沒有沉溺於失敗情緒、考慮逆轉民主進程，而是推動黨的改革、轉型為一個強勢的民主政黨。特別的是，民正黨在一九九〇年以民主政黨的身分鞏固政權，合併另外兩個反對黨——包括金泳三的統一民主黨——組成民主自由黨（民自黨，DLP）。新起家的民自黨掌控國會三分之二議席，儘管成為政治權力鞏固的強勢政黨，但是並沒有破壞民主。

民自黨以日本自民黨與臺灣國民黨為師，是一個意識形態務實、溫和的普涵型政黨。民自黨與金泳三——南韓在一九七〇年代之後最堅定的民主領袖之一——的結盟，讓民自黨的民主形象能夠取信於選民。反對黨領導人金大中批評民自黨的組成是對民主的攻擊，儘管如此，一九九〇年的三黨合併加速了反對陣營的整合。民自黨成立之後，金大中在一九九一年與小黨結盟成立「民主黨」，從此確立並穩固了南韓文人政治的兩黨體系。儘管後來政黨名稱一改再改，但這個體系多多少少都能夠在南韓民主中延續下去。一九九二年總統大選，金泳三代表民自黨勝出，成為戰後南韓史上第一位民選文人總統。[35]南韓這場民主實驗原本看似會重蹈覆轍、難逃逆轉，但一路發展到數十年後的今日，已經無可逆轉。

6 一九八九年的中國：過於衰弱，無從讓步

一九八九年六月四日凌晨，中國人民解放軍對北京天安門廣場的示威學生開火。在學生連續幾個月的和平示威、絕食抗議、要求會見中國共產黨領導階層之後，威權政權以暴力回應，終結中國的民主運動。學者估計示威學生及其戰友有數百人——可能多達數千人——死於解放軍鎮壓行動。許多異議人士逃離中國、逃離中共政權，放棄從內部建立一個民主中國的努力。儘管當時民主浪潮席捲世界各地，特別是在共產主義世界，但中共選擇抗拒民主。

對於中國社會的民主奮鬥而言，一九八九年的示威與鎮壓既不是起點，也不是終點。民主的脈動一度擴散到中國的知識圈與倡議人士圈，然而在天安門廣場悲劇中遭到扼殺。二十世紀初年清朝滅亡之後，也就是中共建政數十年之前，中國的思想家已經開始夢想一個統一的現代化國家，以及隨之而來的經濟與政治發展。一九一〇年代知識界與文學界興起的「新文化運動」，頌揚博雅教育與理性務實主義。一九一〇年「五四運動」時期。中國知識分子

勾勒出一個自立自強、更為強大、更為民主的中國。

多年之後，一九七八年的北京西單民主牆在共產中國重新播撒民主運動的種子，然而很快就被中共政權鎮壓。一九八六年晚期，全國性的學生示威再度爆發，呼籲進行政治改革；當時的中國已在鄧小平治下展開經濟現代化。這場民主運動也被中共政權撲滅。

中國在一九七八年首度對國際貿易打開大門，推行經濟自由化改革，走上成為現代經濟巨人的道路，實現中國民族主義者多年來的夢想。然而弔詭的是，中國史無前例的經濟轉型歷程，竟是由一個堅決反民主的執政黨推動。儘管對於中國思想家與倡議人士而言，民主並不是什麼新出現或者外來的概念，六四鎮壓的殘酷暴力仍然頗具決定性，對中國民主前景揮出致命一擊，數十年後仍無法起死回生。歷史學家史景遷（Jonathan Spence）在《追尋現代中國》（*The Search for Modern China*）一書尾聲感嘆：「中國共產黨在四十年前上臺掌權時，挑戰一切現行的社會、政治與經濟規範；如今它唯一的存在目的卻似乎是確保自身不會受到那樣的挑戰。」[1] 一九八九年，情勢非常清楚，中共對於帶領民主轉型毫無興趣。

除了駭人聽聞的慘劇，一九八九年的六四鎮壓事件還在中國觀察家心中留下不可磨滅的印記，影響他們如何思考中國的民主前景。一九八九年事件與中共政權的抗拒民主讓各方普遍認為，唯有中共積弱不振，民主才會降臨中國。簡而言之，**政權徹底崩潰之後，民主才能夠從灰燼中興起**。

看看一九八〇年代後期與一九九〇年代前期全球風起雲湧的民主化景觀，這種「崩潰主義」(collapsism)觀點似乎很有道理。蘇聯與東歐的共產黨政權都因為衰弱而垮臺。中國共產主義存活下來，其他共產主義同儕政權卻一一覆亡，唯一的原因就是中共比其他垮臺的共產黨強大。[2] 中共政權藉由成功的本土革命累積了民族主義正當性，十年的卓越經濟改革——蘇聯集團顯然未能做到——則為績效正當性撒下種子，因此它不會像其他共產政權那麼容易垮臺，天安門廣場事件就是慘痛的證明。[3]

然而本書前文討論日本、臺灣、南韓的三章已經指出，威權實力並不必然阻斷民主之路，也不必然會導致威權政權排斥民主。強勢政權或許不易**垮臺**，但它們可以**讓步**。強大或衰弱的威權政權都有可能催生民主。依據我們的理論，如果一個威權政權強大而非衰弱，擁有雄厚的組織實力，在民眾與選民心目中具備績效正當性，因此能夠發動民主轉型，並且在過程中繼續保持重要政黨的地位，這樣的民主化比較有可能為國家帶來穩定。

比較中國與它的發展型國家主義鄰國，或者比較中國與遙遠的蘇聯以及蘇聯撐腰的兄弟之邦，兩種比較會帶來截然不同的教訓。比較性觀點對於我們的結論非常重要。從我們的觀點來看，中共在一九八九年夏天迴避民主轉型，不僅是因為它**太強大以至於不會垮臺**，也是因為它**太衰弱而無法憑藉實力讓步**轉向民主。當時的中共缺乏信心，不認為自己在讓步轉向民主之後還能持續壯大，那是本書前三章發生在日本、臺灣與南韓的狀況。中共政權在一九八九年願意訴諸暴力來鎮壓示威，顯示了威權主義工具的殘暴本領；儘管如此，當時它並不具備民意正當性或者長期累積的前置實力，因此無法抱持信心讓步以推動政治改革。以我們理論的用語來說，一九八九年的中共欠缺勝利信心與穩定信心，不相信自己在民主體制中仍有政治前途，不相信民主化能夠讓中國保持穩定——那是中國快速經濟轉型的前提。

本章將闡述中國從共產黨革命到一九八〇年代晚期的政治與經濟發展，在一九八九年止步是為了強調當時的中共政權不同於本書先前討論的三個東亞鄰國，它欠缺足夠的前置實力與信心來進行民主讓步。我們認為從歷史進程來看，對一九八九年的中共而言，憑藉實力轉向民主還不是一個可行的選項。然而我們也將在第九章申論，時至今日，中國在發展亞洲當了數十年的資優生，已經可以懷抱信心邁向民主化，一如日本、臺灣與南韓這三個民主先行者。

本章在一九八九年畫下句點，藉此為中國的發展起飛、中共帶領中國發展的角色賦予適當的歷史地位。由於後來的中國脫胎換骨，一路登上超級強權地位，人們往往難以設身處地理解，一九八九年的中國相對而言仍是低度開發，三十多年前的中共積弱不振。可以理解，人們對照今日的中國與中共，很容易高估一九八九年中國與中共的實力。

然而看看事實，今日中國的人均GDP超過一萬美元，在一九八九年只有三百美元。一九八九年的中國經濟仍然以農村經濟為主，不是今日的全球工業重鎮。中國現行政權在政治上與經濟上都是龐然大物；然而回到一九八〇年代，中共十年前才剛走出文化大革命的混亂與毀滅。毛澤東的統治與他在一九七六年的死亡，持續造成黨的分裂。一如本章的闡述，一九八九年天安門廣場示威期間的中共，絕不是一個團結一致的行為主體。換句話說，中共政權的實力在一九八〇年代的確有所增益，但它還沒有累積足夠的實力，還無法抱持信心以讓步容許民主。

因此對於天安門廣場事件之後中國的政治發展與民主化前景，我們必須提出全新的詮釋；這項工作將在本書第九章探討發展型社會主義時進行。期望中國民主化的觀察家長期疑惑、不斷追問：**中共何時才會衰弱到全面崩潰**？這個問題隱含一個假定：中共愈是強大，中國愈不可能民主化。然而如果實力比衰弱更能夠促進發展亞洲的民主化，真正有意義的問題應該是：**中共何時才會擁有足夠的實力，抱持信心而讓步容許民主**？換言之，三十年的發展成功也許會讓中國民主化的實現愈來愈接近，而不是愈來愈遙遠。

本章接下來將闡述，比較中共政權與本書第四、第五章探討的發展型國家主義政權，三者都曾在一九八〇年代面對民主化壓力，但中共政權是當時其中最弱的一個。我們認為，一九八〇年代晚期臺灣開始民主化時的國民黨，地位最為強勢。南韓的民主正義黨在政治上沒有那麼強勢，還面對更大規模的反對運動，但擁有長期累積的足夠實力；它因此可以合理研判，民主可望讓自家政黨重獲新生。我們認為，臺灣與南韓之所以讓步容許民主改革，正是因為兩國政權擁有足夠強大的實力，中共則是相形見絀。諷刺的是——儘管從我們的憑藉實力轉向民主理論來看不難理解：臺、韓、中三個威權政權之中最弱勢的政權，也正是抗拒民主的政權。本章接下來將解釋來龍去脈。

毛澤東與社會主義發展

毛澤東是個愛國主義革命者。他帶領中共兩面作戰：在一道戰線對抗蔣介石的國民黨，另一道戰線對抗日本帝國主義。儘管情勢艱難，毛澤東從這兩場戰爭勝出了。他宣稱要建立一個團結而強大的中國，擺脫外國侵凌與內戰分裂，以這樣的承諾與願景動員人山人海的中國農民。毛澤東在日本投降、二戰結束之後擊敗國民黨，一九四九年十月一日，他宣布建立中華人民共和國。

當時的中共缺少經濟官僚體系，實際治國經驗一片空白，因此對中國的發展也沒有什麼整體計畫。[4]毛澤東與中國在早期利用黨的民族主義功業與他的意識形態，成功獲取政治正當性。毛澤東的共產主義願景包含三個核心原則：首先，中國將透過社會主義發展追求現代化，一開始先完善發展馬克思列寧主義的農業形式，然後是國家領導、國家擁有的工業發展。中國將會進入徹頭徹尾的社會主義計畫經濟體制。

其次，中國崛起的過程將是自立自強。毛澤東操弄的受害者敘事——從英國到日本的外國與帝國主義占領，也就是所謂的「百年國恥」——根深柢固，藉此主張中國要發展只能靠自己。中共宣揚列寧式的排外、反帝國主義民族主義，毛澤東的中國不認為有必要與世界其他地區貿易往來，也不需要外國的技術，對全球資本、投資與影響力關上大門。中國對於外國的懷疑極深，因此在近半個世紀之後的六四鎮壓發生時，中共領導人的一個關鍵信念就是：一九八九年的民主運動是外國勢力介入挑撥的結果，目的在於顛覆共產黨政權。中共堅信外國勢力企圖阻止中國崛起。

毛澤東社會主義願景的第三個原則最為重要：中國的發展必須透過意識形態訴求來運用廣大群眾的能量。將群眾——毛澤東想的是中國農民——動員起來之後，中國經濟可以藉由集體勞動與意識形態純粹性來發展，並且利用全體中國人民深厚的民族主義與革命精神。毛澤東憑藉的是革命正當性，不是績效正當性。中共畢竟是個革命政黨，在內戰中擊敗代表資產階級的國民黨，也贏得對抗日本帝國主義的戰爭。利用意識形態忠誠度而非經濟成果來動員群眾，這一點對於毛澤東的掌權至關重要。政治對他而言有如戰鬥，他要與意識形態盟友並肩對抗階級敵人。

毛澤東在一九五三年推行中華人民共和國第一個五年計畫（一五計畫），後來稱為「小躍進」，宗旨是要為中國的社會主義計畫經濟奠定基礎。土地改革早早啟動，地主受到迫害，許多人被打成「階級敵人」遭到處決。一五計畫改革了農業部門與農村生活，耕作的農戶被改組為互助型態的組織，後來成立農業生產合作社。土地與農業活動在一九五〇年代中期集體化，徹底摧毀土地所有權與獨立農戶。農民的忠誠被導向集體制度與地方黨部書記，最終導向毛澤東本人。

一五計畫後來成為中國社會主義的高峰。當時中華人民共和國才剛建立，毛澤東領袖魅力十足；在這些因素鼓動之下，小躍進成為一場社會主義初期發展的成功實驗。從經濟發展的觀點來看，農業生產力有所提升，儘管幅度相當有限，而且主要歸功於苦幹實幹，不是效率更高的生產方式。農民仍然貧窮，只是比起以往稍稍改善。在政治上，中國早期社會主義實驗成功激勵與動員農民，全力支持毛澤東與中共政權，讓他們贏得政權正當性。[5]

在一五計畫成功的激勵之下，毛澤東在一九五六年推出「百花齊放、百家爭鳴」運動，邀請知識分子、思想家與共產黨幹部對毛澤東思想與政府的社會主義計畫，進行評價甚至批判。當時毛澤東說：「百花齊放、百家爭鳴，應該成為我國發展科學、繁榮文學藝術的方針。」他很有信心——結果是過度自信——這項運動會為他帶來讚美與肯定，知識分子一開始的批評也相當溫和。然而隨著運動逐漸升溫，批評也愈演愈烈，大家愈來愈敢言直諫，質疑毛澤東以群眾動員推進國家發展的做法。批評者指出，一五計畫藉由加強勞動在短期內提升生產力，效益低落而且難以為繼。他們強調政治改革與黨的改革不可或缺，圍繞毛澤東的個人崇拜對黨與國家都不是好事。

批評如浪潮湧來，讓毛澤東大感訝異。他痛斥批評者，發起鎮壓行動。他將批評者打成階級敵人、資產階級反革命分子。一九五七年六月，毛澤東發起「反右運動」，整肅不服從他本人與毛澤東思想的人士。一九五九年運動落幕時，數百萬名異議人士被下放到鄉村地區接受「再教育」，向純樸的農民學習。此外還有成千上萬的毛澤東批評者遭到國安機構調查懲治、鋃鐺入獄、人間蒸發。

中華人民共和國建國初期，揭示了早期共產黨與毛澤東政治本能的關鍵特質。在政治上，毛澤東大權獨攬，緊抓不放，黨並沒有體制化的掌權機制。中國有毛澤東這個魅力十足的獨裁者、強勢的領導者，執政黨的組織與體制卻積弱不振。在經濟上，中國的現代化與發展必須嚴格依循毛澤東思想，堅定奉行社會主義原則，而不是由經濟務實主義與市場體制主導。黨內的意識形態純粹性與群眾的意識形態忠誠度，都是政治權力的核心。毛澤東的政治掌控與本書探討的其他發展型政權不同，並不倚賴經濟表現與發展來為政權提供民意正當性。毛澤東的政治正當性來自由下而上的群眾動員。

毛澤東對於意識形態忠誠度的執著，影響了中共黨國體制的早期演進。值得注意的是，毛澤東刻意避免黨的官僚體系化與專業化。他將發展型的官僚體系視為資產階級的浮濫作為。對他而言，「紅」遠比「專」來得重要。他非常不信任所謂的「專家」。因此不足為奇，在中共這個高度個人化的政權之中，毛澤東念茲在茲就是提防黨內有誰會動搖他的政治權力。批評他的意識形態會被他懲罰，他永遠在擔心黨內——尤其他自己的小圈圈——出現叛徒。[6]

毛澤東的政治本能決定了中國早期發展的下一個階段。一九五八年，中共發動一項野心勃勃的經濟發展計畫「大躍進」。它以一五計畫的「小躍進」為基礎，加速並深化鄉村的集體化運動，做法是將農業生產合作社轉型為人民公社。公社中的農戶一起生活、一起工作、分享糧食，從耕作、學校教育到各種社會服務都自給自足。土地、牲畜與農耕裝備不屬於個別農戶，屬於整個公社。

中共祭出物價管制，嚴格要求達成生產配額，消除所有用以提升生產的物質誘因。農民勞動賺取的是點數，不是工資，他們要努力達成國家規定的目標。人民公社的批評者形容農民淪為國家計畫、公社與黨部書記的「部屬」。但是毛澤東深信公社的生產大隊能善運用群眾的能量，加速中國的社會主義現代化。[7]

毛澤東大錯特錯。大躍進開始兩年之後，中國爆發人類史上最嚴重的饑荒（三年大饑荒）。從經濟發展與人類發展的觀點來看，大躍進是一場不折不扣的災難。農作物歉收造成糧食嚴重短缺，導致遍布各地的饑荒。學者估計，從一九五八到一九六二年的大躍進期間，多達四千五百萬人死亡。在此同時，儘管農民都在捱餓，狂熱的公社領導人還是會虛報農業產量，一方面害怕無法達到國家計畫的目標，一方面企圖對毛澤東與政權表忠。大躍進彰顯了意識形態僵化的非理性本質，被犧牲的則是務實的發展政策。[8]毛澤東的中國並不屬於發展亞洲。

毛澤東的失策並不局限於內政，也發生在外交領域。從一九五〇年代晚期開始，毛澤東對於中國最重要的地緣政治盟友蘇聯及其領導人赫魯雪夫（Nikita Khrushchev）總理多所批判，尤其不滿赫魯雪夫譴責史達林主義。毛澤東也與中共其他領導人不同調，批判蘇聯與西歐國家交往的外交政策，視為大逆不道、修正主義、背離社會主義道路。中國與蘇聯關係原本就因為對開發中國家輸出共產主義的地緣政治戰略而暗潮洶湧，毛澤東思慮欠周的批判儘管並不代表中共政策，仍然將兩國關係帶到決裂邊緣。一九六〇年中蘇正式決裂，蘇聯停止對中國的經濟援助與技術協助。蘇聯援助斷絕讓中國因為大躍進引發的經濟問題更加惡化。在地緣政治上，中國也失去了最重要的共產主義盟友與冷戰靠山，陷入孤立處境。

毛澤東思想的消亡

一九五〇年代晚期到一九六〇年代早期，毛澤東發現自己在黨與政府的領導階層愈來愈被排擠。中共高階領導人與大躍進劃清界線，也與「偉大的舵手」本人保持距離。毛澤東的黨內對手認為他一味煽惑人心，已成為政治包袱。許多黨領導人厭惡他日益狂熱的偶像崇拜與政治個人化，兩種傾向都會傷害黨的組織健全性與政治實力。有些領導人嘗試將政治焦點從毛澤東身上移開。一九五九年的第二屆全國人民代表大會（全國人大）上，中共第二號人物劉少奇取代毛澤東、接任國家主席，黨內派系界線清楚劃分。

毛澤東失勢，然而並沒有出局。他利用自己所能掌握的所有力量步步進逼，冷酷無情地懲罰政敵。一九六二年，中共八屆十中全會，毛澤東發動「社會主義教育運動」（四清運動），企圖重振社會主義意識形態。在大躍進的大災難之後，毛澤東擔心黨會過度官僚體系化，改由技術官僚規劃者——而不是意識形態純粹主義者——當家作主。社會主義教育運動試圖從下而上重燃革命狂熱，重現一九五〇年代初期到中期的群眾動員光景。透過推進四清運動，毛澤東再次強調「紅」比「專」更重要，前者意謂意識形態純粹，後者被他視為資產階級傾向、反革命。面對黨內同志的反對，毛澤東與軍方結盟，特別倚重解放軍領導階層效忠他的山頭。

來到一九六〇年代初期，毛澤東已經為後來的文革做好準備工作。[9] 他訴諸極權主義方式，從一九六六年開始鼓動群眾進行文革。他利用自己的革命個人崇拜來動員大學生，訴諸他們的理想主義與意識形態狂熱。學生運動組織化為紅衛兵，代表數以百萬計追隨毛澤東與毛澤東思想的青年。他下令紅衛兵「破四舊」：舊思想、舊文化、舊風俗、舊習慣，在他看來都是資產階級傳統的餘孽，與社會主義現代性水火不容。文革由基層的紅衛兵執行，但傀儡操縱者高高在上——毛澤東本人。

紅衛兵為中國社會帶來暴力與混亂，他們摧毀寺廟、炸毀建築、推倒紀念碑、焚燒書籍。他們闖進人們家中大肆破壞，只因為這些人不夠「紅」，被他們戴上「反革命分子」的帽子。紅衛兵向自己的學校與大學進軍，點名批判甚至毆打自己的老師與教授，指控他們教的是傳統的資產階級課程。毛澤東鼓勵紅衛兵攻擊沒有表態效忠他本人、服膺毛澤東思想的地方黨部官員。有些紅衛兵甚至向當局舉發自己的親人。

研究中國的學者白魯恂（Lucian Pye）描述，紅衛兵引發的文革混亂「讓中國瀕臨無政府狀態」。他進而指出：「紅衛兵不但打擊權威，任何人的行為只要稍稍偏離紅衛兵要求，就會遭到毒手。」[10]文革造成的死亡沒有官方統計數字，但是學者根據檔案研究估計數十萬人因此遇害，甚至可能多達數百萬人。

毛澤東發動的文革對中國社會與經濟造成巨大傷害，毛澤東本人則重創了中國共產黨。當文革在街頭如火如荼，中共領導階層的派系鬥爭也日益激烈。毛澤東因為黨內聲望地位江河日下，訴諸文革來動員自己在黨內的權力基礎，批鬥政敵。菁英政治淪為街頭政治。

在軍方支持之下，毛澤東開始整肅黨內兩大對頭：劉少奇與鄧小平。劉少奇在一九六六年被剝奪政府職務，也不再擔任黨的副主席，由毛澤東的軍方盟友林彪接任。劉少奇後來被開除黨籍，飽受迫害，一九六九年病逝。毛澤東也將矛頭對準鄧小平，儘管後者曾經是他的親密戰友，並負責執行一九五七年的反右運動。毛澤東將鄧小平開除黨籍，下放到農村地區接受思想改造，鄧小平一直在農村待到一九七〇年代中期。

文革與中共黨內的混亂和腐化持續貽害中國社會，直到一九七六年毛澤東死亡，他的文革共犯「四人幫」遭到逮捕。文革後來被稱為「失落的十年」，以及毛澤東的獨裁統治，讓中國與中共百廢待舉。當時的中共儘管掌權近三十年，然而並沒有多少組織實力可言，政治結果的決定要素是個人主義政治，而不是黨的正式體制。主導黨內政治狀況的是派系對立與個人恩怨，而不是有意義的政策分歧。政治力量透過個人運作，而不是體制規則。

當時的中共也欠缺發展正當性。發展亞洲其他的經濟體藉由經濟發展來獲取績效正當性，然而毛澤東治下的中共倚賴意識形態正當性與革命功業。中國民眾不再信任這個政權，認定中共帶來文革浩劫，以及一九五〇與一九六〇年代的發展災難。毛澤東統治末年，中國的經濟與世隔絕、效率低落，實際上陷入停滯。一九六〇年中國的人均收入只有九十美元，到一九七八年也只略增至一百五十美元，這是近二十年社會主義發展的結果。在此同時，中國的「資產階級」亞洲鄰國則遠遠跑在前面。

中國經濟起飛

毛澤東死亡之後不久，中共過渡時期領導人華國鋒讓鄧小平恢復職務。鄧小平很快就動員自己在黨內的盟友，對中國的發展擘劃出一個改革派的願景。他提議推動一場「第二次革命」，與毛澤東分道揚鑣，並帶領中共走上一條新道路。[11]他以政治手腕鬥倒華國鋒，結合黨內元老形成一個強而有力的改革集團，到一九七八年時已鞏固自己中國「最高領導人」的身分。

鄧小平很清楚，中共必須廢除許多毛澤東時期訂定的計畫與政策。更為根本的是，中國必須放棄毛澤東對於社會主義發展的僵化意識形態執著，徹底改變中共的現代化計畫，優先推動社會發展與經濟發展。中國還是由共產黨當家，發展仍然要接受社會主義原則指導，但中共改革計畫的動力來自經濟務實主義，不再是意識形態純粹性。鄧小平認為，中共在一九四九年靠意識形態訴求與群眾動員贏得政權，但是除非人民能夠從發展獲益，否則光靠社會主義理想與意識形態教條將無法讓中共繼續掌權。

鄧小平政權訂定三項目標。首先，中共要優先推動經濟發展。一九七〇年代晚期，中共黨內改革者驚覺許多亞洲鄰國如日本、臺灣與南韓，經濟成長都讓中國望塵莫及。鄧小平承認大躍進與文革讓中國倒退了數十年，中國已經遙遙落後。鄧小平對經濟成長採取務實做法，關鍵則是他願意接受更為自由化、順應市場的經濟政策。對於自己的務實做法，鄧小平有一段名言：「黃貓、黑貓，只要能捉住老鼠就是好貓。」（譯注：「黃貓」在流傳中變成「白貓」）他也為中共擘劃了一個新角色，不再是毛澤東時代的意識形態正確性仲裁者，而是與國家機器一起轉向技術官僚化、專業化，納入更多專家與經濟計畫人才。

鄧小平的第二個目標是重建黨的運作機器。不難想見，文革之後，中國民眾普遍對中共心存懷疑鄙夷。中共掌權近三十年，帶來的破壞更多於發展，黨內派系對立與政治鬥爭也重創了黨的治理能力。鄧小平著手整頓黨的組織，他為了打造一個強而有力的改革聯盟，將幾位改革派官員如趙紫陽、胡耀邦與陳雲擢升至政府與黨的高層。黨內就算還有毛澤東的忠實信徒，也被他投閒置散。鄧小平還推行一種更分散、更集體化的政治決策風格，並加以體制化，試圖根絕毛澤東時期主導黨內政治的個人崇拜。[12]

第三項目標，中國的新領導人特別重視穩定中國社會。穩定性攸關威權政權的治理能力。對中共而言，維持穩定對於中國的現代化至關重要，特別是有鑑於一九四九年之前的革命內戰動亂，以及一九四九年之後的發展災難。威權體制想要達成穩定性，一種做法是鐵腕統治；因此中共也保持鎮壓的能力，尤其是透過黨對於軍方與國家安全機構的掌控。

然而，鄧小平也體認到經濟績效正當性十分重要，可以為政權提供政治權力，同時也是社會內部政治與經濟穩定性的關鍵要素。如此一來，一九七八年之後的中國共產黨政權將續效正當性——特別是經濟績效正當性——置於發展計畫中心。本書探討的其他發展亞洲威權政權，都試圖以推動經濟發展來保持社會與政權穩定，鄧小平也是如此，他將中國帶進發展亞洲的行列。

「四個現代化」運動是鄧小平改革願景的核心，全力推動中國農業、工業、科學技術與國防的現代化。很重要的是，四個現代化的目標彼此關聯：中國的農業與工業發展有賴於引進現代的技術，這麼做也會強化中國的國防能力。為了加速在這四個領域的現代化，中國小心翼翼對國際經濟打開大門，採行因應市場需求的經濟政策。在許多方面，四個現代化運動都是對毛澤東時代政策的直接否定。

在鄧小平領導之下，中共對於經濟成長採行更關注市場的做法。雖然國家繼續負責擬定計畫與目標，但政府也將市場誘因與機制帶進經濟活動。中共並沒有完全揚棄社會主義計畫，而是容許市場機制與國家部門一起運作。一段時間之後，政府逐漸從經濟領域的制高點撤退。

鄧小平也採行更為開放的國際經濟政策。他反轉毛澤東閉關自守的立場，將中國經濟帶進國際貿易、投資與資本流動，同時也為中國引進外國新科技。儘管中共政權仍然對國際資本與外國影響心懷疑慮，但它瞭解中國如果想要加速發展，就不能繼續對世界關上大門。

一九七八年十二月，鄧小平在中共十一屆三中全會推出雄心勃勃的改革計畫。計畫第一階段著重農業改革與廢除人民公社，土地所有權在法理上仍然屬於國家，但是實質控制權交還給個別農戶。「家庭聯產承包責任制」（包產到戶）意謂農戶負責自家的農業生產，不必透過集體機制或公社。政府持續訂定生產目標，但收購價格從一九七八年開始提高。包產到戶容許農民將超額收成（超出生產目標或收購目標）賣到公開市場，這種做法有助於促進農作多樣化，鼓勵對高效率農業科技的投資。一九八三年，改革起步僅僅五年之後，幾乎全中國的農戶都加入包產到戶體系。改革初期，生產力與農民收入都有所增加。

一九八〇年代初期，中共以相當類似的方式改革工業部門。在國家訂定的計畫之外，政府容許另一個平行的市場體系（譯注：稱為「價格雙軌制」）。企業主管對於生產與定價負起更大責任。一如包產到戶體系，超額的生產成果可以不受管制的價格出售，企業因此會相互競爭。來自「計畫外」利潤與營收的吸引力，促使企業投資於高效益的產能、採行創新的技術，以獲取競爭優勢。

市場機制的引進激發了蓬勃的創業活動，新公司一一成立。儘管國有企業仍然主宰中國的工業部門，但是非國有企業的工業生產力突飛猛進。從一九七九到一九九〇年，非國有企業占整體工業產值比例從二一．五%上升至四四%。同一時期，鄉村地區鄉鎮企業的工業產值占比也增加超過一倍，從九%到二〇．五%。來到一九八四年，中國零售消費的產品與服務約有五成來自非國有企業。

與毛澤東的社會主義發展願景相比較，鄧小平改革計畫最激烈的變化在於反轉中國的閉關自守政策。鄧小平的改革讓中國開門迎向全球經濟，試圖將中國內向型的成長模式轉變為出口導向工業化模式。[13] 類似東亞地區其他發展型國家的工業化早期階段，中國在海岸地帶主要城市建立經濟特區，以吸引外國直接投資，並為中國企業提供出口基地。一九七八年中國得到的外國直接投資幾近於零，到一九八四年已增加到將近十五億美元。外國直接投資流入讓策略性產業的合資企業得以成立，也為中國各地的公司與工廠帶來商機，將產品賣到全球市場。

因此不足為奇：中國的國際貿易從一九七八年開始快速擴張，十年間從二百億美元增加到超過一千億美元。中國的出口更是成長為五倍，從一百億美元增加到五百三十億美元。中國大器晚成，對國際貿易與投資敞開大門之後，終於「加入」發展亞洲的行列。[14]

然而我們必須強調，鄧小平一九七八年的改革並不等於將整個中國市場化，政府制定的生產與收購計畫仍然是中國經濟的核心。中共並沒有完全鬆綁對物價機制的掌控，也沒有放棄執行生產配額制度的管制權力。鄧小平的改革是在計畫經濟之外，平行引進市場機制。

國家的角色並沒有縮減。舉例而言，國有企業的規模仍然是龐然大物；公營銀行對於控制、主導信貸與國內投資仍然大權在握。勞工流動性與企業僱用、解僱員工仍然受到國家管制。政府的確提供了市場定價等誘因，但只限於超額生產。在這些層面上，中國一九七〇年代晚期的經濟改革代表改革者逐漸「走出計畫經濟」，但是並無意取代社會主義計畫經濟。相較之下，東北亞堅定不移、堂而皇之的資本主義發展型國家，簡直是另一個世界。

儘管如此，鄧小平的改革依然是與毛澤東年代的社會主義發展背道而馳。來到鄧小平時期，生產力與消費上升；貧窮程度大幅下降，尤其在鄉村地區；農戶收入從改革初期就頗有起色；通貨膨脹受到控制，物價維持穩定；愈來愈多鄉村勞工到城市、鄉鎮的企業與工廠就業。中國也維持貿易差額順差。從一九七八年開始，中國經濟每年成長近一〇%，與亞洲其他強勁的發展型國家並肩齊步。簡而言之，鄧小平改革計畫的早期經濟成果可圈可點。

加速改革

中共領導階層形成共識，中國必須逐步擺脫計畫經濟。中國的經濟改革是雙軌進行：一軌是社會主義計畫經濟，一軌是輔助性質的市場導向機制。中共領導人同意一九七八年的改革是振奮人心的第一步，對於第二階段的改革則仍有歧見。當時的爭議焦點在於，如何一方面維持社會主義經濟、讓國家繼續扮演關鍵角色，另一方面推動市場導向改革。一九八〇年代中期，中共領導人的歧見並不在於經濟發展方向，而在於改革的速度與範圍。[15]

一九八〇年代中期，中國的通貨膨脹出現上升趨勢；對此，中共元老陳雲等黨內態度審慎的改革者建議採行短期緊縮措施。[16] 陳雲一派主張，社會主義經濟軌道不能縮減，應該要隨著市場的規模成長；包括國有企業在內的國家計畫部門，必須持續主導非國有部門。主張放慢改革步調的人士擔心，無限制的市場化與國際化將會顛覆中國經濟。

這場辯論的另一方是國務院總理趙紫陽與中共中央總書記胡耀邦，他們認為經濟自由化改革應該加快步調、擴大範圍，建議對經濟注入更多——而不是減少——市場機制。陳雲及其黨內盟友力推擴大國家計畫的社會主義機制，趙紫陽與胡耀邦等改革者則主張凍結計畫經濟的規模，同時加速市場機制的發展。假以時日，中國的市場化經濟將會讓計畫經濟相形見絀。

最後趙紫陽的願景勝出。一九八四年十月，中共推出第二階段改革計畫，全力落實趙紫陽積極進取的改革主張。國有企業仍然必須達成生產目標，但超額生產部分能夠以市場價格銷售。在公司經營上，企業主管因此擁有更多的自主權。企業中的黨書記地位降低，黨的干預隨之減少。國有企業得以趕上市場熱潮，實現多角化經營，強化生產能力，一方面達成政府計畫目標，一方面創造計畫外的市場營收。此外政府也開放立場，進行財產與企業所有權新制度的實驗，包括引進合作、租賃與股權體系。這在毛澤東時代是無法想像的事。

中共嘗試藉由計畫經濟的運作，來刺激國有企業的市場狀況。政府不再批核年度生產計畫，而是逐步在製造業領域實施一種合同（合約）體系。根據這項制度，企業與政府的關係不再是規定生產配額，而是簽署多年期合同。企業主管履行合同要求會承擔風險，但也因此得到主導公司策略的自主權。合同制度強化了企業之間的競爭，進而激勵企業提升生產能力與效率。

勞動關係改革伴隨市場改革而來。勞工的薪資原本受到管控，政府也限制勞工的流動性；但一九八四年之後，勞動合同、薪資、獎金與企業營收以及獲利的關係愈來愈密切。這項變革讓企業主管在薪資訂定、勞動合同等問題上，能夠做出理性的市場決策。競爭態勢升高、僵化程度降低的勞動市場有利於企業經營，減少企業在管理員工方面受到的限制。

然而從勞工的觀點來看，勞動關係改革是一把雙面刃。一方面，產業勞工的僱用保證被一紙合同取代，勞工的不確定性因此增加。另一方面，由於合同與薪資取決於企業營收與獲利，勞工會更願意提升生產力來爭取更高的收入。

中國第五個現代化何去何從

為了鞏固執政黨的權威，鄧小平在毛澤東動亂年代之後的一項當務之急，就是要讓中共想清楚如何藉由經濟表現成績來營造民意正當性。從一九八三到一九八八年，中國經濟年平均成長率達到一一．五%，比一九七八年之後的改革初期還快。一九八〇年代，中國經濟成長動力來自工業發展；農業部門停滯不前，但工業部門一飛沖天。從一九七八到一九八三年的改革第一階段，中國工業產值平均每年成長八％；從一九八三到一九八八年的五年之間，年成長率逼近一八％。雖然當時的中國遠遠還不是富裕國家，但許多民眾已經富裕起來，他們認同鄧小平的領導與中共在中國卓越發展歷程中扮演的角色。

我們已在發展亞洲其他地區看到，社會發展與經濟發展會讓人民產生新的期望、政府面對新的要求。本書也指出，發展會催生出**要求更高的民眾**。這是一種弔詭：發展會孕育不滿。中國也不例外，大規模經濟改革並沒有伴隨著同等脫胎換骨的政治改革，意謂民眾缺少一個政治的減壓閥來表達不滿，中國也沒有任何場域可以處理這些不滿。從改革時期起步伊始，批判的聲音不時浮現，公然挑戰中共的正當性。

一九七八年，中國政治倡議者魏京生鼓吹「第五個現代化」，發起民主牆運動，要求民主改革。倡議人士希望參與國家的政治運作，抗議行動體認中國人民在毛澤東時期受盡苦難、人民對文革深懷不滿、文革帶來的大規模破壞，因此得到民意支持。民主牆運動還有一點吸引抗議者：它要求中共持續負起責任，確保一九五〇與一九六〇年代的悲劇從此不再發生。

同一年，中共政權鎮壓民主牆運動，一如各方預期。一九八〇年代初期，政治抗議事件此起彼落，然而中共政權很容易就能應付。抗議通常是地方性事件，地點也遠離政治權力中樞北京。當時中共剛走出毛澤東時代的混亂，不得民心，政治上積弱不振，組織上千瘡百孔，並不具備政治條件來讓步容許政治改革。事實上，中共如果在當時讓步，恐怕會立即覆亡，一如隨後發生在許多共產主義國家的狀況。

壓力升高，政權削弱

幾年之後的一九八六年，反政權抗議行動在中共內部引發更深層的焦慮。那年十二月，中國學生再度走上街頭，抗議威權政權（八六學潮）。中國科學技術大學教授、同時也是共產黨員的方勵之成為運動領導人，公開譴責黨領導階層道德敗壞、貪腐橫行。他指出中國欠缺民主是中共的失敗，也是中國現代化未完成的使命。

方勵之批評中共政權所謂的代議機構只是極權主義的櫥窗擺飾，從最高層到最底層，從橡皮圖章的全國人大到操控內定的鄉鎮選舉都是如此。他質疑黨的自我改革到底有何成效，質疑黨內的法治與體制是否真的已經取代毛澤東年代的個人政治。在許多方面，方勵之與其戰友都是公開挑戰中共。

儘管中共經常要面對示威抗議，但八六學潮讓政權格外困擾，原因不一而足，其中自然包括學潮引發全國關注。政府試圖壓制媒體報導，然而紙包不住火。學生在社會上的支持者愈來愈多，對政權的不滿持續延燒。到了一九八六年，政治改革不再只是紙上談兵，不再只是知識階層自家的辯論，而是許多人追求的真實改革議題。那年十二月，中國各大城市爆發反政權示威抗議，十二月二十日在上海來到最高點，三萬名學生與成千上萬名地方示威者走上街頭，要求進行政治改革。

一九八六年的示威抗議顯示，中共政權面臨深刻的正當性挑戰。[17]中國經濟在一九八〇年代初期快速成長，但也出現讓人憂心的結構性問題徵兆。推行市場改革，尤其是市場競爭，助長了經濟的不確定性，企業破產比比皆是，失業率上升，勞工收入下降。工業部門的薪資成長在一九八六年之後停滯不前；與此同時，愈來愈多新的工業資本與信貸湧入經濟體——年平均成長率在一九八四年之後高達二五％——推升了通貨膨脹率。一九八五年的通膨率逼近一二％，遠比前幾年的略高於二％來得嚴重。食物的消費者物價激增二三％，讓工廠工人生活捉襟見肘。

中國政府多年來全力推動工業發展，相較之下，農業經濟的發展在一九八〇年代中期大幅放緩，而當時中國絕大部分勞工仍以農為業。農業生產力低迷不振，當局不重視進行投資與引進新技術，導致鄉村地區基礎設施每況愈下。拙劣的規畫造成有灌溉的可耕地減少。雪上加霜的是，多年期合同取代年度配額之後，政府保證收購數量縮減。農作物的收購價格也下滑，因為政府陷入財政困境。根據報導，政府有時甚至以借據代替現金給付農民。結果就是從一九八五到一九八八年，農村收入不見成長，這對通膨效應火上澆油。中國經濟蓬勃發展，但農民並沒有受惠。

一九八〇年代中期的中國經濟，儘管試圖擺脫計畫經濟束縛，還是開始嘗到伴隨經濟改革的苦果。一九八四年加速進行的改革引進了新的市場機制，但是並沒有廢除或改革國家計畫機制。因此中共在一九八〇年代中期的自由化改革，其實是由許多妥協拼湊而成，甚至包含相互衝突的政策。舉例而言，信貸非常充裕，為工業化注入強心針，但是也助長了通膨。另一個例子是政府實施物價管制，但是沒有財政能力來比照收入進行調整，結果傷害了原本就比較貧窮的農民與國有企業勞工。

中國的改革計畫在設計上企圖左右逢源，兼顧中共黨內的自由派與審慎派，因此未能處理許多涉及市場化的深層結構挑戰，推進所謂的艱難改革。中國一九八〇年代中期的改革對於艱難改革議題以拖待變，不僅缺乏政治意志來扛起困難的經濟改革，也缺乏行政能力來應對改革遭到的阻撓。想要推動困難的改革，必須由強大的國家體制來主導整個過程。然而經歷了毛澤東及其反官僚體制信徒數十年的操控與胡作非為，當時的中國後遺症尚未消退，缺乏貫徹始終的能力。

中國的國家體制積弱不振。市場化改革有賴於去中央化，讓中央國家機器釋出權力。省政府與地方政府獲得更多權力，能夠擬定切合自身的經濟成長策略。舉例來說，對於制定收購目標與價格、引導工業投資、培養新的工業與產業部門、與外國投資人合作建立合資企業,運用管制權力的是省政府而非中央政府。還有一點相當重要,省政府可以收取賦稅與其他收益來挹注自家財政,而不是中央國庫。省與地方層級的發展型國家取代了國家層級的發展型國家。結果就是從一九七八年開始,中央政府占財政收益的比例大幅下降,十年間從相當於國民生產毛額(GNP)的三五%遽減為二〇%。

後來中央政府必須向地方政府與省政府借貸,導致國家財政赤字日益惡化。一直要到一九九〇年代中期,中央政府才對賦稅體系做了改革。在那之前,中國的國家體制相當衰弱,沒有行政能力與財政能力來帶領改革歷程,跨越一九八〇年代中期的阻礙關卡。[18] 中國與日本、臺灣、南韓不同,沒有一套強大的發展型官僚體系來穩定大局,撐過政治與經濟改革的風暴與難關。

雪上加霜的是,通膨壓力高漲加上收入成長停滯,讓社會經濟不平等更加嚴重。中共政權矢言要打造一個社會主義經濟體,但是一九八〇年代的經濟成長無法嘉惠大部分人民。經濟問題動搖了社會的團結性。「八大件」(彩色電視、電冰箱、摩托車等炫耀性消費者商品)等消費風潮凸顯了鄧小平時代的社會不平等,與毛澤東式社會主義的共同過苦日子形成鮮明對比。共產黨幹部與企業家的貪腐日益猖獗,在投機取巧歪風盛行的沿海城市與經濟特區,情況尤其嚴重。貪腐狀況惡化也擴大了貧富階層的分歧,進一步動搖中共原本就脆弱的正當性。[19]

換言之，中國漂亮的經濟成長無法遮掩經濟與社會的暗潮洶湧，中國仍然必須進行困難的改革。僅只是堆砌經濟成長數字並無法壓制與安撫日益高漲的反政權示威抗議浪潮。一九八〇年代中期，中共政權與人民的發展約定——以經濟發展承諾換取政治服從——開始崩解，距離這項約定的建立也才短短幾年。知識分子、學生、工人與一般民眾將不滿情緒的矛頭對準中共。政權面臨的壓力水漲船高，政治體系完全沒有減壓閥，情勢一觸即發。

一九八六年十二月學潮的動盪持續到一九八七年一月，絲毫不見緩和跡象。中共政權忍無可忍，決定終結動亂。黨內強硬派集結，祭出嚴厲的威權主義手段，鐵腕鎮壓八六學潮。方勵之被大學解除教職，被中共開除黨籍。中共政權強制驅離天安門廣場與其他地方聚集的學生。

鎮壓街頭示威者還不夠，有問題的中共黨員也必須付出代價。一九八七年一月，中共中央總書記胡耀邦被迫辭職，他的自由派改革者名聲讓強硬派把他當成代罪羔羊。胡耀邦的失勢也對民主運動人士傳達明確訊號：中共不會容忍政治改革的要求。後來中共推選趙紫陽代理總書記，但他與胡耀邦淵源甚深，強硬派對他另眼相看，批鬥他只是遲早的事。

隔一年的一九八八年，中國經濟情勢非常困難，幾年前出現的挑戰如今全面爆發。受到天氣因素與收成欠佳拖累，穀物生產持續衰退，人民開始捱餓。國家降低糧食收購價格，農民收入隨之滑落。勞資衝突愈來愈頻繁，各個工業部門的工人都面臨失業威脅與薪資削減，貧富差距持續擴大。中國社會日益階層化，沿著地區與地區、城市與鄉村、勞工與新興專業人士和中產階級劃分。那年中國的通膨率衝破二〇％，勞工薪資與鄉村農戶收入卻減少，大部分民眾都日子難過。那年夏天，中國消費者拚命囤積日常用品，生活必需品通膨壓力高漲。在國際市場上，中國的出口欲振乏力，出現貿易逆差，外商直接投資也低於政府目標。

對中共政權而言，最具爆炸性的是一份報告：一九八七年有多達十五萬名共產黨員因為貪腐而受到調查與懲處，另有二萬五千名涉貪人士獲得赦免。如果說一九八七年的社會、經濟與政治挑戰是一九八九年事件的近因，是引爆天安門廣場示威抗議的導火線，那麼對於中共貪腐惡形惡狀的揭露就是點燃導火線的火柴。

天安門廣場大屠殺

一九八九年初，中國學生發起示威抗議，要求政治改革。四月十五日，前中共領導人胡耀邦病逝，示威抗議進一步升溫。民主運動人士推崇胡耀邦是一位自由派改革者；諷刺的是，中共把他當成一九八七年學潮的代罪羔羊，反而凸顯了他的進步形象。胡耀邦的病逝鼓動了全中國各地的示威學生，中共間接塑造出一位民主烈士。學生聚在天安門廣場悼念胡耀邦，要求中共政權展開政治改革。[20]

一九八九年春天，學生在廣場上進行和平示威。他們要求與中共領導人會談，中共的反應大多是置之不理。學生領袖少數幾回見到中共幹部時，他們碰了一鼻子灰，各項要求當場遭到悍然拒絕。五月，學生發動絕食抗議，得到來自全國的同情與支持。中共中央總書記趙紫陽前往廣場，向學生表明他感同身受。趙紫陽的黨內同志認為此舉是對黨的背叛，偏離了黨對於政治改革日趨強硬的立場。儘管趙紫陽是讓中國走上發展之路的重要推手，但一九八九年五月底遭到中共整肅，從此軟禁在家。

胡耀邦與趙紫陽的垮臺不僅顯示中共的霹靂手段，也顯示它欠缺正式的體制來處理與緩解內部政治衝突。儘管鄧小平試圖在文革結束後鞏固整個黨，但是中共的統治與治理主要仍是透過非正式機制。黨領導人如何操作黨務、動員黨內支持，特質是不確定性，不是例行化的正規做法。鄧小平努力建立體制來打造更為集體化、更能形成共識的決策風格，然而一遇到危機就分崩離析。值得注意的是，中共雖然建政近四十年，卻還是沒有一套領導人繼位的正規程序。一九八〇年代的鄧小平在黨內與政府擔任的並非正式領導職位（譯注：鄧小平在一九八〇年代擔任中央政治局常委、中央軍委主席等要職），他的非正式身分「最高領導人」卻讓他擁有龐大的政治權力。

中共缺乏組織韌性的問題造成重大影響，導致黨在一九八九年的危機中深陷分裂。一九八七年胡耀邦被當成政治代罪羔羊之後，中共的自由派改革者與強硬派開始壁壘分明。來到一九八九年春天，黨內分裂已無可彌縫；面對日益升高的政治挑戰，黨訴諸舊日的內部衝突處理方式：整肅清算、開除黨籍。中共無法團結一致，只能把黨內鬥爭攤在陽光下，公開犧牲掉民意支持但違背黨意的領導人。天安門廣場鎮壓之後的中共內部會議紀錄顯示，中共領導人將一九八九年「暴亂」歸咎於黨內領導階層的不團結；黨內深刻的分裂反映了中共的虛弱體質。中共自己也承認，它不是一個團結一致的政黨。[21]

一九八九年五月中旬，天安門廣場與周邊地區據估計聚集了一百萬人。運動的影響遍及全國，鼓動了學生、勞工與支持學生的一般民眾。示威者公開叫陣，要求鄧小平辭職，不再擔任最高領導人。在中共黨內，以國務總理李鵬為首的強硬派集結起來，主張以決斷、暴力的手段終結天安門廣場示威。自由派與強硬派徹底決裂、無可挽回，雙方只能孤注一擲。[22]此時，妥協已無可能。最後鄧小平支持李鵬的鎮壓計畫，強硬派在黨內鬥爭勝出。五月二十日，中共政權宣布實施戒嚴，解放軍很快就包圍廣場。

儘管軍方磨刀霍霍，但部隊一時間無法驅散示威者。接下來的一個星期左右，北京街頭陷入混亂失序，中共政權面臨更嚴重的不穩定，也是它最恐懼的狀況。六月初，解放軍與示威者對峙的壓力升高到臨界點。關注北京情勢發展的外國官員擔憂，中共政權已經沒有什麼選項；中共自身也有同樣的結論。悲劇終於爆發，從六月三日夜間到六月四日上午，中共下令解放軍官兵進入廣場，對示威學生開火，史稱「天安門大屠殺」。

抗拒民主

中共政權並沒有在一九八九年夏天垮臺，也沒有屈服於天安門廣場示威者的要求、領導中國展開民主轉型。對於一九八九年事件的一種解釋認為，中共能夠抗拒民主，代表其政權的韌性與實力。換句話說，中共雖然在政治上飽受打擊，但還沒有虛弱到會被民主派示威者推翻的地步。此外，中共政權失去民心的程度，還不足以讓它因為正當性遭否定而垮臺；它的內部分裂程度，也不足以讓它因為眾叛親離而崩潰。

認為中共還不夠衰弱、因此不曾啟動民主轉型，這種論斷代表了討論中國民主前景的主流觀念或傳統觀念：唯有當政權衰弱到無法生存，民主改革才會發生。在這種假定中，民主將從中共政權崩潰的灰燼中誕生。長期以來，從中國自身到世界其他地區的中國觀察家，這種「崩潰帶來民主」的觀點都是主流。

依照這種邏輯，有些人認為由於中共政權沒有在一九八九年夏天垮臺，而且後來中國日益富裕、發展與強大，愈來愈難看出政權衰弱與崩潰的徵兆，因此期待民主降臨中國終歸要落空。這個威權政權的辯護者主張，中國與中共不需要民主化，韌性十足的「中國模式」提供了另一條現代化道路，甚至是更優越的道路。他們也堅稱，民主並不是中國政治現代化的關鍵特質。[23]在此同時，對民主懷抱希望的人士積極尋找中共權威的裂痕，以及政權即將崩潰的徵兆。[24]兩種觀點有一項共識：**唯有中共走向衰弱，中國才能走向民主**。

我們從東亞地區而非東歐汲取心得來觀照中國，藉此建立理論：**當中共的政黨實力變得強大，中國會更有可能展開民主化**。中國的威權政權顯然並沒有在一九八九年六月崩潰，天安門廣場示威者也沒有推翻政府。然而崩潰不是民主產生的唯一途徑，威權政權也可以讓步開出一條民主之路。我們主張在一九八九年的時候，**中共還沒有強大到能夠抱持信心，讓步轉向民主**；同時正因如此，當時的中共政權選擇迴避民主的道路。

中共在一九八九年的實力足以暴力鎮壓天安門廣場的示威者，但是在組織層面卻積弱不振，無法運用體制化的機制來調解黨內政治、緩解黨內衝突。不僅如此，中國的國家官僚體系缺乏財務與行政能力，無法進行困難的社會、經濟與行政改革。中共並不具備前置實力，因此也沒有信心來讓步容許民主。臺灣、南韓與日本的發展型威權政權都選擇憑藉實力以讓步容許民主，但中共政權不是這麼回事。

當時中共不得民心，缺乏能夠鼓勵強勢政權讓步進行政治改革的勝利信心。一九八九年春天與夏天的事件爆發時，中國與中共才剛走出文革浩劫與大躍進災難，這也意謂中共才剛開始建立自身的信譽和政治正當性。一九八九年的中共還沒有夠分量的「可用的過往」，也就是過往的發展成就，讓它可以當成憑藉，平穩帶領國家發展；記憶猶新的毛澤東年代讓中共被「不可用的過往」沉重壓住。可以想見，中共擔心的是混亂與破壞，欠缺的是穩定信心：相信國家與黨能夠因應自身的重大政治危機，不需要回頭訴諸一系列的威權控制手段。

與國民黨以及發展東亞地區其他強勢的普涵性政黨相比較，中共欠缺組織能力與政治吸引力。[25] 臺灣的國民黨政權與南韓的民正黨政權雖然都曾面臨來自民間的壓力，南韓的情況尤其嚴重，但兩國反對勢力顛覆局勢的能耐，都不如中國在一九八〇年代爆發的一連串示威抗議浪潮。我們也應該回顧，在戰後的日本以及一九八〇年代晚期的臺灣與南韓，民主轉型是伴隨著經濟成長與穩定，不是危機爆發。一九八〇年代下半期，中國一點也不穩定。

我們的憑藉實力轉向民主理論預期，較為強大的執政黨在剛越過顛峰狀態的時間點上，最有可能讓步容許民主，推動平穩的政治轉型。截至目前，臺灣的國民黨是本書最具實力的執政黨範例，南韓的民正黨則是最為虛弱。但是臺灣與南韓的政權——再加上日本的保守派政治人物——都擁有**足夠的實力**，懷抱信心以讓步轉向民主。一九八九年的中共相較之下，是四個案例中實力最弱的執政黨。

從一九八九年向前展望，我們也可以斷定當時的中共距離改革年代的「實力顛峰」還很遙遠。當時的中共也不是一個政治權力走下坡的政黨、一個一路衝過我們所謂「苦澀甜蜜點」的威權政權。當時的中共仍然是一個上升中的政黨，只是必須為其發展成績與十年前的浩劫劃清界線；累積更強大的組織實力與體制實力，持續帶領中國發展，營造更能夠打動人心的「可用的過往」；讓憑藉實力轉向民主成為可行的選項。隨著中共在一九八九年之後日益強大，我們可以對天安門廣場悲劇另眼相看：它不是中國民主化奮鬥之路的終點，而是中國下一階段政治與經濟發展的序幕。

7 發展型軍國主義：離開又回頭

本書第三至第五章介紹的發展型國家主義群聚案例，從它們的威權實力歷史發展來看很不尋常；它們憑藉實力來啟動及推展相對平順的民主化進程。然而事實上，無論是在體制上抑或經濟成績上，很少威權政權能夠蓄積如此可觀的實力，發展亞洲並不例外。這也是第六章的核心教訓，中共在一九八九年天安門廣場示威期間，欠缺「可用的過往」來讓步容許民主。現在我們要前往發展型軍國主義群聚——印尼、泰國與緬甸，將看到更多體制實力與「可用的過往」並不特別突出、只達到中等程度的案例。

然而儘管這三個東南亞軍事化政權的威權實力相對偏弱，它們都曾經嘗試憑藉實力轉向民主，情況類似我們探討過的日本、臺灣與南韓。在一九八〇年代的泰國、一九九〇年代晚期的印尼、二〇一〇年代初期的緬甸，三個軍事政權都曾經大幅降低壓迫、開放政治空間、容許競爭性的選舉，藉此與文人政治人物分享權力。這樣的過程發生時，通常是軍方抱持還算可觀的信心，相信藉由提高而非扼殺選舉的競爭性，能夠維持或增進政治的穩定性。

至於這種可逆的政治實驗是否能夠推進到民主轉型、維繫威權政權的長期生存，主要決定於軍方的穩定信心是否得到印證，是否印證則決定於軍事統治時期的體制發展成果。千禧年之後，印尼的民主比泰國與緬甸都來得成功，要歸功於蘇哈托「新秩序」威權政權時期建立的政黨實力與國家體制。相較之下，緬甸與泰國長期缺乏強勢且受民意支持、代表支持軍方利益的舊時代菁英的政黨，而且一直苦於威脅國家穩定性的地區叛亂。因此泰緬兩國擺脫軍事化的歷程，要比印尼更為顛簸、更難完成、更容易走回頭路。

從某個觀點來看，本章三個發展型軍國主義群聚案例可說是三個發展型國家主義群聚案例弱化的版本。然而本書群聚分析的目的與助益在於，說明不同群聚的案例也分屬於**不同型態**的政治經濟體與威權政權。發展型軍國主義案例至少在四個重要的層面上，與發展型國家主義案例有著性質上的差異。因此前者需要的論述，也不同於後者三個憑藉實力轉向民主的典範。

首先，本章的分析將更關注穩定信心而非勝利信心。執政軍方與執政黨不同，不需要倚靠選舉來保障自家菁英的特權。就算軍方領導人沒有把握最挺軍方的政黨能夠贏得民主選舉，只要他們有信心政治轉型不會破壞國家穩定，他們還是可能支持民主化。對軍方而言，穩定包括經濟持續發展、持續提供貪腐機會、侵害人權罪行被豁免刑責、軍方與敵對勢力的衝突可以控管、經常發生叛亂的地區相對平靜。在本章的三個軍國主義案例中，搶占先機的民主實驗至少在剛開始的時候，主要都是基於軍方在這幾個面向的信心，而不是期待全國性民主選舉產生有利於軍方的結果。勝利信心仍有其重要性，但是穩定信心對於發展型軍國主義的世界更是關鍵。[1]

其次，與其他群聚相比，發展型軍國主義群聚的穩定信心更關注領土周邊地區，地方動亂與分離主義動亂是否可以控管。在本章的三個案例中，當威權政權開始站穩腳跟，針對國家政治中心的有組織武裝威脅不是根本不存在（泰國），就是已經敉平（印尼與緬甸）。然而這三個國家的領土完整性仍然遭遇威脅，威脅在周邊地區延燒。回顧日本、臺灣與南韓之所以抱持穩定信心，一個重要原因是共產主義威脅主要來自外部而非內部。印尼、泰國與緬甸都曾經有過內部威脅，但都在冷戰時期演變為可以控管。對於軍國主義群聚，共產主義威脅消退是穩定信心的主要來源。分離主義則往往會形成更大的威脅，持續影響軍國主義群聚的民主鞏固過程，發展型國家主義群聚不會有這個問題。

第三，憑藉實力轉向民主化的成果，在軍國主義群聚與國家主義群聚也有性質上的不同。在日本與臺灣，甚至包括準軍事化的南韓，民主化讓文人領導人持續掌握權力。但是在印尼、緬甸與泰國，民主實驗是從我們所謂的「文人與軍人共治」（civilian-military cohabitation）時期開展。軍方領導階層在實力尚存的時間點上啟動民主化，藉此主導民主遊戲規則的設計；包括在民主選舉的文人領導階層就位之後，仍然保留軍方大部分的特權。[2]

我們稱這些安排為「共治」，是因為民主化不等於去軍方化（demilitarization）的表面工夫，也不會讓軍方繼續當家作主；民主化意謂文人與軍方領導階層平起平坐，建立同儕關係，各自掌握可觀的政治實力。在三個案例國家的民主實驗初期，軍方領導人接受政府分配的國會席位，與民主選舉的文人民意代表分庭抗禮，助長了軍方的穩定信心，那是憑藉實力轉向民主的關鍵基礎。我們在第三章探討的一九二〇年代日本大正民主，也有類似的共治現象，顯示這種民主共治安排其實相當脆弱、可能逆轉，一九三〇年代的日本就是如此。

第四，對於軍國主義群組的政治經濟體，民主化帶來非常不一樣的結果。在三個發展型國家主義群組案例，儘管貪腐從過去到現在都是問題，然而它並不是經濟運作的核心動能。日本、臺灣與南韓都是資源貧乏之國家，之所以能夠踏上「從邊陲發展之路」，靠的是科技民族主義與高效率的製造業。[3]相較之下，印尼、緬甸與泰國都是資源豐富國家，數十年來高度倚賴外資，才能夠從低收入國家升格為中等收入國家。

結果導致三個國家的軍方貪腐猖獗，無論他們是直接掌權抑或民主化之後與文人領導人共治。因此，軍國主義群聚國家之所以搶占先機進行民主實驗，是因為軍方預期他們的重大貪腐可以持續進行。一如摩爾（Barrington Moore）的論述（呼應馬克思與恩格斯關於資產階級必然會保護其資產的觀點），亞洲發展型軍國主義群聚的軍方以統治的權利換取致富的權利。[4]

三個案例

本章的案例研究從印尼開始。印尼類似第五章探討的南韓，其威權政權的獨裁型態既不是政黨主導，也不是軍方主導。蘇哈托的「新秩序」獨裁政權（一九六六至一九九八年）誕生於一場反革命動亂，其暴力程度在冷戰時期罕見其匹。蘇哈托領導的軍方及其保守派盟友（占大多數但不全都是伊斯蘭主義者）殺害了數十萬人。[5]蘇哈托打開國門接受西方與日本的投資，讓印尼得以進入發展亞洲的行列，帶領印尼締造長達三十年的卓越經濟成長、顯著改善貧窮問題、大幅促進工業化。然而蘇哈托時期印尼政治經濟體的最大特徵，卻是它的重大貪腐。

從政治面來看，蘇哈托建立了一個緊密管控的選舉式威權政權。一個新的威權政黨「戈爾卡黨」（專業集團黨）成立，在軍方與官僚體系支持下，每五年「贏得」一場多黨參與的威權選舉。一九九七至一九九八年間，亞洲金融風暴重創貪腐纏身的印尼經濟，蘇哈托的領袖地位大受打擊，被迫下臺。他的繼任者哈比比（B. J. Habibie）快速展開行動，隔年一九九九年就廢除「新秩序」的許多威權控制手段，實施自由與公平的民主選舉。印尼的民主化過程相對平順，政黨與軍方一致支持，想要理解這種現象，就必須理解蘇哈托三十多年統治累積的威權實力與保守實力，以及憑藉實力產生的信心。

東南亞發展型軍國主義政權憑藉實力讓步轉向民主，印尼不是首開先例，也不是後繼無人。本章在詳細解釋印尼從發展到民主的軌跡後，將轉向時間更早的軍國主義案例（泰國）以及印尼的後繼者（緬甸）。

從一九七〇年代晚期到一九八〇年代晚期，泰國長期掌權的威權菁英——王室、軍方、官僚體系——逐漸將王國推向完全符合民主的文人統治。在這之前的一九七三至一九七六年間，泰國進行了一場混亂動盪的民主實驗，貪腐的軍方三巨頭垮臺之後，接下來是長達三年的意識形態兩極化過程，最終導致首都曼谷的左派人士遭到殘酷鎮壓。[6]與一九六〇年代早期的南韓類似，泰國在一九七〇年代中期因為衰弱引發的民主無法穩定局勢，很快就被殘暴的手段逆轉。

然而之後的泰國並沒有進入全面徹底的威權統治，而是展開一段憑藉實力轉向民主的漸進過程，軍方與其技術官僚盟友實施選舉，制定新的憲法與選舉體系。新的遊戲規則確保政黨政治人物無法獨攬大權、宰制軍方，蒲美蓬國王（King Bhumipol）的君權高高在上。這個逐漸民主化的體系撐過一九九一至一九九二年的軍事政變與奪權事件，直到一九九七至一九九八年亞洲金融風暴重創泰國經濟之前，都還能保持穩定運作。為了因應金融風暴，泰國民主政治人物制定一部新憲法，強化總理權力，鼓勵長期四分五裂的政黨體系進行整合。[7]

儘管歷經不少無可否認的起伏轉折，我們仍然可以認定從一九八〇年前後到二〇〇六年，泰國擁有東南亞最穩定的民主體制。這個現象印證了泰國民主化發動者的信心：民主化有助於護持保守與穩定的發展成果。然而來到二〇〇〇年代初期，民粹大亨塔克辛・欽那瓦（Thaksin Shinawatra）在選舉中快速崛起，顯示泰國的寡頭集團（oligarchy）雖然大權在握，遇上選舉卻有致命傷。

塔克辛崛起的背景是泰國缺少一個強而有力的保守派政黨，就連印尼戈爾卡黨之類的中等實力政黨也付之闕如。想要解釋泰國民主為何會在過去十五年間傾側翻覆，就必須理解泰國的保守派長期倚賴王室，而不是一個團結一致的政黨，因此難以培養勝利信心。[8]我們也必須理解，塔克辛的泰愛泰黨（Thai Rak Thai）被認定會威脅泰國的深層權力結構，因此也動搖了穩定信心。

二〇一一年之前，人們很難想像緬甸會跟上印尼與泰國的腳步，從發展型軍國主義邁向憑藉實力轉向民主。[9]然而緬甸從二〇一一到二〇二一年間脆弱、不完整、暴力叢生、最終逆轉的民主實驗，事實上是經過幾十年的醞釀。一九八八年緬甸爆發大規模動亂，尼溫（Ne Win）的社會主義及孤立主義軍人領導政權瀕臨崩潰。一九九〇年緬甸進行國會選舉，軍方支持的政黨慘敗給翁山蘇姬（Aung San Suu Kyi）領導的全國民主聯盟（簡稱全民盟，National

League for Democrac），軍方強力鎮壓，成為後冷戰時期全世界最惡名昭彰的獨裁政權之一。然而特別的是，這個殘暴政權在受到國際社會譴責與制裁的同時，也開始規劃一條漫長曲折的憑藉實力轉向民主之路；儘管軍方的經濟發展紀錄糟糕透頂，而且犯下致命的延誤：很晚才組建一個代表軍方參與選舉競爭的保守派政黨。

緬甸的獨裁政權特別重視穩定信心，這是軍事政權的常態。走過一九九〇年代與二〇〇〇年代，敉平民間動亂、解決軍方內部派系分裂、與多個少數民族分離主義武裝組織簽署和平協定、實施一部保障軍方特權的憲法之後，緬甸軍事政權擁有充分的穩定信心，於是在二〇一一年開放政治程序，幾乎可說是一夕翻轉。

二〇一五年國會選舉，全民盟再度取得壓倒性勝利，緬甸軍方力挺自家政黨但潰不成軍，坦然接受這場完全符合民主程序的選舉慘敗。儘管如此，軍方仍然保有它最重視的權力與特權。從二〇一五到二〇二〇年的緬甸政局，當家作主的並不是一個有限度自由化、但未進行改革的軍事政權，而是一個貨真價實的共治體系：以自由方式組成的文人民主政權與軍方領導的國家體制一爭高下。

二〇二一年二月一日，緬甸可逆轉的民主實驗發生悲劇性的逆轉。全民盟在前一年十一月的選舉再次大獲全勝，軍方憂慮顯著升高：面對正當性牢不可破、行事日益大膽進取的全民盟，軍方的特權恐怕岌岌可危。如此情勢促使緬甸國防軍總司令敏昂來（Min Aung Hlaing）

斬斷文人與軍人共治，以確保軍方與他個人的政治利益。緬甸軍方對於民主過程的信心，在改革開端遠高於改革終點；理解這一點才能理解緬甸民主實驗如何在二〇一一年開始、在二〇二一年結束。

印尼

印尼是今日全世界最令人驚豔的民主國家之一。從任何一項全球指標來衡量，印尼成為威權國家的可能性都高於成為民主國家。它位於中等收入國家的下緣，絕大部分人口是穆斯林，種族相當多樣，武裝地方叛亂一再威脅領土完整。另一方面，印尼所在的東南亞絕不是一個民主體制風行草偃的地區。對於印尼的民主前景，這些特質都不是好兆頭。

印尼欠缺傳統的「民主先決條件」，其民主化似乎最適合以「因為衰弱引發民主」來解釋，這麼做也的確有其道理。軍人出身的蘇哈托建立的威權政權，到一九九〇年代時已是高度個人化、腐敗到無藥可救。一九九七至一九九八年亞洲金融風暴期間，印尼經濟一蹶不振。[10]各大城市爆發抗議行動，軍方對於是否要力挺年邁的總統陷入分裂。等到首都雅加達的抗議學生湧入並占領國會，一個又一個重要的政權支持者呼籲總統立即辭職，菁英階層的背棄一發不可收拾，蘇哈托政權也就走到盡頭。[11]

一九九八年五月二十一日，蘇哈托透過電視實況轉播宣布辭職，將總統大位交給副總統哈比比，無數印尼人民歡欣鼓舞、如釋重負。一年之後，印尼舉行四十四年以來第一場自由、公平、民主的選舉，執政的戈爾卡黨在這場國會選舉以巨大差距落居第二。一九九九年十一月，哈比比的「問責演說」(accountability speech）被國會特別會期拒絕接受之後，兩位反蘇哈托領導人——自由派伊斯蘭教士阿卜杜拉赫曼．瓦希德（Abdurrahman Wahid）與民族主義鋒頭人物梅嘉娃蒂．蘇卡諾普特麗（Megawati Sukarnoputri）——分別當選總統與副總統（譯注：二〇〇四年之前，印尼總統與副總統由國會推選）。印尼有如奇蹟的民主轉型告一段落，儘管其民主鞏固顯然還沒有成為定局。

然而二十多年之後的今天，印尼仍然是個民主國家，在二〇一九年舉行第五次和平的全國選舉。（譯注：二〇二四年二月十四日，印尼再次順利舉行總統與國會大選）印尼的民主指數在一九九〇年代晚期一飛沖天，二〇〇〇年代前十年保持穩定，直到二〇一〇年代才略微下降，雖然幅度不大，但仍令人十分憂心。

學界先前的論述形容印尼是「因為衰弱引發民主」的最典型案例，我們也承認這種詮釋不無道理。然而這是一種不完整的詮釋，而且在某些方面根本是誤導。不完整之處在於，一九九〇年代晚期、蘇哈托下臺之後的印尼民主轉型時期，儘管嚴重的經濟變局突然爆發，當政的威權菁英仍然擁有可觀而持久的政治實力。誤導之處在於，蘇哈托一九九八年的失勢與垮臺，雖然的確是發生在他政治上最衰弱的時刻，但那並不等於印尼的民主化。一個特定的獨裁者垮臺之後，獨裁政權往往可以繼續運作（或者迅速復辟）。[12]然而印尼的情況卻是一個衰弱的獨裁政權在相當短的時間之內，被一個非常堅實的民主政權取代。這樣的過程之所以發生，完全是因為雖然蘇哈托本人失去了前置實力，但是當時掌權的威權菁英仍保留著可觀的前置實力。

印尼的民主化經驗與日本、臺灣與南韓天差地遠，但仍然有某些關鍵的相似性。我們主張印尼是「憑藉實力轉向民主」的另一個案例。如同日本，在國家遭到摧毀的同時，保守派文人領導階層取得政治進展，其中某些成員在自由公平的選舉中頗有勝算。

如同臺灣的國民黨，印尼威權型態的戈爾卡黨擁有相當扎實的政黨基礎設施，累積數十年的經濟發展成績也頗具說服力。這些因素為戈爾卡黨帶來一些信心，相信自身能夠在完全民主的選舉中取得佳績，尤其是在鄉村與偏遠地區。印尼與南韓在這方面的相似性更為顯著。如同南韓，印尼都市地區跨階級的大規模示威抗議是民主變革的主要催化劑。對於主導民主轉型過程，軍方的角色與執政黨不相上下。嚴厲的威權壓迫讓軍方統治的堅定反對者更加團結與大膽，但是民主選舉最終卻導致他們發生分裂並漸趨溫和。

結果就是在印尼的民主化過程中，原本當政的威權菁英保住自身的地位。事實上，在印尼民主轉型過程的頭幾年，軍方與民選文人領導人形成共治的關係，特別是在一九九九至二〇〇四年間，軍方享有國會保障席次。[13]但這並不意謂最終成果的民主程度會打折扣，而是意謂儘管印尼的條件似乎非常不利於民主萌芽與茁壯，然而其民主化過程的平穩與持久卻出人意料。印尼與其他地方一樣，憑藉實力促成的民主化是一場可逆轉的實驗，而且最重要的是——不同於泰國與緬甸，我們的理論可以說明原因——這場實驗進行二十多年之後，仍然沒有逆轉。

印尼與日本的民主化之間，也有一項讓人興味盎然的類比。我們在第三章看到，日本民主化開展的時候，國家無比衰弱，然而保守派文人政治人物與官僚卻可說是無比強大：得到美國支持、軍方勢力在戰後一敗塗地、左派積弱不振。印尼的情況類似，國家經濟病入膏肓，但是保守派菁英擁有足夠的實力，得以懷抱信心看待自身的政治前途。印尼軍方則是與南韓軍方類似，受到穩定信心的驅使更甚於勝利信心，帶領印尼實現憑藉實力轉型民主的歷程。緬甸與泰國更純粹的軍事政權，也符合——甚至更為符合——這種狀況，本章稍後將加以探討。

威權主義經濟發展

在詮釋印尼民主化的時候，經濟因素會立即讓人聯想到「衰弱」而非「實力」。第三波民主化從一九七〇年代席捲全球以來，在所有曾經民主化的國家之中，沒有其他國家像印尼這樣，起步時國家經濟狀況急轉直下。[14]印尼與臺灣、南韓不同，民主轉型並不是發生在「美好年代」。一九九七年亞洲金融風暴爆發，印尼經濟成長率開始滑落，到一九九九年時墜入谷底，下跌幅度非常驚人。實質經濟產值伴隨著金融部門一起重挫，印尼盾（rupiah）匯率從二千印尼盾兌一美元急貶至一萬三千印尼盾兌一美元。民營銀行有大批債務以美元計價，紛紛在壓力下崩潰。

相較於經濟繁榮時期，經濟危機時期的民主化會帶來更不穩定的結果；同樣的道理，印尼民主轉型的環境條件也讓人難以樂觀。確實，如果只從短期經濟狀況的觀點來看，印尼的民主化與臺灣、南韓、泰國（本章稍後探討）的「非危機時期轉型」（non-crisis transition）南轅北轍。[15]

然而我們需要一種更長期的觀點，來理解印尼在民主轉型起步階段雖然國勢中衰，但仍具備可觀的經濟實力。印尼的墜落之所以如此劇烈慘重，一大部分原因就在於它曾經一飛沖天，而且居高不下。蘇哈托一九六六至一九九八年間的威權統治雖然貪腐至極，但也毫無疑問是一段快速且持續成長的時期，赤貧比例大幅下降，都市中產階級興起——與發展型國家主義群聚更早期的發展相較，雖然程度天差地遠，但仍屬於同一類型。簡而言之，蘇哈托政權將印尼帶進發展亞洲，締造極為優異的經濟成績。

蘇哈托在一九六五至一九六六年間血腥鎮壓印尼共產黨的反革命過程中奪權，當時印尼的經濟陷入絕境。從一九五〇年代晚期到一九六〇年代晚期，惡性通貨膨脹（hyperinflation）與饑荒肆虐難以收拾。一九五九至一九六五年「指導式民主」（Guided Democracy）期間，印尼國父與總統蘇卡諾（Sukarno）的經濟施政一場糊塗。印尼經濟極度倚賴農業，主食作物稻米卻遠遠無法自給自足。

來到一九七〇年代中期，拜外國援助湧入、石油收益、經濟改革促進外資與本土投資之賜，印尼經濟大幅好轉。就政策而言，印尼經濟決策者並沒有為了照顧城市居民而犧牲鄉村地區，而是優先推動稻米生產自給自足與計畫生育（家庭計畫），緩解當初助長印尼共產黨成為全世界規模數一數二共產黨的鄉村地區苦難。[16]

印尼的經濟成長在一九八〇年代顯著攀升，特別是在美國與日本締結《廣場協定》之後，日圓大幅升值，導致日本資金大量湧入印尼與其推動工業化且低工資的鄰國。印尼快速推進工業發展、積極擴大開採高價值而且可出口的自然資源，到一九九〇年代晚期，人均GDP已超過二千美元。都市地區出現眾多受過良好教育的中產階級市民，他們痛恨蘇哈托政權駭人聽聞的貪腐，撲天蓋地的威權管制令他們憤怒，但他們也預期政權會帶來更多的發展利益。如同我們在發展亞洲各地看到的情況，經濟現代化並不必然會孕育印尼的「民主價值」，但它的確培養出一群政治要求更高的公民。[17]

威權主義體制發展

威權政權建立的體制有時會由民主政體繼承，用於維持民主的穩定性，儘管這完全不是體制創建者的原意。如同發展型國家主義群聚的情況，印尼政權用於威權管控的關鍵體制——執政黨與國家機器——可以在一九九八年蘇哈托垮臺之後改變用途，用於穩定民主。然而一直要等到印尼最強大的體制，亦即軍方得到穩定信心，因此能夠接受民主轉型的不確定性，印尼才總算做到平穩的民主化。

蘇哈托威權政權治下的體制發展，在兩個領域特別突出，兩者最終都為民主穩定性帶來出人意料、無心插柳的助益。首先是國家能力，對於穩定信心無比重要；其次是政黨實力，對於勝利信心無比關鍵。類似發展亞洲其他憑藉實力轉向民主案例的執政黨，儘管印尼的多黨選舉飽受扭曲、很不公平，但戈爾卡黨參與選舉長達二十五年的事實，仍然為印尼的威權菁英帶來選舉經驗，進入後威權年代依然受用。

威權的體制實力必然以國家為起點，印尼與大部分後殖民地區一樣，其國家機器是從殖民時期發源。荷蘭殖民政權以治理效能著稱，雖然目的大多是壓迫人民、榨取自然資源。然而在印尼獨立後的二十年間，這種體制的傳承付諸東流。[18] 殖民時期印尼的官僚體系是龐大群島的命令執行者，來到後殖民時期民族主義革命、議會民主、蘇卡諾「指導式民主」的強力動員年代，這個體系卻極度缺乏資源、運作的自主性遭到剝奪。蘇卡諾是一位富於領袖魅力的民粹主義者，非常不信任政黨，對官僚更是蔑視。一九六五至一九六六年間，陰謀、共產主義、政變的混亂撕裂整個印尼，等到蘇卡諾被推翻時，印尼的國家體制已經沒有治理能力可言。此外，印尼也沒有正常運作的民間經濟可以治理。

蘇哈托接掌政權之後，情況劇烈改變。轉型過程的第一階段，蘇哈托領導的印尼軍方反共勢力與伊斯蘭公民社會緊密結盟，對印尼共產黨與疑似支持者發動血腥鎮壓。數十萬人因此死亡，蘇哈托在堆積成山的屍體上建立「新秩序」政權。然而除了屠殺印尼共產黨的悲慘例外，以及一九七〇年代中期之後動盪不安的前葡萄牙殖民地省分東帝汶（East Timor），蘇哈托政權主要的統治工具並不是殘忍而暴力的壓迫，而是窒息式的脅迫與全面的收編。反共大屠殺並不是證明規則存在的例外，而是為了建立「新秩序」而發生的例外。[19]

蘇哈托政權的身分認同與政治體制建構都是以反共為中心，這對政權的實力累積有深遠的影響。一方面，反共為蘇哈托及其盟友提供了具吸引力的理由與充分的優勢，以非常威權的方式重建國家，打造防止共產主義死灰復燃的堡壘。想要瞭解新秩序政權的實力，就必須瞭解在它之前、激發它的共產主義挑戰是如何強而有力。然而新秩序政權徹底消滅各個共產主義組織的事實，也意謂隨著冷戰邁向終局，政權的穩定信心會更容易恢復。[20]我們在日本、南韓與臺灣的案例已經看到，憑藉實力促成的民主化受益於內部共產主義挑戰的薄弱；對印尼而言，這一點同樣成立，甚至更為關鍵。

蘇哈托奪權之後全面重建與翻修印尼的國家體制，新秩序政權因此得以締造穩定局面，甚至在很長一段時間是平平無奇的穩定。印尼軍方是新秩序政權的政治心臟，但絕不等於政權的組織整體。

蘇哈托對發展官僚體系投注了大量的新資源，一開始要感謝西方國家潮水般的外援與一九七〇年代的石油業榮景，後來則要歸功於經濟恢復成長與外資湧入讓政府歲收大增。[21] 軍方人員入主政府各部會成為慣例，但主要目的在於確保官僚體系的政治忠誠，而不是建立軍方（亦即非專家）治國體系。從計畫生育、稻米自給自足到基本必需商品價格變動管理，官僚在治理上獲得託付與授權。印尼官僚強烈支持新秩序政權堅定抵抗共產黨，感謝政權將他們的科技官僚心態正當化，因此蘇哈托不必擔心他們要受到軍方監管才會聽命行事。

新秩序政權三十年間漸次展開的國家建構過程，造就了非常優異的經濟成長紀錄，以及長時期的相對政治穩定。的確，嚴重貪腐為印尼的成長與穩定提供動力，最終並導致蘇哈托政權在一九九七至一九九八年間的亞洲金融風暴期間垮臺。此外，蘇哈托政權的穩定性也不時會被凶險的訊號干擾，反對威權統治的有組織運動日益高漲。儘管如此，印尼的國家機器仍然很能夠維持穩定治理，那是蘇哈托政權最重要的副產品。

蘇哈托新秩序政權體制發展的第二個關鍵領域在於政黨。這個政權擁有跨越政治光譜的廣泛支持，因此可以在成立後的十年之間，安心重返受到嚴密控制的選舉政治與政黨政治。

雖然蘇哈托政權是由軍人領導，但它也掌握高度組織化的文人體系的支持。更有甚者，文人與軍人權力的比例與時俱進；蘇哈托培植文人盟友，協助他將權力個人化，對付他在軍中最強而有力的對手。[22]對於支持蘇哈托的文人，儘管新秩序政權的高壓統治令人窒息，但政黨發展與選舉政治是通往地位與利益之路。

如同臺灣與南韓的威權政黨，印尼的政黨發展讓文人政治人物得以培養政治技能與侍從者（clienteles），為有朝一日的民主選舉做好獲致成功的準備。最具意義的是，蘇哈托奪權之後很快就同意創立一個支持其政權的「戈爾卡黨」，這個名稱顯示了它的根源與治理目的。「戈爾卡」代表「專業集團」（golongan karya），它是一個政治載體（political vehicle），由多個保守派政治組織組建而成；這些組織在一九六〇年代初期至中期崛起，抗衡蘇卡諾與印尼共產黨的激進左傾群眾動員。[23]

從形式體制來看，戈爾卡黨其實不是政黨，而是一個傘狀組織（umbrella organization），形象化為一棵枝葉茂密的榕樹，讓樹下的保守派政治組織取得庇蔭、相互連結。如此有助於蘇哈托要求印尼全體公務員都必須加入戈爾卡黨，因為它既是一個政黨載體，也是一個官僚超級部會（bureaucratic superministry）。每逢五年一度的全國選舉，戈爾卡黨會與兩個「準反對黨」（semi-opposition）——遵循伊斯蘭教義的建設統一黨（United Development Party）與標舉民族主義的印尼民主黨（Indonesian Democratic Party）——較量，而且總是一如預期地大勝。[24]歸根究底，印尼的國家機器以政黨的角色投入選舉，但是不會因此交出身為國家最高主權權威的權力與資源。

從新秩序政權一九七一年的奠基選舉到一九九七年的最後一場選舉，戈爾卡黨用盡各種手段連戰連勝。它的主要職能是確保印尼各個島嶼公務員的支持，並且在不公平也不自由的選舉中獲取壓倒性勝利。戈爾卡黨的確使命必達，一大部分是透過威脅恐嚇，但也是因為蘇哈托政權的政治與經濟成就，讓大多數印尼人在大多數時候都願意接納這樣一個尚可忍受的選擇。隨著經濟成長率攀升、貧窮率下降，戈爾卡黨在一九七一年新政權第一場國會選舉中囊括六三％選票，而且在蘇哈托統治時期都能拿到絕對多數得票率：一九七七年六二％、一九八二年六四％、一九八七年七三％、一九九二年六八％、一九九七年七四％。這段期間，戈爾卡黨的得票率從來不曾低於六二％。

戈爾卡黨可靠又定期實現的選舉大勝，反映它完全國有化的卓越政黨組織與政治基礎設施，特別是在爪哇（Java）之外的外部群島（Outer Islands）。一九七〇年代的蘇哈托政權相當擔心，恢復選舉政治會讓印尼重返一九六〇年代中期導致反共種族滅絕的群眾動員，因此實施一套「浮動群眾」(floating mass）政策來抑制反對黨。這意謂唯有戈爾卡黨才能夠設置地方黨部，政府容許的兩個「準反對黨」不行。這也意謂鄉村地帶激進的公民社會已被連根拔除。簡而言之，戈爾卡黨的勢力遍及印尼全國，這是競爭對手無法企及的優勢。

持續數十年的快速經濟發展，讓大量的恩庇（patronage）從雅加達流向各個省分。戈爾卡黨政治人物在許多地區都被視為可靠的公共財供應者，因此雖然選舉在蘇哈托時代的印尼形同民主鬧劇，但執政黨讓威權體制得以擴大運作、蓄積實力。戈爾卡黨與印尼國家機器的關係盤根錯節、密不可分；後者隨著新秩序政權的建立恢復元氣，再度發揮它在殖民時期的大部分職能。印尼的官僚體系重建自身地位，激進組織遭到摧毀；這兩個重要因素為戈爾卡黨領導人帶來充分的穩定信心，甚至持續到亞洲金融風暴期間、印尼人民推翻蘇哈托之後。

震撼性訊號

憑藉實力轉向民主化過程的源頭，除了威權政權長期累積的實力，也在於政權接收到的訊號。以印尼的情況來說，那些訊號顯然相當重要，並以震撼性事件的型態呈現。一個在一九九七年上半年還風平浪靜的個人化政權，進入一九九八年上半年卻天翻地覆。

四種型態的震撼性事件會發出訊號，顯示一個強大政權已進入苦澀甜蜜點，此時憑藉實力轉向民主的狀況最有可能出現。印尼遭遇其中兩種型態，分別發出經濟訊號與抗爭訊號。一九九七年的國會選舉是蘇哈托的天鵝之歌，戈爾卡黨拿到歷來最佳成績。但不久之後，印尼經濟一蹶不振，各大城市示威蜂起，清楚預示劃時代的巨變即將發生。印尼經濟在亞洲金融風暴之中受創最重，短短幾個月之間，匯率從二二五〇印尼盾兌一美元重貶至一萬七千印尼盾兌一美元。

然而當時由學生帶頭的示威抗議並不全然針對經濟問題；不僅如此，導致政權最關鍵的正當性訴求——蘇哈托的印尼「發展之父」地位——被一筆勾銷的危機，是因為蘇哈托的政治回應愈來愈亂無章法才進一步惡化。[25]蘇哈托政權過去因為能夠控制政治動盪，扮演一種至高無上、廣受印尼菁英支持的「保護協定」（protection pact）角色，如今卻在跨階層的示威抗議之前土崩瓦解。示威行動譴責蘇哈托總統貪腐殘暴，將國家帶到崩潰邊緣。[26]

的確，亞洲金融風暴引發的經濟訊號與抗爭訊號，對蘇哈托政權而言並不全然是前所未見。一九七八年的國際油價波動也撼動了印尼經濟，學生帶頭進行大規模示威抗議，蘇哈托政權一度搖搖欲墜，但最後透過本章先前探討的政黨、國家與軍隊體制撐過危機，重新鞏固自身的主宰地位。[27]

蘇哈托政權也鍥而不捨試圖掌控印尼蓬勃發展的公民社會，正面對決全世界最大的兩個穆斯林組織——伊斯蘭教士聯合會（Nahdlatul Ulama）與穆罕默迪亞（先知使徒會，Muhammadiyah）——以及印尼狂熱的民族主義社群，後者一直受到印尼開國總統蘇卡諾的革命典範激勵。[28]因此絕非偶然，新秩序政權晚期最重要的三位反對派人物，正是上述三個群體的領導人：瓦希德（伊斯蘭教士聯合會）、阿敏（Amien Rais，穆罕默迪亞）、蘇卡諾的女兒梅嘉娃蒂（準反對黨印尼民主黨的領導者）。如同一九八七年「漢城之春」時期的南韓，蘇哈托於一九九八年五月被迫下臺之後，印尼當時的政權面臨是否要憑藉實力轉向民主的抉擇，三位反對派領導人的團結抑或分裂深刻影響政權的勝利信心。

對於蘇哈托政權的盛極而衰，印尼的民族主義公民社會發出最為強烈、清晰的訊號。一九九六年六月，蘇哈托政權的穩定性被金融風暴粉碎一年多之前，印尼各大城市爆發動亂，政權面臨自一九七八年學生示威以來最嚴峻的挑戰。當時梅嘉娃蒂躋身準反對黨印尼民主黨的領導階層，開始強化它作為政權反對黨的功能，於是蘇哈托設法逼她下臺。身穿紅衫的梅嘉娃蒂支持者群情激憤，拒絕離開位於雅加達的印尼民主黨總部。接下來的暴動與鎮壓釋放出清晰的訊號，顯示蘇哈托政權已經過了顛峰時期。高齡七十六歲的老總統終將交出權力，安排接班人的密室謀畫也成為印尼政治菁英的熱門話題。

然而整體而言，在亞洲金融風暴來襲之前，蘇哈托政權中衰的訊號既不夠強烈、也不夠清晰。當時各方普遍預期蘇哈托會將權力移交給他選定的接班人，由後者確保新秩序政權的威權機器繼續平順運作。蘇哈托有意提拔軍方領袖而非文人盟友出任副總統，更讓各方猜疑他的意圖。他刻意培養長女成為政治領導人，引發政權世襲化的憂慮。但是無論他最後如何決定，似乎沒有人能夠阻止他。

儘管如此，我們必須區分一個政權的穩定性與其可預測性。金融風暴侵襲印尼的時節，蘇哈托變得愈來愈難以預測，也不曾擬定可行的接班計畫。經濟惡化很快就引發政治恐慌。

因此，回歸民主至少會帶來一個希望：讓政權政治運作與經濟政策的節奏再度可以預測。印尼後蘇哈托時期的情勢如同南韓，示威抗議從未形成暴力推翻領導階層的威脅，但是升高了一種各方並不樂見的可能性：如果不能以民主取代威權，國家將持續動盪不安。

小心翼翼地讓步

一九九八年五月蘇哈托下臺，印尼局勢波瀾迭起，充滿不確定性。然而隨即舉行的自由公平選舉並未火上澆油，而是有助於恢復局勢穩定。尤其重要的是，沒有任何左派激進政黨能夠在公職選舉中勝出。這要歸因於蘇哈托新秩序政權先前管制、屠殺左派敵對勢力，留下長期的影響。

不僅如此，競爭性選舉會讓新秩序政權反對派三位最受支持的領袖發生分裂，各自代表不同的政黨；相較之下，蘇哈托的威權濫權只會促使三人團結一致，打造一個更強大的反對陣營。引進民主競爭將造成印尼反對派分裂，重演南韓的歷史：民主運動領導者金泳三與金大中無法合作，支持者在總統大選分裂投票，結果是讓保守派執政者繼續掌權。

一九九八年五月，在學生領導的大規模示威抗議中，掌權三十多年的蘇哈托被迫下臺，印尼踏上民主化進程。本章前文曾經強調，獨裁者的敗亡並不等於民主化，民主化並不僅是推翻可憎的獨裁者，它還必須啟動困難的政治改革，確保自由而公平的選舉得以實現。終結獨裁統治並不等於建立民主。就算民主化進程是由群眾激烈的街頭行動開啟，政治人物也必須透過讓競爭場域公平化的改革，為民主建立遊戲規則。

印尼的政治改革由蘇哈托的文人副總統、總統大位接班人哈比比推動。蘇哈托已經不在其位，哈比比不但升任總統，而且成為威權執政黨戈爾卡黨的實質領導人。儘管戈爾卡黨在蘇哈托時期一直與軍方分庭抗禮，但蘇哈托垮臺的情勢變化讓印尼出現一個由戈爾卡黨主導的文人政府，也為戈爾卡黨帶來一個缺乏民意擁戴、不具任何正當性基礎、意外當上總統的領導人。哈比比很類似南韓的盧泰愚，都是被即將下臺的軍事獨裁者欽點為接班人，似乎預示了威權政體的延續，而不是突然轉向的民主。

戈爾卡黨的地位因此遠比哈比比本人穩固；政黨強勢，總統弱勢。冷戰結束之後，許多長期缺乏選舉經驗的純粹軍事政權或一黨獨大政權轉型為民主政體；但印尼不同，它在一九九九年成為民主國家的時候，已經擁有一個根基穩固的選舉體系。新秩序政權時期會嚴密管控政黨競爭，但競爭並未完全消失。溫和派與保守派政治人物——尤其是戈爾卡黨成員——知道自己能夠繼續贏得選舉；就算拿不到威權時代的壓倒性勝利，也還是會繳出佳績。

一九九八年推倒蘇哈托的危機也削弱了戈爾卡黨，但是絕對沒有摧毀它；事實上，當時它是唯一能在印尼各島嶼扎根基層的政黨。從一九九八到一九九九年，印尼的民主轉型充滿了不確定性，然而根深柢固的選舉程序為執政黨帶來穩定，而不是引發動盪。印尼由蘇哈托政權建立、戈爾卡黨領導的政黨體系相當堅實，也是後來印尼民主展現驚人穩定性的關鍵因素。

以上的分析並不意謂印尼當時的執政黨在前置資源方面，可以和臺灣的國民黨比擬。戈爾卡黨要比國民黨虛弱許多，然而其實力還是足以為蘇哈托的繼任者提供充分的勝利信心。當新總統哈比比思考他該如何做才能夠保住既是從天而降、卻又岌岌可危的寶座，戈爾卡黨相對於其他政黨的地域優勢是一個關鍵的策略考量。哈比比因此能夠在繼任總統短短幾天之後，宣布將原訂於二〇〇二年舉行的國會選舉提前到一九九九年。哈比比還大幅鬆綁限制政黨與媒體的法律，因為他對戈爾卡黨的選舉前景頗有信心，尤其是在爪哇島之外的省分。他根據充分的資訊預期，戈爾卡黨在印尼廣大的周邊地帶勝券在握，雖然蘇哈托垮臺之後它在爪哇大部分地區已經聲名掃地。戈爾卡黨領導階層以爪哇人居多，但哈比比來自蘇拉威西島（Sulawesi），因此他有信心選舉結果能夠強化黨內其他非爪哇人政治人物的地位。這項民主化策略也配合哈比比對於地方分權的積極推動：針對戈爾卡黨最占優勢、最有希望繼續執政的地區釋出更多權力與資源。哈比比與戈爾卡黨動用自身所有的力量，做到憑藉實力轉向民主。

哈比比的總統大位確實是岌岌可危，然而並不是沒有希望。蘇哈托辭職稍稍緩和了示威抗議的浪潮，但是還無法讓局勢完全平靜下來。哈比比在戈爾卡黨內的領導也遭遇挑戰，許多對手認為他只是一個虛弱的蘇哈托代理人，不配坐擁總統大權。

在這種情勢下，哈比比若想平抑都市示威風潮、鞏固自身總統權位，最有希望的策略似乎就是引進民主正當性。如此一來，他可以讓自己化身為民主改革者，藉此爭取支持；戰後日本、南韓與臺灣的保守派菁英都曾經這麼做，而且非常成功。這套策略對哈比比與戈爾卡黨特別具吸引力，原因在於印尼最重要的超級強權後臺美國：只要印尼推動自由選舉，美國就會繼續提供不可或缺的經濟援助，協助印尼從尚未結束的財政災難復原。

因此，哈比比快速宣布提前進行民主選舉的動作，不僅反映了當時他接收到混亂而強烈的經濟、抗爭與地緣政治訊號之後，如何從策略面做出回應；同時也是他保住總統權位的希望所寄。哈比比體認到自己在全印尼最強大政黨中的地位朝不保夕，於是在一九九八年七月扶植一名缺乏領袖魅力的黨工阿克峇爾·丹絨（Akbar Tandjung）接任總主席。然後哈比比設法利用戈爾卡黨在選舉中的衣尾效應（coattails）以獲取完整的總統任期；新選出的國會將在一九九九年十月的特別會期中推選新任總統。

由此可見，對於哈比比讓步容許選舉式民主（而不是藉由將蘇哈托及其家族送上法院等做法，對示威抗議讓步）的策略，戈爾卡黨的前置實力是核心因素。這個因素也解釋了為什麼戈爾卡黨的領導階層會接受哈比比的民主化策略，沒有公開抗拒。克勞奇（Harold Crouch）寫道：「哈比比試圖（在戈爾卡黨主導的國會）獲取正當性，而且避免遭遇反對，關鍵做法就是依據新的選舉法規舉行大選。」一部分原因在於戈爾卡黨與哈比比本人一樣，迫切需要新型態的正當性，「情勢很明顯，戈爾卡黨將喪失一大部分支持，但它希望自己繼續作為印尼政壇的重要力量。」[29]更為負面的算計則是，提前進行民主選舉也讓戈爾卡黨的菁英提前得到機會，處理哈比比問題叢生的黨務領導，盡快以菁英更能接受的人選取代他。

對於提前進行民主選舉，戈爾卡黨一方面積極支持，一方面被動接受，這反映了它的勝利信心儘管大幅滑落，但仍相當可觀。「戈爾卡黨主導的政府處境惡劣，但它盡可能保留一些影響力與權力。」克勞奇指出，「雖然新的選舉法規基本上對戈爾卡黨的選情相當不利，但它還是可以為自身利益爭取到幅度不大但意義重大的讓步，它也知道自家長期建立的全國性政治機制，讓它至少短期內能夠在獲得更多權力的地方政府屹立不搖。」[30]

新的選舉可望將政治競爭導向選舉場域，戈爾卡黨在這個場域建立了可觀的資源優勢。長期累積的實力不僅讓戈爾卡黨凌駕羽翼未豐的反對黨，也讓它凌駕印尼軍方；這一點相當重要，軍方無法直接投入選舉，與戈爾卡黨的長期關係也隨著蘇哈托垮臺而在法律上劃清界線。印尼的選舉體系讓爪哇之外的省分出現超額代表，更加助長戈爾卡黨的優勢，因為它在這些省分的地位最為穩固。因此，雖然哈比比在讓步容許民主時個人地位脆弱，但戈爾卡黨公開支持他提前進行選舉的決定，顯示它正確體認到自身能夠在印尼新生的民主中保存可觀實力。

儘管如此，戈爾卡黨未能在一九九七至一九九八年間經濟災難爆發、示威高漲之前讓步容許民主，因此以些微但致命的差距錯失了讓步換取成功發展的黃金時刻。戈爾卡黨在苦澀甜蜜點上讓步容許民主，與發展型國家主義群聚案例中權力更大、實力最強的政權——尤其是臺灣的國民黨——相比較，它的讓步時機距離自身實力顛峰更遠，實力衰退的速度也更快。

這有助於解釋為什麼一九九九年六月的國會選舉，民族主義領袖梅嘉娃蒂帶領的印尼民主鬥爭黨（Indonesian Democratic Party of Struggle）以三三%得票率奪冠，擊敗以二〇%屈居第二的戈爾卡黨，但不合比例的選區劃分讓民主鬥爭黨對戈爾卡黨的席次優勢縮水到三三%對二六%。不僅如此，軍方保障席次讓舊制度（ancien régime）的兩大支柱——軍方與戈爾卡黨——合計占去三四%議席，微幅超越民主鬥爭黨（譯注：該屆印尼人民代表會議共五百席，三十八席保留給軍方）。此外一如各方預期，戈爾卡黨在印尼二十六個省分的半數拿下最高票，再一次彰顯它長期掌握的地域優勢。

一九九九年的選舉結果，讓戈爾卡黨從黃金年代重重跌落；在印尼威權霸權時期，每五年一次的大選都經過精心安排，確保戈爾卡黨每次都能拿到六〇%以上選票。但戈爾卡黨儘管今非昔比，透過對地方政府公職與雅加達政治網絡的掌控，還是能夠在印尼的民主政治扮演核心角色，同時逐漸褪去威權主義色彩。戈爾卡黨不僅逃過在民主中消聲匿跡的命運，甚至還能避免成為反對黨。

共治與聯盟

印尼民主在一九九九年六月大選與同年十月政權轉移之後的穩定化，交織著政黨、國家與軍隊體制的故事。來到印尼民主轉型的開端，軍隊的角色尤其重要；這是因為在印尼混亂動盪的轉型過程中，國家失靈（state failure）的可能性居高不下。東帝汶、亞齊（Aceh）與西巴布亞（West Papua）等省分都有強烈的分離主義訴求。種族與宗教暴力在印尼各地爆發，特別是東部的安汶（Ambon）、摩鹿加（Maluku）與婆娑（Poso）等地區。少數族裔華人遭到暴動攻擊，甚至發生在雅加達。伊斯蘭主義恐怖攻擊也此起彼落，峇里島（Bali）事件最是惡名昭彰。

當時多位頂尖的印尼專家都質疑，沒有軍方強力維繫鞏固，這個共和國還能維持多久？當時距離蘇聯與南斯拉夫（Yugoslavia）崩潰解體還不到十年，關於雅加達掌權者可能無法保持國家完整、維持最低限度治理的想法，並不是什麼天方夜譚。

然而，繼承一個相對強大的國家體制，還是能夠因應這些挑戰。東帝汶的狀況如今回顧、甚至當時看來都非常特殊，它獲准透過公民投票脫離印尼；雖然親印尼民兵在印尼軍方支持之下，讓選擇獨立的東帝汶人民付出恐怖的代價。東帝汶獲准獨立固然令人訝異，印尼其他像東帝汶一樣基督教徒居多數的地區並沒有出現分離主義，同樣值得注意。安汶、摩鹿加等族群分歧地區儘管爆發致命的宗教衝突，基督教徒社群擔心遭到鏟除，然而基督教徒的分離與自決運動並沒有因此更加升高。

印尼軍方與安全機構歷經三十年的軍事統治強化，迅速而有效地部署到全國各個衝突地區，恢復平靜局面，時間之短令人訝異。全國性的地方分權政策讓各個省分可以各行其是，族群與宗教衝突因此更容易受到控管。印尼的情治機構非常專業，因此能夠有效壓制伊斯蘭恐怖主義。整體而言，印尼新生的民主繼承了一套幹練的國家機器，不讓共和國在暴力中解體，因此避免了淪入國家失靈的命運。

很重要的是，印尼軍方的實力足以維繫國家的整體性，但是它並沒有利用自身實力重新直接掌控政治體系、逆轉民主實驗。印尼民主化的石破天驚之處也許就在這裡。蘇哈托垮臺之前，印尼觀察家的共識認為繼新秩序政權之後，印尼將出現軍事集體統治。然而這樣的預言並未實現，關鍵在於蘇哈托掌權末年，他讓軍方日益個人化、派系化、某種程度的伊斯蘭化。如此一來，蘇哈托末年的印尼軍方雖然是印尼最強而有力的行為者，但卻無法團結一致，深陷於派系分裂。

尤其重要的是兩個人的派系鬥爭：一邊是蘇哈托的女婿普拉博沃．蘇比延托（Prabowo Subianto），指揮戍衛雅加達的陸軍戰略後備部隊；另一邊是印尼政府軍領導人韋蘭托（Wiranto）。普拉博沃表明隨時願意以戒嚴之名使用暴力、奪取獨裁大權，一如他岳父在一九六五年的作為。韋蘭托與其他軍方高層認定普拉博沃是一個投機分子，只會對軍方造成傷害，無法恢復國家穩定。對韋蘭托與其同儕而言，當務之急不是保住蘇哈托的權位，也不是挽救軍方的執政地位，而是壓制普拉博沃、恢復軍方的內部團結。（譯注：普拉博沃在一九九八年被迫退役，後來從政並多次參選，終於在二〇二四年二月當選印尼總統。）

從這裡可以得出一個重要教訓，一體適用於發展型軍國主義群聚的三個案例，與「因為衰弱引發民主」的理論預期形成強烈對比。在主流的民主轉型理論中，當軍方領導人彼此嚴重分歧、無法繼續穩定統治，他們會藉由談判尋求退路，因此啟動民主轉型。[31]然而在印尼以及我們即將討論的泰國與緬甸，軍方內鬥惡化導致的過程並不是民主化，而是藉由整肅來解決對立。**軍方之所以支持民主化**，不會是因為自身地位遭到重創、四分五裂，而**是因為自身的團結與實力已經恢復**。

這並不是說印尼軍方單純地只是讓步。印尼民主化的前五年，軍方在國會仍擁有比例可觀的保障席次，軍方領導人也在選舉政治中扮演重要角色。事實上，印尼第一位全民直選總統蘇西洛·班邦·尤多約諾（Susilo Bambang Yudhoyono，二〇〇四至二〇一四年在位）就是蘇哈托年代後期的軍方高層將領。然而印尼民主化之後修憲取消軍方的國會議席時，他們並沒有什麼反彈，讓國家有充分時間準備二〇〇四年的全國大選。

印尼軍方為何會對修憲讓步？最確切的解釋在於印尼黨國體制的傳承，一九九九年與二〇〇四年大選的獲益者不是新秩序政權時期的激進反對派，也不是要求徹底改革軍方的倡議者，而是保守派與溫和派的政黨與政治人物，他們過去在印尼軍方主導的政治體系累積了深厚的經驗。

戈爾卡黨持續扮演的領導角色再一次發揮關鍵作用。這個前朝執政黨在一九九九年大選仍然名列前茅，並且持續在執政聯盟與內閣中占據重要地位。儘管印尼二十多年的民主出現各式各樣的新政黨，但是大部分的政黨領導人都出身戈爾卡黨領導階層。軍方也相當有信心，可以繼續倚賴與新秩序政權有淵源的溫和派政治人物，因此他們沒有理由再次試圖宰制文人政治。對於可能破壞民主的勢力，尤其是軍方，戈爾卡黨歷久不衰的重要性提供了穩定信心，促使這些勢力支持印尼的民主轉型。[32]

穩定信心不僅出現在政治體系，也出現在經濟領域。二〇〇〇年代初期，印尼經濟已回到熟悉的軌道：由外國直接投資、天然資源開採、輕工業製造業出口驅動的強勁成長。戈爾卡黨仍然是印尼對企業界最友善的大型政黨，對於穩定一九九〇年代晚期金融風暴過後的經濟狀況發揮關鍵作用。戈爾卡黨擁有帶動印尼經濟成長數十年的功勞，其「可用的過往」仍然能夠吸引許多選民，雖然它的經濟計畫與其他主要政黨大同小異。

戈爾卡黨在一九九九年六月的國會選舉屈居第二，同年十月哈比比總統在國會特別會期的「問責演說」遭到拒絕，因此被迫辭職，但是戈爾卡黨並沒有因此失去權力。戈爾卡黨早在一年多前就正式由阿克呇爾領導，而不是哈比比；它完全沒有錯失時機，反而扮演「造王者」的角色，封殺梅嘉娃蒂的總統之路，將大位交給實力較弱的瓦希德，後者的民族覺醒黨（National Awakening Party）在國會只有一一%席次。這種做法讓戈爾卡黨得以主導印尼第一屆民主內閣，拿到七席部長，比民主鬥爭黨還多兩席。後來瓦希德肅清內閣中的戈爾卡黨與民主鬥爭黨閣員，於是戈爾卡黨推動國會彈劾瓦希德成功，並且從新任總統梅嘉娃蒂（二〇〇一至二〇〇四年在位）獲取五席部長。戈爾卡黨在民主印尼不曾間斷的領導地位，倚賴的並不是民眾踴躍支持，而是它在威權時期長期營造的菁英網絡與合縱連橫。

戈爾卡黨的選舉戰果也許只能算是差強人意，但它非常擅長選後的談判磋商。它帶頭打造一個「政黨卡特爾化」（party cartelization）與「雜交式權力共享」（promiscuous powersharing）的體系，確保自身在民主化之後的總統內閣永遠占有一席之地。[33]此外，戈爾卡黨也確保印尼政治不會演變為兩極化的「舊制度摃上反對派」戲碼。就像南韓的狀況，印尼多個反對黨過去為推翻蘇哈托的新秩序威權政權而攜手奮鬥，卻在憑藉實力轉向民主化的過程中各自為政，有的走民族主義路線，有的是伊斯蘭主義者。蘇哈托末年的獨裁統治讓反對戈爾卡黨的勢力暫時團結起來，但是民主導致他們再度分裂。此外，民主也引導反對黨進入戈爾卡黨主導的權力共享計畫。

哈比比總統在一九九八到一九九九年間展開決定性的民主改革，從那個時候開始，戈爾卡黨始終堅定推進政權轉型。印尼在一九九九到二〇〇二年間進行一連串的憲政改革，戈爾卡黨一直扮演領導角色，顯示它既不想在民主年代被打入冷宮，也不想向後轉回到威權年代。[34]在民主奠基選舉中拿到第二高票的結果，印證了這個前執政黨對於自身民主年代前景的信心。

二〇〇四年大選，戈爾卡黨的選情有了起色，在國會選舉拿下最高票。黨內資深領袖優素福．卡拉（Jusuf Kalla）搭配退役將領蘇西洛投入總統選舉，優素福當選副總統，後來也成為戈爾卡黨總主席。儘管蘇西洛先前自行創立「民主黨」（Democrat Party），但這位新任總統積極與戈爾卡黨結盟，反而讓自家的民主黨看似戈爾卡黨的副手。

在新政府的內閣中，戈爾卡黨再一次拿到最多部長席位，壓過包括民主黨在內的其他政黨。一直要到二〇〇九年國會選舉，戈爾卡黨被民主黨超越，蘇西洛總統才強硬面對戈爾卡黨，搭配一位非戈爾卡黨的副總統候選人投入連任選戰，新內閣的部長席位分配給自家的民主黨六席，戈爾卡黨只拿到三席。儘管如此，當時距離哈比比總統在動盪不安中讓步容許民主已經十多年，戈爾卡黨在行政體系的地位仍然牢不可破。與此同時，印尼軍方體認到政黨政治是由穩重溫和的領導人物操盤，在二〇〇四年放棄國會保障席次時幾乎毫無反彈，消弭了對於印尼民主前景的潛在威脅。

戈爾卡黨打選戰的能力並不只是曇花一現。它的選舉表現雖然遠遠不如臺灣的威權後繼政黨，但受到的支持還是足以讓它留在選舉競技場中，並且在關鍵的合縱連橫階段主宰印尼的政黨政治。從一九九九到二〇〇四年以及從二〇〇四到二〇〇九年，戈爾卡黨的內閣部長席位都多於其他政黨，包括全民直選總統蘇西洛新上任時的民主黨。在此同時，戈爾卡黨一如預期持續囊括最多地方政府公職；哈比比總統當初之所以認同民主改革，主要原因就是體認到戈爾卡黨在印尼幅員廣大的島嶼中，享有非常可觀的基層基礎設施優勢。因此在印尼民主轉型整整十年之後，戈爾卡黨仍然是全國最具實力的政黨。

歸根究柢，戈爾卡黨由於能夠維持選舉戰力、在多黨體系中營造不同型態的權力共享協議，因此**它在選擇憑藉實力轉向民主化之後，從來沒有當過反對黨**。此外，戈爾卡黨雖然選舉成績不如臺灣的國民黨與南韓的民正黨，但仍然能夠持續獲取行政權力。換言之，戈爾卡黨讓步容許民主，也讓出自己在印尼政黨體系中的一黨獨大地位，但從來不曾被迫承認徹底失敗；這樣的成就讓臺灣的國民黨與南韓的民正黨（甚至包括日本的自民黨）都自嘆弗如。印尼這個前威權政黨持續壯大發展，從威權實力蛻變為民主實力。

印尼民主化開始之後，戈爾卡黨學到的教訓與其說是如何徹底失去權力，不如說是如何在權力賽局中爭取領導位置，儘管愈來愈多選民在投票時選擇其他政黨。[35]戈爾卡黨能夠在民主競爭的大風大浪中如魚得水，關鍵在於它高強的密室協商本領，不是選舉技能的精進。

印尼的民主轉型過程凸顯了前朝菁英階層的續航力，他們在蘇哈托時代扎下根基。當戈爾卡黨的選舉成績滑落，蘇西洛總統的民主黨撐住局面，贏得二〇〇九年的國會選舉。昔日的蘇哈托盟友能夠透過新創的政黨拿下勝利，這樣的例子引發各方仿效。曾在二〇〇四年角逐戈爾卡黨總主席的兩名退役將領與一名富商，後來各自創立三個政黨，接收戈爾卡黨流失的選票。戈爾卡黨在一九九九年國會選舉拿下二二·四%得票率；五年後的國會選舉，領導人出身戈爾卡黨或軍方（包括蘇哈托前女婿普拉博沃）的五個政黨得票率合計四八·七%，增幅超過一倍。

戈爾卡黨二十年前讓步容許民主之後，失去了一黨獨大地位；但印尼政黨體系的主角，仍然是既與新秩序時期淵源深厚、也與後民主化時期戈爾卡黨關係密切的政黨。軍方在二〇〇四年放棄國會保障席次，然而在其他層面仍然享有政治防護罩。雖然有新的社會力量進入印尼國家政治，但無論是在政治上抑或經濟上，都不曾將印尼政治帶往截然不同的新方向。這些民主品質的相對弱點，最能夠解釋為什麼到了二〇一〇年代，印尼民主發展停滯的跡象愈來愈明顯。[36]

與臺灣以及南韓相比較，印尼的民主轉型過程更為動盪、較不健全；但是與泰國以及緬甸「更為純粹」的軍事政權萌生的民主相比較，印尼民主的穩定性與可預測性更勝一籌。印尼的案例顯示，就算發展型國家與執政黨都不是特別強大，藉由實力轉向民主的進程還是能夠做到可長可久。本章接下來要探討的泰國與緬甸案例則顯示，如果威權前置實力較為薄弱，藉由實力轉向民主的進程會更岌岌可危、容易逆轉、歸於失敗。

泰國

印尼執政黨展開憑藉實力轉向民主進程的二十年前，泰國掌權的王室與軍方也有相當類似的嘗試與成就。然而在泰國的案例中，民主實驗更為逐步漸進，是在經濟繁榮而非崩潰時期展開。有利的經濟條件有助於解釋一個問題：為什麼泰國雖然缺少像印尼戈爾卡黨那樣強大的執政黨，卻還是能夠一度成為東南亞最強大的民主國家，時間長達二十五年，從一九八○年代初期到二○○○年代中期。[37]

泰國的穩定信心向來高於印尼，儘管印尼威權執政黨的勝利信心比較強大。由於對發展型軍國主義群聚而言，穩定信心比勝利信心更為重要，因此不足為奇，泰國威權領導人讓步容許民主的時間點遠早於印尼同儕。同樣不足為奇的是，泰國的保守派親軍方文人無法贏得選舉，因此導致軍方在二○○○年代中期逆轉民主實驗；在此同時，印尼政黨體系的可預測性與溫和特質，讓軍方不再插手國會，儘管他們並不全然安分守己。

我們必須指出，泰國政治體制的不穩定早已是惡名昭彰。這個王國最著名的事實之一就是曾經發生十九次政變，其中十二場發生在一九三二年之後：泰國的絕對君權在這一年轉成君主立憲。這種情況意謂泰國的政權有如罹患心律不整的病患，有時憑藉政變，有時遵行憲法，一九三二年迄今已有二十部憲法先後問世。無論是長期來看抑或只看近期，泰國動盪不安的模式顯而易見。

泰國的政權經歷過許多起伏轉折，開端幾道特別重要。從一九七三到一九七六年間，泰國出現了典型的因為衰弱引發民主：一段短暫的過渡期，被一場粗暴的政變終結。然而新政權領導人普瑞姆・廷素拉暖（Prem Tinsulanond）將軍並沒有強化封閉的軍事統治，而是逐步展開讓步容許民主、釋出權力給自由選舉產生的文人領導人，如此走過一九八〇年代。一九九一至一九九二年間，泰國短暫回歸軍事統治，但民主化之路持續向上攀升，直到強人總理塔克辛二〇〇一年開始的反自由主義轉折，以及二〇〇六年軍方推翻塔克辛及其盟友的第一場政變。[38]

在接下來的討論中，我們將一九七八到二〇〇六年這段漫長的時期，視為泰國對於憑藉實力轉向民主緩步漸進、卻屢遭打斷的一場實驗。二〇〇〇年代初期，民粹主義選舉高手塔克辛崛起，徹底粉碎泰國軍方與王室的勝利信心與更為重要的穩定信心，泰國的憑藉實力轉向民主之路才被威權壓制阻斷。儘管如此，泰國軍方現在試圖依照自家條件來恢復與文人政治人物共治，這種做法與一九八〇年代的連串事件有許多重要的相似處。泰國軍方最近這場戒慎恐懼的自由化實驗，成敗關鍵同樣會是軍方自身與其盟友——尤其王室——的穩定信心。（譯注：泰國二〇二三年舉行國會下議院選舉，軍方支持的政黨慘敗，但因掌控上議院全部議席，因此仍主導新任總理與內閣遴選。）

威權經濟發展

與本書其他案例（可能只有香港例外）相比較，泰國的穩定信心更傾向於來自優異的資本主義發展，而不是強而有力的文人政治組織。泰國經濟的成長軌跡與發展基準面都高於印尼與緬甸，財富水平則與馬來西亞（來自遠為富裕的發展型不列顛群組）以及印尼不相上下，長期以來都是發展亞洲經濟突飛猛進的要角。

然而泰國在發展亞洲有一點較為特殊，它的快速成長主要歸功於自由市場導向，而不是國家干預。一八五〇年代泰國經濟在英國壓力下被迫對外開放，以稻米出口大國之姿融入全球貿易流通。一如明治時代的日本，泰國在十九世紀晚期與二十世紀早期也是由「現代化君主」——一八五一至一八六八年在位的蒙固（Mongkut）與一八六八至一九一〇年在位的朱拉隆功（Chulalongkorn）——統治，他們與官僚體系的盟友密切合作，讓泰國不至於正式淪為殖民地。

日本有一個高度行動主義、干預主義的發展型國家；相較之下，泰國倚重專業的財經官僚體系，讓國家免於負債累累，藉此保持國家獨立。[39]如此一來就催生出一套國家機器，其專業與審慎足以讓政府預算收支平衡、推進出口帶動的資本主義經濟成長，但泰國經濟仍然倚賴自然資源豐富、勞動成本低廉兩大基本優勢，一如發展型國家主義群聚的情況。[40]

泰國的發展模式倚賴天然資源、相對自由放任，因此伴隨驚人成長而來的是貪腐猖獗、不公平日益惡化。儘管拜經濟成長之賜，泰國的貧窮問題顯著好轉，在民主化壓力水漲船高的一九七〇年代，為穩定信心奠立不可或缺的基礎。一九六二年泰國的貧窮率八八・三%怵目驚心，一九七五年降到四八・六%，一九九〇年二七・二%，二〇〇二年更只有九・八%。[41]從比較的觀點來看，現代泰國大體上只出現相對溫和的階級流動，經濟狀況持續改善確實是主因之一。[42]

威權體制發展

泰國優異的發展成績在某些重要的層面，補償了它文人體制的薄弱。能夠完全逃過淪為殖民地命運的開發中國家少之又少，泰國是其中之一；同時它既沒有強大的保守派政黨，也沒有強大的共產黨，兩者在爭取國家獨立的群眾抗爭過程中相當常見。

軍方與王室在泰國扮演非常重要的政治角色。從一九三二年軍方以政變終結對君權，到一九五七年陸軍元帥沙立・他那叻（Sarit Thanarat）奪權，王室在兩者的結盟關係中從屬於軍方。然而沙立體認到，想要為泰國建立更強大的國家體制、更富裕的工業經濟，年輕的蒲美蓬國王是他不可或缺的盟友。沙立在位十四年（一九五七至一九七一年）期間，泰國王室的道德權威與政治實力大幅提升；對於之後國家所有威權與民主化的問題，國王都是舉足輕重的人物。[43]

在君主地位強勢的國家，保守派政黨往往弱勢。[44]泰國最重要的保守派政黨民主黨（Democrat Party）創建於一九四六年，當時泰國剛走出從二戰前夕持續到戰時的準法西斯（quasi-fascist）體制，開始定期舉行競爭性選舉。然而民主黨從來都無法號召保守政治勢力團結在自家旗幟之下。印尼軍方對戈爾卡黨一路相挺，但是泰國軍方對民主黨並沒有這樣做，而是刻意讓政黨體系碎片化、薄弱化，確保沒有任何一個政黨能夠挑戰軍方與王室的結盟。在泰國，穩定信心來自所有可能挑戰保守派掌權寡頭集團的有組織力量全都積弱不振，而不是保守派政治組織——例如政黨——強大到能夠擊敗任何對手。[45]

泰國的政黨嚴重碎片化，軍方自家則是內鬥不休。泰國軍方之所以無法團結一致，根源要上溯到一九三二年推翻絕對君權的政變，兩名領導人比里・帕儂榮（Pridi Phanomyong）與鑾披汶・頌堪（Plaek Phibunsongkhram）激烈的意識形態與個人衝突。冷戰時期，軍方的內部分歧始終無法完全化解。泰國國內的共產主義威脅不溫不火（與印尼不同），分離主義情勢可以管控（與緬甸不同），因此泰國的菁英階層並不會迫切想要團結一致、進行政治上的組織工作。[46]

軍方的四分五裂最終導致泰國在一九七三至一九七六年間，踏上因為衰弱引發民主之路。沙立因為肝硬化猝死之後（譯注：一九六三年），軍方三巨頭接掌政權，大批泰國民眾抗議他們嚴重貪腐（譯注：一九七三年），泰王對於撤換三巨頭、推進民主選舉的要求給予道德支持。

如同許多民主從威權衰弱與崩潰誕生的案例，一九七三至一九七六年間的泰國動盪不安，社會兩極化。當時正逢北越大軍征服南越，進步人民力量在泰國不穩定的民主期間崛起，讓各方警鐘大作。當左派學生試圖在保守、順服的鄉村地區動員群眾支持，泰國軍方－王室聯盟悍然反擊。一九七六年十月，準軍事組織鄉村保皇軍（Village Scout）進入曼谷法政大學（Thammasat University）屠殺左派學生之後，軍方恢復全面掌權。[47]泰國因為衰弱引發的民主在暴力中戛然而止。

然而，威權主義全面復辟並不是恢復政治穩定的萬靈丹。激進學生的威脅被解決掉之後，泰國軍方開始逐步蓄積必要的實力，試圖以遠比一九七三年穩定的方式展開民主化。

訊號與讓步

泰國進展緩慢的憑藉實力轉向民主化過程，最重要的人物是普瑞姆，一位與王室關係極為密切的將領。一九八〇年代早期，普瑞姆同時擔任泰國皇家陸軍總司令、國防部長與總理。一九八八年他卸任總理時，交棒給民主過程選出的泰國國民黨（Chart Thai Party）領導人差猜・春哈旺（Chatichai Choonhavan）；在這之前的十年間，他帶領泰國走過快速經濟成長與零零碎碎的民主改革。但普瑞姆並沒有從此退下舞臺，而是終其餘生從一九八八年到二〇一九年擔任泰國王室樞密院院長。藉由這個崇高但隱密的位置，普瑞姆伴隨著泰王蒲美蓬成為泰國「君權網絡」（network monarchy）的中心，直到他在九十八歲過世。[48]

普瑞姆在一九八〇年代建構的體系被稱為「普瑞姆民主」（Premocracy），雖是戲稱但不無道理。這種嘲諷呈現了一個基本要點：就算文人政治人物透過自由公平的選舉正式接掌政權，軍方菁英仍保留實質的權力，王室則握有巨大的影響力。儘管如此，文人領導政權的出現仍代表意義重大的民主轉型。此外，這場轉型是發生在泰國經濟繁榮時期，穩定信心高漲，因此軍方領導人能夠決定轉型的條件，不必與民主反對勢力談判自身的退路。泰國曾在一九七〇年代早期短暫經歷因為衰落引發民主，來到一九八〇年代則是憑藉實力轉向民主，逐步漸進但持之以恆。

泰國軍方穩定信心上升的最重要因素之一，在於共產主義威脅的式微。從地緣政治來看，越南在一九七五年由共產黨一統江山的血腥過程，並沒有導致左派壓力進逼泰國，反而是導致共產集團自身訴諸暴力的嚴重分裂。共產越南入侵共產柬埔寨，共產中國則入侵共產越南；東南亞成為中國與蘇聯對立的熱點，不是擴張主義者爭搶的地盤。就東南亞的情況而言，泰國的共產黨叛亂從來都不是多大的威脅；一九八〇年普瑞姆提出大赦計畫，更是讓叛亂行動快速解體。

對於長期分裂內鬥的泰國軍方，普瑞姆也要費一番工夫清理門戶。雖然他擁有泰王的堅定支持，出任總理之後推動方向明確的自由化，但這絕不意謂泰國軍方對於改革已達成共識。軍方強硬派一直試圖逆轉蒸蒸日上的民主化，一九八一年四月由少壯派軍官發動政變，並且多次企圖暗殺普瑞姆。

這些復辟行動不但失敗，而且效果適得其反。暴力並沒有將普瑞姆與國王推往較為保守的方向，反而讓軍方直接統治的支持無地自容，並且凸顯軍方過度干政會顛覆國家的穩定。

結果是泰國出現一套軍事體制，一方面內部還算團結，一方面大力支持重大的民主改革。許多人預期軍方帶頭的民主化會是因為衰弱引發民主，但泰國反其道而行，民主化的啟動並不是來自分裂的軍方。唯有當軍方解決內部分歧、恢復團結之後，軍方帶頭的民主化才憑藉實力展開。更有甚者，泰國的民主轉型的主軸是搶占先機的單方面讓步，不是正統民主轉型理論預期的主政懷柔派與反對陣營溫和派雙邊協商。[49]

泰國軍方與王室在推動民主化的同時，必須確保選舉不會將政治權力交給一個具備野心與能力的有組織勢力——例如反對黨，讓它超越軍方與王室結合的權力與影響力。泰國軍方與王室相當幸運，這樣的有組織反對勢力過去並不存在。在印尼以及我們即將探討的緬甸，民族主義群眾運動的後繼組織在選舉中直接挑戰軍方的主宰地位；一九八〇年代的泰國與印、緬兩國不同，群眾與下層階級在政黨或任何組織的代表性都非常薄弱。如果民主選舉將政治權力移交給文人政治人物，他們絕大部分會是菁英階層、支持企業界的候選人，而且在軍方與王室影響力以及自由放任資本主義經濟的環境中，已經是功成名就、如魚得水。50

民主選舉也為軍方菁英提供新的場域，為自身爭取權力。與印尼軍方相比，泰國軍方領導人在民主化過程中更熱衷成為政黨領導人。最為顯著——但並非獨一無二——的案例就是退役將領差猜，他的父親當過陸軍總司令，他本人後來創立泰國國民黨，在一九八八年國會選舉拿到最高票。差猜從一九八八到九一年的總理任期惡名昭彰、貪腐橫行，讓泰國政治菁英進行權力分贓與資源分贓。泰國的情況預示了十年後的印尼、二十五年後的緬甸：文人透過自由公平的全國選舉贏得可觀的政權，但是軍方在過程中依然大權在握。泰國與發展型軍國主義另外兩個案例一樣，遊戲規則不是軍方徹底退出政治，而是軍方與文人共治。

這種共通的政權更迭模式並非虛有其表的自由化，而是實實在在的民主化，關鍵在於大幅強化對政治權利與自由的保護。泰國的統治菁英不認為有必要祭出「選舉式威權政體」手段來限制選舉競技場，原因是所有檯面上的政黨都無法挑戰國家的發展現狀，更別說贏得過半數民意支持。人口稠密地區如果發生嚴重的認同衝突或族群衝突，可能會迫使軍方訴諸「不自由的民主」，以便壓制蠢蠢欲動的少數族群，但是泰國並沒有這種情形。穆斯林居多數的泰國南部遲至二〇〇〇年代初期才爆發動亂，並且一如預期，為泰國可逆轉的民主實驗造成沉重打擊。

終曲：逆轉與重現

泰國改革派菁英擁有穩定信心，不必擔心其強力批判者會透過選舉掌握政權，因此他們願意也能夠憑藉充分的信心，在一九八〇年代讓選舉公平化、開放新聞媒體、解除對公民社會的管制。泰國終於憑藉實力轉向民主，過程持續了好一段時間，只是無法長長久久。

前面的討論明確指出，泰國的民主是在一九八〇年代經濟繁榮時期興起，而且是依照軍方的條件進行。它是憑藉實力促成的民主，不是因為衰弱引發的民主。然而泰國的文人政治組織積弱不振，實力遠遠不如發展型國家主義群聚的日本、臺灣與南韓，甚至不如印尼。依據我們的理論框架，對於威權政權帶領的民主化工程，強勢保守派政黨扮演關鍵角色，因此泰國的民主化實驗特別容易逆轉是一個合理現象。[51]

很重要的一點是，泰國政權走民主回頭路的節奏，決定於菁英階層信心的轉變——尤其是弱化的轉變。泰國民主化第一次中斷是在一九九一年，極度貪腐的差猜政府及其「自助餐內閣」(buffet cabinet) 讓軍方有充分理由奪回政權。

然而軍方的理由經不起時間考驗。隨著冷戰結束，共產主義不再是重大威脅；對經濟繁榮的泰國而言，民主也不再令菁英階層焦慮。一九九二年五月，前一場政變領導人蘇欽達·甲巴允（Suchinda Kraprayoon）反悔自己還政於民的承諾，泰國各大城市爆發大規模示威抗議，蒲美蓬國王及時介入，確保泰國重新回到「普瑞姆民主」的軌道。

諷刺的是，一九九七至一九九八年的亞洲金融風暴並沒有動搖泰國的民主，反而是將它深化。這場危機也沒有減損民主的價值，而是顯示了泰國還不夠民主。寡頭總理昭華利・永猜裕（Chaovalit Yongchaiyudh）在一九九七年被迫辭職，同年通過的新憲法強化了政黨與國會的地位，從法律層面確保人民擁有更完整的自由權。這部改革派憲法是由金融風暴催生，承諾建立一個更為完整、更能回應人民要求的文人政府，解除了一九八〇年代「普瑞姆民主」選舉體系的維持現狀偏誤（status quo biases）。[52]

弔詭的是，一九九七年之後漸入佳境的泰國民主，最終埋下自身的禍因。新的選舉規則有利於更堅實的政黨體系，當時泰國首富、媒體大亨塔克辛抓準這一點，斥資成立一個大型政黨「泰愛泰黨」，在二〇〇一年大選創下泰國歷史先例，囊括過半數國會席次。（譯注：當屆大選下議院五百席，泰愛泰黨當選二四八席，選後合併小黨「新希望黨」，掌握過半數席次。）

對於泰國根基不穩的民主，這樣的結果帶來新的挑戰。泰國軍方與王室從來不曾面對如此堅實的文人勢力，他們的反應也相當負面。當時泰國南部穆斯林居多數地區安全狀況惡化，塔克辛明目張膽的貪腐引發中產階級示威抗議，軍方因此再度舉事，在二〇〇六年發動政變推翻民主。[53] 泰國傳統的軍方－王室聯盟對民主喪失信心，軍方領導的威權體制復辟回歸。

過去十五年來，泰國的統治菁英一直嘗試重返一九八〇年代。二〇〇六年政變之後的實驗透過嚴重扭曲的大選（二〇〇七年、二〇一一年、二〇一四年、二〇一九年）讓保守派政治人物重掌大權，但二〇一四年又發生一場政變，多個政黨先後因為被視為具顛覆性而遭取消資格（二〇〇七年、二〇〇八年、二〇一九年、二〇二〇年），民主實驗因此中斷。泰國軍方與王室必須培養出勝利信心，相信自家扶植的政黨在完全民主的選舉中，能夠擊敗進步派與支持塔克辛的政黨；同時也必須具備穩定信心，相信無論民主選舉有何結果，自身的利益都能得到保護；在這兩個條件實現之前，發展型軍國主義在泰國將持續讓政權軍事化。

緬甸

在發展亞洲六個憑藉實力轉向民主的案例中，二〇一一年展開民主實驗的緬甸實力最弱。一如預期，它的民主實驗——從二〇一一到二〇二一年的十年之間——進展也最為有限。二〇二一年二月緬甸發生軍事政變，全面回歸威權統治；儘管這樣的悲劇絕非不可避免，但是我們的理論仍然足以說明為什麼緬甸會在二〇一〇年代初期展開民主實驗，以及為什麼它是發展亞洲最有可能發生民主化逆轉的地方，而且是劇烈、致命的逆轉。

我們在印尼與泰國已經看到，這兩個「發展型軍國主義」案例都憑藉可觀的實力與信心，讓步容許民主改革；雖然它們的威權實力遠不如發展型國家主義群聚的日本、臺灣與南韓。緬甸二〇一一年大出國際社會意料之外，在登盛（Thein Sein）將軍領導下展開民主改革，但它顯然缺乏像印尼戈爾卡黨一樣的中等程度政黨實力，也不具備泰國的中等程度官僚體系實力。緬甸軍事政權的發展成績也遠遠不如兩個發展型軍國主義鄰國，更完全無法企及亞洲的發展型國家主義案例。緬甸是我們最難解釋的憑藉實力轉向民主案例，原因不勝枚舉。

然而我們要強調，二〇一〇年代緬甸民主化浪潮興起的時刻，也是其威權實力與軍事政權信心高漲而非衰弱的時刻。二〇一一年開端的民主化改革一路推進到二〇一五年自由公平的大選，之後持續有所進展，直到二〇二一年戛然而止；但緬甸軍事政權並不是在**選擇愈來愈少**的時刻起步。緬甸的民主化改革雖然只帶來有限、苦澀、短暫的民主成果，但緣起仍然是其軍事政權的穩定信心節節上升，因此體認到追求改革的**風險愈來愈小**。[54]

在某些方面，我們最難解釋的一點並不是緬甸軍方憑藉實力轉向民主，而是他們居然會追求民主。我們並不認為緬甸軍方的民主轉型曾經完成，更別說曾經鞏固。然而看看我們才剛描述過的印尼與泰國，緬甸與它們的軌跡有驚人的可比性與相似性。耐人尋味的是，檢視多元民主中心（V-Dem）對發展型軍國主義群聚的自由民主評分，緬甸在二〇一九年的分數（〇．二五）與一九九九年的印尼（〇．二七）、一九八九年的泰國（〇．二六）不相上下。

換言之，緬甸在二〇二〇年舉行第二場自由公平的全國大選時，憑藉實力轉向民主的可逆轉實驗仍在進展，有可能像二〇〇〇年代的印尼一樣快速獲得成功，也有可能像一九九〇年代的泰國一樣逐步獲得成功。然而緬甸的民主後來完全逆轉，類似二〇〇〇年代與二〇一〇年代的泰國，但是過程更為快速、粗暴、強烈。[55]

緬甸過去十年之所以出現憑藉實力轉向民主的實驗，頭號關鍵在於軍方高漲的穩定信心。我們有充分理由相信，從二〇一五年運作到二〇二〇年、由舉國尊崇的翁山蘇姬與全民盟領導的文人政府，如果能夠避免過度強勢主導政局、處理區域分離主義叛亂時配合軍方要求、維繫軍方在國家經濟榮景的核心貪腐地位，那麼緬甸在二〇一〇年代由軍方帶領的民主化，很有可能搖搖晃晃持續進展到二〇二〇年代。除了二〇二一年二月的政變之外，緬甸民主的失敗並沒有單一、明顯的原因。然而對於這個令人遺憾、仍在發展的狀況，緬甸軍方的前置弱勢（antecedent weakness）以及愈來愈不相信與全民盟共治符合其利益，都是極為重要的助長因素。

威權經濟發展

緬甸在一個關鍵層面與泰國南轅北轍：資本主義經濟發展對於培養威權實力的重要性，而威權實力是憑藉實力轉向民主的先決條件。在泰國，軍方統治時期的經濟發展對於政權的民主前景至關重要；在緬甸，軍方統治時期的經濟發展只能以可悲來形容。比較發展亞洲各個威權政權，緬甸軍事政權在二〇一一年展開民主改革時的經濟成績最為薄弱。[56]

從一九六二年軍方在日益混亂的分離主義威脅中奪取政權，到一九八八年「八八八八民主運動」（8/8/88）大規模示威抗議與鎮壓，緬甸的經濟發展遵循所謂的「緬甸社會主義道路」，其實也就是「緬甸原地踏步道路」。追求自給自足、心態偏執的尼溫政權，完全自外於發展亞洲的經濟動力，甚至與鄰邦泰國保持距離。緬甸的發展模式更類似北韓而非南韓，只要尼溫的緬甸社會主義綱領黨（Burmese Socialist Programme Party）繼續執政，緬甸都只能是發展亞洲的局外人。

如果威權政權總是因為衰弱、崩潰才會民主化，那麼一九八八年應該會為緬甸的威權政權敲響喪鐘。當時緬甸經濟完全崩潰，公民社會爆發抗議，情勢非常類似一九八〇年代末期的社會主義地區。來自社會基層的革命壓力高漲，緬甸軍方的回應是解散社會主義綱領黨，重新確立自身在文人與軍方關係的宰制地位。

這種作為猶如讓緬甸（軍方在一九九〇年將國名從「Burma」改為「Myanmar」）在整個一九九〇年代變本加厲，奉行一種可以稱為「與其學南韓，不如學北韓」的政治經濟模式。當時中國與越南開始在亞洲建立一個「發展型社會主義」新群聚，果斷推動資本主義改革（見第九章），緬甸的軍方卻躲在一旁舔舐傷口。拜軍事政權之賜，這個國家淪為全世界最可鄙的化外之國之一。

然而就在一九九〇年代的黑暗時期，緬甸軍方的論述開始出現轉變。將國名從「Burma」改為「Myanmar」代表國家民族的自我肯定，意謂準備推動一種民族主義的經濟模式，從此揚棄自給自足的社會主義經濟意識形態。緬甸軍方在一九八八年鎮壓民主示威，一九九〇年拒絕承認翁山蘇姬與全民盟大獲全勝的國會選舉結果，之後宣布一項長期計畫，要制定新憲法並恢復文人治理。軍方兩度抗拒走上因為衰弱引發民主之路，一次是一九八八年的群眾抗議，一次是一九九〇年的選舉慘敗；如今他們表明意願要憑藉實力轉向民主，時程很長，而且完全依照他們的條件。

從政治上來看，就一九九〇年代與二〇〇〇年代而言，這些表態似乎只是空口說白話。緬甸軍方關於政治改革的宣示沒有任何公信力可言，這二十年間根本沒有政治自由化或政治鬆綁的跡象。然而從經濟面來看，二〇〇〇年代的情勢與以往大不相同。在中國與越南成為發展亞洲的後進、建立發展型社會主義群聚之後十年，緬甸終於也姍姍來遲加入發展型軍國主義群聚。

一九九一年緬甸的人均GDP只有二百美元，從一九六二年軍方奪權之後深陷泥淖近三十年。然而來到二〇〇一年，緬甸人均GDP上升至三百七十七美元，增幅將近一倍；來到二〇一一年，也就是登盛將軍震撼國際社會、宣示搶占先機進行民主改革的同一年，緬甸人均GDP已超過一千美元（泰國與印尼都在一九七〇年代越過這道門檻）。如同一九八〇年代的泰國，二〇一〇年代緬甸展開可逆轉的民主實驗時，經濟情勢無疑是上揚而非衰退——儘管做比較的起始點相當低。

威權體制發展

緬甸的威權統治一直是軍事統治。這一方面代表政權的弱點，另一方面也顯示它的實力。弱點是因為這代表緬甸軍方既不曾建立、也不曾容許有助於治理人民、強化自家統治的文人政治組織。[57]最值得注意的是，對於可運作國家體制與權威型政黨的發展，緬甸歷屆軍事政權刻意予以壓制。為了保住權力，緬甸軍方遠比印尼與泰國的軍事政權更為倚賴純粹的武力，運用範圍也更廣。

然而緬甸的純粹軍事統治衍生一種強大的威權體制，催化出凝聚性非常強的軍方。[58]我們已經見識到長期派系鬥爭如何削弱泰國的軍事政權，還有個人恩怨如何對一九九〇年代的印尼蘇哈托政權造成同樣的影響。關鍵重點在於，緬甸的威權體制並沒有被類似的分裂效應削弱。緬甸軍方以單一組織的型態獨攬大權，它的統治強而有力，目標堅定。簡而言之，緬甸軍方統治的強項在於它極為**團結**，它的弱勢則在於它極為**孤立**。

這種團結性與共同目標的根源，在於緬甸軍方的創建過程與軍事統治開端。緬甸軍方一如印尼軍方，是在二戰時期由日本占領軍扶植建立，並且在戰後抵抗歐洲強權重返殖民地的過程中，培養出濃厚的民族主義集體情操。更重要的是，從緬甸一九四八年獨立到一九六二年軍方執政，地區分離主義叛亂嚴重威脅這個新誕生的國家，也將緬甸軍方打造成一股緊密團結的力量。從一九六二到二〇一一年的執政期間，緬甸軍方從未發生嚴重分裂。他們反覆以摧枯拉朽的力量對付反政權示威者，包括最惡名昭彰、規模最大的一九八八年與二〇〇七年鎮壓，這種做法往往會暴露並惡化一個國家軍方內部的裂痕，但是緬甸軍方並未如此。[59]

二〇〇〇年代初期欽紐（Khin Nyunt）將軍在緬甸政壇崛起，政權面臨歷來最嚴重的軍方分裂，但是並沒有引發正統民主轉型理論預測的民主化效應。一如一九八〇年代初期少壯派軍人政變之後的泰國、一九九〇年代晚期普拉博沃在權力鬥爭中落敗之後的印尼，緬甸軍方解決二〇〇〇年代初期分裂的方式是**整肅引發內部摩擦的禍首及其盟友，不是屈服並尋求民主退場**。一如泰國與緬甸的案例，緬甸軍方首先排除欽紐的人馬、恢復軍方內部團結，然後才展開讓步容許民主的進程。人們預期分裂的軍方會因為衰落而走向民主化，發展亞洲的軍事政權並非如此，它們都是先解決內部分裂問題，然後憑藉實力轉向民主。

這個過程在緬甸包括創建一個軍方支持的政黨，但時機相當晚。民主化改革啟動之前的二〇一〇年，緬甸政權成立「聯邦鞏固發展黨」（簡稱鞏發黨，United Solidarity and Development Party），預期很快就會恢復舉行競爭性選舉。如果是一場自由公平的選舉，鞏發黨沒有任何勝算可言，因為它要對上翁山蘇姬領導的全民盟；翁山蘇姬的父親是緬甸民族英雄、學生領袖與軍事領袖翁山（Aung San），她本人也頗具領袖魅力，為緬甸民主運動奮鬥近二十五年。

然而鞏發黨的成立還是為緬甸軍方帶來些許希望，雖然全民盟在日後的競爭性選舉中勝券在握，但軍方在國會擁有保障名額，如果與代表少數民族的小型政黨合作，或許還能夠限制全民盟的勢力。儘管鞏發黨不可能贏得選舉，它還是可以削弱全民盟宰制政局的能力，協助維持軍方至高無上的地位，只不過必須和全民盟領導、經由完全自由公平選舉產生的文人政府共治。

讓步進行共治

緬甸軍方終結全面軍事統治的決定，一方面是石破天驚，一方面也是鴨子划水。前者是因為登盛宣示一系列大幅度自由化改革的時機，完全出乎各方意料，他的政權並未遭遇任何迫切的危機。緬甸的改革啟動時，國內反對運動處於蟄伏狀態，並不是八八八八民主運動或者二〇〇七年番紅花革命（Saffron Revolution）那樣的動亂時期。

諷刺的是，緬甸政權五十年來危機此起彼落，甚至經常處於戰爭狀態，如今軍方卻在經濟繁榮、政治穩定的時期讓步容許民主。緬甸軍方就像一九八〇年代的泰國軍方，奇蹟般地促成一場「非危機時期」民主轉型。佩德森（Morten Pedersen）說得好，緬甸軍方走上改革之路時「地位之強勢前所未見」。[60] 敏辛（Min Zin）與約瑟夫（Brian Joseph）也有類似的結論：「儘管權力仍然穩固，在國內與國際上都沒有立即的威脅，軍方還是開始改變做法。」[61]

軍事政權的宣示當時看似突然，然而緬甸憑藉實力促成的民主化，其實也是一個逐步漸進的過程，在二〇一〇年代一步一步展開。一九九〇年全民盟在選舉中大獲全勝，軍方將選舉結果作廢，但也承諾新憲法上路之後就會恢復民主選舉。

結果軍方耗了將近二十年。二〇〇八年，緬甸軍方自行制定的憲法透過全民公投闖關上路。世界許多地方的威權統治之所以終結，都是透過參與式、協商式的制憲過程，緬甸的做法天差地遠。儘管如此，軍方總算是獨斷獨行實施新憲法、承諾推行某種「規訓式民主」（disciplined democracy）；軍方過去也曾做出同樣的承諾，只是毫無公信力可言，一拖就是漫長的二十年。

在此同時，緬甸軍方也循序漸進，與全國各地區的叛軍締結停火協議。[62]軍方統治的核心使命向來就是防止國家分裂，因此這些協議成為二〇一〇年代初期軍方穩定信心最重要的因素。二〇〇五年軍方一項驚人決定也進一步增強穩定信心：將首都從仰光（Yangon / Rangoon）遷往奈比都（Naypyidaw），那是新建的一座遙遠而沉悶的內陸城市，不可能會有激進學生或僧侶運動者發起大規模示威抗議、癱瘓政府。

然而勝利信心完完全全是另一回事。軍方對全民盟一九九〇年的大勝餘悸猶存，於是將第一場全國大選延宕到二〇一五年。如此一來，登盛政權更有餘裕來強化新成立的鞏發黨，爭取少數民族政黨支持（以緬族為主幹的全民盟在少數民族地區較不討好），持續增進自身的經濟發展成績與貧乏的績效正當性。事實上，緬甸二〇一一年大舉展開自由化改革之後，國際社會制裁幾乎全部解除，外資源源不絕流入，經濟發展加速前景可期。這個原本與世隔絕的軍事政權一方面將權力結構文人化，一方面對自身在發展亞洲的地位更具信心。

如果說緬甸軍方原本寄望鞏發黨阻擋全民盟的選舉勝利長征，那麼二〇一二年的國會與地方議會補選徹底粉碎了這種幻想。當時軍方有意試水溫，容許這數十席補選以自由公平方式舉行，藉此衡量全民盟的實力。結果全民盟出馬角逐四十四席、當選四十三席。（譯注：全國總共補選四十八席，鞏發黨只拿到一席）如此一來，二〇一五年全國大選的結果不問可知，全民盟將再度大獲全勝。

然而軍方針對死對頭修改選舉法規，以翁山蘇姬亡夫是英國公民為由，褫奪她競選總統的資格，試圖對她的掌權之路造成一些障礙。更重要的是，緬甸憲法規定所有國家安全與國防部會一律由軍方掌控，軍方因此確保自身儘管缺乏勝利信心，但其穩定信心尚不至於粉碎；對於民主化能否照表操課，穩定信心遠比勝利信心重要。

終曲：輸掉信心賽局

緬甸的民主化歷程在二〇一〇年代中期似乎是大步前進，儘管如此，它卻有非常黑暗的一面。二〇一六年，若開羅興亞救世軍（Arakan Rohingya Salvation Army）攻擊緬甸軍方，造成死傷。軍方因此發起恐怖的種族清洗、種族滅絕行動，迫害世居若開邦（Rakhine State）北部、操孟加拉語（Bengali）、信奉伊斯蘭教的羅興亞人（Rohingya）。在緬甸，佛教民族主義對人民的宰制與軍方不相上下，羅興亞人因此徹底孤立無援。二〇一九年底在荷蘭海牙（The Hague）的國際法院，翁山蘇姬為緬甸軍方及其屠殺羅興亞人的行動做了惡名昭彰的辯護，讓她原本就已千瘡百孔的「人權鬥士」名聲每況愈下。

根據上述的敘事與理論背景，像翁山蘇姬這類民主選出的政治人物會與緬甸軍方合作，雖然可鄙可憎，但也在意料之中。軍方半推半就的民主化承諾最重要的基礎在於它的穩定信心，而這份信心的基礎則在於軍方對付地區叛亂與分離主義叛亂時能夠為所欲為。二〇一五年全民盟選舉大勝之後，如果文人領導階層試圖掣肘軍方作戰，他們將無法長期與軍方領導人分權共治，撐到二〇二〇年選舉時再次爭取執政權。

翁山蘇姬成年後大部分的生涯都在為自己的人民（信奉佛教的緬族）奮鬥，幫助他們擺脫半世紀軍方統治的痛苦桎梏；她並不打算為了那些緬甸社會邊緣的穆斯林少數族群而放棄自己的民主化使命、放棄自己在全民盟黨內與緬甸佛教徒社群的地位。她的國際社會人權鬥士形象也許因此破滅，但她身處一個極為困難而微妙的民主化歷程中，她是一個成功的全國性政治人物，必須設法保持。[63]

緬甸第二場民主全國大選在二〇二〇年十一月來到之前，民主化歷程面臨至少兩個長期醞釀的風險。首先是如前所述，軍方的穩定信心受到地區動亂威脅，文人試圖限制軍方對敵對勢力的為所欲為。與其說關鍵在於國內衝突的嚴重性，不如說是文人與軍人菁英對於如何因應這些穩定威脅能否保持共識，緬甸脆弱的民主實驗上方就像是懸著一把利劍。

當然，任何一個政權如果做出協助迫害羅興亞人這樣的行為，我們可以質疑它是否仍然走在邁向民主的道路上。然而將羅興亞人的苦難記在民主的帳上並不公平。從國家的周邊地區到人口中心，緬甸軍方長期以來無惡不作，從二〇二一年二月政變之後的事態就可見一斑。我們沒有理由相信當年衝突升高時，如果緬甸並未進行民主實驗，羅興亞人的境遇就不會那麼悲慘。

緬甸民主實驗面臨的第二個長期風險，已經超出本書的理論範圍，但可以從全民盟的選舉優勢看出端倪。過去十年的全球民主倒退已經充分顯示，在自由選舉中獲得民意支持的政府，經常會利用自身得到的民主授權、訴諸違反自由原則的手段打擊對手與批評者。緬甸憑藉實力轉向民主的可逆轉實驗能否完成，一直都有變數；原因不僅在於軍方對自身實力未必能夠保持信心，也在於全民盟未必能夠忠於民主原則，抗拒以獨裁手段保持與行使政治權力的誘惑。

對於這些問題，我們可能永遠無法知道答案。民主實驗為緬甸帶來國家歷史上最自由、最繁榮的十年，而且是遵照軍方鉅細無遺擬定的路線圖。儘管如此，緬甸軍方領導階層仍然決定終結文人與軍人共治，在二〇二一年二月發動政變、恢復全面軍事統治。我們在這裡可以聽到泰國軍方奪權行動的回音。翁山蘇姬一如塔克辛，在選舉中戰無不勝。緬甸軍方一如泰國軍方，始終無法建構可靠的政黨工具、藉由過往的發展紀錄獲取正當性、運用選舉機器來爭取選票。於是，政變成了緬甸軍方槍膛中最後一顆子彈。（譯注：二〇二一年政變之後，翁山蘇姬遭逮捕下獄，全民盟遭解散，反軍政府陣營成立「民族團結政府」，結合少數民族武裝組織，與軍政府進行內戰。）

分析到最後，泰國與緬甸搶占先機的民主實驗都被政變逆轉，顯示我們的勝利信心與穩定信心理論有一個附帶條件。我們在本書一再指出，對發展型軍國主義群聚而言，穩定信心比勝利信心更為重要，因為無論誰是選舉的贏家，軍方（與執政黨不同）總是能夠保有自家特權。然而泰國與緬甸的案例也都顯示，重量級競爭對手在選舉中獲得壓倒性勝利，可能會導致軍方發動政變。我們認為關鍵不在於選舉結果本身，而在於軍方欠缺信心，不認為自身面對崛起中的文人對手還能維持政治優勢；泰緬兩國的民主實驗因此注定失敗。對於泰國軍方與緬甸軍方——甚至是印尼軍方——而言，穩定信心就等於相信自身能夠保持政治主宰地位的信心。

結論

發展型軍國主義群聚的印尼、泰國與緬甸相較於發展型國家主義群聚的日本、臺灣與南韓，經濟狀況與民主品質都遠遠不如。現代化理論正確地預見了這種經濟與政治低度發展的對應性，然而無法預見故事的下一個轉折：發展型不列顛群聚的新加坡、馬來西亞與香港雖然都是非常富裕的威權政權，但是全都拒絕本書前幾章呈現的憑藉實力轉向民主。

然而在轉向發展亞洲的「迴避民主」案例之前，我們應該強調先前闡述的六個民主化案例國家，其實具備顯著而驚人的相似性。從富裕的發展型國家日本、臺灣與南韓，到軍方領導的開發中國家印尼、泰國與緬甸，威權政權如果預期自身在民主改革之後仍然可以發展順遂，或者——以最弱勢的案例而言——至少能夠生存，它們就會願意、也有能力推動果斷明確、搶占先機的民主改革。全球各地獨裁者會為了個人目的而將民主化與政治崩潰、動盪不安畫上等號。但發展亞洲六個憑藉實力轉向民主的案例顯示，威權統治的終結並不必然意謂政治秩序的解體甚或削弱。

8 發展型不列顛：痛苦的威權主義

發展型亞洲並不是以中國為中心（Sinocentric），早在日本建立這個區域、美國改造這個區域、中國看似即將主宰這個區域之前，環太平洋地區最具勢力的強權是英國。從十九世紀中期的鴉片戰爭到二十世紀中期的第二次世界大戰，英國的米字旗在亞洲獨樹一幟。中國的百年國恥對英國而言是百年霸權。

在新加坡、馬來西亞與香港，英國帝國主義比東亞發展主義更早來到，本章將勾勒這三個政治體的經濟與政治軌跡。從全球層面來看，英國殖民事業的遺緒往往有助於殖民地獨立後的民主發展。就亞洲本身而言，印度出人意料的民主至少有一部分可以回溯到英屬印度（British Raj）時期相對良性的法律與選舉體制。由於印度的廣土眾民，觀察家傾向於將英國在亞洲的統治與民主掛鉤，一如中國的廣土眾民會讓人們誤以為亞洲是威權主義當家。[1] 然而在印度的東方，英國統治與亞洲發展主義的相互撞擊——這是打造發展型不列顛群聚的力量——並沒有產生**民主優勢**。我們即將探討、也希望至少能夠部分解釋，這樣的撞擊結果導致了**民主迴避**。

要致富不要改革

發展致富是一回事，民主改革是另一回事。本書前幾章已經呈現，從日本和臺灣之類的富裕經濟體到印尼與緬甸之類的開發中經濟體，民主改革的開展都可能依循類似的大原則——憑藉實力轉向民主的原則。儘管發展型軍國主義案例的民主化之路不是崎嶇顛簸、就是完全逆轉，但是六個選擇進行民主實驗的威權政權（日本、臺灣、南韓、印尼、泰國、緬甸）做出選擇的時候都有信心民主轉型過程會相對穩定。在發展型國家主義群聚的案例中，民主實驗伴隨著有憑有據的期望：威權政權將繼續掌權。

然而本章將要闡述，優異的資本主義經濟發展加上強勢的威權政權，未必會導致民主改革的嘗試。不同於發展型國家主義群聚與軍國主義群聚，發展型不列顛群聚——新加坡、馬來西亞與香港——的共同模式不是憑藉實力轉向民主，而是迴避民主。然而因為迴避民主而導致不穩定的代價與風險，和經濟發展水平一樣會節節升高。不列顛群聚的三個威權政權顯然都已過了顛峰時期，錯失以最穩定方式進行民主化的機會。我們指出，一個威權政權一旦來到這種「苦澀甜蜜點」，隨著實力繼續衰退而繼續迴避民主改革，它將因此進入所謂的「痛苦的威權主義」(embittered authoritarianism)時期。威權政權盛極而衰之後，很可能就會急轉直下，從強大墜入衰弱。

由於遲遲不做改革而為政治穩定性與威權政權帶來的慘重代價，在馬來西亞與香港最為顯著。馬來西亞長期獨大的威權聯盟在一九九〇年代中期至晚期勢力鼎盛，但未能及時推動民主改革，最終導致二〇一八年全國大選的慘敗。馬來西亞原本是亞洲最可以預測的政治體之一，接下來的幾年卻變成最難以預測。香港的情況有些類似，一九九七年主權從英國移交給中國之後，親北京（建制派）的政治人物一直無法因應人民對民主改革的要求，因此加速了香港的向下沉淪：從令人豔羨的穩定淪落到幾乎無法治理的局面。

新加坡的威權秩序至今依然嚴整，執政的人民行動黨在許多方面類似臺灣轉型時期的國民黨。然而，新加坡如果繼續迴避民主改革，它的近期未來將愈來愈有可能重演馬來西亞與香港、而不是臺灣的近期過往與現況。儘管新加坡標榜自身獨樹一格，然而它不可能完全逃離或擺脫自身所屬發展型群聚的特質，那是一個半世紀英國直接統治的遺緒。

發展型不列顛群聚有哪些核心特質？這些特質為民主改革與迴避民主提供了什麼樣的核心教訓？

不列顛群聚最顯著的特質就是**歷經數十年快速資本主義發展之後，依然維持威權主義體**

制。除了十九世紀晚期的日本與德國、未來數十年的中國（見第九章）之外，全世界其他地區恐怕都找不到類似的例子。發展型國家主義群聚的案例都在成為「已開發國家」的時候民主化，但發展型不列顛群聚並沒有如此轉變。在締造高度資本主義發展的同時維繫數十年的威權體制，這對不列顛群聚的威權政權而言是一大挑戰；國家主義群聚的成員（日本、臺灣與南韓）則是在策略上做了選擇，因此不必面對這項挑戰。

我們在本書一再指出，持續性的經濟發展未必能夠培養出具備民主素養的公民，但是會催生出要求更高的公民。當一個威權政權處於較低的經濟發展水平，優異的經濟表現能夠帶來績效正當性，並且長期維持。然而一段時間之後，國家財富會導致「社會不領情」（societal ingratitude）現象，威權政權想要保有公眾支持，就只能提供更多的發展公共財。

發展型不列顛群聚的社會要求有許多種型態。與其他群聚相比較，不列顛群聚的社會對貪腐與濫權特別難以容忍，我們認為這是肇因於殖民歷史的傳承，以及鉅額財富的累積。英國統治時期建立的堅實法律體制，讓不列顛群聚的民眾格外重視合法性的問題，程度之高在發展亞洲無與倫比；在發展亞洲的其他地區，薄弱的法院體系會造成巨大的法律空白地帶，往往要由官僚體系與軍方填補。

堅實的法律體制是一道雙面刃。一方面，高效率的法律體制為新加坡、馬來西亞與香港的威權政權提供強而有力的工具，用來建立社會管制。另一方面，這些體制也會提高社會對於合法性的要求，將它們視為理所當然。資產階級發展會培養出一種價值觀，一種對於貪腐深刻的、出於自身利益考量的厭惡。新加坡社會對於黨國體制絕對清廉的要求，香港社會視為金科玉律的「依法治理」，馬來西亞司法體系的積極專業治理，都是這些威權政權基本、顯著的特質，讓它們得以長期運作。這些高標準要求也帶來深層的限制，威權政權必須設法因應。

選舉體制也對三個地區有著類似的影響，以另一種方式讓發展型不列顛群聚成為一個獨特的群聚。主要是拜英國統治之賜，競爭性多政黨選舉進入不列顛群聚的政治DNA，程度更甚於發展亞洲的其他地區。選舉體制與法律體制為新加坡、馬來西亞與香港治理民眾的方式奠定基礎，角色就如同國家主義群聚的官僚體制、軍國主義群聚的軍事體制；後兩種體制也長期確立了國家的宰制地位。

不列顛群聚獨特的選舉與法律特質作用如下：威權政權面對要求愈來愈高的民眾，因此受到愈來愈多限制。不同於本書第九章即將探討的發展型社會主義群聚（尤其是中國），新加坡、馬來西亞與香港的威權統治者如果想要重新確立自家的正當性，他們無法訴諸建立專業司法體系、實施競爭性多政黨選舉、提供更多更好的基本公共財（例如教育、健保、住宅），這些做法只對其他威權發展型政權可行，**因為發展型不列顛群聚早就已經做到相關的改革**。這些改革代表英國殖民的歷史遺產，因此產生的良善治理（good governance）是每一位新加坡人、馬來西亞人與香港人期待享有的特權。

當發展型不列顛群聚的威權政權要設法滿足自家民眾、保有政治權力，做法若不是提供更上層樓的經濟與治理成果，就是邁向民主化。我們將在本章指出，馬來西亞與香港對這兩個選項都無法做到，結果在前者導致選舉潰敗，在後者引發革命行動。對新加坡的威權體制運作而言，馬來西亞與香港是遙遠但意義重大的前車之鑑。

三個案例

儘管同在一個群聚、擁有共同的政治遺產，但是發展型不列顛群聚的三個案例各有獨特的歷史與動能。就威權實力的光譜而言，三者也處在不同的位置；本書一再指出，這項差異預示了當一個政權鼓起勇氣採取行動，它會經歷何種類型的民主轉型。新加坡的威權實力領袖群倫，為了立論清晰起見，本章的分析就從新加坡開始。[2]

為了瞭解新加坡，我們可以先回想第四章的討論，關於臺灣以及國民黨在臺灣發展與民主轉型中扮演的角色。國民黨與其發展型國家在一九八〇與一九九〇年代憑藉實力推動民主轉型；新加坡人民行動黨的情況相當類似，以它的選舉實力與發展成績而言，如果選擇推動全面民主化，還是可以黨運昌隆。事實上在最近幾十年間，新加坡已發現直接壓迫的手段毫無必要，也忠實推行西敏制的競爭性多政黨選舉逾半個世紀。新加坡反對陣營嚴重分裂，人民行動黨在更為公平的競爭場域還是能夠一黨獨大，選情幾乎完全不受影響。

然而新加坡頑強拒絕走上臺灣的道路，我們在本章會加以解釋。人民行動黨雖然實力可與國民黨比擬，但是接收到的盛極而衰訊號非常不同，因此也採行非常不同的策略以迴避民主，而不是憑藉實力轉向民主。新加坡雖然很強調自身在地緣政治的脆弱性，但是不會像冷戰時期的臺灣那麼倚賴美國。新加坡的政治抗爭相對溫和，不曾出現像臺灣「黨外」那樣持之以恆的反對勢力。最重要的是，我們曾指出選舉訊號是最能顯示執政黨續航力的訊號，人民行動黨的確接收到自身走下坡的選舉訊號，但相當溫和而模糊。

因此新加坡成為我們所謂的「一黨獨大的政治悲劇」（tragedy of dominant-party politics）第一個案例。從新加坡、香港、馬來西亞到柬埔寨，獨大的威權政黨不曾憑藉自身實力鼎盛（雖然仍有許多差異）的地位展開民主化，不曾及時以最能穩定局面的方式推行民主，因此淪為「痛苦的威權主義」政權。簡而言之，它們錯過了苦澀甜蜜點的機會之窗，無法從現有的威權實力轉換為未來的民主實力。迴避民主的結果可能會是一場悲劇，對威權政權統治的社會而言尤其是如此。

馬來西亞是這道軌跡最清晰的案例；對於那些有機會搶占先機進行民主改革、但最後選擇迴避民主的政治人物，則是一個警世的案例。一九九〇年代中期，馬來西亞的政黨「馬來民族統一機構」（簡稱巫統）與政黨聯盟「國民陣線」（簡稱國陣，National Front）達到少見的實力顛峰，可以和新加坡的人民行動黨與臺灣的國民黨等量齊觀。然而巫統與國陣並沒有接收到自身已盛極而衰的訊號，因此也不會面臨民主改革的壓力。一九九七至一九九八年間情勢丕變，亞洲金融風暴襲擊馬來西亞，國內則有「烈火莫熄」（reformasi）民主運動勃興，發出經濟訊號與抗爭訊號，顯示馬來西亞穩定威權霸權的黃金時代已來到盡頭。

如果時任總理馬哈地（Mahathir Mohamad）在經濟危機最嚴峻的時期履行既有承諾，交棒給他指定的接班人、副總理安華・依布拉欣（Anwar Ibrahim），馬來西亞幾乎必然會走上憑藉實力轉向民主之路。當時印尼的哈比比正要開始推動國家的民主轉型，安華可望在馬來西亞扮演同樣的歷史性角色。然而威權性格根深柢固的馬哈地另做打算，帶領巫統與國陣走上迴避民主的悲劇性道路。

馬哈地轉向壓迫性做法救不回巫統與國陣的實力，而且適得其反，動搖了兩者的根本。經濟成長讓馬來西亞中產階級大幅擴張，致使一個日益威權、深度貪腐、惡形惡狀的執政黨從此無法確保在選舉中得到過半數支持；儘管馬來西亞的選舉體系嚴重扭曲、很不公平，政府以威權手段掌控媒體、打壓言論自由。諷刺的是，巫統與國陣的江河日下最終促使馬哈地加入反對黨聯盟、成為總理候選人，並且在二〇一八年讓巫統與國陣遭遇歷來第一場敗仗。

臺灣的國民黨做到讓步容許民主但避免失敗，**巫統與國陣卻是拒絕讓步容許民主而導致**

失敗。馬來西亞從此進入政治動盪時期，民主能否興起仍在未定之天。攸關本書宗旨的要點則是，二〇一八年馬來西亞的權力轉移不是憑藉實力，而是衰弱導致，原因在於馬來西亞完全錯失了自身的苦澀甜蜜點時機。因此與發展型國家主義群聚的民主相比，馬來西亞轉型歷程出現的民主恐怕會更難以正常運作、保持穩定。如果巫統與國陣當初能夠憑藉實力轉向民主，而不是因為衰弱而喪失政權，馬來西亞民主的運作與穩定將會大幅提升。香港如同馬來西亞，過去二十年間經歷了難以挽回的、漸進的政權衰退。這段期間的馬來西亞努力調適亞洲金融風暴之後的情勢，香港則必須應對一九九七年主權從英國移交中國的巨大後續效應。

的確，香港主權屬於中國的事實，讓它不可能單獨決定憑藉實力轉向民主；正因如此，香港在我們的比較分析與理論分析之中顯得角色尷尬。然而對發展型不列顛群聚憑藉實力轉向民主的前景而言，香港的案例帶來非常重要的教訓。由於英國遲至一九九七年才交出香港主權，因此從歷史傳承來看，香港是不列顛群聚中受英國影響最深的地方。它的政治以及經濟體制與中國主權治理格格不入，這一點從我們的群聚分析觀點可以預測。北京的發展型社會主義陰影籠罩，香港的依法治理與自由、競爭的選舉分析苟延殘喘。

如同新加坡與馬來西亞，香港政權的反應——由親北京的建制派政治人物執行——是迴避民主，而不是憑藉實力轉向民主。從政治層面來看，香港的選舉場域和自由權利保障在過去二十年間大幅惡化，讓在地新興的民主勢力大感不滿。不僅如此，儘管香港財政表現優異，但政府不願意擴大與強化社會安全網，導致勞工階層與中產階層生活日益惡化，難以負擔高昂房價，嚴重的貧富不均問題也讓他們苦不堪言。

政治與經濟困局結合，香港局勢的發展並不令人意外，一連串大規模示威抗議從二〇一四年開始爆發，建制派在二〇一九年區議會選舉慘敗，親北京的香港政府近幾年來名聲掃地。換言之，香港領導人錯失良機，沒有在自身實力最強的時候民主化。如今他們恐怕只剩兩個選擇：推動更全面的民主化，這在中國主權治下不太可能實現；繼續鎮壓，同時設法讓這座富裕的城市回復到治理上軌道、情勢穩定的局面。香港政府不再擁有強大實力作為憑藉，一步步走向不自由的政權型態、訴諸日益強硬的鎮壓手段。至少就目前而言，北京與其在香港的盟友已經對民主化關窗。

新加坡

我們要從新加坡開始探討，原因在於它的威權實力相對單純、清楚。新加坡人民行動黨建立的績效正當性與政治宰制力，在發展亞洲大概只有臺灣的國民黨與日本的自民黨可以比擬。新加坡是全世界能力最強、效率最高、最能掌控局面的威權利維坦（Leviathan）之一，人民行動黨則是這個體制的架構者與主宰者。人民行動黨憑藉強大的黨國基礎設施帶領新加坡突飛猛進，躋身為全世界最富裕的國家之一。雖然每五年一次的選舉會考驗人民行動黨的實力與支持度，然而新加坡的選舉從來不是自由公平的競爭。在新加坡，巨大的財富與政黨的實力並沒有開闢一條讓步容許民主的道路，而是導致一以貫之的迴避民主。[3]

因此新加坡印證了本書的一個核心理念：「憑藉」實力轉向民主並不等於「因為」實力轉向民主。沒有任何因素能夠迫使一個強大的威權政權進行民主化。究極而言，憑藉實力轉向民主是威權政權的策略性決定。本書前面幾章已有論述，政權在接收到自身盛極而衰的清晰、凶險訊號之後，才比較有可能憑藉實力轉向民主；政權也必須改變它獲取正當性的策略，才能夠獲致民主的成果。本節接下來將詳述新加坡的威權實力，並探討一個問題：為什麼相關訊號並沒有促使人民行動黨像臺灣與南韓等高收入經濟體的強勢政權一樣，重新思考自家策略、進行搶占先機的民主化？

威權主義經濟發展

新加坡是今日全世界最富裕、治理最嚴格的國家之一。這座島嶼的致富歷程——人均收入已逼近六萬美元——早在國家獨立之前就已開始。英國統治充分利用新加坡的商業轉口港潛力，以及沒有在地王朝或封建因素阻礙經濟轉型的特點，在二戰爆發之前就讓它成為英國最富裕的殖民地之一。

戰後初期，新加坡的經濟成就更加可圈可點。為了因應日本占領結束後的勞工與種族動亂、防範革命爆發，英國統治者及其在地菁英盟友建立了更強大、財政上更具榨取性的國家體制。[4]等到新加坡在一九五九年獨立時，人均GDP已超過三千五百美元；面對這道中等收入門檻，南韓到一九七八年才跨過，泰國要到一九九五年，中國則是二〇〇八年。

新加坡戰後卓越的經濟發展成績，要歸功於這個城邦能夠融入國際經濟、它的出口導向政策、它的積極對外資敞開門戶。在戰後亞洲成為發展亞洲的過程中，新加坡從來不曾置身事外或者獨來獨往。早在日本於一九七〇及一九八〇年代成為亞洲發展主義火車頭之前，新加坡已是歐洲與美國企業的投資目標、生意興隆的天然資源與加工商品交易中心、製造業產品向工業化國家出口的重鎮。

與發展型國家主義群聚的日本、南韓與臺灣不同，新加坡在成為高收入國家的過程中，更倚賴外國科技的引進與採用，而不是本國科技的發展。[5]然而新加坡有一點與國家主義群聚非常類似：儘管沒有豐富的天然資源，還是能夠締造快速且持續的經濟發展。[6]它的經濟策略得到法律體制的強力支撐；英國殖民非常重視法律體制的發展，從殖民時代到威權時代，這套體制對於國家統治的影響都是強化更多於限制。新加坡因此獲益匪淺，不但成為全世界最富裕的國家之一，也是全世界最清廉的國家之一。

人民行動黨政府對於減貧的努力也可圈可點，社會福利的發放全面普及，儘管不是非常優渥。新加坡的國民教育、健保與住宅事務經費充裕、管理專業，向來都是每一位新加坡公民享有的基本權利。雖然近年高收入外籍人士移民日增，由上而下加重了貧富差距問題；低收入勞工的湧入則由下而上推升了維持公共服務的壓力；然而不可否認，新加坡仍舊是一個高度發展的經濟體、高度都市化的中產階級社會。

不過人民行動黨政權從未推動實質的民主化。沒有任何一種現代化理論能夠解釋，新加坡的威權政權為何能夠長期統治一個人均收入接近六萬美元的社會？

我們在發展亞洲其他地方已經看到，經濟發展如果能夠大幅減輕貧窮現象、擴大中產階級，將為威權政權帶來績效正當性、增進穩定信心。卓越且均衡的經濟發展也會提升政權的勝利信心，因為執政黨有亮眼的發展成績可資利用。

就這兩種政權信心而言，人民行動黨都是最經典的案例。然而想要締造卓越的經濟發展成績，先決條件是具備與發展型國家主義群聚同一等級的體制實力與能力，那是後者經濟奇蹟的基礎。新加坡政權的實力不僅來自亮眼的發展成績，也來自強大的體制實力。進入一九五〇年代，新加坡的殖民政權已經是亞洲最強大、最幹練的政權之一。來到一九六〇年代，人民行動黨也成為亞洲實力最強大的執政黨之一。

新加坡黨國體制登上主宰地位之路，剛起步時一點也不順遂。現在聽起來難以置信，但二戰之後的新加坡曾經是亞洲最紛亂、動員最激烈的城市之一，工會與社會主義運動尤其激進，而且情勢日益惡化。面對有組織的勞工，政府一方面針對特定對象進行鎮壓，一方面透過選舉全面收編，逐漸將勞工從反對派力量轉化為積極合作的參與者，投入新加坡去殖民化（decolonization）的國家建構工程。人民行動黨剛起步時的型態是八面玲瓏的民族主義統一戰線，在新加坡於一九五九年獲准自治時，它自我定位為一個左傾的強勢政黨。

人民行動黨和許多民族主義統一戰線一樣，內部曾經嚴重分裂。黨內左派傾向社會主義、以華語族群為主；中間派則傾向資本主義、親英國、主要使用英語；兩個派系勉強共存，各懷鬼胎。

這種共存打造出一部儘管有所矛盾、但是所向無敵的選舉機器。一九五九年新加坡舉行立法議會大選，人民行動黨展現其全方位的吸引力，在應選五十一席之中拿下四十三席，全黨目標一致：從英國接收主權。一九六一年，也就是新加坡獲准自治兩年之後，人民行動黨發生分裂，黨內左派成立社會主義陣線（Barisan Socialis），立場更趨一致的中間派則由李光耀領導。結果則是一九六一年之後，人民行動黨在國會的席次優勢縮水為二十六席對二十五席。

一九六三年，新加坡政治情勢更加複雜紛亂，人民行動黨中間派與英國殖民者擔心這個小小的城邦難以獨立存活，因此推動與馬來西亞聯邦（Federation of Malaysia）合併。這項計畫升高了意識形態與族群層面的政治兩極化。當時，馬來西亞由馬來人主導的執政聯盟強烈反社會主義；新加坡的執政黨卻是由華人主導，表面上奉行社會主義原則，反對馬來西亞其他地區偏袒特定族群的政治。一九六三年的新加坡州立法議會選舉適逢新馬合併，人民行動黨抵擋來自社會主義者與大馬來西亞的挑戰勢力，在應選五十一席中贏得三十七席。

一九六三至一九六五年這段期間，證明了新馬合併的實驗此路不通。人民行動黨提出「馬來西亞人的馬來西亞」（Malaysian Malaysia）願景，想讓非馬來人享有與馬來人平起平坐的政治地位，但巫統主導的馬來西亞「聯盟」（The Alliance）完全無法接受。族群緊張關係令各方難以消受，暴力事件此起彼落。一九六五年八月，新加坡與馬來西亞正式分家。新加坡從此由一個堅定奉行資本主義的政黨領導；為了確保政治穩定性與快速經濟成長，人民行動黨訴諸威權手段毫不猶豫。

結果是催生出亞洲數一數二的威權發展型國家。人民行動黨排除黨內左派與受華文教育者之後，與幹練專業、以才取人的官僚體系締結堅強的聯盟；兩者志同道合，對外向國際市場開放門戶、對內加強社會管制。外資立刻大舉湧入，工業化加速進行。在此同時，為了確保人民行動黨長期掌權，執政的黨國體制以稅收挹注成本高昂的社會服務，最有名的就是名為「組屋」的公共住宅計畫，到一九七〇年代晚期已涵蓋逾九〇％新加坡民眾。儘管貧富不均問題仍然逐步加劇，人們記憶猶新的絕對貧窮已經走入新加坡歷史。

薄弱訊號，老派策略

人民行動黨在新加坡獨立之後一路蓄積強大的實力，因此成為踏上憑藉實力轉向民主進程的最佳候選人。然而想要開啟這樣的進程，最適合的前提就是政權接收到清晰而強烈的訊號，顯示自身勢力已經盛極而衰，選擇民主會是最安全的一條道路。人民行動黨就是在這裡與臺灣的國民黨以及其他發展型民主政體分道揚鑣。南韓民正黨政權接收到自身勢力中衰的強烈訊號，臺灣國民黨政權也接收到選舉支持度下滑的清晰訊號。相較之下，人民行動黨在過去二十年間，對於自身勢力盛極而衰只接收到非常微弱、前後不一的訊號。縱觀新加坡的經濟、選舉、地緣政治與抗爭領域，沒有任何事件曾經送出清晰而凶險的訊號，顯示政權必須搶先推動民主改革才能緩解高漲的壓力。然而人民行動黨確實已經盛極而衰，它為了保持選舉支持度而付出的代價無可避免要節節上升。

人民行動黨長期以來的選舉紀錄，是每一個選舉式威權政體的夢想。在一九六〇與一九七〇年代，人民行動黨建立了實質的一黨專政政權，因為反對陣營一開始杯葛選舉，後來參與但只是聊備一格。當反對陣營終於在一九八〇年代全面投入選戰，其內部已經嚴重分裂。數十個反對黨在政壇來來去去，大部分是從左派的位置挑戰人民行動黨，目前的主要反對黨工人黨（Workers' Party）與新加坡民主黨（Singapore Democratic Party）就是如此。

人民行動黨每逢選舉皆勝券在握的關鍵原因，在於新加坡使用的西敏制選舉規則（發展型不列顛群聚也普遍使用），確保得票最高政黨享有巨大的國會席次紅利，其席次比例往往遠超過得票率。其實人民行動黨也未必需要不合比例的席次分配：它的得票率從未低於六成，席次比例直到二〇二〇年才首度低於九成（也只微幅滑落到八九．九%）。

然而弔詭的是，人民行動黨選舉大勝的必然性有時並不會反映為選民的支持度，波峰與波谷經常是交替出現。一九九一年、二〇一一年與二〇二〇年大選，它的得票率下滑到六〇%邊緣。儘管這樣的結果讓人民行動黨憂心，但是隨後卻是谷底反彈：二〇〇一年大選得票率七五%、二〇〇六年六六%、二〇一五年七〇%。人民行動黨展現一再重振民意支持度的能力，淡化任何關於它終將衰弱、甚至已經盛極而衰的想法。儘管如此，人民行動黨的顛峰時期——從一九六八到二〇〇六年的歷屆大選，它的席次比例從未低於九五%——到二〇一〇年代中期已是昨日的往事。[7]

新加坡人民行動黨牢牢扎根在自家的苦澀甜蜜點上，如果展開民主化，仍然可以確保它宰制選舉的能力，甚至因此在過程中克服某些影響治理與穩定的挑戰。換句話說，新加坡執政黨如果選擇憑藉實力走向民主化，它長期累積的強大實力將能夠幫助它繼續掌握政權、保持國家政治穩定。[8]

過去十年間，新加坡的執政黨發現自家地基有略微動搖的跡象。無黨派機構「政策研究院」（Institute of Policy Studies）在近年每一次大選之後進行的調查，都顯示出人民行動黨民意支持的局限與軟肋。[9] 特別重要也令人憂心的是二〇一五年的調查，當時人民行動黨拿下歷史性大勝，但之前經歷兩樁重大事件：新加坡建國五十週年與備受尊崇的開國總理李光耀過世。如果我們能夠從人民行動黨的輝煌時刻——可以說是一個苦澀甜蜜點時期的短暫顛峰時刻——找出早期的問題訊號，將會更容易說明它為何已是盛極而衰，不必等到二〇二〇年大選席次比例創下歷史新低。

毫無疑問，人民行動黨在每五年一次的選舉中，藉由讓民眾高度關注發展與績效議題，獲致巨大的成功。發展型黨國體制造就出發展型選民（developmental voters）。政策研究院的調查提供十八個國家治理的優先選項，最受新加坡民眾關注的選項是「需要高效能的政府」，九八．五％回答者認為它重要或者非常重要。人民行動黨在這方面特別占上風。

然而高效能政府——人民行動黨的王牌——絕對不是新加坡選民唯一的要求。二〇一五年的調查顯示，超過九〇％回答者關心的問題得到反對黨而非執政黨的重視，包括「政府幫助貧苦民眾」、「政府政策公平性」、「生活成本」。最後一個問題對人民行動黨尤其棘手，因為新加坡原本就是全世界生活最昂貴的城市之一，但物價還在節節上漲，「生活成本」因此成為選民最關心的議題。二〇一五年是人民行動黨的輝煌時刻，但認同反對黨政見比認同執政黨慣用訴求——法律與秩序、高效能治理、經濟成長、國家安全——的選民還多，這一點顯現了人民行動黨正因反對黨勢力壯大而受到威脅。雪上加霜的是，人民行動黨老套的發展模式無法妥善因應生活成本問題，因為經濟成長帶動了貧富不均現象加劇。生活成本至今仍是人民行動黨最頭痛的政治問題，它既有的經濟模式無法提供明確的解方。

這個政權情勢堪憂，大約三分之一新加坡選民無論如何絕不會投給未經改革的人民行動黨。二〇一五年的調查顯示，三五・一%回答者表示他們最關心的議題是「政府透明度與問責」。這兩點正是人民行動黨的致命弱點；如果它不能從根本改革政治做法、滿足選民要求，很難想像它要如何贏回這些選民。新加坡的反對陣營擁有堅實、可觀的基礎，意謂每一場選舉都是掌握在搖擺選民而不是執政黨手中。二〇一五年大選，對於要支持執政黨還是反對黨，多達四六・二%選民直到政黨提名日（譯注：投票前十天）都還沒有做出決定。這類選民後來有七〇%投給人民行動黨；然而就日後的選舉而言，如此明確的優勢不會是理所當然。

人民行動黨政治宰制力削弱不僅要歸因於選民偏好與優先考量的改變，也要歸因於自身內部與反對陣營的政黨政治。從二〇一五到二〇二〇年間，新加坡政壇最大的變化就是人民行動黨內部派系分裂的惡化，以及反對黨之間協商合作的強化。[10] 如今李光耀的長子李顯龍在擔任總理近二十年之後即將退下政治舞臺，各方對於誰來接棒並無共識；就連李家自家對於李光耀的歷史貢獻也出現歧見。非民主政權出現繼承問題是司空見慣，而且會暴露威權執政黨的體制性弱點。（譯注：李顯龍已宣布二〇二四年十一月人民行動黨創黨七十週年之前，將黨祕書長與總理職位交給現任副總理黃循財，由新世代領軍出戰二〇二五年大選。）在此同時，從二〇二〇年大選來看，新加坡的反對黨愈來愈能夠協商合作，而且作為全國政治當中負責任的全方位參與者，獲得選民前所未見的信任。選後的調查顯示，新加坡反對黨之所以能夠吸引大批選民轉向，政黨可信度（party credibility）蒸蒸日上是最重要因素。[11]

在新加坡這個城邦，平日很少見到示威抗議活動，要求民主改革的地緣政治壓力相當微弱，經濟拜優越地理位置與審慎政策之賜運作順暢；因此除了選舉訊號之外，幾乎不可能會有其他凶險訊號能夠改變人民行動黨目前的迴避民主做法。這種做法不僅意謂保持現狀，而且是逐漸轉向人民行動黨在理念上迴避、實務上接納的福利威權主義（welfarist authoritarianism）。[12]隨著反對黨愈來愈能彼此合作、擔負責任，人民行動黨慣用的威權控制與其說是強化黨的運作，不如說是傷害黨的聲譽。對於一個發展成績如此卓越的政權，其威權性格是最主要的名聲破壞來源。

人民行動黨如果想理解富裕的威權政權如何在解除壓迫性格的同時，避免喪失權力與犧牲經濟發展，它應該借鑑發展型國家主義群聚的日本、臺灣與南韓：三個憑藉實力轉向民主的典範。另一方面，人民行動黨如果想理解富裕的威權政權接收到清晰的盛極而衰訊號之後、過度倚賴脅迫而非讓步會有何下場，可以好好研究幾個警世的案例：發展型不列顛群聚另外兩個近年淪為「痛苦的威權主義」、政治動盪不安的成員。我們會先廣泛討論馬來西亞的狀況，然後簡要關注香港。

馬來西亞

馬來西亞與新加坡曾經有過如出一轍的相似性。這兩個相鄰的對頭一度合組馬來西亞聯邦（一九六三至一九六五年），來到一九九〇年代中期，兩國迎頭趕上的資本主義發展成就斐然，為這類威權政權樹立了一清二楚的範例。一九九五年，馬來西亞長期執政的巫統與國陣達到勢力顛峰，與新加坡的人民行動黨在宰制力、政治地位穩固、難以挑戰等方面不相上下。國陣在那一年大選囊括六五・二%選票，比人民行動黨在一九八四年、一九八八年、一九九二年、一九九七年的表現更勝一籌。而且拜選舉制度保障席次紅利之賜，國陣的國會席次比例更達到驚人的八四・四%。[13]

接下來我們將探討一九九五年時還戰無不勝的巫統與國陣政權，如何到了二〇一八年已淪為一個潰不成軍的選舉式威權政體，相距不過短短的二十年。馬來西亞的威權統治者並沒有在實力強大時讓步容許民主，到最後必須在衰弱的狀態下讓出政權、一蹶不振。馬來西亞案例顯示一個強勢威權政權如何遭遇「一黨獨大的政治悲劇」，同時也是前車之鑑：一個政權強大到能夠憑藉實力讓步，但卻迴避民主改革，導致自身陷入危機。等到巫統與國陣政權的地位嚴重動搖，就算想要讓步容許民主但避免失敗，也是為時已晚。國陣在二〇一三年大選遭到重創，得票率首度跌破五成（譯注：但仍保有過半數國會席次與總理職位）。它繼續衝過「苦澀甜蜜點」，在二〇一八年大選被反對黨徹底擊潰；自馬來西亞一九五七年獨立以來，巫統與其合作夥伴首度失去政權。

威權主義經濟發展

與新加坡的情況類似，馬來西亞非常穩定的選舉式威權政體是奠基於優異的經濟成長，以及它將發展成就轉化為績效正當性的能力。馬來西亞自獨立以來一直維持其「混合政體」型態，經濟轉型成功之後也並未改變。[14]

早在殖民地時期，馬來西亞的經濟就已高度全球化，如同發展型不列顛群聚的新加坡與香港。英屬馬來亞作為國際市場的錫礦與橡膠出口重鎮，在二戰之前已是一個還算富裕的殖民地。如同新加坡，大戰剛落幕時的馬來西亞經歷了以共產主義或者公社主義（communalism）為名的大規模群眾動員，也因此催生出一套更為強大、剝削與脅迫的國家機器。一九五七年，英國與馬來西亞兩邊的菁英一團和氣移交政權，但馬來西亞的經濟仍然非常倚賴英國對自然資源產業的資本投資。當時的馬來西亞並不特別貧窮，但與其說是一個發展型國家，不如說是一個能夠創造收益、倚賴自然資源的新殖民地（neocolonial）經濟體。一九七〇年代的石油業榮景讓馬來西亞更加富裕，但也進一步深化了經濟對於自然資源的倚賴。

這種經濟模式後來經歷了兩次大規模的轉型，最終讓馬來西亞「加入」發展亞洲的行列。

首先是一九六九年的種族暴動（譯注：史稱「五一三事件」，主要受害者是華人），促使掌權的巫統建立一個更廣泛的執政聯盟（也就是國陣），並且實施一系列新的威權管制措施。[15]在經濟方面，巫統從一九七一年開始強力推行「新經濟政策」（New Economic Policy），試圖將財富從少數族裔華人手中轉移至占多數的土著馬來人手中。核心理念則是降低經濟不平等與種族之間的關聯性，藉此降低一九六九年暴動類似事件再度發生的風險。[16]然而想要有足夠的「大餅」來做重分配，就必須讓資本主義發展繼續進行、甚至加速進行。因此到了一九七〇年代早期，巫統與國陣政權做出政治承諾，全力推動快速經濟成長、政府積極干預以實現重分配、持續融入國際商品市場。[17]

十年之後，這套經濟策略讓馬來西亞躋身發展亞洲。馬哈地在一九八一年出任總理，呼籲國民「向東學習」（Look East，譯注：意謂向日本與南韓的經濟政策學習）。[18]英國對種植園（plantation）產業的投資被收歸國有，重工業——尤其是汽車業——的保護性關稅調高；這些做法引發大規模變化，從倚賴農業與石油轉向為進口替代工業化。

然而就如同南韓、臺灣與新加坡，新政策並不意味馬來西亞要降低與全球經濟整合的程度。正好相反，新政策企圖吸引新一波外資來挹注製造業，讓本土企業能夠與跨國企業合作，將馬來西亞從一個相對倚賴自然資源、僻處世界半邊陲（semiperiphery）地帶的經濟體，轉型為高科技製造業商品的生產與出口重鎮。

也如同發展亞洲其他地方，馬來西亞經濟轉型的動力主要來自日本的投資與美國的消費者市場。進入一九八〇年代中期，日圓升值的壓力引發一波遍及東亞與東南亞的製造業投資潮，馬來西亞是最大受益者之一。[19]日本在美國市場遭遇日漸高漲的貿易保護主義，在亞洲鄰邦卻是另一番光景，日本跨國企業進駐當地成為主要出口商。馬來西亞在一九八〇與一九九〇年代將自身定位為發展亞洲的關鍵節點，在日本科技與投資的大力協助之下，將高利潤的先進製造業產品出口到太平洋彼岸。

說實話，這種發展模式會有不小的問題與陷阱。國家干預措施培養出一個新的馬來人富豪階層，也催生出一個新的馬來人尋租者（rentier）而非創業者階層。新近發展的重工業貪腐猖獗、效能低落。舉例而言，國家級的汽車生產計畫寶騰（Proton）使用過時的日本科技，出口業績始終不如預期。壯觀的新基礎設施——包括一九九六年完工時的全世界最高建築物「國油雙峰塔」（Petronas Towers）——改變了馬來西亞的景觀，然而代價是企業背負鉅額以美元計價的債務；威權政權在背後默許支持，讓這些馬來人主導的國家榮耀得以問世。一九九七年，亞洲金融風暴衝擊馬來西亞，外債帶動經濟轉型的代價痛苦浮現。

討論金融風暴對於馬來西亞威權政權與政治經濟的巨大影響之前，我們必須先理解馬來西亞如何在一九八〇與一九九〇年代，成功地融入發展亞洲欣欣向榮的區域經濟。馬來西亞從來不曾成為像日本、南韓與臺灣那樣的科技領導者或創新者，甚至連新加坡都比不上。然而從亞洲各地大量湧入的高科技投資，讓馬來西亞成為製造業成品的出口重鎮。再加上歷久不衰的自然資源出口，這種出口導向製造業的結構性轉移讓馬來西亞在亞洲金融風暴來襲時，已經從低收入的新殖民地轉型為一個中上收入、快速成長的經濟奇蹟。此外，當時它也是一個非常強勢、穩定、體制化的威權政權。

馬來西亞經濟之所以能夠在一九八〇及一九九〇年代締造快速成長與全面結構性轉型，強而有力的政治組織不可或缺。馬來西亞強大的黨國機器一如新加坡人民行動黨主導的黨國體制，發源自去殖民化時期保守派菁英對於共產黨與公社主義動亂的回應。弔詭的是，馬來西亞為了回應一九四〇、一九五〇與一九六〇年代動亂迫切需求而建立的政治組織，在一九七〇年代早期鞏固了一個極為穩定的威權體系。

馬來西亞獨立初期，各族群的政治菁英都被納入巫統領導的政黨聯盟之中。事實上，為一九五七年英國人離開鋪路的一九五五年馬來亞聯合邦立法會選舉，巫統與其合作夥伴拿到約八〇%的選票、立法會九八%的席次。耐人尋味的是，馬來西亞保守派在英國統治末年結盟，二戰之後被美國占領的日本也有非常類似、幾乎同時進行的過程。在這兩個國家，帝國主義強權離開前都曾協助粉碎在地的左派勢力，促成保守派菁英合作，讓他們為承接占領者統治做好準備。馬來西亞與日本都經歷了一段外國勢力占領的選舉式威權主義時期，然後才邁向獨立，照理說兩者都會成為體制完備的獨立民主國家。

選舉競爭很快就讓民主在戰後日本扎根、復活，但是在獨立後的馬來西亞卻無法做到。來到一九七〇年代開端，馬來西亞已經完全回歸選舉式威權主義狀態；日本則從未如此。根據我們的理論，兩國分道揚鑣的理由相當單純：**馬來西亞統治菁英喪失了勝利信心與穩定信心，但日本的菁英不曾喪失**。一九六九年馬來西亞國會大選，種族背景的反對黨讓巫統領導的聯盟首度沒能拿到三分之二席次。執政聯盟大感震驚，他們在一九五九年大選斬獲逾七〇%的席次，一九六四年大選更囊括八五%的席次。由於掌控國會三分之二絕對多數席次才能夠修憲，因此一九六九年的大選結果直接威脅到馬來人的種族至上地位。

執政聯盟震驚各方的選舉挫敗之後，種族暴動在馬來西亞各地爆發，於是這個由巫統領導的聯盟突然間不但失去勝利信心，連帶也喪失穩定信心。我們在第三章指出，日本與它許多亞洲親美鄰邦不同，在冷戰時期從未倒退回到選舉式威權主義，原因在於自民黨的勝利信心與穩定信心從未嚴重動搖。事實上我們還指出，一九四七年之後，隨著美國改採「逆反路線」，日本保守派的信心持續上升。來到二十年後的馬來西亞，情勢卻是反其道而行。

然而從體制建構與威權實力累積的層面來看，一九七〇年代初期之後，巫統與國陣的政府在更加威權化的同時，體制化程度並沒有降低。一九八〇年代初期之後，馬哈地的威權統治讓執政聯盟更加個人化，然而還是沒有影響其體制化。政黨體制與國家體制保持強大，總是能夠以一個共同目標將多元背景的菁英組織起來，並且為執政聯盟帶來選舉大勝的結果。[20]

巫統與國陣建立完備的威權政權之後，角逐的前四場選戰——從一九七四年、一九七八年、一九八二年到一九八六年——都以高度團結的執政聯盟之姿囊括約八五％的國會席次。菁英團結與選舉實力之間有著非常明確的關聯性。一直要到巫統於一九八七年暫時分裂，國陣的選情才受挫，在一九九〇年大選只拿到七〇％的席次。

巫統從一九八七到一九九五年間的派系分裂雖然並未真正威脅其威權宰制，但還是提供了許多訊息。經濟惡化加上馬哈地大權獨攬，導致他在巫統的兩位對手另組一個馬來人主導的新政黨。從巫統分家的四六精神黨（Semangat '46，黨名取自巫統創建的一九四六年）投入一九九〇年大選，巫統與國陣對選情的宰制力稍微削弱，似乎代表有利於啟動民主改革的「盛極而衰」。

然而魔鬼藏身在細節之中。對於巫統一九八七年派系分裂這樣的事件，民主化理論認為有助於實現民主改革。然而這種理論只適用於因為衰弱引發民主，不適用於憑藉實力轉向民主。當相對強勢且團結的威權政權遭遇派系分裂，它的當務之急會是修復分裂，必要時訴諸嚴厲鎮壓。馬哈地在一九八七年發起所謂的「茅草行動」（Operasi Lalang），依據馬來西亞嚴苛的《內部安全法令》（*Internal Security Act*）逮捕了一百多名批評人士。我們在第七章看到，發展型軍國主義群聚的軍事政權如緬甸和泰國一旦發生派系分裂，結果會導致整肅與壓迫，而不是威權統治者的退讓。一九八〇年代晚期以及一九九〇年代早期到中期的馬來西亞顯示，同樣的邏輯也適用於政黨主導的威權政權。

進入一九九五年，巫統短暫的分裂已經結束，國陣聲勢反彈，締造歷來最佳選舉結果，國會席次比例回復到八五％的水平，得票率更首度超越六五％。一九九五年的大選大勝讓巫統與國陣登上顛峰。四六精神黨隨後解散，黨員重返巫統陣營。馬來西亞經濟欣欣向榮。執政黨凌駕軍方與反對黨、能夠打贏選戰的優勢依然無人能敵。巫統與國陣的發展成績讓其他開發中國家豔羨。馬來西亞的威權政權當時沒有接收到任何清晰的「盛極而衰」訊號，因此也不會面臨必須憑藉實力走向民主化的壓力。[21]

三重震撼

從一九九七到一九九九年間，馬來西亞長期執政的巫統與國陣政府接收到三道強而有力的訊號，顯示自身已經盛極而衰。一九九七年晚期，亞洲金融風暴重創馬來西亞經濟，債臺高築的發展模式名聲掃地。一九九八年晚期，馬來西亞爆發史上第一場大規模民主化示威，史稱「烈火莫熄」運動。一九九九年晚期，巫統與國陣政府在大選中嘗到苦頭，得票率與席次比例雙雙重挫近一〇％；與一九九五年大選相比，得票率從六五．二％滑落到五六．五％，席次比例從八四．四％滑落到七六．七％。

我們的理論列出四種類型的凶險訊號，馬來西亞政權短短兩年間接收到其中三種：經濟訊號、抗爭訊號與選舉訊號。然而三者發生的順序卻導致搶占先機的民主改革更不可能發生，而不是更有可能。我們的理論強調：憑藉實力轉向民主進程之所以能夠啟動，是因為掌權者認定它是讓自己繼續掌權的最佳策略。

要區別一個政權是處於苦澀甜蜜點的強勢威權政權，而不是墜入死亡螺旋的弱勢政權，關鍵在於對前者而言，沒有任何訊號或壓力會強大到**迫使**它做出民主的變革。對於還相當接近權力顛峰的政權，變本加厲的鎮壓永遠會是選項之一。

馬哈地就選擇了這個選項。一九九七至一九九八年間的危機讓馬來西亞的巫統與國陣政權越過自身顛峰、進入苦澀甜蜜點，但是馬哈地以鎮壓策略因應危機，只是讓政權加速淪為痛苦的威權主義，無法抓住機會追求大規模改革，而不是讓巫統與國陣重獲新生、成為強大的民主政黨與聯盟。

依照發生順序闡述三個訊號之前，我們應該先說明三者的順序為何重要。不可輕忽的是，一九九七年的經濟危機發生後一年之間，並沒有導致任何政治危機。在巫統高層，對於如何從經濟改革與民主改革來因應危機，馬哈地與其高人氣副手安華出現歧見，結果一山不容二虎，安華遭到整肅。**一直要到執政黨出現分裂之後**，巫統與國陣才在一九九八與一九九九年底接收到抗爭訊號與選舉訊號，顯示自身已經盛極而衰。一如一九八七年的狀況，巫統黨內分裂造成政權結構弱化，難以提出一體遵行的改革策略來回應危機。

為了進一步說明我們的論點，可以設想一種背離事實的時序：如果經濟訊號之後緊接著出現其他凶險訊號，馬哈地將面臨巨大壓力，為了挽救巫統與國陣下滑的地位，必須交棒給廣受選民歡迎的副手安華，由安華帶領國家走上憑藉實力轉向民主之路。然而實際狀況卻是，當大規模示威抗議在一年多之後才爆發，安華已經遭到整肅，巫統陷入分裂；事實上，安華被整肅正是引發示威行動的震撼性事件。

因此馬來西亞的狀況是**政黨分裂先行，而且在許多方面助長了顯示政權中衰的強烈、清晰訊號**。馬來西亞與臺灣以及南韓不同，讓民主改革成為迫切考量的大規模群眾示威抗議，面對的是一個新近分裂的威權政權。關注政權衰弱重要性的理論會認為，一九九〇年代晚期馬來西亞的政黨分裂，應該會讓民主化更有可能發生。然而我們的理論指出，菁英分裂會讓民主改革太過具有威脅性、對政權而言風險太高；因此在政權分裂修復之前，民主改革希望渺茫。

經濟訊號

毫無疑問，經濟震撼對巫統與國陣而言是一道凶險訊號。亞洲金融風暴在一九九七年八月重創泰國經濟之後繼續擴散，馬來西亞也淪為出乎意料的受害者。這場危機之所以震撼，原因在於馬來西亞並沒有龐大的公共債務，而公共債務是冷戰期間許多場金融危機的禍首。

當時馬來西亞民營企業積極操作財務槓桿，龐大的公司債幾乎都是以美元計價，因此導致國際投資人對馬來西亞經濟信心低落。資本外逃、股市與匯市崩盤，政府必須以升息來止血，風險則是直接引發一波企業破產潮。[22]

對於如何因應這場經濟危機，馬來西亞總理與他的指定接班人發生分裂。安華在國際社會享有無懈可擊的改革者名聲，主張馬來西亞採取決斷措施以恢復國際投資人信心。這意謂必須吞下苦口良藥：削減公共開支、延後重大基礎設施計畫、讓某些關係良好的企業倒閉。然而馬哈地對這些做法強烈抗拒，他不相信這場危機代表馬來西亞極為成功的成長模式具有任何結構上的缺陷，對於從根本改革的必要性他連場面話都不願說。馬哈地做了一些妥協性的改革讓步，但是都抵不過他偏執的爭議性言論：怪罪猶太裔貨幣投機商企圖搞垮一個崛起中的穆斯林強國。（譯注：亞洲金融風暴要角之一是猶太裔金融大亨索羅斯〔George Soros〕。）

經濟危機第一年，馬哈地與安華關係緊張，勉強共事。馬來西亞經濟政策大體上由安華主導，這完全是情勢需要。想要讓經濟確實恢復元氣，必須先恢復投資人信心，甚至必須做出重大的短期犧牲。馬哈地則與自家政府的政策劃清界線，堅稱馬來西亞的發展模式沒有任何問題，危機是外來黑暗勢力的攻擊。一九九八年六月，馬哈地與安華眼看著即將公開決裂，安華的盟友在巫統代表大會上公開批判黨的高層貪腐，目標顯然是馬哈地與他的親信黨羽。

馬哈地強勢出擊，解決兩人的緊張關係。一九九八年八月底，馬哈地對安華與他的改革政策連出重拳。首先，馬來西亞祭出發展亞洲因應這一波經濟危機最不正統的做法：實施資本管制與固定匯率，以防範資本外逃與貨幣炒作。緊接著，馬哈地罷黜安華所有職位，將他逐出巫統，罪名是貪腐與「不正常性行為」。因此到了一九九八年九月時，關於如何回應凶險的經濟訊號，馬來西亞強勢威權政權的選擇顯而易見：在經濟上與政治上更加收緊自由的尺度；而不是趁著巫統與國陣還有宰制力、沒有挑戰者的時候攀住機會之窗，推動政治體系與經濟模式的自由化。

抗爭訊號

罷黜安華並沒有終結馬來西亞的政治危機，反而標記了危機的開端。經濟變局第一年，儘管經濟痛苦已經浮現，執政聯盟內部政治情勢緊張，但整個國家與人民仍然平靜順服，充分顯現巫統與國陣當時的宰制力。然而罷黜與抹黑全國最受歡迎的政治人物，可說是改變了這一切。安華身敗名裂之後不久，馬來西亞歷史上第一場民主化群眾運動在首都吉隆坡爆發。

街頭湧現示威抗議，這在馬來西亞現代史上還是頭一遭。新生的「烈火莫熄」運動核心要求是為安華平反。安華長期享有民主改革倡議者的名聲，而且遭到赤裸裸的威權手段整肅，因此運動很快就轉變成要求馬哈地下臺、要求更多民主體制。短短幾個月之前，印尼人山人海的街頭示威與震耳欲聾的改革要求推翻了獨裁者，促使執政黨進行民主改造；如今，馬來西亞似乎也可能走上同樣的道路。[23]

儘管巫統因為安華遭到罷黜而分裂弱化，但是政權如果想要嘗試憑藉實力轉向民主，仍然為時未晚。安華本人在被逐出巫統之後，一再表示願意重返，接替馬哈地的職位。

想要讓馬來西亞走上印尼的道路，其實方式簡單明瞭。如果巫統內部有足夠的力量支持以安華取代馬哈地、出任主席，安華很有可能追隨哈比比、盧泰愚和蔣經國的腳步，啟動民主改革。街頭示威規模龐大，從吉隆坡散播到全國各地，顯示人心嚮往民主變革。馬來西亞下一場大選在二〇〇〇年登場，執政聯盟並沒有因為金融危機受到多少政治傷害的懲罰，從這一點就可以看出，改由安華領導的巫統與國陣毫無疑問勝券在握。

選舉訊號

然而，憑藉實力轉向民主並沒有發生在馬來西亞。安華被警方逮捕，在獄中遭到毆打。馬哈地啟動馬來西亞幹練的恐嚇脅迫機構，硬生生壓制「烈火莫熄」的街頭示威者。馬來西亞政權對於史上第一次民主化運動的回應不是改革，而是鎮壓。

諷刺但在意料之中的是，馬哈地將安華打入大牢、鎮壓其支持者的決定徹底撕裂了巫統。經濟危機以及馬哈地與安華的鬥爭都不曾讓巫統陷入無法復原的分裂，但整肅與鎮壓做到了。安華入獄之後幾個星期，新的反對派政黨與聯盟紛紛出現，他們出身巫統，但是要挑戰巫統與國陣的霸權。

新政黨之中最重要的一個是「國民公正黨」（簡稱公正黨，Keadilan），安華服刑期間（他從一九九九到二〇〇四年間都在獄中）由他的妻子旺阿茲莎．旺依斯邁（Wan Azizah Wan Ismail）領導。非常重要的是，公正黨涵蓋各個種族，致力推動民主轉型，因此對巫統與國陣而言，他們帶來的威脅遠比以華人為主的民主行動黨（簡稱行動黨，Democratic Action Party）、馬來人的馬來西亞伊斯蘭黨（簡稱伊斯蘭黨，Partai Islam Se-Malaysia）等反對黨嚴重。後兩者缺乏跨種族號召力，只在乎自家種族與宗教社群的訴求，而不是推翻馬來西亞的威權主義。後來公正黨與行動黨、伊斯蘭黨合組反對派聯盟，讓巫統與國陣面臨自馬來西亞獨立以來最嚴峻的挑戰。

面對節節升高的選舉挑戰，巫統與國陣試圖鎮壓對手。馬哈地政權囚禁了安華還不夠，又在一九九九年十一月的大選之前取消六名公正黨候選人的資格。馬哈地對安華的惡劣作為激起馬來人公憤，導致巫統在這場大選輸掉十七席，國會席次從八十九席減至七十二席。與一九九五年的顛峰表現相比，巫統與國陣的聯盟得票率滑落近九%，從六五．四%萎縮至五六．五%。馬來西亞國會下議院全院一百九十三席，反對黨本屆大選增加十四席，巫統與國陣則從一百六十二席減至一百四十八席。

換句話說，一九九九年大選顯示巫統在馬哈地領導之下大幅敗退，以服刑中的安華為精神領袖的反對派聯盟則攻城略地。的確，執政聯盟仍然掌握逾七五%的國會議席，短期內還不會失去政權。然而就如同本書探討的許多政權——包括臺灣一九八〇年代鼎盛的國民黨，馬來西亞的執政聯盟顯然是已經盛極而衰。

更重要的是，一九九九年大選可視為一場針對馬哈地高壓領導的公投，結果顯示願意拋棄巫統的馬來西亞選民——尤其是馬來人選民——人數史無前例。與一九九七年經濟危機、一九九八至一九九九年大規模民主化運動的凶險訊號相結合，巫統在一九九九年的選舉挫敗讓它清楚看到，搶占先機的民主策略會帶來好處。

表面工夫改革與痛苦的威權主義

馬哈地雖然將巫統拖進選舉谷底，仍舊繼續緊抓政權長達四年，安華則繼續繫獄不見天日。如果馬哈地認真看待一九九九年大選釋放的訊號，辭卸公職，將權力交給安華或者另一位敢於推動決定性民主改革的巫統政治人物，那麼巫統與國陣聯盟有可能遏止政治失血。依據我們的理論，它可以像日本的自民黨與臺灣的國民黨一樣，讓自己轉型為一個長期運作、強勢但民主的政黨。

然而馬哈地長期緊抓權力不放，確保巫統與國陣無法與過往劃清界線、一刀兩斷。一九九八年之後的幾年間，馬來西亞首度進入痛苦的威權主義，而不是像鄰國印尼那樣憑藉實力走向民主化。二〇〇三年，滿懷挫折感、高齡七十八歲的馬哈地終於辭職，他二十二年來的動輒整肅，讓巫統上層出現政治人才斷層。他的接班人不是什麼果決的改革者或具遠見者，而是一個平淡乏味、唯唯諾諾的技術官僚阿都拉．巴達威（Abdullah Badawi）。[24]

從一件事可以看出，馬哈地的高壓政策對阿都拉領導的巫統，在支持度方面造成多大的傷害。馬哈地辭職之後，巫統在二〇〇四年大選強勢反彈。巫統與國陣持續試圖扼殺公正黨（二〇〇三年全名改稱「人民公正黨」），享有非常不公平的選區劃分與席次分配，選情因此大受幫助。此時馬哈地的鐵腕鉗制已成過去式，巫統的選情反彈相當可觀，彷彿回到一九九五年（不是一九九九年）的榮景，自家多拿三十七席，與國陣合計多拿五十席。相較之下，反對黨四分五裂，飽受打擊，潰不成軍。

然而不幸的是，巫統從二〇〇四年反彈獲取的心得完全錯誤，馬來西亞的反對黨則從自身潰敗得到寶貴教訓。巫統領導階層沒有認清，二〇〇四年的選舉是阿都拉的蜜月選舉，給予他強而有力的授權，讓他帶領馬來西亞走出馬哈地時期的封閉壓迫。結果這些領導人卻認定巫統與國陣再一次所向無敵，沒有必要進行重大改革。

阿都拉的領導人特質不是推動自由化，而是軟弱無能。他並沒有阻止法院讓安華因健康理由提前出獄；但是對於巫統領導階層利用惡劣的「馬來人至上」（Malay supremacy）觀念來打造自身形象、吸引黨員支持，他也沒有任何作為與懲戒。對阿都拉最正面的描述也只是一個威權體制的「白臉」，馬哈地則是無人能及的威權體制「黑臉」。當巫統稍稍恢復元氣，阿都拉並沒有讓巫統重獲新生，也沒有帶領它走上民主之路。一如他的前任馬哈地，阿都拉錯過了一道稍縱即逝的機會之窗。政權第二次掌握苦澀甜蜜點的嘗試，就這樣浪費掉了。

與此同時，馬來西亞非常多元且分歧的反對陣營暫時放下歧見，聯手推動一套追求民主、反對威權的政綱。我們在印尼與南韓已經看到，對於其實沒有多少共同點的反對陣營，威權主義可以提供強而有力、團結彼此的號召訴求。如果馬來西亞從一九九八年就開始民主化，巫統與國陣的反對者將持續分裂狀態，難以扳倒執政聯盟，巫統與國陣很有機會繼續主宰政局。但是阿都拉既沒有像馬哈地那樣鎮壓並鏟除對手，也沒有像南韓的盧泰愚那樣改革自家政黨、在選舉中擊敗對手。

一個中衰的政權一再犯下錯誤，卻為二〇〇八年三月的歷史性大選搭建了舞臺。當時安華已經出獄，儘管他仍被禁止參選，但反對黨的造勢活動席捲馬來西亞全國各地，聲勢之大前所未見。對照二〇〇四年上一屆大選，二〇〇八年大選的結果石破天驚；但是人們如果在一九九九年大選察覺那些深刻且清晰的訊號，就不會感到震驚。雖然整個選舉體系仍是為巫統與國陣量身訂製，但它們的得票率重挫一二·五%（從六三·九%降至五一·四%），席次慘跌五十八席，相較於反對黨的優勢從一百九十八席對二十一席滑落至一百四十席對八十二席。執政聯盟勉強維持過半得票率，但已不再擁有國會下議院三分之二席次的絕對多數。

巫統與國陣又一次獲取錯誤的心得，要阿都拉為選舉潰敗負責，迫使他辭職，換上立場較為強硬的納吉・阿都・拉薩（Najib Abdul Razak），此人出身馬來西亞菁英階層的門閥世家，並不是有才幹、有民意支持的政治人物，更不是能夠解決巫統沉痾的人。納吉並沒有將政權帶往明確的改革或者壓迫方向，而是亂無章法地混用兩者，蹣跚前行，靠著給予馬來人更多恩庇以及威權體制長期以來的不合理席次分配，死命掙扎抓住政權。

納吉的核心策略是再一次利用肛交與貪腐指控來打擊安華，但這一波司法攻勢手段拙劣，無法在二〇一三年關鍵大選來臨之前再一次將安華打入大牢。納吉做出一些大膽的改革承諾，例如廢除《內部安全法令》，但空口白話無法打動選民。相較之下，安華領導的反對陣營因為二〇〇八年的戰績而軍心大振，正式組建一個多種族聯盟「人民聯盟」（Pakatan Rakyat）。

一如預期，巫統與國陣在二〇一三年大選的得票率持續失血，而且這回直接跌破五成，以四七・四%得票率敗給人民聯盟的五〇・九%。但是拜國會席次分配嚴重不公平之賜，巫統與國陣只損失七席，過半數優勢萎縮至一百三十三席對八十九席。

納吉沒有為選舉挫敗負起責任，並未設法採納讓人民聯盟大獲支持的民主政綱；他犯下大錯，將敗選歸咎於所謂的「華人海嘯」（Chinese tsunami）。巫統與國陣原本還指望重演一九九九年大選歷史，藉助非馬來人的支持在二〇一八年大選強勢回歸，這樣的指望很快就灰飛煙滅。不僅如此，安華在二〇一五年再度入獄，因此也完全不必指望納吉會改採開放政策，讓執政聯盟重演二〇〇四年大選的大勝。

二〇一三年之後，對一個拒絕改革的執政黨而言，壓迫成了唯一的救星。致命一擊終於來到，納吉捲入駭人聽聞的「一個馬來西亞發展有限公司」（簡稱一馬公司，1MDB）貪腐醜聞，涉嫌將這家國營發展公司的七億美元中飽私囊。這時馬哈地聞到血腥味，而且不滿兒子被排除在巫統領導階層之外，於是重返政壇，只不過這回身分是反對派人民聯盟的總理候選人；此時安華仍然身陷囹圄。二〇一八年大選迫近，巫統與國陣最大的麻煩不在於馬哈地成為選戰勁敵，而在於納吉是個糟糕透頂、名聲掃地的領導人。

二〇一八年五月，四面楚歌的巫統與國陣終於結束了自身的痛苦。儘管這場威權選舉仍然很不公平，儘管反對陣營最受歡迎的政治人物仍然繫獄、無法帶領選戰，巫統與國陣還是徹底潰敗。雖然反對派的人民聯盟在選前內鬨，但反對黨在國會一百九十二席中拿下一百一十三席，激增四十五席。巫統與國陣在國會輸掉驚人的五十四席，其中一部分席次由小黨擄獲。一個在歷史上長期掌握國會三分之二席次的執政聯盟，如今只能拿到三分之一（三三・八％）選票。馬來西亞的巫統與國陣淪入痛苦的威權主義，歷經長達二十年的痛苦衰弱過程，無法像臺灣、日本、南韓與印尼那樣讓步容許民主並避免失敗，而是從未讓步容許民主、最後慘敗。

終曲：威權主義弱點，民主不確定性

巫統與國際在二〇一八年五月失去政權之後，馬來西亞政局變化無常。馬哈地再度出任總理，其民主改革承諾只是表面工夫、投機取巧。新近上臺執政的希望聯盟（Pakatan Harapan）（譯注：由人民聯盟改組而成）一直無法站穩腳跟治國理政，也無法為馬來西亞的民主奠定堅實基礎。馬哈地承諾將在一段過渡時期之後將權力移交給安華，但語焉不詳，難以信賴。希望聯盟是為了反納吉而成立的「負面聯盟」（negative coalition），欠缺作為執政聯盟的共同宗旨。

今日的馬來西亞政治不再是一九九八至二〇一八年間的型態，威權主義執政聯盟對抗民主反對派聯盟。現在的狀況是一個由土著團結黨（PPBM）領導、新成立的馬來人「國民聯盟」（Perikatan Nasional），對抗由安華的公正黨領導的多元主義希望聯盟。政局板塊變化最顯著的例子是馬來西亞伊斯蘭黨，它從安華領導的希望聯盟轉投土著團結黨領導的國民聯盟。今日馬來西亞的政治競爭主要分成兩個陣營：一邊是相對較為自由主義、國際化、都市地區的聯盟，另一邊則是較為宗教化、保守、鄉村地區的聯盟。[25]

馬來西亞的民主希望絕對沒有一蹶不振。過去二十多年來公民社會與反對黨不斷要求民主改革的人士，如今還在打這場艱苦的戰役。未來的馬來西亞會走向哪一條道路，這個問題不是本書理論架構所能處理。但是我們可以很確信地指出，巫統無法在苦澀甜蜜點時期進行改革的失敗，導致馬來西亞政治史無前例的碎片化與劇烈變化。巫統無法在時機成熟時憑藉實力讓步容許民主，這樣的失敗辜負了民主，也破壞了國家的穩定。馬來西亞是一則發人深省的故事，其他地區的強勢威權政權應該引以為戒。（譯注：二〇一八至二〇二二年馬來西亞換了四位總理、三個執政聯盟，二〇二二年大選，巫統與國陣再度寫下史上最差成績；安華率領希望聯盟勝出，並與國陣組成聯合政府；第二高票的國民聯盟成為反對黨。）

香港

香港與本書探討的其他案例有一個巨大的差異：它不是自我治理。儘管臺灣也欠缺形式上的主權，尚未被國際社會普遍認可為一個獨立的國家，然而臺灣的領導人能夠決定這座島嶼的道路，香港的地位與此截然不同。一九九七年英國將香港主權移交給中國時，雙方透過協商界定它的地位為「特別行政區」，但是在北京治下，它頂多只能享有非常薄弱的自治。沒有任何一個香港人有權力決定它的政治方向。

就本書的分析架構而言，香港的例外特質在某些方面讓它無法比較、不宜收錄。然而香港對於發展型不列顛群聚（以及作為世界史現象的發展亞洲）的經濟基礎有其分析的重要性；隨著香港民主化掙扎歷程的開展，它也具備真實世界的重要性；因此我們不能將香港排除在外。無可否認，香港主政者既沒有自主權、也沒有政治能動性來憑藉實力追求民主；就算他們誠心認定這是一條策略上的必經之路，也還是無法起步，這個層面上的任何決策都必須來自北京。不過香港也的確展現我們理論的每一項要素。我們不必不切實際地假定香港跟發展亞洲其他地區一樣，民主改革是在地主政者的抉擇；但我們還是可以分析香港如何成為憑藉實力轉向民主的候選地區，其過程與本書探討的其他案例相映成趣。

接下來我們將說明香港與發展型不列顛群聚另外兩個案例的相似性。香港就像新加坡，在威權統治下累積驚人財富，容許多政黨選舉，建立了強大的法律體制，然而反對派從來沒有真正的機會贏得政權。香港也像馬來西亞，在地菁英未能憑藉強勢地位推進決定性的民主改革，結果導致情勢動盪不安、陷入痛苦的威權主義。迴避民主要付出什麼樣的代價，香港與馬來西亞做了最為痛苦而顯著的示範。

威權主義經濟發展

香港的「無民主的經濟發展」(development without democracy)是一個鋪陳了近兩個世紀的故事。十九世紀中期，英國藉助於鴉片戰爭攫取香港島，在一八四二年之後將它建設為一個自由港。一八九八年，英國以一紙九十九年租約取得鄰近香港的中國大陸土地，這項協議後來讓香港逐漸由英國統治轉向中國統治，並在一九九七年進行主權移交。

從經濟面來看，香港充分展現了英國殖民統治累積財富的能力；前提是英國能夠自由安排自家偏好的統治方式，不必間接透過在地的封建領主。然而香港之所以富可敵國的關鍵，在於自由放任的英國資本主義結合了戰後亞太經濟的強勁能量。一九七〇年代，發展亞洲由日本帶領的榮景開始驅動區域的經濟動能，香港經濟也隨之一飛沖天。

經濟成長的火苗點燃之後，香港一路挺進。從一九八〇年人均GDP五千美元的中上收入基礎出發，接下來四十年間成長為十倍，如今逼近五萬美元，增幅大約有一半是在一九九七年主權移交之前達成，另一半是在移交之後，這凸顯了香港的經濟發展模式一直強而有力，無論是英國殖民抑或中國統治都能繳出亮眼成績。

香港的經濟榮景與新加坡相當類似，都是結合了高獲利的房地產開發、內部製造業投資的自由主義原則、作為出口貿易轉口港的關鍵位置。但是對於長期困擾香港、今日仍未解決的極度貧富不均，這種發展模式並非萬靈丹。如同發展亞洲其他地區，快速且持續的成長有助於消除赤貧現象，甚至不需搭配全面的社會福利或經濟重分配。

威權主義的體制發展

資本主義經濟發展想要達到香港的高度，強大的政治體制不可或缺。在這方面最重要的是香港法律體系，那也是發展型不列顛群聚的標幟。香港建立法律體系的宗旨就是要推動與支持資本主義。英國殖民體制的建構也著眼於為能夠累積資本的人解除限制，對試圖以要求代表或重分配來挑戰財富寡頭的人則是束手縛腳。

在香港漫長的英國殖民地歷史上，大部時間最重要的治理機制是一個由官僚與法官組成的保守派聯盟。香港立法局（Legislative Council，譯注：今日香港立法會的前身）議員原本並非直接民選，欠缺民主正當性。工人與左派動亂此起彼落，但香港警察鎮壓使命必達。一直要到一九八四年《中英聯合聲明》（*Sino-British Joint Declaration*）簽署，承諾在一九九七年完成規劃已久的主權移交，香港的政治才轉往更為自由化的方向發展，對民主的期望也開始高漲。《中英聯合聲明》有一項條文指出，香港立法會最終將成為一個全面民選的機構，儘管這只是期望。北京當局在移交之前顯然不願觸碰實質民主改革，英國當局——由官僚與律師組成的寡頭聯盟——則要避免與北京發生衝突。於是從一九八〇年代中期到晚期開始的立法局選舉，「功能組別」也可以推選議員（譯注：亦即職業團體代表），一般民眾則參與程度不高。

從一種類型的殖民威權主義轉移至另一種類型的殖民威權主義，原本可望平順進行的過程被中國內部的事件打亂腳步。一九八九年天安門大屠殺（見第六章）爆發之後，大體上嚮往自由、由廣東人占絕大多數的香港居民坐立難安，擔心未來在中共統治之下，攸關香港治理狀況的法治未必能夠延續。英屬香港的政治決策過程雖然欠缺民眾參與，但是整體而言能夠尊重人民的自由權。關於北京可能限縮集會結社自由、言論自由與新聞自由的憂慮，導致香港新興的政治階層要求擴大地方直選議員的角色，來制衡中共權威即將降臨的威脅。

原本悶燒的爭議在一九九二至一九九七年、彭定康（Chris Patten）擔任香港總督期間全面爆發。從比較的觀點來看，我們應該先回顧一九五〇年代，民主自治如何從帝國主義宰制的日本、馬來西亞與新加坡興起。美國與英國逐漸退出自家的帝國主義事業時，都曾經實驗過一段時期的選舉式威權主義，然後循序漸進擴大競爭性選舉的角色，同時持續強硬鎮壓左派共產黨。日本、馬來西亞與新加坡都經歷過政權的和平轉移，從殖民總督移交給保守派民選菁英。

彭定康當然期盼在香港完成同樣的功業。簡而言之，他期盼香港能夠憑藉實力轉向民主。彭定康很有信心，更為自由、公平的選舉並不會導致左派獲勝或者局勢動盪，因此他獨斷獨行將立法局半數議員改為全民普選，因此一九九〇年代早期是香港歷史上唯一一段時期，逐步提升的民主品質讓香港被列入全球資料集。在彭定康短暫的執政時期，些微的民主品質提升鬆動了香港將近半個世紀的政權僵化與威權停滯。

彭定康正確地相信選舉不會破壞香港的穩定，原因與發展型國家主義群聚（日本、臺灣與南韓）做出相同結論的領導人完全一致。持續數十年的快速經濟發展催生出一批發展型選民。香港進行嚴密控制的政治開放實驗，推動英國治理下第一場也是最後一場全民普選（譯

注：一九九五年香港立法局選舉），過程非常順利。選舉結果一如預期，保守派取得佳績，儘管他們還沒有組織成民意支持或根基深厚的執政黨。當時香港保守派無法形成政黨組織，也未曾透過選舉反覆接受民意考驗，導致一九九七年英國米字旗最後一次降下時，他們在香港的地位要比馬來西亞或新加坡的同儕薄弱許多。

中國統治下的訊號與僵化

一九八四年簽署的《中英聯合聲明》批准將香港主權從英國移交給中國，香港的「一國兩制」治理原則將維持五十年，從一九九七到二〇四七年。如此一來，香港民主改革爭議的動態發展與馬來西亞及新加坡都截然不同。在馬來西亞與新加坡，爭議的重點在於強勢威權政黨是否會、何時會選擇將體系自由化。香港的政治氣氛卻是籠罩陰霾，民眾擔心長期享有的自由權會被中國收回，他們並不指望掌權者開闢一個更具競爭性、更為公平的政治競技場。

香港威權主義在這方面的獨特性相當重要。香港的最終命運由北京定奪，不僅如此，大部分選舉式威權政體都會結合兩種做法：一方面推行高度競爭性、投票權普及的選舉，另一方面以不公平手法限制反對黨與公民社會；相較之下香港卻是反其道而行。英國的統治致力於確立對香港市民自由權的保障，對選舉的整體涵蓋性則著墨不深。[26]

主權移交之後香港政治的主要內容，是逐步收回先前給予的權利保障，不是選舉的逐步進展。香港和發展型不列顛群聚另外兩個案例一樣，都是一路走向痛苦的威權主義，而非憑藉實力轉向民主。對香港來說更糟的是，政權的做法並不是阻礙或迴避民主，而是藉由剝奪英國殖民政權賦予的權利來深化其威權統治。

值得注意的是，香港過去二十五年選舉歷程的主題並不是選舉結果，而是選舉體系本身。[27]這關係到兩個基本議題：投票權是否普及全民；候選人是否都要由北京認可的提名委員會審查資格。在這兩道戰線上，建制派與民主派的立場天差地遠。來到二〇二〇年代初期，香港選舉體系的民主程度與一九九〇年代晚期相較並無長進。當選舉涵蓋性在下層受到抑制，權利保障也在上層削弱退卻。後者長久以來的核心爭議是北京堅持香港必須有一套國家安全法規，若不自行制定，就由北京頒布。至於選舉議題，建制派與民主派始終無法妥協。

香港改革停滯不前，親北京政權經常會接收到民怨的訊號，既是抗爭訊號也是選舉訊號，變化則是愈來愈強烈清晰，不是微弱模糊。第一道重大的抗爭訊號出現在二〇〇三年，數十萬香港市民走上街頭，反對北京背書的《國家安全（立法條文）條例草案》。[28]特區政府也一如過往，在大規模示威抗議前退讓。然而這些抗爭的典型結果並不是改革者的勝利，而是對壘雙方形成僵局。親北京領導人盤算認為時間對自己有利，因此往往會在民情激憤時撤回引發反彈的法案，但仍保有無人制衡的權威，等到情勢較為平靜再推出內容更嚴苛的法案。（譯注：二〇二〇年六月中國人大通過《中華人民共和國香港特別行政區維護國家安全法》，在香港設立國家安全公署，遭定罪者可處無期徒刑或者十年以上有期徒刑。）

然而香港並沒有平靜下來，特區政府與其「一國兩制」協定的形象一蹶不振。香港動盪不安的情勢在二〇一四年急遽升溫，特區政府始終無法推動普選引發民怨，警方對民主示威者施暴的影片曝光火上澆油。雨傘運動（Umbrella Movement）癱瘓香港幾近三個月。[29]這場示威抗議終於平息，但原因是能量耗竭而非政治讓步。事件背後的緊張關係並沒有解除，甚至不曾減輕。[30]下一場雨傘運動的爆發只是時間問題。

二〇一九年示威抗議死灰復燃。導火線是一項新制定的逃犯引渡協議，容許香港政府將犯罪嫌疑人送到中國內地受審。儘管《逃犯條例》修訂草案明文針對刑事犯罪，不涉及政治批評言論，香港親北京政權承諾不會濫用新法，但這個傀儡政權早已名聲掃地。因此不難理解也不意外，香港民主派反對陣營認定香港的法律都是北京中共政權的手筆。當時正值習近平政權在新疆犯下駭人聽聞的反人權罪行，引發全球關注，香港市民怒火中燒，即將爆發。

二〇一九年的示威與暴動讓雨傘運動顯得文質彬彬。特區政府在示威爆發之初做出標準反應，暫停修法工作，但是反而讓示威者更加積極，要求完全撤回《逃犯條例》修訂草案。警方強力鎮壓，帶來的不是平靜情勢，而是更強烈的要求。香港被中國統治二十多年間風波不斷，這是首度陷入急轉直下的警察暴力與群眾暴動。穩定信心化為虀粉，抱持穩定信心進行民主實驗的希望也徹底消失。

同在二〇一九年進行的區議會選舉，則是摧毀了親北京政治人物的勝利信心。過去二十年來，香港保守勢力在競爭性選舉中屢創佳績；儘管立法會欠缺權威，選民投票與其說是保持經濟發展運作正常，不如說是表示抗議。二〇一九年這場選舉投票率創下歷史新高，從上一屆的四七%直衝七一%。但最大的建制派政黨「民主建港協進聯盟」（簡稱民建聯，Democratic Alliance for the Betterment and Progress of Hong Kong）遭到重創，相較於頭號對手民主黨（Democratic Party）原本有一百一十九席對四十三席的優勢，選後卻逆轉為二十一席對九十一席的劣勢。整體而言，建制派政黨相較於民主陣營原本有三百三十一席對一百二十四席優勢，選後逆轉為八十九席對三百八十八席的劣勢。[31]（譯注：二〇二三年香港依據新的選舉法規進行區議會選舉，當局完全掌控候選人提名過程，結果民主派全軍覆沒，建制派拿下所有議席。）

香港的情勢與馬來西亞不同，輸掉席次不代表輸掉政權。最諷刺的地方在於，英國或許是議會主權（parliamentary sovereignty）的發源地，可以上溯到一六八八年的光榮革命，但是卻無法將同樣的果實移植到自家最後一座主要殖民地，儘管它曾經嘗試播撒一些民主的種子，試圖抵抗無可避免的中國威權擴張。香港的主權向來是由一個地方機構與任命它的外部強權共同掌控，後者曾經是英國倫敦白廳（Whitehall）的帝國事務部門，如今則是北京的中國共產黨總部。

香港是發展型不列顛群聚另一則前車之鑑，顯示了就算是最優異的發展成績，也無法永遠取代政治正當性。到一九八〇年代時，香港的發展成功已經培養出一批發展型、要求高的市民。我們曾經指出，這是憑藉實力轉向民主的主要動力之一，日本、臺灣與南韓都是例子。不幸的是，香港的治理從來不是以造福全體市民為目標，而是要裨益外部強權及其富裕的在地盟友。雖然香港曾在一九九〇年代一度看似踏上民主之路，但它始終不是一個民主政體。香港市民擁有財富但欠缺充分的選舉權，市民的主權一直遭到封殺，憤而發起反抗行動，政治可治理性不知如何才能夠恢復。

對於一個痛苦的威權政權如何才能重新站穩腳跟，我們的理論並沒有提供明確的指引。一如馬來西亞，香港掌權的保守派現在如果推行完全民主的選舉，將不可能以自由公平的方式勝出。到這個地步，讓步容許民主幾乎必然意謂自身的失敗。他們不會這麼做，原因不是情勢正在穩定下來，而是中共與其香港盟友的優先考量是保持自身權力與地位，不是香港市民的經濟福祉與政治權利。

結論

發展亞洲對於現代化理論最強烈的駁斥，出現在發展型不列顛群聚。資本主義發展成績最卓越的地區——例如發展型國家主義群聚（日本、臺灣與南韓）——會誕生穩定的民主；在資本主義發展嚴重落後的地區——例如發展型社會主義群聚（中國、越南與柬埔寨），威權主義始終固若金湯。至於發展型軍國主義群聚（印尼、泰國與緬甸）為何也會進行民主改革實驗，更適合從政治因素——特別是軍事統治者尋求平順退場的傾向——而非經濟因素來解讀。然而軍國主義群聚的民主實驗搖擺不定、走回頭路的現象，也與它們的貧窮程度（尤其是相較於國家主義群聚）有所關聯。

發展型不列顛群聚與亞洲另外三個群聚不同，它直接打臉現代化理論。它的發展成績與國家主義群聚不相上下，然而民主改革並沒有伴隨著長期發展降臨。英國殖民事業為其威權主義繼承者灌輸了一種頑固的信念：他們不必讓自身的支持度與正當性接受自由公平的考驗，也能夠保持與延續經濟發展與穩定性。在新加坡，對於富裕社會能夠永保威權穩定的信心依然強大；然而看看馬來西亞與香港痛苦的威權主義教訓，新加坡的信心最終恐怕會是一個錯誤。

9 發展型社會主義：宰制與迴避民主

沒有多久之前，人們還可以順理成章將亞洲區分為「資本主義亞洲」與「社會主義亞洲」。全世界沒有任何一個地區的發展像亞洲這樣，因為冷戰而引發如此嚴重的分裂與決定性的影響。兩波共產黨暴力革命——一九四〇年代晚期的中國與北韓，一九七〇年代中期的越南與柬埔寨——分別在東北亞與東南亞挖出又長又深的意識形態鴻溝。對於本書先前探討的三個發展型群聚——國家主義、軍國主義與不列顛，統治者都是以擊退共產主義為核心，來建構主導的政治與經濟體制。然而在中國、北韓、越南與柬埔寨，執政黨的做法不是建構強大的發展型防衛機制來抗衡革命社會主義，而是建構革命社會主義本身。[1]

共產主義與發展型資本主義顯然勢不兩立。社會主義亞洲唯有放棄強調自給自足的計畫經濟，才有可能「加入」發展亞洲的行列，不再張牙舞爪抗拒。本書第六章已經詳細說明，中國是這條道路的先行者。第六章探討一九八九年之前的中國，視為一個獨特的社會主義案例；本章則是將中國置於一九九〇年代出現的發展型社會主義**群聚**，顯示中國仍然是領頭羊，經濟成就遠高於它的發展型社會主義鄰邦。毛澤東極權年代結束之後的幾十年間，中國共產黨的治理手段稍稍軟化，但至今並未放鬆對權力的掌控。

中國的改革時期從一九七〇年代晚期展開，但中共在一九八〇年代結束時殘暴鎮壓天安門廣場示威追求民主的學生，充分顯示改革對它而言僅限於發展型經濟與資本主義經濟，不得觸及民主政治與選舉政治。中國並沒有出現像東歐那樣的雙重轉型（dual transition，譯注：同時進行經濟開放與政治開放）。我們在第六章指出，一九八九年的中國一方面太過強大，故而不會像蘇聯那樣崩潰；一方面也太過衰弱，從而無法像臺灣與南韓那樣讓步容許民主。中共與其蘇聯以及東歐的社會主義同儕不同，始終能夠避免因為衰弱引發民主。[2]中共也與發展型國家主義群聚的亞洲鄰邦不同，它缺乏進行民主實驗所需的實力與勇氣。

一九八〇年代晚期，中國開始改革大約十年之後，越南也踏上類似的發展道路。隨著它的超級強權後臺蘇聯崩潰，越南毅然決然與北韓分道揚鑣；北韓的金氏王朝始終抗拒政治與經濟改革。等到越南共產黨（Communist Party of Vietnam）對自家貧窮、封閉的經濟進行改革，它也面臨抉擇：走上選舉與民主之路，追求後共產主義的政治現代性（一如東歐大部分國家）；或者固守一黨專政社會主義的政治模式，徹底擺脫經濟社會主義的發展模式（一如中國）。越南選擇第二條路，執政的越共締造可與中共媲美的成就：一方面維持一黨專政，一方面推動國家經濟快速發展。

柬埔寨的發展之路就顯得顛簸坎坷。一九九〇年代早期，犯下種族滅絕罪行的赤柬（柬埔寨共產黨）繼續與金邊（Phnom Penh）的柬埔寨人民黨（簡稱人民黨）社會主義政權作戰；後者是由越南在一九七〇年代晚期入侵之後扶植。在聯合國介入之下，赤柬走出叢林，人民黨被迫舉行還算自由公平的多黨選舉，以換取大筆援助。柬埔寨在之後二十五年間的政治發展，就是洪森領導的人民黨試圖一方面發展國家經濟，一方面摧毀——不只是擊敗——反對黨。柬埔寨與中國、越南有重要的差異，但是同樣在後冷戰時期遠離自給自足的社會主義路線，邁向高成長率的民族主義經濟發展主義，同時固守一黨專政體制。柬埔寨儘管曾經舉行多黨選舉，但其威權主義軌跡與中國、越南並沒有重大分歧。

來到二〇一〇年代，發展型社會主義群聚的三個案例都成為憑藉實力追求民主的候選國，其中又以中國最具資格。然而就如同發展型不列顛，這三個案例都不曾憑藉實力追求民主。發展型社會主義群聚到底有什麼特質，讓它比發展型國家主義群聚（日本、臺灣、南韓）、發展型軍國主義群聚（印尼、泰國、緬甸）更傾向於迴避民主？

社會主義群聚整體發展的水平偏低，是一項重要但不是唯一的因素。如果說發展型軍國主義群聚發展水平雖低，但並不足以阻止民主改革實驗，那麼發展型社會主義群聚也是如此。事實上，如果社會主義群聚有哪個案例可望成為一個高收入的獨裁政體國家，中國當仁不讓。今日中國持續以前所未見的速度致富，但同時也愈來愈像新加坡那樣迴避民主。中國的對頭日本與臺灣的政權，都曾經在對民主轉型累積足夠的信心，相信它既不會導致政權覆亡、也不會打亂發展軌道之後，憑藉實力轉向民主；然而中國並沒有做這樣的選擇。

中國與日本以及臺灣的對立關係重大。我們認為中國堅持迴避民主的原因之一，在於地緣政治層面。冷戰的終結大幅改善了中國與南韓的關係，然而中國與日本以及臺灣依舊對立。中國對日本有歷史恩怨，一心想要統一臺灣，將日本、臺灣與南韓都視為任憑美國擺布的傀儡；這些因素持續影響中國對民主的觀感。更有甚者，習近平上臺之後中美關係惡化，對於中國威脅現行國際秩序，美國朝野的共識愈來愈強；地緣政治曾經促進發展型國家主義群聚的民主改革，但是對中國而言，這樣的前景愈來愈不可能實現。

地緣政治在越南與柬埔寨產生不一樣的作用。當柬埔寨試圖擺脫聯合國介入強制建立的多黨體系，它將自身的地緣政治命運幾乎完全托付於中國。發展型社會主義群聚內部因此出現**政權擴散與模仿**（regime diffusion and emulation），我們先前在發展型國家主義群聚也看到類似的現象。日本憑藉實力轉向民主化的成功經驗激發了臺灣與南韓推動類似改革的信心，中國一黨專政迴避民主的成功經驗則是讓柬埔寨（一如先前的越南）更加積極模仿中國示範的威權主義。

越南的地緣政治歷程往截然不同的方向轉移。河內（Hanoi）當局看待北京愈來愈像北京看待東京與華府，滿懷憎恨與憂慮。[3] 隨著中國的國力蒸蒸日上，越南也與美國愈走愈近。如果越南認定美國的支持對它的生存不可或缺，而且與它是否能夠深化政治改革有密切關係，那麼地緣政治訊號會讓它更有可能憑藉實力轉向民主。在我們探討發展型社會主義群聚的同時，美國與中國日益升高的地緣政治對立正在改變這個群聚，對於區域的民主前景則是利弊互陳。

中國、越南與柬埔寨差異如此之多，有無道理將三者列入同一個發展型群聚？基於幾項關鍵原因，我們認為應該列入。最顯而易見的原因就是，三個案例都曾經嘗試從社會主義轉型為資本主義，經濟發展模式與民主化模式的連結——亦即從經濟發展到民主之路——是本書比較性分析的核心。我們的詮釋聚焦在勝利信心與穩定信心，因此中國、越南與柬埔寨共有的暴力革命歷史非常重要。在這三個案例中，社會主義政權都很有理由可以聲稱，它們為飽經戰亂的社會帶來和平與秩序。長期籠罩的歷史衝突陰影不僅為這些社會主義政黨帶來一種霍布斯式的正當性，也讓穩定信心非常難以獲致，民主改革的風險居高不下。

社會主義意識形態還以另一種方式發揮作用，對穩定信心造成傷害。在發展型國家主義群聚與不列顛群聚，資本主義經濟發展增進了人民的生活水平。但國家領導的資本主義成長也會加重所得與財富的不平等。相較之下，發展型社會主義群聚歷經數十年的反資本主義社會化與社會主義意識形態，有正當理由排斥那些會促進經濟成長但深化不平等的政策。因此民主轉型有可能會強化發展型社會主義群聚的左派民粹主義，程度更甚於發展亞洲其他群聚，對持續性的經濟發展造成負面影響。

從穩定信心轉向勝利信心，威權中國與威權越南欠缺競爭性多黨選舉的事實，讓它們與其他發展型群聚案例截然不同。最重要的是，中國與越南**不會接收到自身盛極而衰的選舉訊號**。這類訊號曾經在臺灣與南韓促成民主讓步，在新加坡也還有這樣的潛力。就這個關鍵意義而言，我們在中國與越南看到的一黨專政獨裁，威權程度未必會比多黨威權體制**更深**，但卻是**不同**的威權體制。二〇一〇年代，柬埔寨接收到清晰的選舉訊號顯示自身盛極而衰，但無法藉由民主改革做出回應，而是重新加入一黨專政的獨裁政體行列，如今與中國以及越南的政權一樣，不會再有選舉訊號顯示自身實力的消長。[4]

最後一點，中國與越南共產黨領導成功的民族主義革命（柬埔寨在這方面遠遠不如），為長期一黨專政提供了一種受歡迎的正當化論述，可以有效取代選舉民主化，特別是在經濟持續快速發展的前提下。儘管三個政權迴避民主都是為了自身利益考量，但是要說社會主義一黨專政比競爭性多黨民主更能夠回應人民的期望，並不是完全沒有道理。多黨民主愈是難以妥善因應當代治國理政的挑戰，這種論述就會聲浪高漲，尤其是在我們接下來要探討的當代中國。

強大的中國

一九八九年的中共太過衰弱，無法憑藉實力推動民主化。天安門廣場的故事不僅代表中共**力抗崩潰**，也代表它**拒絕讓步**。中共欠缺必要的前置實力與政權信心，無法走上日本、臺灣與南韓的道路。這是本書第六章呈現的主要教訓，我們主張一九八九年的中國才剛開始從社會主義轉型，與毛澤東時代的災難劃清界線，姍姍來遲加入發展亞洲的行列。

本章探討三十年之後的中國，視為亞洲發展型社會主義群聚無可挑戰的領袖國家。今日中國的富裕程度超出當年任何人的預測，中國與領導它的中共政權已經夠強大，可以考慮憑藉實力推動民主轉型。然而儘管蓄積了雄厚的政權實力，中國轉型的可能性還是微乎其微，主要原因在於它和發展型社會主義群聚其他國家的一些共同特質。

如同越南與柬埔寨，今日的中國仍然是一個晚近開發國家，相對貧窮與貧富不均的問題仍然嚴重，而且跟中共政權的社會主義遺緒對照之下更是益發顯著。許多前例的慘烈內部衝突，則是讓中國的政權與人民格外重視穩定信心，然而這樣的信心也格外難以獲致。中共完全沒有多黨選舉的經驗，因此也沒有明確的證據可以建立勝利信心，這種信心是發展型國家主義群聚與不列顛群聚強勢政黨的特質。最重要的因素可能是，中國在地緣政治上成為美國的頭號超級強權對手，基於中國的民族主義立場，這樣的態勢實質上已經排除了中國民主化的可能性。儘管憑藉實力轉向民主將為中國人民帶來史無前例的自由民主大躍進，中國的統治階層——尤其是在習近平領導之下——似乎堅持不走這條路。

強化經濟

一九八九年天安門廣場鎮壓行動落幕之後，中共在經濟上縮減政府開支、採行財政撙節、強化國家管制。中國領導人認為經濟自由化引發政治自由化的呼聲，如果中國要避免另一場災難，整個體系必須懸崖勒馬。[5]

北京政權在總理李鵬帶領之下，迅速將經濟管制再度中央集權化，著重由國家計劃的社會主義發展模式。在李鵬看來，天安門廣場示威抗議之那前幾年，經濟自由化就已出現失控現象。一九八九年之後的中國優先考量如何讓經濟恢復均衡，就算因此導致成長趨緩也在所不惜。政府再度實施物價管制，藉此抑制通貨膨脹。此外政府也透過保護主義政策與增加信貸額度，讓國有企業重獲生機。

中共的撙節改革有效抑制了通貨膨脹，但效應發揮過頭，立即為中國經濟成長帶來嚴重傷害。尤其顯著的是生產力急遽下滑，消費也是如此。回顧一九七九至一九八八年間，中國經濟年成長率在一〇%左右，但一九八九與一九九〇年各只有四%。

沒過多久，北京當局再度改變做法，重拾自由化經濟改革綱領。鄧小平在一九九二年踏上著名的「南巡」之旅，視察中國南部幾個關鍵省分與城市，這些地方都是中國早期工業發展的火車頭。鄧小平表明中國經濟必須繼續、甚至加速改革開放，全心接納市場誘因、外國資本與國際貿易。一九九三年接任國家主席的江澤民接受鄧小平的指示，引進社會主義市場經濟的觀念。江澤民的宣示明確採用「市場」的模式與名稱，這是中共經濟發展策略演進過程非常關鍵的轉捩點。[6]

中國在一九九二年之後朝向社會主義**市場**經濟的轉型，目標是達成「計畫外的成長」（grow out of the plan）。為了解除一九八九年的撙節措施，中國政府針對商品與服務重新引進市場定價機制，後來並將價格自由化擴大到關鍵的策略性消費領域，包括能源市場與食品市場。江澤民政府還推動一系列企業改革，增進勞工流動性與薪資彈性，從而讓民營企業加速成長。政府促進資本的流動性，為民營企業提供資金。上海證券交易所是今日全球規模最大的交易所之一，一九四九年中華人民共和國建立時遭到關閉，一九九〇年重新開業運作。

中共也藉由改革國有企業，為蓬勃發展的民營企業創造空間。然而改革的步調拖沓緩慢，因為國有企業的民營化與縮小規模，會引發嚴重的勞工爭議。這一點顯示了中國的社會主義遺緒的重要性，並且讓中國與發展亞洲其他不具社會主義背景的國家有所區別。

為了啟動國有企業改革進程，江澤民在一九九七年發起「抓大放小」運動，鼓勵國家計劃人員與主管「放掉」績效欠佳的國有企業，但仍對大型國有企業保持控制權，尤其是在策略性產業領域。國有企業的逐步改革與民營企業的快速成長，改變了中國產業界的景觀。來到一九九〇年代晚期，中國國有企業占整體工業產值只有二八％；民營公司不但是工業產值的主力，也是出口大宗。[7]

為了整頓國家財政狀況，中共在一九九四年實施重大的賦稅改革，設置新稅目來增加中央政府營收。最重要的是，這項改革將國家財稅金流匯集到中央政府。先前，絕大部分（高達八〇％）財政收入留在各省金庫，限縮了中央政府分配資源的能力，影響國防、基礎設施投資，以及國家經濟發展等策略性計畫。一九九四年之前，中央政府被迫長期背負預算赤字，有時甚至必須以借據向地方政府與省政府借錢。[8]

一九九四年的財稅改革大幅擴張中央政府預算的規模，提升國家進行策略性經濟投資的能力。從一九九五到二〇一二年，中央政府稅收增幅超過一倍。儘管地方政府與省政府分配到的財政大餅變小了，但是得到更大的自主性來發展自家地方經濟。地方政府降低對財政支援的依賴，轉而擁抱市場商機以便吸引外資、扶植有獲利能力的企業、關閉績效不佳的公司、賺取出口收益。簡而言之，這場財稅改革加速了中國的市場改革，同時也強化了最重要的一種威權體制：中央政府。

對於外資的法規與管制，中共政權也大幅鬆綁。從一九七九到一九九九年間，中國吸引的外資超過三千億美元，十年後更增加到一兆美元左右。一九九〇年代中期，鄧小平南巡之後短短幾年，外資企業占中國工業產值達五分之一，占出口總額更高達四〇％。

中國充沛的勞動力供應與龐大的消費者市場，吸引外國的製造業公司進駐。經濟特區與其賦稅優惠也對外商形成重大誘因，特別是在鼓勵出口業的沿海省分。中國為了準備好在二〇〇一年加入世界貿易組織（World Trade Organization），致力於降低大部分產業的關稅，爭取更多外資來壯大出口產業。政府先是讓人民幣釘住美元，然後讓人民幣貶值以促進貿易，尤其是促進中國的出口貿易。拜江澤民推行「走向全球」策略之賜，中國在一九九〇年代中期將貿易入超轉成出超。[9]

胡錦濤在二〇〇三年接下江澤民的國家主席大位，任命溫家寶出任總理。胡溫體制（二〇〇三至二〇一三年）在許多方面遵行江澤民在十年前開啟的高成長與全球導向路線。快速的經濟成長支撐著政權的績效正當性。中國日益富裕，富裕為中共獨裁帶來支持。

然而胡錦濤政府體認到，中國經濟發展的成果並沒有讓大多數人民受惠，許多人受到忽略，尤其是內陸與鄉村地區居民。如果中共政權將經濟表現轉化為政治資本，那麼光只是締造成長率並不足以維繫政權的正當性。就如胡錦濤所云，政府必須更加關注「成長的品質」。

二〇〇〇年代初期，中國的鄉村經濟出現頹勢。鄉鎮企業原本還能受惠於一九七八年之後的改革，但是後來遭遇民營企業競爭擠壓。鄉鎮企業一直在吸收農村剩餘勞動力、提供固定薪資就業方面扮演重要角色，然而到了一九九〇年代中期已無足輕重。中共擔心這種不均衡的成長會引發政治性的反對，於是全力投入鄉村發展，鼓勵內陸省分的工業成長，為鄉村家庭提供賦稅優惠。

到二〇〇〇年代時，中國西部內陸省分與沿海省分的經濟鴻溝嚴重擴大。胡錦濤在二〇〇三年即位之後不久，加碼推動「西部大開發」計畫；這項計畫在一九九〇年代後期出爐，試圖降低各地區經濟的不平等現象。[10]中共領導階層有許多人擔心出現「兩個中國」——富裕的沿海城市與貧窮的內陸省分——將引發民眾不滿情緒，傷害政權與其發展策略得到的政治支持。胡溫體制將不成比例的大量資源投放到西部省分，開發基礎設施以便促進貿易與商業，對策略性成長部門進行產業投資，提供賦稅優惠來吸引外資並成立出口特區。

胡錦濤政府也特別重視社會政策改革，特別是逐步擴大國家負擔的社會保險計畫。儘管中國已歷經數十年的經濟成長，政府也承諾推動社會主義發展模式，但中國政府營運的社會福利計畫排除了許多鄉村與城市的貧窮民眾。低收入家庭並沒有社會安全網，意謂他們必須自掏腰包為社會服務付費——例如政府不給付的醫療服務。[11]

對於解決這個問題，胡錦濤政府的做法是提高國家對健保的給付。二〇〇六年，政府支出的健保費用在一九九〇年代早期之後首度超過民眾自付額。二〇〇九年，政府推行一項範圍廣大的新健保計畫，不僅照顧鄉村與都市勞工，而且涵蓋失業民眾與無工作眷屬。這項全民健保計畫由政府負擔大部分經費，涵蓋率達到人口的九五%，讓幾乎全體國民不論有無就業都能享有醫療照護。這些社會政策改革深受中國民眾歡迎，也為中共政權帶來更強大的支持。

總而言之，中共繳出的經濟發展成績非常驚人。二〇一〇年中國超越日本，成為世界第二大經濟體。中國的人均收入從一九九〇年代初期開始直線上升，將中國帶進中等收入國家的上層，也讓數以億萬計民眾脫離赤貧生活，這是人類發展史上前所未見的成就。如果現任中國國家主席習近平能夠兌現他宏大的承諾，運用大手筆公共支出與持續的經濟成長，中國的赤貧現象將完全消失。

以整體貿易額與出口而言，中國也已成為全世界最大的貿易經濟體。中國積極將出口市場多元化，從全球北方（global North）擴展到東南亞、中亞與非洲的新興經濟體。中國曾經被批評為缺乏全球性的品牌吸引力，如今卻能夠在消費者市場與美國、日本、歐洲的品牌較量高下。二〇〇一年的《財星》全球五百大企業（*Fortune 500*），中國只有十一家公司上榜，到二〇二〇年時已激增至一百二十四家，讓美國（一百二十一家）相形見絀，更是日本（五十三家）的兩倍以上。[12]

中國企業不僅規模龐大，而且沿著全球價值鏈步步高升。中國的國有企業與民營企業長年對大學、研究實驗室、科學技術研發與商業化進行投資，如今正在尖端科技領域挑戰全球的長期領導者。

中國經濟在全球舞臺上的勢力，也以其他方式蒸蒸日上。近年中國帶頭打造雄心勃勃的跨國投資計畫，例如一帶一路與亞洲基礎設施投資銀行。中國企業也已成為全世界最大的對外直接投資（outbound direct investment）提供者，推動全球南方（global South）其他新興經濟體的經濟發展。

蓄積政權實力

中國極為優異的經濟發展為政權帶來巨大的績效正當性，但儘管經濟成長是威權政權政治支持的重要來源，卻不是唯一來源。此外，我們在發展亞洲其他地區已經看到，經濟成長在強化政權正當性的同時，也會促使社會要求更優質的政府績效。一九八九年天安門廣場大屠殺之後，中共明確踏上一條「蓄積實力」的道路，營造經濟績效正當性是做法之一，但不是全部。

從一九八九年六月四日的陰影中，受創的中共政權迅速重建黨的運作機器。一項重要的做法就是將領導人接班傳承體制化，混合了派系平衡的非正式規範，以及黨內論功行賞擢升的正式機制。對於威權政黨的實力與續航力而言，可預測的領導人傳承是一項關鍵因素，可以強化黨內的穩定性，避免毛澤東或鄧小平時期削弱中共的派系分裂再次發生。就領導人傳承而言，江澤民二〇〇三年交棒給胡錦濤的過程在政治面風平浪靜，胡錦濤交棒給習近平也是如此。

中共也積極重建、改造自家的黨員基礎。有鑑於黨致力於推動經濟成長，踏上務實而非意識形態的發展道路，像民營企業家這類過去的「階級敵人」都被納入黨員的行列。在快速現代化的中國，資本主義企業家如果得到政府協助，會成為重要的基礎支持者；但他們如果遭到打壓，也有可能成為政治上的反對者。儘管如此，即便鄧小平在意識形態上抱持務實主義，中共的社會主義背景還是讓它與民營企業家格格不入，收編的過程進展緩慢。

二〇〇〇年代初期，收編的過程開始加大力道。二〇〇二年，即將卸任的江澤民在中國共產黨全國代表大會提出新口號「三個代表」：中國共產黨要始終代表中國先進社會生產力的發展要求、要始終代表中國先進文化的前進方向、要始終代表中國最廣大人民的根本利益。換言之，中共與時俱進，願意代表企業家的利益，為民營企業家入黨打開大門。

中國企業家很快就踴躍響應。估計顯示中國民營企業家有將近半數先後入黨。可能是因為這些「紅色資本家」已經被中共收編成功，也可能是因為他們本來就與黨志同道合，中國新興的資本家階級並未要求政治改革，那是許多中共領導人原先的憂慮（也是一些外界觀察家原先的預測）。中國企業家大體上相當支持中共、贊同保持現狀，被視為黨的合作夥伴而非對手。簡而言之，企業家強化了中共的治理聯盟。[13]

天安門廣場事件之後，中共建立了新的管道來促進下情上達、在群眾之間開闢新的人民參與模式以及新的政治正當性泉源。建立於一九四九年的中國人民政治協商會議（簡稱政協）被中共政權宣揚為一種體制性的機制，讓人民表達各種政治與政策意見，從內政政策到外交事務無所不包。政協主要仍然是由中共黨員組成，但也涵蓋各種功能性的組織（界別）來代表社會各界，例如青年聯合會、企業、工商業聯合會、勞工組織與其他共產黨附屬政治組織。政協與全國人大不同，尤其是自一九八九年以來，它逐漸自我定位為國家的測試機制，匯集包括政治不滿在內的社會意見，目的是要提供一道減壓閥；中國在一九八九年六月危機之前缺乏這樣的機制，結果釀成悲劇。

為了建立中國官員所謂的「協商式威權主義」，地方層級也必須努力。舉例來看，中國在一九九〇年代晚期實施村民委員會選務改革，讓鄉村地區的選舉更為透明、減少貪腐。雖然這些選舉遠遠談不上競爭性，選務的改革仍然提升了公民對於地方政治與治理的參與。一九八〇年代開始普及的城市居民委員會也有類似的作用，試圖讓更多社會意見能夠影響城市地方事務。為了提升地方治理與政府的回應性，中共政權也鼓勵地方層級實驗協商做法，開闢更多管道讓公民對政策事務表達意見。[14]

在習近平近年加強鎮壓之前，中共政權其實對公民社會的成長樂觀其成，特別是對所謂的非政府組織（NGO）。中國的非政府組織必須向政府登記，因此又稱為「官辦非政府組織」（government organized NGO）。目前中國已登記的官辦非政府組織超過五十萬個；至於運作但未登記的公民社會團體，據估計更多達數百萬個。

其他社會中的非政府組織部門往往與政權敵對，但在中國未必如此。中國政府會積極與公民社會團體合作，尤其是從事社會服務工作與非政治訴求的團體。從威權政權的觀點來看，公民社會行為者——包括未向政府登記的團體——只要自我克制勿從事政治活動，政府也就願意扶植它們發展。[15]

從一九九〇年代到二〇〇〇年代，中共愈來愈能容忍政治異議與抗議，雖然還是選擇性容忍。網際網路提供了一個批判性的論壇，匯集民意的回饋，包括發抒對政府的不滿。近年中共政權開始鎮壓「網民」的活動，但網際網路仍會出現具政治顛覆性、受到嚴密監控的活動。就群眾動員與示威抗議來看，中國每天都有數百起小規模事件發生。這些抗議「事件」絕大部分都微不足道，只有少數人參與，主題多半涉及地方事務，從舉發地方官員貪汙的吹哨者，到鄰避效應（not in my backyard, NYMBY）的民怨。對中共政權而言，政治異議成為一個重要但必須謹慎管控的回饋來源；前提是這些地方化的政治異議受到圍堵，不會擴散或動員為更大規模的抗議活動。[16]

這些因素加總起來構成一樁事實：今日的中共不同於一九八九年的中共，它是一個非常強大、受到支持、善於調適的執政黨。從四十多年前啟動改革迄今，中共不斷蓄積實力。一九八九年之後，這個執政黨成功進行內部組織改造，鞏固權力。它在民眾之間獲致民意正當性，藉由領導中國卓越的經濟、社會與政治轉型取得政治支持。最重要的是，它能夠調適與演進，數十年來營造出一個較為軟性、包容、開放的政權形象。今日的中共也不是毛澤東時代的中共，不是一九七八年改革剛起步的中共，甚至不是一九八九年決定鎮壓並暴力終結天安門廣場示威的中共。[17]換言之，如果說一九八〇年代的中共還在「蓄積實力」，一如本書第六章的闡述，那麼我們可以明確指出，今日的中共已經擁有極為強大的實力，強大到足以考慮憑藉實力、讓步容許民主。

凶險訊號？

南韓、印尼甚至緬甸，這些天差地遠的案例在做出搶占先機的民主讓步之前，都曾接收到凶險但仍有希望的訊號；相較之下，中共接收到的實力中衰訊號既不嚴重也不清晰。在此同時，中共累積政治與經濟實力的過程已長達四十年，持續如此累積的能力恐怕正在下滑。有跡象顯示，中共已經到達或者即將到達自身實力的顛峰。[18]

中國經濟發展的速度已經趨緩，二〇一〇年代中期迄今，年平均成長率從一〇%放慢到「新常態」六%，二〇二〇年新冠肺炎大流行爆發之後下滑更為顯著。這樣的減速趨勢並不讓人意外。經濟學家認為習近平二〇一三年上臺時承接的中國經濟，必須進行大規模的結構性改革。如果中國經濟還想重演以往的高成長率，高難度的改革工作不可或缺。中國經濟的生產力從二〇〇〇年代初期開始下滑，面對東南亞與其他開發中地區的新興經濟體，中國製造業勞動力充裕且低廉的競爭優勢也大打折扣。中國企業開始將工廠轉移到海外，尋求更廉價的勞力市場，就如同一九八〇年代的外國企業看待中國、帶動中國工業的快速發展。（譯注：中國二〇二三年經濟成長率五．二%，二〇二四年預估五%，都是排除新冠疫情期間的三十年來新低紀錄。）

中國的國內消費近年持續上升，但GDP成長有一大部分仍然來自投資。然而中國以投資帶動經濟成長的策略可能已經到達極限。習近平現今致力於提升鄉村地區收入、減輕貧富不均現象，希望藉由增加家庭開支來解決投資與消費失衡的問題。但懷疑者擔心這些做法可能為時已晚，因為中國的地方經濟太過依賴投資帶動的成長，難以自拔。恢復平衡的終極代價可能會是經濟成長減速，讓政權陷入危險的政治處境。

中國經濟還有債臺高築的問題，負擔日益沉重。近來恒大集團與其他財務高度槓桿化的房地產開發集團紛紛傳出危機，有可能會造成中國金融市場劇烈動盪。（譯注：二〇二三至二〇二四年間，恒大集團在美國聲請破產保護，在香港遭法院清算資產。）中國的國有企業從一九九〇年代開始就是艱難改革的目標，但持續消耗大量的政府投資資源。這個部門充斥著逾期放款問題，顯示政府不願意放棄生產力低落的僵屍企業。不僅如此，地方政府也背負難以長期承擔的債務，它們靠著借債投資來達成經濟成長目標。在微觀層面，家庭與消費者負債也節節上升，這要歸因於中國各大城市的房價與生活成本持續大幅上漲。[19] 負債狀況的持續惡化，讓中國經濟的基本面陣腳大亂。

對中共政權而言，貧富不均程度的升高是一項嚴峻的政治與經濟挑戰，尤其是對照中共堅持的社會主義意識形態。從改革開放啟動的一九八〇年代早期到二〇〇〇年代，中國的吉尼係數從不到〇．三上升到將近〇．五；非官方的估計值更高，顯示更接近〇．六；果真如此，中國會是全世界最貧富不均的社會之一。

中國貧富不均狀況惡化的部分原因在於，鄉村地區薪資成長近年陷入停滯，經濟機會與生產力整體呈現下滑。在城市地區，所得不平等狀況惡化的禍首是物價上漲。然而除了所得層面，貧富不均狀況惡化還包含其他層面。中國的財富差距日益明顯，房屋與教育的取得愈來愈困難。跨世代財富轉移擴大了財富的鴻溝。對於中共的社會主義意識形態與身分認同，這些嚴重的不平等現象造成深入核心的傷害。

如何兼顧經濟成長與其他政治相關考量，讓今日的北京當局面臨嚴峻挑戰。中國民眾愈來愈關注生活品質，也開始對這方面的問題表達不滿。當年胡溫體制先知先覺，將焦點從一味追求成長轉移到「成長的品質」，今日的中國民眾也是如此，後物質主義（postmaterialist）的關切對他們愈來愈重要。舉例而言，消費者安全議題動見觀瞻，往往會引發民眾不滿、集體動員。所謂的「鄰避效應」議題與民怨——例如國家強徵土地、快速都市化與人口被迫遷徙的代價——也產生了政治重要性。空氣汙染、潔淨用水等環境問題則是讓政府必須自我辯護。[20]政治挑戰與經濟挑戰紛至沓來，中共政權應接不暇。

對中共政權而言，方興未艾的示威抗議與政治爭議可能是良性挑戰，也可能是生存威脅，它的回應方式說明了它的立場。[21]目前看來，生存威脅的觀點占了上風。儘管中共政權試圖表現出更為包容、更願意協商的一面，它仍然對內部安全機制投注大量資源，設計先進的壓迫手段來剷除政治成分敏感的異議人士。中共政權經常運用成本昂貴的科技來進行網路監控、新聞媒體與社群媒體檢查、攝影監控、錯假訊息資訊戰、牢獄威脅，甚至暴力鎮壓，在在都顯示中共將方興未艾的政治爭議視為足以動搖政權穩定性的威脅。儘管中共在中國不可思議的發展過程中累積了可觀的實力，但習近平掌權之後訴諸壓迫的做法顯示，中共並沒有獲致穩定信心，反而恰恰相反。

除了經濟挑戰與國內政治挑戰，中國的地緣政治處境也變得更為複雜糾葛。愈來愈多國家批判中國及其人權紀錄、它對周邊地區的領土聲索、它在國際社會的經濟實力擴張。隨著中國在世界舞臺上日益強大，鄰國也因為它的霸權行徑感到焦慮；其他強權國家則是對中國的崛起深懷戒心。

與一九九〇年代相較，這是一大變化；當時中國頭一回讓自己深度整合進入國際經濟體系，在世界貿易組織、世界銀行等全球治理機構與亞洲多個區域組織取得重要的立足點。當時對世界其他地區而言，共產中國雖然不是盟友，但也不是敵人或挑戰者。然而時至今日，中國給人的觀感與實質的行為愈來愈像是美國及其盟邦的地緣政治對手。國際社會對於中國的批評——例如迫害新疆維吾爾族穆斯林、中國企業帶來的安全問題、中國不公平的貿易政策——更讓中國受到愈來愈不友善的競爭性壓力。

現今美中對抗未來會造成什麼樣的政治、經濟與外交後果，情勢仍然曖昧不明。舉例而言，我們不確定中國領導人是否將地緣政治逆境視為令人憂心的訊號與壓力，可能會對中共政權及其政治正當性造成傷害。然而可以確定的是，長期進行的貿易戰爭、與過去關係友善國家的外交糾紛、反覆延燒的邊界衝突、國際社會對於中國在國內與國際行為的同聲譴責，這些因素會讓中國愈來愈難像過去四十年那樣，以風平浪靜的方式推動現代化。

中共政權締造了極為優異的經濟發展成績之後，如今似乎即將來到一個關鍵的轉折點。它有兩條路可走：推動政治改革，邁向更為自由化的未來；或者變本加厲，延續習近平的威權主義做法。我們的憑藉實力轉向民主理論有助於分析這個問題。

本書一再指出，強勢的政權在通過自身實力的顛峰時期之後，最有可能讓步容許民主。不僅如此，威權執政黨通過顛峰的時間點愈近，民主轉型愈有可能穩定開展，讓執政黨保住政權。簡而言之，政權愈是強勢，選擇民主愈是有利。

中共政權過去大約十年間接收到的訊號，從經濟訊號到地緣政治訊號，都還不足以顯示中共已經盛極而衰。以目前情況而言，中共享有廣泛的政治支持，過去四十年間累積的績效正當性提供了可觀的政治與經濟實力——至少目前仍是如此。

中共雖然是憑藉實力轉向民主的**候選案例**，但我們並不確實知道——就如同我們不可能確知未來的情況——其政權是否已經通過顛峰時期、進入苦澀甜蜜點。我們在發展型不列顛群聚的案例已經看到，威權政權如果只是等候情勢塵埃落定，恐怕反而真的會為自身帶來生存威脅。

本書有一個一再浮現的主題，就是發展會催生人民的不滿情緒。過往的成功會升高人們對於未來成功的期望，催生出心懷不滿的群體，而且可能很快就會壯大為反對勢力。狄忠浦形容這道難題為「托克維爾弔詭」(Tocquevillian paradox）或者「期望升高引發的革命」，成為「獨裁者兩難」的核心成分。就中國而言，狄忠浦推測：「就算共產黨現在還不必面對有組織的反對運動，未來仍有可能在期望升高引發的革命中解體。」[22]雖然中共目前遭遇的挑戰還不是非常凶險迫切，但它們預示的社會、經濟、政治與地緣政治挑戰，以中共政權現有的型態而言恐怕會無力因應。

中國現行的經濟成長模式已經發揮到極限，需要大規模改革；中共政權獲取績效正當性的公式也是如此，運用至今維持其政治宰制地位，但恐怕再過不久就會宣告失效。中共近年提升鎮壓與壓迫能力的決策，在習近平領導之下強化對權力的威權掌控，代表它認定為了克服前方的障礙，必須讓中國遠離——而不是走上——其東北亞鄰國穩扎穩打、強勢政府帶動的民主化路線。

以中共過去四十年間累積的實力而言，它**應該**具備穩定信心與勝利信心，但這個政權似乎選擇迴避憑藉實力轉向民主的選項。如同我們在第八章看到的馬來西亞與香港，以及本章稍後即將探討的柬埔寨，迴避這條路會帶來巨大的風險。

中國的民主前景

在我們的憑藉實力轉向民主理論之中，我們特別著重一個關於執政黨實力的弔詭：「當執政黨擁有可觀的實力，它一方面會更能夠延續威權統治，另一方面卻更沒有必要這麼做。」[23] 換言之，當一個執政黨的實力足以暫時維持對於政治權力的威權掌控，它也會能夠讓步容許民主而且避免自身失敗，如此一來將提高它選擇民主道路的可能性。

依照我們的觀點，中共的實力顯然足以做這兩種選擇，它目前所在的位置甜蜜遠多於苦澀。中共有理由宣稱中國卓越的發展成就要歸功於它的規畫與領導；與一九八九年不同，今日的中共擁有「可用的過往」，有能力藉由選舉獲取支持，帶領中國進入下一個階段的社會、經濟、政治現代化。中共也不是只有一張經濟的成績單。它的治理改革增進了政權的協商能力，顯示它愈來愈能夠回應民眾的需求與意見。它對資本主義企業家的接納，反映出它能夠調適中國的發展演進歷程。中國民眾普遍支持中共，認可它過去扮演的角色與歷史紀錄。[24]

簡而言之，中共的經濟與政治發展成績將會是它最重要的憑藉，可讓它在一個未來的民主體制中保持穩定、獲取勝利。就這方面而言，中國愈來愈像發展型國家主義群聚的鄰邦，距離三十年前崩潰的前蘇聯集團愈來愈遠。就中國特色的發展型社會主義而言，中共政權致力於經濟成長與發展主義的程度與日俱增，社會主義的成分則隨之遞減。

中共如果依照自己設定的條件與時間來進行民主化，應該會很有信心國家能夠保持穩定。中共若是要領導中國的民主轉型過程，一如國民黨在臺灣的作為，其政權可以設置體制性的防衛機制與憲法條款，來確保民主轉型穩定進行。[25]人們不必擔心民主會帶來混亂與動盪不安，反而可以期待中國出現一個更為公平與民主的競技場，建立政治減壓閥機制來緩解國內政治緊張情勢——包括以更為和平、更能長久維繫的方式來管理動盪不安的邊疆地區。事實上，發展型國家主義群聚提供的核心教訓之一，就是民主轉型能夠增進而非破壞中國的政治穩定性。

中共在中國廣受支持。幾乎每一項民調都顯示，中國民眾力挺北京政權；不僅如此，大部分民眾表明支持中共，照理說這會為中共帶來充分的勝利信心。當然，中國民眾會批評黨和政權；如果是在民主的環境中，批評會更加強烈、更加公開。舉例而言，如果中國有多黨民主體制，中共的批評者會組成反對陣營。但是就目前的情況來看，中共是中國唯一有可行性的選擇。如果中國邁向民主化，近期內沒有任何一個挑戰者能夠扳倒中共。此外就如同發展型國家主義群聚的案例，一個威權後繼政黨推動政治體系民主化之後，原先的威權政權反對者有可能會轉而支持它。換句話說，對於讓步容許民主不會導致自身失敗，中共應該會和日本、南韓與臺灣的執政黨有同樣的信心，甚至更有信心。

中國內部有許多人士認為，民主轉型會破壞中國的發展軌道。對於主張推動民主改革者，批評人士以蘇聯經驗為例，談論「開放與改革」（glasnost and perestroika）的前車之鑑。中國從蘇聯學到的教訓是民主轉型會引發政治動盪與經濟混亂，同時也造成蘇聯共產黨的覆亡。根據這種批判性論述，民主轉型有百害而無一利。

從蘇聯的經驗得到這樣的教訓並不正確。前蘇聯的民主失敗與蘇共之所以覆亡，原因是蘇共的**崩潰**而不是**讓步**。蘇共的讓步只導致半調子的自由化改革，而且當時其政權已喪失正當性與民意支持，因此民主進程一旦啟動，蘇共很快就被趕下臺。如果北京當局要從蘇聯經驗獲取教訓，重點應該是一個威權執政黨在盛極而衰之後拖延太久才開始民主轉型，導致過程難以保持穩定，也傷害執政黨自身的優勢。我們在討論發展型不列顛群聚案例時指出，如果一個政權迴避民主太久，超過自身的「賞味期限」，它會有更大的風險完全錯過苦澀甜蜜點，陷入我們所謂的「痛苦的威權主義」（香港已經如此，新加坡愈來愈像），甚至導致威權政權徹底潰敗（馬來西亞）。

中國民主的障礙

儘管中共政權有充分理由憑藉實力讓步容許民主，但中國的民主轉型依舊不太可能實現，甚至是希望渺茫。北京當局目前的政治軌道並不利於民主發展。習近平早年在黨內鞏固個人權力時，有人推測他企圖為民主讓步的計畫打好基礎。然而近年中共對權力的威權掌控愈抓愈緊，鎮壓手段紛紛出籠，顯示早年的希望其實是錯覺，習近平與中共無意推動政治體系自由化。[26]習近平在二〇一八年取消國家主席任期限制，更加確認中共的路線與民主化漸行漸遠。

姑且不論如何揣測習近平的意圖，憑藉實力轉向民主之所以在中國寸步難行，還涉及結構性的因素。首先，關於中共政權可能已經盛極而衰的凶險訊號一直很不清晰。依據我們的理論，執政黨對於自身實力的上升或下降，最清晰的訊號莫過於選舉訊號。回顧本書憑藉實力轉向民主的經典案例——臺灣，選舉為國民黨政權提供一個反饋迴路，讓它得以衡量自身的選民支持度。國民黨的政權掌控從來不是問題，戒嚴體制根本就禁止反對派組黨，但國民黨在一九七〇與一九八〇年代仍然必須處理自身選舉支持度下滑的問題。選舉結果對國民黨送出清晰的訊號：它的實力每況愈下。[27]

來到中國，選舉訊號最好的狀況是不可信賴，最壞的狀況是根本不存在。鄉村與城鎮選舉充斥貪腐、賄賂、暴力與選民恐嚇，無法清晰呈現選情態勢，因此中共對於自身民意支持度只能得到扭曲的訊息。執政黨如果欠缺清晰的訊號，可能導致對自身的民主前景信心低落，所有不曾進行多黨選舉的威權政權都會遭遇這樣的問題。

其次，中共非常擅長保護領導中心不受政治責難。一九八九年之後政治鬥爭升高，但是中共能夠將政治異議地方化。除了動用安全機構鎮壓政治動亂，也將政治責難導向地方幹部。習近平的反腐行動暴露了黨與政府廣泛的貪汙腐化，大部分民眾雖然對地方官員缺乏信心，但是持續信賴與支持中央政權。[28]

第三，中共強烈抗拒來自地緣政治的民主化壓力。我們在本書談過，發展型國家主義群聚的國家曾經面對來自美國不同程度的壓力，必須讓步容許民主。然而中國從來不是美國的盟友，美國與其他國家的連結會直接、間接促進民主化，但是對中國不起作用。[29]事實上，中國愈來愈將自己視為世界富裕民主國家的對手。包括美國在內的其他國家，也愈來愈將中國視為對手。民主的「拉力效應」（pull effect）鼓勵發展型國家主義群聚讓步容許民主，在當代中國付之闕如。中美地緣政治競爭營造出一種憎惡感或者「推力效應」（push effect），擴大了民主前景與社會主義威權韌性之間的鴻溝。

最後一點，民主前景對中共欠缺強大的吸引力。近幾年來，世界各地的民主倒退現象日益嚴重，民選領導人為了贏取政治權力而轉向民粹訴求、兩極化政治手段。民主予人的觀感是愈來愈不穩定，因為許多地方的情況確實如此，包括幾個比較年輕、新近轉型的民主國家；全球的「民主衰退」（democratic recession）在這些國家格外嚴重。[30] 更有甚者，許多中國人認為中共政權已經相當民主，強調它致力於強化協商機制、推動依法治理、深獲民眾支持。中共不是一個自由民主體制，甚至談不上選舉民主，但它宣稱自家是不同型態的民主，容許某種程度的政治參與和政治回應。[31]

因此不難想見，「自由民主體制是西方產物，因此不適合中國社會」這樣的論調在中國領導人、中國民眾與國際社會的中共支持者之間大行其道。根據狄忠浦最近的調查，大部分中國民眾認為中國「已經是民主國家」，轉型為自由選舉民主體制既無必要、也無好處。[32] 陳捷（Jie Chen）認為中國的中產階級對民主並無好感，對中共相當支持。[33] 貝淡寧（Daniel Bell）指出，中國領導人甚至提倡另闢蹊徑的「中國模式」，它對中國的吸引力可能勝過民主。[34] 就算今日中共政權正處於憑藉實力讓步容許民主的理想位置，也可望在新生的中國民主體制中持續發展壯大，民主的誘因與民主的吸引力仍然不足以促使中共選擇民主。

越南

越南一如中國，並沒有在冷戰結束後因為衰弱而走上民主之路；越南共產黨並沒有崩潰。過去三十年間，越南以發展型社會主義群聚成員的身分，加入發展亞洲的行列。它的成就要歸功於一系列卓越的市場導向與外部導向經濟改革，與中國的歷程相當近似。也如同中國，越南並未擺脫社會主義的遺緒與做法，國營企業仍然是國家經濟的主力，越共仍然扮演一黨專政的先鋒角色。儘管有社會主義遺緒的影響，但是從更廣泛的比較與歷史觀點來看，越南的經濟轉型是不折不扣的驚人成就。

大體而言，以下的分析會將越南呈現為一個較中國薄弱的發展型社會主義案例，因此也是較薄弱的憑藉實力轉向民主案例。越共政權的強大程度足以憑藉實力轉向民主，然而對於民主改革是否勢在必行，它只接收到模糊微弱的訊號與壓力。此外，越南除了國力比不上中國，至少還在兩個重要層面與中國有實質的差異。

第一個關鍵差異在於越南的政治體制；隨著中國在習近平治下日益個人化，這項差異也愈來愈顯著。以最簡單的方式來說，越南雖然是一個歷久不衰的一黨專政社會主義政權，然而其權力架構的「離心」(centrifugal)程度卻令人訝異。越南各個省分掌握實權；國會做出實質決策，辯論過程經由電視轉播；越共的批評者有機會上網發聲或者上街抗議；越共領導階層共享政治權力，各方預期他們會以定期、可預測的方式進行交接。

這些現象與二〇一三年之前、鄧小平政權與習近平政權之間的中國沒有多大差異。習近平時代中國最重要的變化可能在於，中國又回歸較為「向心」(centripetal)的權力結構，習近平扮演無可挑戰的人事中心。中國的地方政府、議會體制、示威抗議者、中共領導階層的接班梯隊，運作的空間都在習近平上臺之後緊縮。越南在這些領域的尺度要比中國寬鬆得多，至於這種情形代表越南的威權體制變得「更為強大」抑或「更為薄弱」，仍有待辯論。然而無庸置疑的是，這兩個社會主義鄰國的威權體制型態漸行漸遠。

第二項關鍵差異同樣無庸置疑：越南在地緣政治世界的位置。中國與美國地緣政治對立的深化，降低了中國民主化的可能性；但是另一方面，越南將中國視為比美國更大的威脅與對手，卻升高了民主化的可能性。當我們探討未來幾年裡，哪一種類型的訊號最有可能改變越南政權的走向，地緣政治訊號似乎最值得關注。然而依據我們的理論，對於一個日漸衰弱的政權，地緣政治訊號並不是最清晰或最強烈的訊號，因此越南在短期內走上民主化道路的可能性相當低。

經濟實力

冷戰年代的越南與蘇聯緊密結盟，中國則在一九五九年中蘇交惡之後與蘇聯分道揚鑣。越南與蘇聯的關係對其政治經濟產生深遠的影響，包括它揚棄國家社會主義（state socialism）模式、改採發展型社會主義。中國在毛澤東時代混用社會主義與自給自足的科技官僚民族主義；越南在一九五四年趕走盤據北部的法國勢力、一九七五年驅逐盤據南部的美國勢力之後，高度依賴外來援助。

弔詭的是，這種冷戰年代社會主義的深刻外部依賴，反而讓越南在冷戰結束之後更容易邁向國際化，向資本主義世界開放自身的經濟。越南到一九八〇年代才「加入」發展亞洲，也許時機比中國晚了一點，然而它一旦加入之後，做法比中國更為果決。對於發展亞洲的區域經貿來往規則，社會主義越南也比中國更為如魚得水，儘管其發展成果遠遠不如龐然大物的北方鄰國。

越南的社會主義經濟也與中國不同，原因在於它歷經了不同的社會主義革命。兩者最顯著的差異在於，越南革命過程中社會轉型的深度與範圍。雖然越南和中國一樣歷經扎扎實實的社會革命，但越共採行並因此致勝的統一戰線策略，促使它對非共產主義勢力做出大幅度妥協。[35]因此越共比較難以像中共那樣對財產關係進行革命、從經濟生活主流根除市場機制、要求人民忠於特定意識形態，就如同毛澤東宣布中華人民共和國建立時的做法。越南南部的情況尤其是如此，越共對當地的統治比較晚近也比較薄弱。從一九七九年開始，越南鄉村地區的市場關係開始占上風。中國一九七〇年代晚期的鄉村地區市場化，代表毛澤東死亡、鄧小平崛起之後的重大轉變；相較之下，越南的情況代表越共從一開始就無法將鄉村經濟徹底改造與社會主義化。[36]

越共在一九七〇年代大力推動社會主義，雖然無法徹底改變越南的政治經濟，但卻造成嚴重的破壞。有如重演中國「大躍進」的恐怖場景，越南的農業體系在強迫集體化的壓力之下崩潰，從城市到鄉村都在一九七〇年代晚期出現近乎饑荒的慘況。[37]雪上加霜的是，當時越南與柬埔寨以及中國兩線作戰；它在一九七八年入侵柬埔寨，推翻犯下種族滅絕罪行的赤柬；赤柬是中共的盟友，因此中國在翌年入侵越南，進行報復。在這種內憂外患交相逼迫的情勢中，越南羽翼未豐的社會主義經濟不可能站穩腳跟、邁步向前。

結果則是在越南與中國全面接納「市場社會主義」之前，社會主義與越南的緣分要比與中國來得淺。對越南而言，接納市場社會主義與其說是意識形態轉移，不如說是為了謀求生存。武有翔（Tuong Vu）指出，一九七九年的越共全國代表大會「體認到私營部門的實用性，賦予地方政府更大的自主權……黨領導人認為這些做法只是暫時退卻，並非長期政策，因為它們顯然違背了馬克思主義體系的社會主義。」[38]

然而越共「退卻」之後一去不返。越南所處的地緣政治環境不斷變化，隨著戈巴契夫（Mikhail Gorbachev）成為蘇聯領導人，侍從者必須效法恩庇者。在一九八六年的蘇聯，「改革」是最重要的經濟口號；那年年底，越共正式宣示自家的「革新」(doi moi）策略。隨之而來的自由化與國際化經濟改革讓越南得以一舉「加入」發展亞洲。[39]領導越共長達二十五年的黎筍（Le Duan）在一九八六年過世，也有助於越南進行果斷、激進的經濟改革，新任領導人阮文靈（Nguyen Van Linh）出身南方，革命資歷完整，讓越共得以名正言順、毅然決然告別正統社會主義意識形態。

正如同中國的「四個現代化」絕不意謂政治改革，越南的「革新」也絕不意謂民主化。對照蘇聯的狀況，「革新」著重「改革」而淡化「開放」。儘管阮文靈有時會被稱為「越南的戈巴契夫」，但其實「越南的鄧小平」更為貼切。越共在一九八八年對政治自由化淺嘗輒止，藉由提高新聞自由來處理貪腐問題，但是很快就走上回頭路；一九八九年，東歐的共產黨政權紛紛垮臺，中國共產黨也大受衝擊。[40]越共一如中共，極力避免因為衰弱引發民主的態勢。

越南與越共相當幸運，推動經濟國際化的改革來得正是時候，一九八五年的《廣場協定》促使大量日本資金湧入東南亞。越南的科學和工業基礎與後毛澤東時代的中國無法比擬，但擁有教育程度普遍良好的人口，這要拜其社會主義背景之賜。從全球的觀點來看，越南的成績相當耀眼；儘管就發展亞洲而言，只能算是中規中矩。一九八八年，越南GDP年成長率超過五%，接下來的三十年間從未低於這個數字，就連遇上一九九〇年代晚期的亞洲金融風暴、二〇〇〇年代晚期的全球衰退也不例外。

來到二〇〇〇年代，「全面進行區域性和全球性接觸的動能已經是無可阻遏」，如同發展亞洲的普遍情形，追求快速發展並提升越南在區域的地位，成為「越南政治領導階層最關切的事項」。[41]一九九〇年代中期，在美國於一九九四年解除對越南的制裁之後，越南經濟成長率逼近一〇%的峰值；過去幾十年來也大多維持在六%至七%的水平。依據世界銀行估算，二〇二〇年的越南經濟規模是一九九〇年的四十倍。

重點並不在於今日越南已經致富，或者已經穩居中等收入國家。由於越南是從非常惡劣的經濟狀態加入發展亞洲的行列，持續三十年的快速成長並不足以完全抵消殘酷戰爭與社會主義經濟政策失敗帶來的毀滅性影響。就本書的論述目的而言，關鍵重點在於越共如今擁有極為優異的經濟成就，其重要性遠超過它帶領越南擺脫法國與美國占領的革命功業。

體制實力

越南經濟能夠在「革新」之中重獲新生，關鍵在於治理體制做了大規模的改革。體制改革並不意謂民主化，甚至並不意謂在威權監控下進行的多黨競爭，更絕不意謂發展出依法治理。體制改革代表對黨國體制進行重大改造。越南經濟轉型的重要性比不上一九九〇年代的中國經濟轉型，但是越南的統治體制在冷戰共產主義全盛時期之後脫胎換骨，這方面超越了中國的統治體制。

越共的政黨改革從一場由上而下的黨內清算整肅開始。到一九八八年時，越共全國四百個黨部的領導人有八〇％已經撤換。越共也針對領導階層建立一套競爭性的選舉體系，確保中央委員會每隔一段期間改選三分之一。[42]阮文靈從未建立獨裁統治，一個由一九八〇年代晚期興起勢力組成的聯盟限制住他，然而並不會逆轉或者遏阻他的黨內改革。[43]

這可說是越共體制成就最卓越的要素：確立集體領導與定期傳承機制。每隔五年時間，越南領導階層就像上發條一樣進行改組。中國共產黨做過類似的安排，鄧小平按計畫傳位給江澤民（一九九三至二〇〇三年），江澤民傳位給胡錦濤與溫家寶（二〇〇三至二〇一三年），然而這套可預期的權力分享機制在二〇一六年被習近平完全癱瘓，他取消了自身的任期限制。[44]儘管越共一如中共，黨內派系林立，但是黨建立體制而且努力維繫，來妥善處理派系的問題。

越南菁英階層的權力分享不但比中國更可預測，而且更具包容性。越共負責決策的中央委員會，規模超過中共中央政治局五倍，因此國家政策得以代表更廣泛的利益。最重要的一點或許是，越共中央委員會的地區代表性鼓勵各個省分在財政上互通有無，這是越南所得不均程度低於中國的關鍵因素。[45]所得的相對平等強化了政權的穩定信心，因此越共或許會比中共更適合讓步容許民主改革，並且期望更為平順的轉型過程。

越南在建立公眾協商場域的工作上，也可以說是不但類似、而且還超越改革時期的中國。越南國會在政治上相當活躍，甚至在某些方面能對公眾負責，讓中國的全國人大望塵莫及。越南的新聞媒體也遠比中國自由，特別是在網路世界，越共因此能夠獲取未經粉飾的公眾訊號，得知自身施政不足之處。[46]越共與大部分（或者全部）社會主義體系一樣，強項在於群眾組織，藉由外圍社會運動組織「越南祖國陣線」（Vietnamese Fatherland Front），在統治者與被統治者之間建立牢固的連結。越共甚至大費周章，為了日常治理在各地建立草根性組織，秉持「人民知情、人民討論、人民行動、人民監督」的原則運作。[47]

由此可見，越南擁有一系列的體制性力量，一方面可以管控菁英階層的衝突，一方面維繫大部分威權政權（甚至包括中共）嚴重欠缺的群眾連結。的確，這些體制都無法取代定期多黨選舉的功能：精確衡量民意支持、解讀公眾需求、培養勝利信心。然而不可否認，越南不像北方鄰邦中國那麼「封閉」，這一點會深刻影響越共如何接受關於深層政治改革的訊號與壓力。

吸收系統震撼

從比較的觀點來看，越南的改革年代沒有什麼大風大浪。關於政權遭遇麻煩的訊號稀稀落落，在這個體系中很難造成震撼，儘管政權的確經歷了掙扎與挫折。越南並沒有大規模的都市地區示威行動，因此不會引發政府大舉鎮壓；沒有意外的選舉挫敗；沒有急轉直下的經濟危機；沒有地緣政治孤立的威脅；這些訊號若是出現在發展亞洲其他地區，都有可能引發搶占先機的民主改革。特別是對照「革新」之前混亂而痛苦的四十年，過去四十年的越南政治可謂風平浪靜，現代史上罕見。

然而對於最有可能引發憑藉實力轉向民主化的訊號，越共並無法完全不聞不問。儘管越南並不容許定期的多黨選舉，但其國會相對還算自由運作的特質，為越共提供類似選舉的訊號，呈現特定政策與政治人物，甚至政權整體的民意支持度。越南國會總是有幾位無黨籍議員，讓人們稍微想像一下多黨政府的型態；中國就沒有這樣的機會，但是這在民主化之前的臺灣、南韓與印尼相當重要。越南國會的競爭與批判已經顯著到足以為政治學界催生出一門學問，研究越南國會能做到什麼程度的問責與民意回應。[48] 和其他非民主體制一樣，強而有力的威權國會有如一把雙刃劍：它能夠培養出迴避民主轉型所需的能力，也能夠為掌權者提供珍貴的經驗，讓他們更加相信多黨民主不會顛覆整個體系。

越南也比中國更能接收來自公民社會不滿與失望的訊號，尤其是在中國進入習近平的高壓時代之後。柯克夫列特（Benedict Kerkvliet）記錄了從戰後統一到現今的越南，顯示農民與勞工引發的動亂與不合作，長期限制並影響越共的經濟政策制定過程；批判越共的意見則是透過異議人士與知識分子倡議者浮現。[49] 從一九九七年在太平省（Thai Binh Province）爆發、導致一千多名越共官員丟官的農民激烈示威抗議，到二〇一五年都市工人發動罷工、迫使越共提出條件更優渥的社會保險法規，抗爭訊號總是能夠推動越南政府改革，儘管還做不到民主化的改革。[50]

越南的經濟模式也出現明顯的困難徵兆。越南陷入所謂的「局部改革均衡」（partial reform equilibrium），情況遠比中國嚴重，早期局部改革的受益者阻礙了能夠造福更多人的深度改革。[51] 一如預期的結果則是猖獗的貪腐現象，集中在國營企業與政府官員的相互勾結。

解決這些結構性問題的壓力遠不如問題本身顯著，至少最近幾年之前的越南都還是如此。「革新」時期的前三十年間，對於貪腐的問責幾乎不存在。反貪腐行動不見成效，越南人的俗話「洗澡卻不洗頭」講得相當精準。[52]越共習慣在國會進行不信任投票，建立中看不中用的監督體制，一位分析家形容這類做法只是「將拙劣的治理重新包裝」。[53]

但是越南現今的領導階層體認到貪腐問題的嚴重性，也採取了更嚴厲的整飭措施。越共現任領導人阮富仲（Nguyen Phu Trong）效法習近平在中國的中央集權與全面打擊菁英階層貪腐，雖然與後者相比仍是小巫見大巫，但阮富仲自二〇一六年連任越共總書記以來，的確大幅強化了反貪腐行動。二〇二一年，阮富仲史無前例第三次當選總書記，可望對越共留下深遠的影響。不過越南的集體領導體制根深柢固，因此很難擺脫由高經濟成長率、菁英貪腐、黨內派系鬥爭構成的均衡路徑（equilibrium path），恐怕會繼續走下去。這種均衡雖然有許多缺點，但是極具韌性，能夠吸收在其他地方會引發大規模改革壓力的政治與經濟震撼。

地緣政治的可能性

越南這一波反貪腐運動之前與期間，經濟仍然持續高速成長。一九九七至一九九八年間的亞洲金融風暴對越南影響甚微。二〇〇八年的全球衰退衝擊越南的經濟發展，所幸為時甚短。今日越南經濟的隱憂不在於成長率，而在於經濟成長愈來愈依賴頭號對手：中國。有鑑於此，越共對於《跨太平洋夥伴協定》（*Trans-Pacific Partnership*）之類的貿易自由化多邊倡議與致勃勃，這類倡議多半會排除中國。（譯注：《跨太平洋夥伴協定》在美國退出之後改稱《跨太平洋夥伴全面進步協定》，越南在二〇一九年正式加入。但越南也加入二〇二〇年生效、中國與東協主導的《區域全面經濟夥伴協定》。）

雖然更深度的貿易自由化勢必會傷害效能低落的越南企業，但學者指出：「河內當局願意和任何一個國家，包括美國，擴大國際經貿往來，只要這個國家能夠協助越南經濟發展，讓越南更能夠避免過度依賴單一或少數外國勢力。」[54]緬甸軍方在二〇一〇年代初期搶占先機推行民主化改革，動力來自對於中國經濟宰制力高漲的焦慮與憎惡；反殖民情結強烈的越共也是如此，有可能將民主化視為確保國家生存、分散外部依賴的關鍵要素。

對越共而言，最為清晰的「苦澀甜蜜訊號」來自它與中國的地緣政治對立。一方面，中國對其東南亞鄰邦與日俱增的影響力，在企圖保持發展現狀的越共政權看來正是一種「凶險訊號」。學者指出：「越南遭遇的安全威脅，幾乎完全來自北方鄰國中國，一個遠比越南龐大、經濟與軍事實力蒸蒸日上的國家。」[55]另一方面，來自美國與「四方安全對話」（Quad）另外三個成員國（澳洲、印度、日本）的加強外交關係倡議，也帶來一種「安心訊號」，讓越南知道如果它推動明確的民主改革，會得到熱忱的接納。（譯注：「四方安全對話」是美、澳、印、日四國關於印度洋與太平洋地區的戰略安全對話，主要針對中國的擴張與威脅。）很重要的是，近年美國無論是民主黨抑或共和黨執政，都愈來愈用心拉攏與接納越南，顯示美國對越南的支持已具備跨黨派的可預測性與可靠性，這在美國與其他亞洲國家的雙邊關係、美國參與的多邊關係之中並不多見。

發展亞洲的民主化歷史經驗有一個核心教訓，那就是強勢威權政權能夠依照自身要求、自行訂定時程來推進民主轉型。目前還沒有任何一個發展型社會主義政權嘗試這麼做，但越南兼具可觀的實力以及與美國等民主大國結盟的戰略利益，因此具備憑藉實力推動民主化的可行性，儘管可能性仍然不高。只要越南現行的一黨專政體系能夠繼續吸收政治震撼，搶占先機的改革雖然符合越南利益，還是不太可能被越共採行。

柬埔寨

毫無疑問，柬埔寨是亞洲發展型社會主義群聚中最弱勢的威權政權。一如我們在亞洲其他發展型群聚看到的案例，威權弱勢對民主化而言絕非好事。最強勢的威權統治者有機會藉由搶占先機的民主化，繼續獲致成功；最弱勢的統治者則變本加厲訴諸威權，他們欠缺勝利信心與穩定信心，因此退卻回到自家的壓迫性堡壘之中。

從二〇〇〇年代中期到後期，柬埔寨洪森政權累積了足夠的實力，足以作為憑藉來讓步容許民主。然而執政的人民黨錯失了民主改革的苦澀甜蜜點，一如同一時期馬來西亞巫統與國陣的所作所為，我們在第八章做過探討。柬埔寨因此淪入我們所謂的「痛苦的威權主義」，在威權與民主中都無法獲致成功。洪森並沒有讓步轉向民主，而是為了保住政權而摧毀強大的反對黨，加強鎮壓柬埔寨活躍的公民社會；兩者都是來自一九九〇年代初期、聯合國維和機構為柬埔寨建立的多元政治體系，如今都成過眼雲煙。從地緣政治來看，柬埔寨採行這種寧可鎮壓、絕不讓步的策略，先決條件是加深對中國的依賴，讓自身深陷在發展型社會主義群聚之中，遠離世界上眾多的富裕民主國家。

儘管柬埔寨在一九九〇年代加入發展亞洲之後的經濟發展相當成功，人民黨仍然演變成一人獨裁、一黨專政的痛苦政權，而不是發展出更為強大的政治組織，來好好利用經濟進展帶來的績效正當性。洪森政權在二〇一三年國民議會（國會下議院）選舉中得票率跌破五成，不再有理由相信推行搶占先機的民主化，能夠讓人民黨持續扮演柬埔寨政治的領頭羊。就如同一九八〇年代的中國，二〇一三年選舉挫敗後的柬埔寨政權認定自身過於弱勢，不可能憑藉信心讓步。柬埔寨社會，尤其是政治反對陣營，為此付出高昂代價。

浩劫重生

在先後加入發展亞洲的各個國家之中，柬埔寨的路途最為漫長。一九七〇年代的柬埔寨是一個慘遭地毯式轟炸蹂躪的國家，由美國支持的軍事強人龍諾（Lon Nol）統治，越南南方民族解放陣線（簡稱越共，Viet Cong）部隊沿著胡志明小徑（Ho Chi Minh Trail）橫行無阻。美國的炸彈與化學武器對付越共徒勞無功，卻重創了柬埔寨。

後來柬埔寨的情況愈來愈糟。信奉共產主義的赤柬在一九七五年推翻美國支持的政權，對柬埔寨人民進行種族滅絕，時間長達四年，殺害數百萬人。一九七九年，赤柬政權被越南軍隊推翻，領導人波布（Pol Pot）逃亡，越南在金邊扶植一個共產主義傀儡政權，由前赤柬成員韓桑林（Heng Samrin）領導。

接下來十年，柬埔寨是冷戰後期強權角力踐踏的場域。一邊是蘇聯支持的越南與韓桑林領導的柬埔寨附庸政權，另一邊是中國、東南亞國家協會（簡稱東協，Association of Southeast Asian Nations，ASEAN）、流亡的柬埔寨國王；就連聯合國與美國都只承認罪大惡極的赤柬是柬埔寨的合法政府，一切只為了抑制蘇聯與越南的影響力。

柬埔寨人民顯然對冷戰落幕迫不及待，果真落幕之後，聯合國調停赤柬與越南扶植政權雙方，一九九一年十月簽署《巴黎和平協定》（*Paris Peace Accords*）。當時蘇聯與東歐的共產主義政權已經崩潰，全球洋溢著樂觀欣喜的氣氛，聯合國承諾提供數十億美元協助，支持柬埔寨在藍盔部隊（聯合國維和部隊）與外國文人顧問監督之下，轉型為多黨民主體制。[56]

因此柬埔寨與中國、越南不同，它走出冷戰時並不是一個正常運作、一黨專政、從本土社會革命起家的共產主義政權。當時的柬埔寨是一個受災地帶，並沒有根深柢固，必須改革的社會主義經濟體制，只有一個必須建立經濟活動的戰區。當時的柬埔寨並沒有高奏凱歌、民族主義正當性強大的革命政黨，只有一個傀儡政權，唯一的合法性在於它不是赤柬。

越南扶植的社會主義執政黨後來更名為「柬埔寨人民黨」，洪森取代韓桑林的領導人地位，帶領柬埔寨踏上混亂的轉型過程：從名副其實的「冷戰地雷區」轉型為一個經濟可運作的現代化民族國家。當時柬埔寨尚未擺脫赤柬的意識形態衝擊，越南自家也不再積極追求建立共產主義烏托邦，因此不難想見，洪森與人民黨對於社會主義意識形態只是輕描淡寫。

數十億美元外援湧入柬埔寨，試圖讓脆弱的和平進程能夠順利進行；另一方面，蘇聯的崩潰重創了國際共產主義的聲譽；因此人民黨全力角逐一九九三年的競爭性選舉，希望恢復它在一九七九至一九九一年間——拜越南支持之賜——對權力的牢固掌控。人民黨將一九九三年大選視為一場脅迫與動員的演習，利用自身對於國家機器的掌控，吸收了令人咋舌的兩百萬名新黨員，同時出動行刑隊獵殺數百名反對派助選人員。[57]人民黨的頭號對手是保皇派的奉辛比克黨（Funcinpec），由老邁國王諾羅敦．施亞努（Norodom Sihanouk）的兒子諾羅敦．拉那烈（Norodom Ranaridd）親王率領。施亞努國王與中國關係密切，曾經積極支持赤柬對抗越南侵略者及其傀儡，因此人民黨與奉辛比克黨從一開始就是死對頭。

一九九三年制憲會議選舉的結果是形成僵局。奉辛比克黨的支持者飽受威脅，但是得到聯合國的足夠保護，最後險勝人民黨：得票率是四五％對三八％，制憲會議席次比是五十八席對五十一席。

然而人民黨拒絕認輸，它仍然掌握國家機器，而且最重要的是掌控國家脅迫機構，因此它的拒絕認輸很快就變為既成事實。人民黨態度強硬，又有壓迫性的政府撐腰，奉辛比克黨只能和人民黨締結一項權力分享協議，但與其說是結盟，不如說是共治。（譯注：拉那烈出任第一總理，洪森出任第二總理。）聯合國勉強為一九九三年選舉與之後的協議背書；它後來撤離柬埔寨時，任務只完成了一部分，而且成果岌岌可危。

共治讓洪森的人民黨難以接受。一如緬甸軍方在二〇二一年的所作所為，人民黨在一九九七年七月訴諸武力，撕毀經由民主方式締結的權力共享協議。奉辛比克黨被逐出權力圈，數十名保皇派軍官遭到法外處決，拉那烈親王先是逃往法國，後來落腳泰國。

儘管國際社會強烈譴責一九九七年的暴力政變，但洪森與人民黨奪權之後開始建構威權實力。柬埔寨位處於眾多富裕繁榮的發展型國家之間，這樣的地理優勢讓人民黨得以在接下來的數十年間，締造一場小型的經濟奇蹟。柬埔寨從一九九〇年代後期開始獲致發展成功，加上政府持續威脅日益分裂、削弱的反對陣營，人民黨因此高高在上，到二〇〇〇年代中期時已經有可能憑藉實力讓步容許民主。然而就如同馬來西亞幾乎同時發生的情況，柬埔寨人民黨並沒有這麼做。

蓄積經濟實力

柬埔寨在後冷戰時期的經濟轉型成就斐然。這個國家沒有長期建立的指令經濟（command economy）、也沒有深層的社會主義利益來阻擋經濟自由化，洪森政權的核心目標是藉由「資本主義復興」（resurgent capitalism）追求快速經濟發展。[58]早在內戰與冷戰結束之前，越南扶植的柬埔寨政權就引進類似越南的政策，接納小規模的鄉村企業與獨立的鄉村食品生產。推翻赤柬之後，新成立的人民黨政權試圖穩定局勢，做法「就只是讓柬埔寨人民回歸到革命前的做法」。[59]人民黨雖然仍採用社會主義論述，但實際政策卻一直是著名柬埔寨歷史學家錢德勒（David Chandler）形容的「非革命的謹慎」。[60]

儘管如此，柬埔寨在一九八〇年代國計民生仍然極度依賴蘇聯；來到一九九〇年代仍然無法自立，但依賴對象轉向全球發展援助。甚至到了一九九八年，柬埔寨人民的平均壽命依舊是全亞洲墊底，三分之二人口是文盲，這個國家「比較接近戰亂頻仍的非洲撒哈拉沙漠以南（sub-Saharan Africa）國家，而不是東南亞的新興經濟強國」。[61]

然而就如同我們在發展亞洲其他地方看到的情況，對快速經濟轉型而言，貧窮並不是無法超越的障礙。在亞洲發展最熱絡的地區，就連最貧窮的國家也可以締造經濟榮景，前提是對外向外國援助與投資開放，對內消除民營企業遭遇的障礙。柬埔寨基本上都做到了，它也只需做到這樣。從一九九八到二〇〇七年間，柬埔寨經濟的年平均成長率飆升到將近一〇%，在全球經濟成長率排行榜上名列前茅。接下來的十年間，柬埔寨繼續保持七%上下的成長率。二〇一九年，柬埔寨的成長率成為「東協國家榜首」。[62]

在強人統治與貪汙猖獗的背景下，柬埔寨的經濟發展奇蹟不可能造福全體國民。不平等程度持續上升，環境破壞問題叢生，勞工壓迫司空見慣。今日的柬埔寨經濟依舊非常依賴外國援助、外國投資與自然資源。[63]就發展型社會主義群聚的經濟實力光譜而言，柬埔寨顯然墊底；這個群聚與發展型軍國主義群聚則是發展亞洲最窮的兩個群聚；儘管如此，飽受戰亂蹂躪的柬埔寨顯然已名正言順（雖然姍姍來遲）加入發展亞洲的行列。史特蘭吉歐（Sebastian Strangio）寫道：「一個三十五年前還沒有紙鈔流通的國家，如今有蓬勃的零售金融行業，投資基金為創業計畫募集資本。經濟慢慢開始多元化，從低技術的服裝業轉向車輛製造、電子與運動器材等較為先進的工業。」[64]

但是從區域比較的觀點來看，柬埔寨人民黨領導的發展轉型，在造福一般民眾方面只能說差強人意。我們接下來將說明，中等程度的發展轉型只能為政權帶來中等程度的績效正當性，表現為人民黨中等程度的選舉成績。

強力宰制

就組織實力與革命歷史正當性而言，柬埔寨人民黨遠不如中國共產黨或越南共產黨，但它在一九九七年攫取威權權力時，已有近二十年的執政經驗。人民黨由越共依照自身的樣貌打造，到一九九〇年代時已經是「一個有凝聚力的組織，政治網絡深入鄉村地區」。人民黨的社會主義政黨本色還表現在「持續掌控軍隊、警察、官僚體系與法院」。[65]關鍵問題在於：人民黨會繼續透過多黨選舉檢驗自身實力；抑或仿效其建立者越共，組成一個不受檢驗的一黨專政政權？

從當時的世界歷史態勢與柬埔寨對援助的深度依賴來看，人民黨都應該選擇前者。柬埔寨需要以多黨選舉來換取國際社會善意。一九九八年的國會選舉比一九九三年更為威權，人民黨壟斷媒體報導，運用國家機構恐嚇反對黨候選人與支持者。儘管如此，人民黨仍然只能小贏。一九九三年大選人民黨得票率以三八％對四五％輸給奉辛比克黨，一九九八年以四一％對三二％扳回一城，新近崛起的桑蘭西黨（Sam Rainsy Party）拿到一四％。如同一九八〇年代晚期引進競爭性選舉的南韓威權執政黨，一九九〇年代晚期的柬埔寨執政黨也指望反對陣營發生分裂，幫助自家繼續主宰政局。

接下來的十年間，洪森的人民黨利用薄弱的選舉優勢，一路攀升到威權權力的新顛峰。除了中央政府機構一把抓，人民黨也充分利用它對鄉村地區的緊密控制來蓄積實力。二〇〇二年的地方選舉就是明證，人民黨以六八％對二〇％大勝奉辛比克黨。後者無法運用鄉村地區的票倉與國家的恩庇，於是發展受挫，陷入分裂。二〇〇三年大選，奉辛比克黨再嘗敗績，差距更大，人民黨拿下四七%選票，囊括近六成國會下議院席次。奉辛比克黨與桑蘭西黨各得到約二〇%選票。

因此到二〇〇三年時態勢明朗，脅迫性國家力量、鄉村政黨基礎設施、反對陣營分裂、藉由經濟榮景換取的績效正當性等因素的結合，讓人民黨得以主宰柬埔寨的多黨選舉。如果說二〇〇三年的選舉訊號還不夠清楚，人民黨在二〇〇八年贏取更大幅度的勝利，奉辛比克黨潰不成軍，桑蘭西黨則受害於國家操控與恐嚇。結果人民黨斬獲五八%選票、七三%國會席次。

因此就像馬來西亞的巫統與國陣，人民黨靠著強力脅迫與有效治理，在二〇〇〇年代中期登上選舉權力顛峰。「許多選民真心樂見人民黨統治帶來的穩定與發展。」[66]但也如同巫統與國陣，人民黨錯失了在自身實力鼎盛時期推動政治體系自由化的天賜良機。人民黨情勢很快逆轉，到二〇一〇年代中期時，洪森政權幾乎已不可能抱持信心讓步容許民主。

忽視二〇〇八年的訊號讓洪森政權在二〇一三年自食惡果。政府加強騷擾行動，迫使反對黨領導人桑蘭西（Sam Rainsy）出國流亡，反而提高了他在反對陣營的地位，與同一時期馬來西亞對安華的壓迫相似。人權運動家根索卡（Kem Sokha）與桑蘭西合作，在二〇一二年組成「柬埔寨救國黨」(Cambodian National Rescue Party，簡稱救國黨）。反對陣營大團結，在二〇一三年對決洪森的人民黨。人民黨在鄉村地區長期扎根，擁有絕對優勢；救國黨則動員建立一個都市地區主導、年輕世代占大多數的反人民黨聯盟。

投票結果震撼洪森與人民黨，但是非常類似短短五年前發生在馬來西亞的狀況。人民黨沒能拿下過半數選票，得票率只以四九％險勝救國黨的四四％，國會席次比例則是五五％對四五％。如此接近的結果讓救國黨深信，如果這是一場自由而公平的選舉，它會得到勝利。接下來的十個月，救國黨以杯葛國會進行抗議。

從二〇一三到二〇一八年，柬埔寨情勢出現許多轉折變化，但政權的軌跡相當清楚：洪森與人民黨絕不會再一次在一個有任何公平性可言的競爭場域和救國黨對決。人民黨幾年之前放棄憑藉實力轉型民主的機會，幾年之後發現自身搖搖欲墜，讓步容許民主的信心與誘因愈來愈薄弱。二〇一七年，柬埔寨多黨競爭的喪鐘響起，救國黨在地方選舉締造出人意料的佳績，打破五年前人民黨掌握的絕對優勢。儘管人民黨仍然贏得七〇％席位，但救國黨的表現遠超過以往，得到「二〇一二年時還難以想像」的成績。[67]

柬埔寨政權顯然已經過了顛峰時期，人民黨的因應之道不是讓步進行改革，而是發動反擊。短短幾個月之內，救國黨遭到強制解散，洪森政權全力壓制桑蘭西與根索卡。二〇一八年大選不同於二〇一三年，人民黨面對的不是強勢的挑戰者，而是二十個缺乏民意支持、支離破碎的政黨。救國黨領導階層呼籲選民杯葛本屆選舉。二〇一八年大選拿到第二高票的不是某個反對黨，而是廢票，比例高達八·五％。[68]

從意圖與目的來看，洪森的人民黨到二〇一八年時已回歸完全封閉、一黨專政的威權主義型態。它看到選情下滑的訊號，回應之道是張牙舞爪。如今回顧，人們可以合理認定這對洪森而言是正中下懷。對照柬埔寨在發展型社會主義群聚中的位置，人民黨政權其實一直試圖恢復自身在一九八〇年代享有的一黨專政。它之所以容忍有合理競爭性的多黨選舉，前提是國際發展援助攸關經濟興衰，而且持續挹注內戰結束後的柬埔寨經濟。然而隨著中國開始對柬埔寨經濟扮演影響力巨大、無條件支持的角色，洪森也得到他需要的運作空間，不必在二〇〇〇年代憑藉實力推動民主化，但是在二〇一〇年代自身弱點全面暴露之後深化獨裁統治。[69]（譯注：二〇一八年、二〇二三年兩屆大選，人民黨囊括國會下議院所有席次；二〇二三年八月，洪森將總理寶座傳給長子洪瑪奈。）

結語

發展型社會主義群聚是一個全體迴避民主的群聚。也許部分原因在於，這三個案例都還處在經濟發展非常早期的階段。也許現代化理論長期來看會是正確解讀，中國、越南與柬埔寨隨著國家財富步步高升，**最終**都會朝著更為民主的方向邁進。

然而與發展型國家主義群聚、發展型軍國主義群聚的案例相比，發展型社會主義群聚的案例有幾項特質，導致它們比較不可能走上這條樂觀、滿懷希望的道路；儘管社會主義中國的財富已經超越軍國主義群聚，終將趕上國家主義群聚。在社會主義群聚的三個案例中，欠缺清晰而強烈的政權盛極而衰訊號、社會主義發展與革命的意識形態遺緒、對於動亂再起的歷史性焦慮、與美國之間的敵意日漸高漲（尤其是中國），這些特質讓政治現代化的道路——憑藉實力轉向民主——非常難以開展。

在柬埔寨，當政權盤算洪森終將死亡的事實時，因為崩潰引發民主化的陰影揮之不去。人民黨政權如果在二〇〇八年實力到達顛峰之後啟動真實的政治改革，可以冀望自身在改革後還能夠持續壯大；但是現在，無論柬埔寨的後威權時代是什麼光景，人民黨都無法確知自身命運。

相較之下，中國和越南憑藉實力與透過讓步走向民主化，可能性始終存在。政權盛極而衰的訊號日益強烈而清晰，整體政治情勢穩定，政權信心穩固；這些因素為中、越兩國的共產黨提供了最佳的前景，鼓勵它們採行許多國家示範過的民主化路線。這兩個國家只要能夠保存長期累積的實力，不要浪費虛擲，不要迴避民主太久，那麼憑藉實力促成穩定的民主仍然是一條可以選擇的道路，而且我們認為這條道路非常值得選擇。

總結：民主的普世性與脆弱性

民主發展的長期前景決定於政治穩定性與經濟發展。民主如果無法增進穩定性，也將無法長期運作。在民主與經濟發展還不能共存的地方，我們不能指望先行引進民主會產生好的結果。民主也許的確是一種**普世**價值，世界各地的人們普遍期望民主治理而非專制統治，期望人人平等。[1]然而民主在任何地方都不會是**終極**價值，也就是人們將民主的優先性置於和平、繁榮的生活方式之上。沒有和平、繁榮與穩定，民主將會弱不禁風，我們最近幾十年在許多地方看到許多例子，有愈來愈多二十世紀下半期「第三波」的民主進展轉變為民主衰退。

民主狀況惡化在任何地方都有可能發生——從開發中地區岌岌可危的民主交易到世人心目中的富裕社會民主堡壘；同樣的道理，建立民主的可能性也是普世存在、無遠弗屆。本書已經充分說明，民主既是一種「西方」現象，也是一種「東方」現象，兩者不分軒輊；民主不受基本方向局限。民主是一種普世價值而非終極價值，這在任何一座大陸都是事實。然而本書也指出，民主在「發展亞洲」能夠擴散的地方，都是威權統治者有信心民主化不會引發政治動盪，也不會導致自身灰頭土臉下臺。

在這些信心期望能夠實現的地方，尤其是發展型國家主義群聚（日本、臺灣、南韓），民主通過考驗、保持穩定。至於對未來的穩定性與勝利沒那麼有信心的政權，它們有可能引進民主，但是一路坎坷顛簸，甚至會走回頭路，發展型軍國主義群聚（印尼、泰國、緬甸）就是這種模式。在有些地方，民主對傳統威權菁英造成驚嚇，可能是完全喪失影響力或地位的威脅，也可能是政治穩定性遭到動搖；這些地方的民主實驗結局通常是回歸威權體制。我們指出，欠缺信心的弱勢威權政權往往會迴避民主，深恐民主化將導致社會從內部崩潰，或者競爭性民主體制將終結舊政權的政治命運。

藉由檢視發展亞洲的十二個案例，我們顯示民主既能夠激發普世的渴望，也能夠引發普世的憂懼。渴望來自民主增進人類自由與繁榮的承諾，憂懼來自民主在本質上的顛覆能力。民主會讓公共場域釋放出競爭的熱情，很容易惡化為僵局、極化與混亂。

這種渴望與憂懼的對決並不是西方或東方的獨有特質，而且從古代到現代都曾出現。因此，過去每一個世紀決定民主命運的因素與作用力，也將決定民主在二十一世紀所剩時日的命運。也許民主會解決和平與繁榮的永恆難題；也許獨裁者會壓制民主使它噤聲，而且這樣的決策得到民眾充分支持。

二十一世紀第二個十年已經充分顯示，威權主義和民主體制一樣容易散布。僅只是倚賴民主價值自身，在任何地方都無法抵擋威權主義的興起，就連那些最為「鞏固」、「成熟」的民主政體也不例外；原因在於威權主義能夠提供現成的解方來對治許多問題：社會分裂、政治動盪、經濟衰退與暴力衝突。威權主義也會持續誘惑某些領導人，有的人一心一意追求自己擘畫的美好社會願景，有的人貪圖不受制衡的權力；但民主會賦予敵對者完整的政治權力，因此被這些領導人視為國家進步的障礙，而非基石。

然而威權統治者並不必然是民主前景的天敵，威權主義的成功並不會完全阻斷民主的未來。我們在本書特別指出，民主有可能從威權實力中興起，前提是威權的國家與政黨體制實力強大。藉由發展成就累積的威權實力，一方面能夠激發政權領導人對自家民意正當性產生信心，一方面會在自家社會中催生出要求更高的公民。當威權政權接收到自身權勢衰退的清晰、早期訊號，如果它們有信心民主轉型既不會顛覆國家的和平與繁榮軌道、也不會讓政權陷入死亡螺旋，它們會更有可能進行民主道路的實驗。因此，懷抱充分信心的政權能夠擘劃一條以民主方式贏取權力的道路，藉此保持自身的政治重要性，甚至政治宰制力。

換言之，憑藉實力轉向民主帶來一項弔詭：威權政權在實力強大時較有可能讓步容許民主，但強大實力又可能會促使政權維持威權統治。實力衰退的訊號無論是讓政權感覺凶險抑或安心，都扮演關鍵角色來協助政權做出抉擇：繼續走威權路線，或者憑藉實力轉向民主。

我們曾在不同歷史脈絡中觀察這樣的轉型，從二戰後相對平順漸進的日本與臺灣，到冷戰後劇烈顛簸、充滿不確定性的印尼與泰國。

對於本書提出的論點與事證，一種詮釋會是「憑藉實力轉向民主」是民主唯一的可行之道。[2]我們的確認為，當現任政權處於相對強勢的地位，穩定的民主化將比較有可能發生。我們也對照發展亞洲較為強勢與較為弱勢的威權政權，發現前者的民主化過程要比後者來得平順與穩定。然而這並不意謂弱勢的威權政權為了穩定性與發展，只能緊抓威權主義不放。從幾個原因可以推知，就算民主是**因為衰弱**而引發，它還是有可能比無限期甚或短期內保持威權體制，更能夠因應政治動盪不安或經濟發展落後的問題。

首先，弱勢的威權政權是全世界最糟糕的政權型態。它們拒絕提供自由，也無法提供良善治理，因為良善治理需要強而有力的體制。[3]套用麥迪遜（James Madison）的話來說，弱勢的威權政權既沒有被賦權治理社會，也沒有被要求控制自身。對於如此糟糕的狀況，幾乎任何變化都是一種改進。

的確，民主化不一定能夠解決國家治理與國家力量的問題。在某些情況下，推翻一個弱勢的威權政權有可能會引發社會解體，甚至內戰或國際衝突。[4]「我死之後，洪水滔天」雖然是獨裁者的老生常談（譯注：語出十八世紀法國國王路易十五），但也的確可能一語成讖。事實上，弱勢的獨裁者為了保住權位，往往刻意讓社會四分五裂、道德敗壞、無法自我治理，因此獨裁者的介入與發號施令不可或缺。他們聲稱自己一旦不再掌權，整個社會將瓦解崩潰。弱勢的獨裁者讓社會現狀苦不堪言，也讓人們相信改變現狀的後果會更為可怕。

關鍵重點在於，威權政權需要強大的國家體制才能夠長治久安。一個強勢領導人可以穩定自家政權、帶領經濟發展一段時期，然而就如同沒有人是一座孤島，也沒有人等於一個體制。一九八九年天安門廣場示威爆發前中國的體制與組織積弱不振，對毛澤東的狂熱個人崇拜難辭其咎，中共因此無法憑藉實力轉向民主化。個人主義強人統治會掏空政權信心，從毛澤東的中國到李承晚的南韓都是如此。鐵腕治國只能勉強短暫取代鐵籠鎖國。因此我們在觀察弱勢的威權政權時，最緊要的問題將是其領導人是否努力建立強大的政治體制，不是民主體制也沒有關係。[5]獨裁者如果能夠做到，不僅短期內將提升人民的生活，長期而言也將無心插柳，為憑藉實力轉向民主化奠定基礎。

這意謂我們觀察威權政權時，不能再局限於標準的「民主促進」(democracy promotion)角度。一個威權政權是否長期存在，不僅涉及人民對於民主被剝奪還要忍受多久，也涉及人民目前的生活品質，以及他們是否能夠享有穩定的民主化成果。威權政權如果能夠努力推動經濟發展、增進人民福祉、建立更可預測也更長久的政治體制，這樣的政權應該得到國際社會有條件的鼓勵，而不是無止境的施壓。漸進式的威權實力強化能夠為日後穩定的民主轉型奠定堅實基礎，相較於突然而全面的威權崩潰通常會是更好的結果。

換句話說，相當諷刺，國際社會的民主倡議者應該積極關注**強勢**威權政權的長期民主前景，而不是培養與利用威權弱勢的病灶，試圖引發可能造成災難的政權崩潰。這並不意謂威權政權必須先一心一意追求經濟發展，然後才能夠容許民主化。我們在本書主張，威權政權可以在相對穩定的時期搶占先機推進民主化，也可以持續在威權環境中建構更為強大的政治體制、締造卓越的經濟成績；前者要遠比後者容易而直接。[6]我們堅持認為，如果要從弱勢、個人主義的威權體制形成的惡劣均衡狀態，邁向更上層樓的政治穩定與經濟發展，這兩種做法都是可行之道。

為什麼弱勢的國家體制在民主環境會比威權環境更為穩定？這是因為威權政權需要國家體制的力量，才能保持超越個別統治者不確定性的穩定性；相較之下，民主就算沒有強勢的國家體制幫襯，也還是能夠穩定運作。轉型民主維持穩定性的關鍵，不僅在於國家體制的力量，也在於打造一種包容性的**政治解決**（political settlement），將所有重要的政治行為者納入民主的賽局。[7]民主可預測的節奏就算面對弱勢的國家體制，還是可以藉由基礎的協議共識傳達：透過競爭性的選舉和平轉移權力，在行政制約（executive constraints）之下謹慎行使權力。民主正常運作的前提在於贏家不會懲罰輸家，因為前者體認到自己也可能難堪地淪為後者。[8]國家內部情勢的平靜與穩定，並不是只能倚賴泰山壓頂的霍布斯式國家力量，它們也可能來自各方都有信心對手不會運用「利維坦」來對付自己。

在戰後的日本、臺灣與南韓，甚至還有印尼，這些地方之所以能夠獲取長時期的民主穩定性，原因在於反對派民主鬥士與威權後繼政黨都為自身利益追求民主永續長存。兩個陣營聯手將民主正規化，將自身鎖進一個賽局，任何一方都無法摧毀對方，雙方都可能是受益者。這正是民主可長可久的基礎。

認為採用民主體制必然會增進穩定性，是一種天真的想法；然而認為保持威權體制必然會帶來長期穩定性，同樣天真。威權政權看似長治久安，但終將面對現實；它們在崩潰的時候會袒露出威權腐化與體制敗壞的疤痕。由於憑藉實力推動的民主化會帶來民主的普世價值，但不會破壞和平與繁榮的終極價值，因此每一個有能力建立更強大體制的威權政權，都有可能為民主的未來奠定必不可少的體制基礎。如果政治環境不利於威權政權建立更強大的體制與更富裕的經濟，那麼政權應該果決行動，與反對陣營協商一套長期的政治解決，闖出一條更為可靠且長久的和平與繁榮之路，而不是困陷於弱勢獨裁者「我死之後，洪水滔天」那樣了無止境、陰暗厭世的以拖待變困局。

一黨獨大的悲劇

本書的核心教訓之一就是，民主化並不是只能從威權政權崩潰的灰燼中興起。事實上，從本書的分析可以得出一個論點：我們應該在強勢威權政權的土壤中培植民主，避免在威權崩潰的殘骸中播撒民主種子。如果我們要將民主傳布到許多威權統治者仍在負隅頑抗的地方，就必須讓這些統治者相信民主符合他們自身的利益。

就連數以十萬計的群眾走上街頭、推翻可憎獨裁者的時候，都還是會有掌權的政治菁英幕後運作，明智地擁抱決斷性的民主化。接受獨裁者統治總是意謂接受一種政治不確定性：政府無法經由選舉改朝換代，也不受法律約束局限。[9] 民主化意謂從一套政治風險與不確定性轉換到另一套政治風險與不確定性。[10] 然而我們強調，對於民主的追求如果是從威權實力的態勢出發，現行政權與整體社會並不會面臨巨大風險。[11]

此外，所有選擇迴避民主策略（不論時間長短）的威權政權——甚至包括相對衰弱者——還有一項共同點。簡而言之：時間幾乎總是站在獨裁者的對立面。沒有任何事物能夠亙古長存，包括表面上看似無比穩定的威權政權。

拖延民主改革並不能讓威權政權扎根更深更穩。一段時間之後，伴隨著中產階級的擴大，公眾對於威權統治的不滿也會水漲船高。諷刺的是，一個政權在經濟上愈是成功，它會愈快創造條件來助長反對勢力：要求愈來愈高的公民醞釀一場托克維爾式、由於期望升高引發的革命。

唯有成就最輝煌的威權政權才能夠為中產階級提供足夠的經濟誘因，來補償長時期的剝奪民主；新加坡是典型案例。我們在本書指出，就連新加坡這樣罕見的案例，也許還包括一九八九年之後的中國，只要威權體制繼續存在，心懷不滿的勢力就會年復一年上升。

本書呈現了幾個不同型態的宰制性威權政黨，無法在實力到達顛峰或鄰近顛峰的時期進行民主改革；它們死心塌地堅持威權主義，結果是眼看著自身的民意支持直線下滑。在馬來西亞，威權政權錯過苦澀甜蜜點，徹底喪失權力，至少一段時間如此。香港與柬埔寨的政權同樣都錯過了憑藉實力讓步容許民主改革的機會，重振統治能力的可行之道愈來愈少，最終深陷於痛苦的威權主義。這些政權對亞洲其他地區（中國、新加坡、越南）的威權執政黨提供了「一黨獨大的悲劇」的教訓與前車之鑑：威權實力是一種資源，能夠轉化為長治久安的民主；然而政權如果遲遲不肯轉化資源，不能憑藉實力來推進民主化，結果可能會是政權從此一蹶不振。

對於世界各地的威權政權，本書最終極的意義或許在於，搶占先機的改革能夠提供極佳的保障，來預防政權突然徹底崩潰之後幾乎必然發生的災難：我們認為就算是最熱忱的民主推動者，也絕對不應促成這樣的結果。此外，就算是最成功的威權政權也應該體認到，培植體制實力、做大經濟大餅無法永遠取代民主化，但是這兩種做法能夠為民主化未來的成功奠定最堅實的基礎。

通往民主最平順的道路，強勢威權政權與弱勢威權政權可能各有不同。強勢威權政權能夠依照自身要求的時程與條件來做出新的民主讓步，弱勢威權政權通常必須透過不愉快、不熟悉、包容性的協商過程，和對手達成新的政治解決。然而無論選擇哪一條道路，民主轉型的歷程愈早開始，路途會愈平順。

注釋

第一章

1 儘管亞洲大陸從大洋洲、俄羅斯一路擴展到中東地區，但本書的「亞洲」專指從日本向西南方延伸到印度次大陸東緣的非內陸國家。

2 十二個案例之中，香港與臺灣不是國際公認的「國家」（country或nation）。但臺灣高度自治；香港則是在資訊層面可以匹敵新加坡與馬來西亞這兩個所謂的「發展型不列顛」群聚案例；因此兩者得以成為發展亞洲的案例。

3 想要探討東北亞與東南亞地區的民主化，最常用的方式就是閱讀論文集，值得參考的著作包括：Morley (1993); Laothamatas (1997); Sachsenroder and Frings (1998); Johannen and Gomez (2001); Alagappa (2004); Diamond, Plattner, and Chu (2013); Hicken and Kuhonta (2015); and Croissant and Hellman (2020)。

4 我們在Riedl et al. (2020) 探討更廣泛的「威權主義帶領的民主化」全球模式，亞洲的「憑藉實力轉向民主」是其中一個範例。我們主張對於威權菁英而言，民主可以帶來新的生機，而不是命運盡頭；這樣的論點非常近似Albertus and Menaldo (2018, 2014)。關於威權統治者往往能在接受民主選舉之後繼續掌權，M. Miller (2021a, 2021b) 有頗具說服力的跨國量化研究。Haggard and Kaufman (2016, 348–49) 認為「體制轉型」（institutional transitions）是一種反覆出現的類型，「威權菁英透過漸進式的變革，能夠遵守自身做出的承諾，將體系帶往更開放的方向。」對於這樣的過程，Langston (2017) 藉由墨西哥案例做了精闢的研究。

5 Grzymala-Busse (2002) 的名言形容這是昔日威權統治者「可用的過往」（usable past），不過她指的是東歐前共產黨領導人。

6 Boix (2003) and Acemoglu and Robinson (2006) 認為極度經濟不平等會阻礙民主轉型，原因在於它對富裕階層形成極大的經濟重分配風險。Haggard and Kaufman (2012, 2018) and Slater, Smith, and Nair (2014) 則發現，實際發生的政治轉型很少會符合重分配模式（redistributive model），但這並不意味獨裁者及其盟友在思考民主化的風險時，會無視於已浮現的重分配風險。Ansell and Samuels (2014) 從根源挑戰重分配模式，以論點與可觀的事證來說明，剝奪富人財產的最大威脅來自威權國家，而不是受到民主化鼓舞的貧民。

7 Tocqueville ([1858] 1955, 180–87)曾以著名的論證指出，改革可能激發而非消解革命的壓力。果真如此，我們會看到大部分的民主實驗會因為社會的激進化而遭到逆轉。然而根據我們對de Tocqueville的解讀與我們自己的理論邏輯，最有可能升高革命壓力的因素並不是做出改革承諾，而是未能對公眾履行改革承諾。

8 這個觀念符合Dahl's (1971)著名的論點：當壓迫的成本開始超過包容的成本，實現民主的可能性也會升高。我們的分析試圖要評估這些相互競爭的成本——其實更像是相互競爭的風險——作為具體的歷史進程，在實際上如何被看待、被評估。

9 與其他殖民強權在亞洲其他地區的作為相比較，美國在菲律賓留下的官僚體制非常脆弱：Hutchcroft (2000)對此做了強而有力的分析。

10 關於誤判如何引發戰爭，參見Fearon (1995)；關於誤判如何引發民主化，參見Treisman (2020)。國際關係經典著作Keohane (1984)與我們的理路更加契合，認為當強權國家國勢中衰，它們可以藉由建立國際體制來盡可能維繫霸權現況。發展亞洲大權獨攬的執政黨藉由引進民主體制，也達到相當類似的成就。

11 威權政權憑藉實力與信心來進行自由選舉時，改革幅度也有可能僅止於摩斯（Yonatan Morse）所謂的「容忍的霸權」(tolerant hegemony)。非洲有一個典型案例是冷戰結束後的坦尚尼亞，該國「較為公開的選舉程序並不是一種強迫性質的自由化，而是代表政權對於參與選舉競爭的信心」(Morse 2019, 22)。新加坡與馬來西亞對於選舉過程的實質壓迫近年來到歷史新低點，也可以做如是觀。

12 東北亞發展型國家的相關研究文獻汗牛充棟，足以顯示這個議題的歷史重要性，參見Johnson (1982); Haggard (1990); Wade (1990); Woo (1991); Evans (1995); Kohli (2004); Doner, Ritchie, and Slater (2005); Vu (2010); J. Wong (2011); and Ang (2016)。

13 我們對於發展亞洲的定義較某些常見的「發展型國家」定義廣泛，也比另外一些定義狹窄。想要被列入發展亞洲，光是國家對於推動經濟發展扮演重要角色（廣泛定義）還不足夠，但是並不要求國家能夠培養科技升級與出口到世界經濟重點地區的競爭力（最嚴格定義）。

14 因此勝利信心與穩定信心的存在預示了一個政權擁有豁免信心（immunity confidence），亦即舊政權一旦在民主化過程中落敗，不至於因為其威權主義行徑而遭受法律制裁（Nalepa 2010）。就我們的定義而言，如果一個政權擁有豁免信心但欠缺勝利信心或穩定信心，就只能走上「因為衰落引發民主」而非「憑藉實力轉向民主」的道路。這樣的政權讓步轉向民主將意謂承認失敗，只不過不是從辦公室直達監獄那種徹底的潰敗。

15 本書交替使用「執政黨」與「保守派政黨」，因為威權政權建立之後，會為了維繫權力而披上保守色彩。除此之外，發展亞洲的威權政權也在另一個更明確的層面上屬於保守派：它們一心一意追求市場導向的快速經濟成長，不是建立一個財富重分配的福利國家。在發展亞洲，不僅執政黨擁有這種保守的意識型態，執政的軍方也是如此。發展亞洲的保守主義也不限於經濟領域。關於東南亞地區的可究責性訴求，「道德保守主義」（moral conservatism）是比「民主信心」（democratic assertiveness）更為重要的基礎，見Rodan and Hughes (2014, 3)。關於儒家保守思想如何形塑東北亞的民主成果，見Bell and Li (2013) and Sung-moon Kim (2014)。儒家思想雖然會讓民主體制變得較為保守，但作用僅限於強化本書強調的強勢體制穩定效應。關於儒家思想是否會成為民主化的障礙，日本、南韓與臺灣的實例已做了非常充分的說明。

16 關於西歐的強勢保守派政黨如何開闢較為「安定的」民主化道路，保守派政黨處於弱勢的國家則會走上較為「不安定的」道路，見Ziblatt (2017)。Riedl (2014)也有類似的探討，將非洲地區政黨體系的穩定與集中歸因於強勢、立足鄉村的威權政黨留下深遠影響。

17 Kuhonta (2011)認為馬來西亞因為擁有較為健全的文人政治體制，因此在追求公平發展方面已經超越泰國；這個論點可以推廣延伸到發展型不列顛與發展型軍國主義兩個群聚。

18 我們在Slater and Wong (2013)首度提出實力、訊號與策略的因果關係理論。

19 見Levitsky and Way (2010)。

20 見Schedler (2013)。

21 我們並不認為「不自由的民主」會是優於「選舉式威權政體」的政府形式；可以這麼說，不自由的民主遠比選舉式威權政體糟糕。我們只是想強調，贏得選舉之後濫用權力的政權仍然保有相當分量的民主內涵，勝於濫用執政優勢來贏得選舉的政權。

22 Loxton (2015); Loxton and Mainwaring (2018).

23 Slater (2003)詳細解釋了這套思維。

24 Slater and Fenner (2011). Also see Levitsky and Way (2010); Slater (2010b); and Hassan (2020).

25 關於官僚制與家產制特質在中國的結合，見Ang (2016)；泰國的情況見Doner (2009)。

26 T. Lee (2015)對於菲律賓、印尼、中國與緬甸軍方在人民起義中表現的團結與背叛做了精闢分析。Greitens (2016)提出更一般性的理論，解釋威權政權的脅迫機構在臺灣、南韓與菲律賓，為何會表現出不一樣的團結程度。

27 Treisman (2020).

28 如同關於發展型國家的研究，關於執政黨如何協助維繫威權統治的研究也是汗牛充棟，參見Huntington (1968, 1991b); Geddes (1999); Slater (2003, 2010b); Magaloni (2006); Brownlee (2007); B. Smith (2007); Gandhi (2008); Levitsky and Way (2010); and, more recently, Morse (2019) and Meng (2020)。

29 這些由經濟發展帶動、持續升高的要求，未必包括民主化，Bellin (2002), Tsai (2007), and Rosenfeld (2021)最近有相關論述。是否包括民主化的主要決定因素，是倚賴國家、市場導向的政治經濟體，我們著重群聚型態、以發展為中心的民主化研究將會進行探討。

30 對於地緣政治震撼性事件為何會製造出民主與獨裁的浪潮，Gunitsky (2017) 做了非常扎實的論述。關於外國壓力何時、為何推動獨裁政權改革，並且考量這種壓力如何與國內政治的整體互動，尤其是統治者對於自身命運的盤算，Escriba-Folch and Wright (2015) 是相當縝密的分析。支持民主化可能會傷害盟邦帶來的經濟與安全利益，這種緊張關係可用於解釋美國外交政策嚴重的不一致性，參見McKoy and Miller (2012)。

31 Shih (2020) 的導論與實證分析探討體制力量等因素對於協助威權政權渡過經濟震盪的重要性。

32 Slater and Wong (2013).

33 Talmadge (2015, 24) 研究威權政權的戰場效能（battlefield effectiveness），精闢詮釋這種思維：「外在環境模稜兩可的訊號不太可能提供充分的動機，促使對保衛政權的長期做法進行重大變革。另一方面，非常明確的訊號可能是足以動搖政權基礎的戰場潰敗，顯示敵人不可能讓政權有時間恢復元氣。」在這種情況下，政權會一直無所作為，直到無力回天。

第二章

1 學者很少將東北亞與東南亞的發展軌跡並列在同一個理論框架之中，Pempel (2021, 2005) 在這方面開風氣之先，但焦點偏重區分環太平洋亞洲從發展型到掠奪型各種不同的經濟體制，而不是從民主到獨裁各種不同的政治體制。

2 儘管鴉片戰爭發生在明治維新之前，英國式資本主義進軍亞洲要比日本式發展主義更早，但是前者並沒有埋下發展亞洲的種子，原因在於這個區域是日本式特質最為重要，英國式特質只界定了四個群聚其中之一。

3 「由上而下的革命」一語出自Trimberger (1978)，她將日本視為這個觀念的核心案例。「富國強兵」的觀念見Samuels (1996)。

4 Hatch and Yamamura (1996) and Hatch (2010) 精闢解析日本的發展擴散到亞洲的過程是如何開始、如何演進。

5 英國殖民事業催生出的發展結果相當多樣，像香港、馬來西亞與新加坡這樣在後殖民時期大幅轉型、獲致成長的案例，其實是特例而非常態，相關論述見Lange (2009)。

6 關於發展型不列顛群聚的威權體制司法發展，參見Silverstein (2008) 論新加坡、Tam (2013) 論香港、Moustafa (2018) 論馬來西亞。

7 見Coppedge et. al. (2020)。多元民主中心的計畫並不會武斷界定威權體制在何處結束、民主體制從何處起步。不過一種可能很有幫助的做法是，將本書四個發展亞洲的群聚對照幾個亞洲之外、廣為人知的政權，從比較的觀點來理解這些群聚形成的過程。發展型國家主義群聚的民主分數在0.8左右，接近健全的英國民主。發展型社會主義群聚的分數約為0.1，與俄羅斯總統普京（Vladimir Putin）的強人政權同一水平。軍國主義群聚與動盪不安但勉強維繫的奈及利亞民主（0.3左右）在伯仲之間。

不列顛群聚則與烏干達總統穆塞維尼（Yoweri Museveni）長期執政的霸權選舉型政權（durable hegemonic electoral regime）相去不遠（約0.25）。

8 Huntington (1991a, 598)斷言冷戰結束之後「中途之家沒有立足之地」，意謂結合選舉與威權特質的政權只能二選一：完全民主化，或者退回封閉的威權體制。然而冷戰之後比比皆是的「混合政體」(hybrid regimes）充分證明這種看法大錯特錯。

9 Crouch (1995)檢視馬來西亞在馬哈地政權一九九〇年代晚期到二〇〇〇年代初期之間改採高壓政策之前，如何結合運用鎮壓與回應。Elstrom (2021)探討中國如何對勞工鎮壓與回應並用，焦點也是放在習近平轉向高壓政策之前。與杭亭頓（Samuel P. Huntington）的觀點相反，競爭性選舉與威權主義其實很容易結合；儘管如此，真誠回應與實質鎮壓的結合運用恐怕比較難以長期維持。

10 關於東亞地區的土地改革過程，見Looney (2020)。關於獨裁政體的土地改革政治問題，更為全球性的觀點見Albertus (2015)。

11 Ginsburg and Moustafa (2008).

12 地方叛亂、分離主義叛亂與軍方掌權的出現與持續有密切關聯，全球性的量化研究見Eibl, Hertog, and Slater (2021)。

13 關於中國歷史發展如何更重視社會與經濟權利，而不是公民與政治權利，反轉Marshall (1950)提出的西歐社會權利延伸序列，見Perry (2008)。關於民主必然有某種程度的地方性，不同的社會對民主會有不同的理解，更全面的觀點見Schaffer (1998)。

第三章

1 Dower (1999).

2 Haddad (2012), 7.

3 Gordon (2014).

4 Trimberger (1978).

5 Evans and Rauch (1999)從大量的開發中經濟體取樣，說明根據才能為僱用標準的國家官僚體系人才召募，如何能夠準確預測國家的經濟發展。

6 Johnson (1982).

7 引文見Takenaka (2014), 96–97。

8 見Scalapino and Masumi (1962); Takenaka (2014)。

9 見Gordon (1991), 50。泰國、印尼與緬甸軍人與文人共治但矛盾叢生的時期，有如大正時期帝國民主概念的翻版，詳見第七章。

10 Takayoshi (1966); Takenaka (2014), esp. chap. 6.
11 Gordon (1991), chap. 9.
12 Duus and Okimoto (1979).
13 Gordon (2014), 229.
14 Rinjiro (1983), 354.
15 1946年日本憲法起草過程中的協商工作，詳見Dower (1999), chap. 13。
16 Quoted in Dower (1999), 376.
17 Quoted in Dower (1999), 400.
18 Kohno (1997), 34.
19 Przeworski (1991).
20 Kohno (1997), chap. 3.
21 Johnson (1982); Pempel (1992).
22 Grzymala-Busse (2002).
23 See Scalapino and Masumi (1962); Nakamura (1994); Dower (1999), chap. 17.
24 J. Miller (2019), 61–62.
25 Cha (2016).
26 See Pempel (1990, 1992); Kohno (1997); Krauss and Pekkanen (2010).
27 Johnson (1982).
28 Milly (1999); Kasza (2006)。戰後日本一方面推動經濟快速成長，一方面維持非常公平主義的收入分配；這種模式後來也被其發展學徒臺灣與南韓效法。
29 Wong (2004a, 2004b); Peng and Wong (2008)。戰後日本以及其他發展型國家主義案例，主要的社會政策立法工作全都是由保守派執政黨推動。關於福利國家在東亞地區的擴展與拉丁美洲以及東歐地區的比較，見Haggard and Kaufman (2008)。

第四章

1 Tien (1989), 64.

2 Dickson (1996).
3 Tien (1989), 67–68.
4 Dickson (1997).
5 Johnson (1999), 39. 關於發展型國家的概念，Haggard (2018) 提供了極佳的歷史與史學闡述。
6 Amsden (1985); Gold (1986); Haggard (1990); Wade (1990).
7 See Looney (2020).
8 Wade (1990), 272] See also T.-J. Cheng (1990); V. Wang (1995). 國民黨採行中小企業帶頭的成長策略，部分原因是要避免經濟力量集中在臺灣本土實業家手中。
9 J. Wong (2020). 臺灣因應OPEC油價飆升的策略與南韓反其道而行，是加速提升而非限制經濟生產力。本書第五章會進一步析論兩者對比。
10 Breznitz (2008); J. Wong (2011).
11 Tien (1989), 42.
12 Wong (2004b), 57–[61] See also Ku (1997).
13 Winckler (1984); T.-J. Cheng (1989).
14 T.-F. Huang (1996); Rigger (1999).
15 Chu (1992).
16 見 Wachman (1994)。Melissa Brown (2004) 對於臺灣人身分認同提出一個人類學的觀點。
17 Rigger (2001).
18 Tsang (1999), 1.
19 Chao and Myers (1998), 133.
20 Jacobs (2012), 61.
21 Chao and Myers (1998), 93.
22 Quoted in Moody (1992), 92.
23 Rigger (1999), 128.
24 Chu (1992), 104–5.
25 Haggard and Kaufman (1995).

26 Dickson (1997), 213.
27 Jacobs (2012), 63.
28 Quoted in Chao and Myers (1998), 126.
29 Hu (1993); Rigger (1999).
30 Dickson (1997); Mattlin (2011).
31 J. Wong (2004b).
32 Albertus and Menaldo (2014).
33 Slater and Wong (2018).
34 T.-J. Cheng (2008); Wong (2008).
35 Slater and Wong (2018).

第五章

1 Heo and Roehrig (2018), 104.
2 Wagner (1961).
3 See Sunhyuk Kim (2000).
4 關於李承晚時代的深入闡述與分析，參見S.-J. Han (1974)。關於李承晚如何垮臺，參見Q.-Y. Kim (1983).
5 E. Kim and Kim (1964).
6 Y. Choi (1978).
7 Oh (1999), 51–52.
8 See B.-K. Kim and Vogel (2011).
9 World Bank (1993).
10 Amsden (1989); Woo (1991).
11 Evans (1995).
12 B.-K. Kim (2011); Moon and Jun (2011).
13 Oh (1999), 59.

14 J. Wong (2020).
15 J.-J. Choi (1993).
16 Oh (1999), 87.
17 Koh (1985); T.-J. Cheng and Kim (1994).
18 Saxer (2002).
19 Quoted in S.-J. Han (1988), 54.
20 Oh (1999), 93.
21 Han (1988).
22 Shorrock (1986).
23 Oh (1999), 93.
24 Fowler (1999), 280.
25 Quoted in Heo and Roehrig (2018), 106.
26 Koo (1993); N. Lee (2007).
27 Cotton (1989), 252.
28 Oh (1999), 94. 關於盧泰愚在一九八七年春天與夏天決策過程的詳情，參見Oh (1999), chap. 5。
29 Saxer (2002), 61.
30 反對陣營的整合相當困難，但對於透過選舉扳倒威權政權不可或缺，參見Arriola (2013) and Ong (2022)。
31 Cotton (1989, 1997); B.-K. Kim (1998).
32 S.-J. Kim (1994), 187.
33 Quoted in S.-C. Lee and Campbell (1994), 42, 45.
34 J. Wong (2004a, 2004b).
35 關於南韓保守派在民主體制中「學習如何輸去」的過程，參見B.-K. Kim (2008)。

第六章

1 Spence (1990), 747.

2 Nolan (1995).
3 Dimitrov (2013) 精湛解釋了為什麼有些共產主義政權會崩潰，有些（包括中國與越南）卻不會。
4 Pye (1991).
5 Friedman, Pickowicz, and Selden (1991).
6 Dikotter (2013).
7 White (1993).
8 MacFarquhar (1983); Dikotter (2010); Yang (2012).
9 關於文化大革命爆發前幾年間的態勢，尤其是毛澤東如何煽動這場革命，全面而深入的解析請參見Roderick MacFarquhar's three-volume series, The Origins of the Cultural Revolution (1974, 1983, 1999), esp. vol. 3。
10 Pye (1991), 302.
11 White (1993), chap. 1.
12 Lieberthal and Oksenberg (1988); Baum (1996).
13 See Zweig (2002).
14 See Y. Huang (2005).
15 關於一九七八年之後經濟改革時期的迂迴曲折，全面闡述請參見Naughton (1996) and Wedeman (2003)。
16 在中國的政治經濟文獻中，陳雲及其黨內盟友經常被形容為「保守派」改革者，與趙紫陽之類更為自由派的改革者不同。但是就本書的分析而言，我們不會如此措辭，因為本書提及的「保守派改革」指的是一種更為重視市場、更自由主義的經濟改革。
17 Spence (1990).
18 Naughton (1996), chap. 7.
19 Spence (1990).
20 Unger (1991); Ogden et al. (1992).
21 Nathan (2019). See also National Security Archive (2001).
22 Dittmer (2001), 482.
23 Bell (2015); Tang (2018).
24 Shambaugh (2008)。亦參見沈大偉（David Shambaugh）2015在《華爾街日報》（*Wall Street Journal*）發表的〈中國即將崩壞〉（The Coming Chinese Crackup）一文。

25 Dickson (1997).

第七章

1 對於掌握政權的軍方，穩定性的政治（politics of stability）與豁免罪責的政治（politics of impunity）密不可分。Haberkorn (2018) 以軍方豁免罪責為核心來詮釋泰國政治史，涵蓋威權時期與民主時期；這樣的洞見也適用於印尼與緬甸。

2 與發展型國家主義群聚相比，發展型軍國主義群聚的案例更接近Albertus and Menaldo (2014)的「將民主當成賽局」模式；前者三個案例的保守派菁英都是「為民主設計賽局」(Slater and Wong 2018)。印尼與南韓符合我們的理論，在各自的群組中，印尼將民主當成賽局的程度最低（Horowitz 2013），南韓的程度最高。

3 Haggard (1990).

4 Moore (1966).

5 Roosa (2006, 2020).

6 對於一九七六年十月的屠殺事件，Bowie (1997)從人類學角度做了怵目驚心的闡述。

7 對於這項重大轉變，Hicken (2006)從體制主義做了權威的探討。

8 Slater (2013)比較二〇〇〇年代泰國與臺灣的「民主傾側」(democratic careening)，前者更為嚴重。

9 Sundhaussen (1995)敏銳且先知先覺指出，在蘇哈托政權垮臺之前，緬甸軍方領導人將印尼視為一個可能可行的模式。

10 當時蘇哈托政權因應危機的經濟政策已完全無法維繫其多元化的菁英聯盟，Pepinsky (2009)有相當縝密的論述。關於當時印尼的財政體制在任何情況下都不可能妥善因應危機，參見Hamilton-Hart (2002)。

11 J. Sidel (1998)提供了引人入勝的第一手報導與歷史分析。

12 蘇哈托垮臺後的印尼與穆巴拉克（Hosni Mubarak）垮臺後的埃及，兩者對比特別發人深省。Mietzner (2014)做了比較性的詮釋，強調文人菁英必須保持團結一致，阻擋新近失勢的軍方再度染指政治。

13 對於一九九九年之後印尼憲法制定工作——菁英階層的「圈內人工作」，民意無法發聲——如何推進民主鞏固的諷刺現象，Horowitz (2013)做了權威的理論與歷史闡述。Shair-Rosenfield (2019)巧妙地探討菁英如何透過反覆進行的改革，獲取知識與經驗。

14 Huntington (1991a, 1991b)提出「第三波」這個著名的術語，意指一九七〇年代中期到一九九〇年代初期的全球民主化風潮。

15 Haggard and Kaufman (1995).

16 B. Smith (2007)以有力的論證指出，印尼在一九六〇年代晚期與一九七〇年代早期、全球石油業榮景之前的國家建構

（state-building），與其他國家（例如伊朗）在石油業榮景之後由政府領導的發展相比較，前者為經濟帶來更有利的成果，也讓威權政權得以鞏固。

17 參見 Lev (1990) 與 Liddle (1990) 的經典辯論：印尼成長中的中產階級最終是否會支持民主化與法治。

18 Anderson (1983).

19 動盪不安的亞齊與伊里安查亞（Irian Jaya，印尼民主化之後改稱西巴布亞）也曾遭遇可怕的鎮壓，只是嚴重程度比不上東帝汶。

20 Slater (2010b).

21 B. Smith (2007) 探討印尼官僚體系在此一關鍵時期的全國發展，其分析深受 Schiller (1996) 分析的影響；後者的研究對象是地方層級的國家建構動態發展。

22 Slater (2010a).

23 Tomsa (2008) and Harjanto (2010) 對戈爾卡黨的政黨特質做了卓越的體制性分析，時間涵蓋印尼的威權時期與後威權時期。

24 首先將印尼民主黨與建設統一黨視為「準反對黨」的學者是林茲（Juan Linz），相關討論見 Aspinall (2005)。

25 MacIntyre (2001); Pepinsky (2009).

26 Slater (2010b).

27 Anderson (1978) 在危機爆發當時對其成因進行精闢的分析；B. Smith (2007) 對於政權如何以及為何能夠撐過危機的分析無人能及。

28 關於蘇哈托治下印尼公民社會的伊斯蘭教層面，參見 Hefner (2000)。關於伊斯蘭教士聯合會與穆罕默迪亞對於伊斯蘭教組織實力的巨大貢獻，參見 Bush (2010) and Menchik (2016)。

29 Crouch (2011), 25, 207.

30 Crouch (2011), 9.

31 O'Donnell and Schmitter (1986); Geddes (1999).

32 Aspinall (2010) 認為，與舊時代菁英的結合同時解釋了印尼民主的兩個特性：非常穩定，但品質差強人意。Mietzner (2020) 則以類比方式呈現，威權時代的印尼國家體制培養出民主的倖存能力，也造成民主的停滯。

33 Slater (2004, 2018).

34 Crouch (2010).

35 Friedman and Wong (2008).

36 Mietzner (2012); Aspinall and Berenschot (2019); Power and Warburton (2020).

37 Haggard and Kaufman (1995)將一九八〇年代的泰國視為「非危機狀態」民主轉型的經典案例，另一個案例是南韓。

38 許多專書探討泰國在塔克辛時代的民粹主義轉變，McCargo and Ukrist (2005) 與 Pasuk and Baker (2009)是其中佼佼者。Sinpeng (2021)則精闢解析了泰國民主消亡過程中，街頭示威抗議與保守派反民主心態的影響。

39 Larsson (2013) and Ferrara (2015)從長時段（longue durée）觀點深入探討泰國近來的政治與經濟發展。Ungpakorn (1997)則做了更具批判性、在地馬克思主義的解析。

40 關於泰國追求工業升級的國家能力只有中等程度，而且並不平均，比較性的分析參見Doner, Ritchie, and Slater (2005) 與 Doner (2009)。

41 Kuhonta (2011, 122)。關於泰國醫療政策令人訝異的成功，參見Selway (2015) and Harris (2017)。

42 Walker (2012)探討泰國鄉村中產階級在資本主義快速發展中的興起。

43 Chaloemtiarana (2007)對沙立時期做了卓越的歷史分析。

44 Huntington (1968).

45 關於泰國政黨的長期碎片化，Hicken (2009)有權威性的比較與理論詮釋。Ockey (2004)則精闢探討泰國政黨薄弱的社會連結如何導致民主品質低落。

46 Slater (2010b).

47 Bowie (1997).

48 McCargo (2005).

49 O'Donnell and Schmitter (1986).

50 Nishizaki (2011)對於泰國鄉村地區菁英主義與選舉侍從主義的民族誌研究相當卓越。

51 Riedl et al. (2020).

52 Hicken (2006).

53 關於泰國南部穆斯林叛亂的政治層面，參見McCargo (2008)。關於「黃衫軍」與「紅衫軍」最終導致軍方介入的鐘擺式動員（pendular mobilization），參見Sinpeng (2021)。

54 Slater (2014)的分析著重於緬甸軍方藉由政治自由化獲致的地緣政治利益。M. Wong (2019)在比較二〇一〇年代緬甸的民主進展與泰國的民主解體時，則是更強調內在動力而非外在動力。Egreteau and Jagan (2013)對緬甸軍方的外交關係有廣泛的觀察。

55 對於緬甸民主實驗的淺薄特性，Lintner (2013) and Morgenbesser (2016)有非常專業、卓越的批判。

56 Taylor (2001)有一系列論文探討一九九〇年代緬甸的政治經濟。關於緬甸鄉村地區的政治經濟，參見Thawnghmung (2004)。

Khin (2012對於二〇一一年政治改革開端時期經濟狀況的評析很有幫助。對於文人與軍人共治十年期間全民盟的薄弱的社會福利施政，以及軍方單獨執政時期問題叢生的社會福利施政，McCarthy (2019) 都做了批判。

57 關於緬甸缺少的是「依法治理」而不是「法律與秩序」，就連在民主改革之後也是如此，參見Cheesman (2015)。比較發展型軍國主義群聚與發展型不列顛群聚，低度發展的司法體制是前者的共同特質。

58 Callahan (2003); Slater (2010b); T. Lee (2015).

59 關於緬甸軍方的早期發展如何為其掌權鋪路，Callahan (2003) 是必讀之作。關於一九六二年至一九八八年這段期間，參見Nakanishi (2013)。

60 佩德森二〇一三年三月在坎培拉（Canberra）澳洲國立大學「緬甸最新情勢」(Myanmar/Burma Update）會議的公開談話。

61 Zin and Joseph (2012, 104).

62 對於緬甸錯綜複雜的地方叛亂，Buchanan (2016) 有非常卓越的分析，亦可參見M. Smith (1991) and Staniland (2021)。

63 關於緬甸民主化時期佛教民族主義論述與社群暴力的關連，參見Walton and Hayward (2014)。

第八章

1 我們只需將印度與巴基斯坦並列齊觀，就可以看出強調「英國殖民事業的民主遺緒」的論點有其局限性，就連南亞地區也是如此；參見 (Tudor 2013)。

2 Weiss (2021) 的精湛分析一方面顧及新加坡的獨特性，一方面將新加坡與馬來西亞做了比較對照。

3 新加坡規模不大，探討它的專書多半會綜論它的經濟發展與政治控制，而不是聚焦其中一個領域，主要的例子包括：Chua (1995), George (2000)、Mauzy and Milne (2002)、Trocki (2006)、Calder (2016)、Barr (2019)、Rahim and Barr (2019)。Khong (1995) 則做了簡明扼要的專章探討。

4 Slater and Smith (2016).

5 與發展亞洲其他領先經濟體一樣，新加坡的生物科級產業在升級時也遇到困難，參見J. Wong (2011)。

6 Doner, Ritchie, and Slater (2005).

7 Ortmann (2011) 觀察人民行動黨在二〇〇〇年代的選舉實力下滑，認為這代表其威權政權傾向從封閉性轉為競爭性。Abdullah (2020) 討論人民行動黨如何從二〇一五年開始又轉為更加威權而非更加開放。George (2012) 則聚焦人民行動黨對媒體的限制。

8 Abdullah (2017) 認為與馬來西亞的反對陣營相比，新加坡反對陣營對於現任政權正當化意識型態的威脅要小得多；這種觀點也強化了我們的一項預期：民主化將讓新加坡更加穩定，而非動盪不安。新加坡與馬來西亞雖然有這些差異，其「強勢國家民主化」（strong-state democratization）的前景仍然可以對照比較，見 Slater (2012)。

9 相關討論的資料引自 Chong and Lim (2015)。

10 Ong (2022) 從比較性與理論性的觀點探討新加坡反對黨的協商合作。

11 Oliver and Ostwald (2020).

12 Slater (2019) 認為，人民行動黨目前是走馬來西亞或中國的「福利威權主義」路向，但是日本或臺灣的「保守的民主化」（conservative democratization）更符合它的意識型態根源。

13 Crouch (1995) 對巫統與國陣極盛時期的馬來西亞政治體系，提供了精闢的概論。

14 Gomez and Jomo (1999) 對馬來西亞後殖民時期的經濟發展做了卓越的入門分析。

15 關於一九六九年五月暴動，參見 Goh (1971)。

16 Jesudason (1989) 探討種族問題如何深刻影響馬來西亞的政治經濟。

17 早在一九七〇年代初期之前，馬來西亞的政治體系就一直是高度中央集權，儘管它在法理上是聯邦體制。這種體系讓馬來西亞得以在一九六九年之後，轉向極度的干預主義，參見 Tilman (1976)。

18 Khoo (1995) 精闢分析了馬哈地與他的意識型態，涵蓋經濟與政治領域。關於馬哈地如何在二十多年的統治中將權力個人化，參見 Hwang (2003) 與 Slater (2003)。

19 Hatch and Yamamura (1996).

20 Slater (2003).

21 Case (1996, 2001) 充分說明了在亞洲金融風暴之前與期間，馬來西亞政權的韌性。

22 Pepinsky (2009) 對一九九七至一九九八年間的馬來西亞經濟危機，一方面析論其嚴重性，一方面探討當時的聯盟政治。Jomo (2001) 書中的一章深入檢視馬來西亞金融部門的危機。Slater (2020) 則闡述馬哈地無法藉由改革來因應危機，因此造成長期的經濟傷害。

23 Weiss (2006) 對於馬來西亞「烈火莫熄」年代早期示威抗議的研究，無人能出其右。Heryanto and Mandal (2003) 對於馬來西亞與印尼反威權鬥爭的類似模式，提供了很有幫助的比較性觀點。

24 Ooi (2007, 2009) 有一系列專文分析阿都拉時代。

25 關於伊斯蘭教如何持續影響馬來西亞的政治與法律，參見 Moustafa (2018)。Funston (1980) 對馬來西亞獨立初期的巫統與伊斯蘭黨的探討相當經典。關於伊斯蘭教與國家建構的關係，Hamayotsu (2002) 對馬來西亞與印尼做了比較。

26 關於英國人離開時香港的「畸形」民主化過程，參見 Baum (2000)。

27 S. Yip and Yeung (2014) 對主權移交後的香港選舉提供很有幫助的細節說明。Ho (1999)、Tam (2001) 與 Lo and Wu (2002) 對較早時期的狀況也有類似的貢獻。

28 Ma (2005) 巧妙地探討二〇〇三年國安法的政治紛爭。J. Cheng (2005) 對主權移交中國初期香港民主的掙扎過程有更詳盡的研究。

29 Ortmann (2015) 對於導致香港雨傘運動爆發的漫長政治道路做了精彩的概論。

30 E. Han (2014) 對於雨傘運動的詮釋強調中國內地與香港長期以來的歷史認同衝突，Veg (2017) 的詮釋也依循類似的脈絡。S. Wong and Kin (2018) 探討香港的住宅問題如何引發地方主義（localism）與認同衝突。

31 Lam (2010) 更廣泛地探討過去數十年裡，香港有限度的政黨體制化。

第九章

1 McAdams (2017) 全面介紹共產黨在全球發展的歷史。Kornai (1992) 對共產主義經濟體的論述是經典之作，將共產黨的宰制地位視為社會主義體系的關鍵特徵而不是經濟特質；此一論述預先設想了中國與越南共產黨——尤其是在冷戰結束之後——的經濟轉型。

2 在許多國家，共產黨的垮臺並沒有帶動民主化，而是帶來新型態的威權主義。耐人尋味的是，蒙古或許可以做為亞洲共產主義時代之後、憑藉實力轉向民主化的範例；雖然它並沒有在過程中藉由運用經濟政策「加入」發展亞洲，因此不在本書的分析範圍之內。蒙古從一九九〇年代開始的民主化到底是「憑藉實力轉向民主」抑或「因為衰弱引發民主」？這個問題留待其他學者論斷。

3 中國與越南的關係和日本與南韓的對立，兩者可以對照來看，都是弱勢的一方對強勢的一方既憎恨、又仿效。

4 關於洪森政權長期奉行的個人主義，以及近來由競爭性威權統治淪為霸權威權統治的過程，參見 Morgenbesser (2018, 2019)。Un (2019) 對此有恰如其分的批判。

5 Fewsmith (2001).

6 Naughton (1996); Y. Huang (2008).

7 Gallagher (2002).

8 Montinola, Qian, and Weingast (1995); Zhang (1999); Naughton (2014).

9 Zweig (2002); Hsueh (2011); Shambaugh (2013).

10 Shih (2004).
11 W. Yip and Hsiao (2008); Duckett (2010); Frazier (2010).
12 Shambaugh (2013).
13 Dickson (2003); Tsai (2007).
14 He and Thogersen (2010); He and Warren (2011); Fewsmith (2013); Manion (2015).
15 See Dickson (2016).
16 Wallace (2014).
17 Nathan (2003); Dickson (2016); Li (2016).
18 Pei (2006); Shambaugh (2013).
19 Shih (2009); Naughton (2014); Delisle and Goldstein (2019).
20 Lu and Chan (2016); Ding (2022).
21 Lynch (2015); Dickson (2016).
22 Dickson (2016), 303.
23 Slater and Wong (2013), 719.
24 Dickson (2016); Perry (2018).
25 Gilley (2008).
26 Li (2016); Roberts (2018).
27 Dickson (1997).
28 Fewsmith (2018); Ang (2020).
29 Levitsky and Way (2010).
30 Diamond (2015).
31 Gallagher (2017).
32 Dickson (2016).
33 Chen (2013).
34 Bell (2015).
35 Vu (2010).

36 Kerkvliet (1995).
37 Vu (2017).
38 Vu (2017), 245–46。關於越南「革新」之前與期間的官僚社會主義（bureaucratic socialism），參見Porter (1993)。
39 Turley and Selden (1993).
40 Ninh (1990).
41 Elliott (2012), 191, 190.
42 Cima (1989).
43 Stern (1998).
44 Li (2016).
45 Malesky, Abrami, and Yu (2011).
46 Ding (2022), chap. 6.
47 Vasavakul (2019), chap. 4。關於越南在改革年代建立法治的困難與限制，參見M. Sidel (2008)。
48 相關研究的代表作是Malesky and Schuler (2010)、Schuler (2021)。
49 Kerkvliet (2005, 2019).
50 Nguyen (2016), 90; Kerkvliet (2019), 29.
51 Hellman (1998); Pei (2006); Malesky (2009).
52 Vuving (2013).
53 Heng (2001).
54 Grossman (2020), 9.
55 Grossman (2020), 9.
56 關於柬埔寨從內戰到聯合國監管的煎熬歷程，見Kiernan (1993)、Becker (1998)、Curtis (1998)。Kiernan (2008)對赤柬種族滅絕政權有精闢的解析。
57 Strangio (2014), 55, 56.
58 Strangio (2014), 47.
59 Gottesman (2003), 70.
60 Chandler (2008), 279.

61 Strangio (2014), 156.
62 Ciorcari (2020), 127.
63 Ear (2013), 28.
64 Strangio (2014), 149.
65 Strangio (2014), 63.
66 Strangio (2014), 114.
67 Croissant (2018), 195–96.
68 Croissant (2019), 171.
69 關於中國對柬埔寨近年政治與經濟發展的巨大影響力，Strangio (2020, chap. 4) 做了相當專業的論述。

總結

1 我們並不否認「民主」在不同環境脈絡會得到截然不同的理解。「普世」（universal）也並不等於「一致」（unanimous）。我們只是指出，民主是一種不受文化局限的價值；當然，威權主義同樣不受文化局限。關於民主在中國得到與其他地區不同的理解，但仍然值得追求，參見 Yu (2009)。
2 這種詮釋與 Mansfield and Snyder (2007) 在所謂的「時序辯論」（sequencing debate）的立場一致，兩者都認為時序相當重要，民主化之前的國家建構能夠提升民主化過程的穩定性。但我們也同意 Carothers (2007) 的回應，民主選舉在某些條件下能夠穩定體系、強化國家體制。對於競爭性選舉有時能夠強化而非削弱國家體制，相關機制的討論參見 Slater (2008)。
3 威權實力是良善治理的必要條件，但不是充分條件。強勢的威權政權可能會利用自家的強勢體制來壓迫社會，而不是造福社會。
4 關於新誕生的脆弱民主政體的對外政策可能比較好戰，而不是推動所謂的「民主和平」（democratic peace），Snyder (2000) 做了強而有力的論述。Lyons (2005) 認為競爭性選舉有助於穩定新誕生的脆弱民主政體，但主要影響因素是轉型過程是否包括政治的非軍事化（我們分析過的日本是最明顯的例子）。Mann (2000) 對民主的可能作為有最陰暗的描述：當「人民」是以種族來界定，人民主權（popular sovereignty）有可能導致種族滅絕。
5 關於威權體制的行政制約與依法治理，分別參見 Meng (2020) 與 Y. Wang (2014)。
6 本書所論搶占先機推進民主化的案例，都是在壓力之下如此做，但這並不意謂威權政權必須先等壓力上升，然後才搶占先機推進民主化。我們認為非關壓力的搶占先機民主化可能性不高，但並非絕不可能，而且同樣符合憑藉實力轉向民主的策略邏輯。

7 關於政治解決的重量級著作包括Jamal (2016)，Barma (2017)，Khan (2018)。關於政治解決在亞洲的運用，參見Jaffrey and Slater (2017)。

8 Friedman and Wong (2008); Levitsky and Ziblatt (2018).

9 Ansell and Samuels (2014).

10 Przeworski (1991).

11 Riedl et al. (2020).

參考書目

Abdullah, Walid Jumblatt. 2017. "Bringing Ideology In: Differing Oppositional Challenges to Hegemony in Singapore and Malaysia." *Government and Opposition* 52, no. 3 (July): 483–510.

——. 2020. " 'New Normal' No More: Democratic Backsliding in Singapore after 2015." *Democratization* 27, no. 7 (May): 1123–41.

Acemoglu, Daron, and James A. Robinson. 2006. *Economic Origins of Dictatorship and Democracy*. New York: Cambridge University Press.

Alagappa, Muthiah, ed. 2004. *Civil Society and Political Change in Asia: Expanding and Contracting Democratic Space*. Stanford, CA: Stanford University Press.

Albertus, Michael. 2015. *Autocracy and Redistribution: The Politics of Land Reform*. New York: Cambridge University Press.

Albertus, Michael, and Victor Menaldo. 2014. "Gaming Democracy: Elite Domination during Transition and the Prospects for Redistribution." *British Journal of Political Science* 44, no. 3 (July): 575–603.

——. 2018. *Authoritarianism and the Elite Origins of Democracy*. Cambridge: Cambridge University Press.

Amsden, Alice. 1985. "The State and Taiwan' s Economic Development." In *Bringing the State Back In*, edited by Peter B. Evans, Dietrich Rueschemeyer, and Theda Skocpol, 78–106. Cambridge: Cambridge University Press.

——. 1989. *Asia's Next Giant: South Korea and Late Industrialization*. Oxford: Oxford University Press.

Anderson, Benedict R. O' G. 1978. "Last Days of Indonesia' s Suharto?" *Southeast Asia Chronicle* 63 (July–August): 2–17.

——. "Old State, New Society: Indonesia' s New Order in Comparative Historical Perspective." *Journal of Asian Studies* 42, no. 3 (May): 477–96.

Ang, Yuen Yuen. 2016. *How China Escaped the Poverty Trap*. Ithaca, NY: Cornell University Press.

——. 2020. *China's Gilded Age: The Paradox of Economic Boom and Vast Corruption*. Cambridge: Cambridge University Press.

Ansell, Ben W., and David J. Samuels. 2014. *Inequality and Democratization*. Cambridge: Cambridge University Press.

Arriola, Leonardo. 2013. *Multiethnic Coalitions in Africa: Business Financing of Opposition Election Campaigns*. New York: Cambridge University Press.

Aspinall, Edward. 2005. *Opposing Suharto: Compromise, Resistance and Regime Change in Indonesia*. Stanford, CA: Stanford University Press.

——. 2010. "Indonesia: The Irony of Success." *Journal of Democracy* 21, no. 2 (April): 20–34.

Aspinall, Edward, and Ward Berenschot. 2019. *Democracy for Sale: Elections, Clientelism, and the State in Indonesia*. Ithaca, NY: Cornell University Press.

Barma, Naazneen. 2017. *The Peacebuilding Puzzle: Political Order in Post-conflict Societies*. New York: Cambridge University Press.

Barr, Michael D. 2019. *Singapore: A Modern History*. London: I. B. Tauris.

Baum, Richard. 1996. *Burying Mao: Chinese Politics in the Age of Deng Xiaoping*. Princeton, NJ: Princeton University Press.

——. 2000. "Democracy Deformed: Hong Kong' s 1998 Legislative Elections—and Beyond." *China Quarterly* 163: 439–64.

Becker, Elizabeth. 1998. *When the War Was Over: Cambodia and the Khmer Rouge Revolution*. New York: PublicAffairs.

Bell, Daniel. 2015. *The China Model: Political Meritocracy and the Limits of Democracy*. Princeton, NJ: Princeton University Press.

Bell, Daniel, and Chenyang Li, eds. 2013. *The East Asian Challenge for Democracy: Political Meritocracy in Comparative Perspective*. New York: Cambridge University Press.

Bellin, Eva. 2002. *Stalled Democracy: Capital, Labor, and the Paradox of State-Sponsored Development*. Ithaca, NY: Cornell University Press.

Boix, Charles. 2003. *Democracy and Redistribution*. Cambridge: Cambridge University Press.

Bowie, Katherine. 1997. *Rituals of National Loyalty: An Anthropology of the State and the Village Scout Movement in Thailand*. New York: Columbia University Press.

Breznitz, Dan. 2008. *Innovation and the State: Political Choice and Strategies for Growth in Israel, Taiwan and Ireland*. New Haven, CT: Yale University Press.

Brown, MacAlister, and Joseph J. Zasloff. 1998. *Cambodia Confounds the Peacemakers, 1979–1998*. Ithaca, NY: Cornell University Press.

Brown, Melissa. 2004. *Is Taiwan Chinese? The Impact of Power, Culture and Migration on Changing Identities*. Berkeley: University of California Press.

Brownlee, Jason. 2007. *Authoritarianism in an Age of Democratization*. New York: Cambridge University Press.

Buchanan, John. 2016. *Militias in Myanmar*. New York: Asia Foundation.

Bush, Robin. 2010. *Nahdlatul Ulama and the Struggle for Power within Islam and Politics in Indonesia*. Singapore: Institute of Southeast Asian Studies.

Calder, Kent E. 2016. *Singapore: Smart City, Smart State*. Washington, DC: Brookings Institution Press.

Callahan, Mary P. 2003. *Making Enemies: War and State Building in Burma*. Ithaca, NY: Cornell University Press.

Carothers, Thomas. 2007. "How Democracies Emerge: The 'Sequencing' Fallacy." *Journal of Democracy* 18, no. 1 (January): 12–27.

Case, William. 1996. "UMNO Paramountcy: A Report on Single-Party Dominance in Malaysia." *Party Politics* 2, no. 1 (January): 115–27.

——. 2001. "Malaysia' s Resilient Pseudodemocracy." *Journal of Democracy* 12, no. 1 (January): 5–14.

Cha, Victor D. 2016. *Powerplay: The Origins of the American Alliance System in Asia*. Princeton, NJ: Princeton University Press.

Chaloemtiarana, Thak. 2007. *Thailand: The Politics of Despotic Paternalism*. Chiang Mai: Silkworm Books.

Chandler, David. 2008. *A History of Cambodia.* 4th ed. Boulder, CO: Westview Press.

Chao, Linda, and Ramon Myers. 1998. *The First Chinese Democracy: Political Life in the Republic of China on Taiwan*. Baltimore: Johns Hopkins University Press.

Cheesman, Nick. 2015. *Opposing the Rule of Law: How Myanmar's Courts Make Law and Order*. New York: Cambridge University Press.

Chen, Jie. 2013. *A Middle Class without Democracy: Economic Growth and the Prospects for Democratization in China*. New York: Oxford University Press.

Cheng, Joseph Y. S. 2005. "Hong Kong' s Democrats Stumble." *Journal of Democracy* 16, no. 1 (January): 138–52.

Cheng, Tun-Jen. 1989. "Democratizing the Quasi-Leninist Regime in Taiwan." *World Politics* 41, no. 4 (July): 471–99.

——. 1990. "Political Regimes and Development Strategies: South Korea and Taiwan." In *Manufacturing Miracles: Paths of Industrialization in Latin America and East Asia*, edited by Gary Gereffi. Princeton, NJ: Princeton University Press.

——. 2008. "Embracing Defeat: The KMT and PRI after 2000." In *Political Transitions in Dominant Party Systems: Learning to Lose*, edited by Edward Friedman and Joseph Wong. New York: Routledge.

Cheng, Tun-Jen, and Eun-Mee Kim. 1994. "Making Democracy: Generalizing the South Korean Case." In *The Politics of Democratization: Generalizing East Asian Experiences*, edited by Edward Friedman. Boulder, CO: Westview Press.

Choi, Jang-Jip. 1993. "Political Cleavages in South Korea." In *State and Society in Contemporary Korea*, edited by Hagen Koo. Ithaca, NY: Cornell University Press.

Choi, Yearn H. 1978. "Failure of Democracy in Legislative Processes: The Case of South Korea, 1960." *World Affairs* 140, no. 4 (January): 331–40.

Chong, Zi Liang, and Lim Yan Liang. 2015. " 'Shift towards PAP among the Better-Off.' " *Straits Times*, November 5.

Chu, Yun-Han. 1992. *Crafting Democracy in Taiwan*. Taipei: Institute for National Policy Research.

Chua, Beng Huat. 1995. *Communitarian Ideology and Democracy in Singapore*. New York: Routledge.

Cima, Ronald J. 1989. "Vietnam in 1988: The Brink of Renewal." *Asian Survey* 29, no. 1 (January): 64–72.

Ciorciari, John D. 2020. "Cambodia in 2019: Backing Further into a Corner." *Asian Survey* 60, no. 1: 125–31.

Coppedge, Michael, John Gerring, Carl Henrik Knutsen, Staffan I. Lindberg, Jan Teorell, David Altman, Michael Bernhard, et al. 2020. "V-Dem [Country–Year/Country–Date] Dataset v10." Varieties of Democracy (V-Dem) Project. https://doi.org/10.23696/vdemds20.

Cotton, James. 1989. "From Authoritarianism to Democracy in South Korea." *Political Studies* 37, no. 2 (June): 244–59.

——. 1997. "East Asian Democracy: Progress and Limits." In *Consolidating the Third Wave Democracies: Regional Challenges*, edited by Larry Diamond, Marc F. Plattner, Yun-han Chu, and Hung-mao Tien. Baltimore: Johns Hopkins University Press.

Croissant, Aurel. 2018. "Cambodia in 2017: Descending into Dictatorship?" *Asian Survey* 58, no. 1: 194–200.

——. 2019. "Cambodia in 2018: Requiem for Multiparty Politics." *Asian Survey* 59, no. 1: 170–76.

Croissant, Aurel, and Olli Hellman, eds. 2020. *Stateness and Democracy in East Asia*. New York: Cambridge University Press.

Crouch, Harold. 1995. *Government and Society in Malaysia*. Ithaca, NY: Cornell University Press.

——. 2011. *Political Reform in Post-Soeharto Indonesia*. Singapore: Institute of Southeast Asian Studies.

Curtis, Grant. 1998. *Cambodia Reborn? The Transition to Democracy and Development.* Washington, DC: Brookings Institution Press.

Dahl, Robert A. 1971. *Polyarchy: Participation and opposition*. New Haven, CT: Yale University Press.

Delisle, Jacques, and Avery Goldstein. 2019. "China' s Economic Reform and Opening at Forty: Past Accomplishments and Emerging Challenges." In *To Get Rich Is Glorious: Challenges Facing China's Economic Reform and Opening at Forty*, edited by Jacques Delisle and Avery Goldstein. Washington, DC: Brookings Institution Press.

Diamond, Larry. 2015. "Facing Up to the Democratic Recession." *Journal of Democracy* 26, no. 1 (January): 141–55.

Diamond, Larry, Marc F. Plattner, and Yun-han Chu, eds. 2013. *Democracy in East Asia: A New Century*. Baltimore: Johns Hopkins University Press.

Dickson, Bruce. 1996. "The Kuomintang before Democratization: Organizational Change and the Role of Elections." In *Taiwan's Electoral Politics and Democratic Transition: Riding the Third Wave*, edited by Hung-mao Tien. Armonk, NY: M. E. Sharpe.

——. 1997. *Democratization in China and Taiwan: The Adaptability of Leninist Parties.* Oxford: Clarendon Press.

——. 2003. *Red Capitalists in China: The Party, Private Entrepreneurs, and Prospects for Political Change.* Cambridge: Cambridge University Press.

——. 2016. *The Dictator's Dilemma: The Chinese Community Party's Strategy for Survival.* New York: Oxford University Press.

Dikotter, Frank. 2010. *Mao's Great Famine: The History of China's Most Devastating Catastrophe, 1958–1962*. London: Bloomsbury.

——. 2013. *The Tragedy of Liberation: A History of the Chinese Revolution, 1945–1957*. London: Bloomsbury.

Dimitrov, Martin, ed. 2013. *Why Communism Didn't Collapse: Understanding Authoritarian Regime Resilience in Asia and Europe*. New York: Cambridge University Press.

Ding, Iza. 2022. *The Performative State: Public Scrutiny and Environmental Governance in China*. Ithaca, NY: Cornell University Press.

Dittmer, Lowell. 2001. Review of *The Tiananmen Papers*, compiled by Zhang Liang, edited by Andrew Nathan and Perry Link. *China Quarterly* 166 (June): 476–83.

Doner, Richard. 2009. *The Politics of Uneven Development: Thailand's Economic Growth in Comparative Perspective*. New York: Cambridge University Press.

Doner, Richard, Bryan Ritchie, and Dan Slater. 2005. "Systemic Vulnerability and the Origins of Developmental States: Northeast and Southeast Asia in Comparative Perspective." *International Organization* 59, no. 2 (Spring): 327–61.

Dower, John. 1999. *Embracing Defeat: Japan in the Wake of World War II*. New York: W. W. Norton.

Duckett, Jane. 2010. *The Chinese State's Retreat from Health: Policy and the Politics of Retrenchment*. London: Routledge.

Duus, Peter, and Daniel Okimoto. 1979. "Fascism and the History of Pre-war Japan: The Failure of a Concept." *Journal of Asian Studies* 39, no. 1 (November): 65–76.

Ear, Sophal. 2013. *Aid Dependence in Cambodia: How Foreign Assistance Undermines Democracy*. New York: Columbia University Press.

Egreteau, Renaud, and Larry Jagan. 2013. *Soldiers and Diplomacy in Burma: Understanding the Foreign Relations of the Burmese Praetorian State*. Singapore: NUS Press.

Eibl, Ferdinand, Steffen Hertog, and Dan Slater. 2021. "War Makes the Regime: Regional Rebellions and Political Militarization Worldwide." *British Journal of Political Science* 51, no. 3 (July): 1002–23.

Elliot, David W. P. 2012. *Changing Worlds: Vietnam's Transition from the Cold War to Globalization*. New York: Oxford University Press.

Elstrom, Manfred. 2021. *Workers and Change in China*. New York: Cambridge University Press. Escriba-Folch, Abel, and Joseph Wright. 2015. *Foreign Pressure and the Politics of Autocratic Survival*. New York: Oxford University Press.

Evans, Peter, and James Rauch. 1999. "Bureaucracy and Growth: A Cross-National Analysis of the Effects of 'Weberian' State Structures on Economic Growth." *American Sociological Review* 64, no. 5 (October): 748–65.

Evans, Peter B. 1995. *Embedded Autonomy: States and Industrial Transformation*. Princeton, NJ: Princeton University Press.

Fearon, James D. 1995. "Rationalist Explanations for War." *International Organization* 49, no. 3 (Summer): 379–414.

Ferrara, Federico. 2015. *The Political Development of Modern Thailand*. New York: Cambridge University Press.

Fewsmith, Joseph. 2001. *China since Tiananmen: The Politics of Transition*. Cambridge: Cambridge University Press.

——. 2013. *The Logic and Limits of Political Reform in China*. New York: Cambridge University Press.

——. 2018. "Can Fighting Corruption Save the Party?" In *The China Questions: Critical Insights into a Rising Power*, edited by Jennifer Rudolph and Michael Szonyi. Cambridge, MA: Harvard University Press.

Fowler, James. 1999. "The United States and South Korean Democratization." *Political Science Quarterly* 114, no. 2 (August): 265–88.

Frazier, Mark. 2010. *Socialist Insecurity: Pensions and the Politics of Uneven Development.* Ithaca, NY: Cornell University Press.

Friedman, Edward, Paul Pickowicz, and Mark Selden. 1991. *Chinese Village, Socialist State*. New Haven, CT: Yale University Press.

Friedman, Edward, and Joseph Wong, eds. 2008. *Political Transitions in Dominant Party Systems: Learning to Lose*. New York: Routledge.

Funston, John. 1980. *Malay Politics in Malaysia: A Study of UMNO and PAS*. Kuala Lumpur: Heinemann.

Gallagher, Mary. 2002. "Reform and Openness: Why China' s Reforms Have Delayed Democracy." *World Politics* 54, no. 3 (June): 338–72.

——. 2017. *Authoritarian Legality in China: Law, Workers, and the State.* New York: Cambridge University Press.

Gandhi, Jennifer. 2008. *Political Institutions under Dictatorship*. New York: Cambridge University Press.

Geddes, Barbara. 1999. "What Do We Know about Democratization after Twenty Years?" *Annual Review of Political Science* 2, no. 1: 115–44.

George, Cherian. 2000. *Singapore, the Air-Conditioned Nation: Essays on the Politics of Comfort and Control, 1990–2000*. Singapore: Landmark Books.

——. 2012. *Freedom from the Press: Journalism and State Power in Singapore*. Singapore: NUS Press.

Gilley, Bruce. 2008. "Taiwan' s Democratic Transition: A Model for China?" In *Political Change in China: Comparisons with Taiwan*, edited by Bruce Gilley and Larry Diamond. Boulder, CO: Lynne Rienner.

Ginsburg, Tom, and Tamir Moustafa, eds. 2008. *Rule by Law: The Politics of Courts in Authoritarian Regimes*. New York: Cambridge University Press.

Goh Cheng Teik. 1971. *The May Thirteenth Incident and Democracy in Malaysia*. Singapore: Oxford University Press.

Gold, Thomas. 1986. *State and Society in the Taiwan Miracle.* Armonk, NY: M. E. Sharpe.

Gomez, Edmund Terence, and Jomo K. S. 1999. *Malaysia's Political Economy: Politics, Patronage, and Profits*. New York: Cambridge University Press.

Gordon, Andrew. 1991. *Labor and Imperial Democracy in Japan*. Berkeley: University of California Press.

——. 2014. *A Modern History of Japan: From Tokugawa Times to the Present.* 3rd ed. New York: Oxford University Press.

Gottesman, Evan. 2003. *Cambodia after the Khmer Rouge: Inside the Politics of Nation Building*. New Haven, CT: Yale University Press.

Greitens, Sheena Chestnut. 2016. *Dictators and Their Secret Police: Coercive Institutions and State Violence.* New York: Cambridge University Press.

Grossman, Derek. 2020. *Regional Responses to U.S.-China Competition in the Indo-Pacific: Vietnam.* Santa Monica, CA: RAND.

Grzymala-Busse, Anna. 2002. *Redeeming the Communist Past: The Regeneration of Communist Parties in East Central Europe*. New York: Cambridge University Press.

Gunitsky, Seva. 2017. *Aftershocks: Great Powers and Domestic Reforms in the Twentieth Century.* Princeton, NJ: Princeton University Press.

Haberkorn, Tyrell. 2018. *In Plain Sight: Impunity and Human Rights in Thailand.* Madison: University of Wisconsin Press.

Haddad, Mary A. 2012. *Building Democracy in Japan.* New York: Cambridge University Press.

Haggard, Stephan. 1990. *Pathways from the Periphery: The Politics of Growth in the Newly Industrializing Countries.* Ithaca, NY: Cornell University Press.

——. 2018. *Developmental States.* New York: Cambridge University Press.

Haggard, Stephan, and Robert Kaufman. 1995. *The Political Economy of Democratic Transitions.* Princeton, NJ: Princeton University Press.

——. 2008. *Development, Democracy and Welfare States: Latin America, East Asia and Eastern Europe.* Princeton, NJ: Princeton University Press.

——. 2012. "Inequality and Regime Change: Democratic Transitions and the Stability of Democratic Rule." *American Political Science Review* 106, no. 3 (August): 495–516.

——. 2016. *Dictators and Democrats: Masses, Elites, and Regime Change.* Princeton, NJ: Princeton University Press.

Hamayotsu, Kikue. 2002. "Islam and Nation Building in Southeast Asia: Malaysia and Indonesia in Comparative Perspective." *Pacific Affairs* 75, no. 3 (Fall): 353–75.

Hamilton-Hart, Natasha. 2002. *Asian States, Asian Bankers: Central Banking in Southeast Asia.* Ithaca, NY: Cornell University Press.

Han, Enze. 2014. "Hong Kong' s Crisis Is One of Identity as Well as Democracy." *The Conversation*, October 13. http://www.theworldweekly.com/reader/i/title/2494.

Han, Sung-Joo. 1974. *The Failure of Democracy in South Korea.* Berkeley: University of California Press.

——. 1988. "South Korea in 1987: The Politics of Democratization." *Asian Survey* 28, no. 1 (January): 52–61.

Harjanto, Nico. 2010. "Political Party Survival: The Golongan Karya Party and Electoral Politics in Indonesia." PhD diss., Northern Illinois University.

Harris, Joseph. 2017. *Achieving Access: Professional Movements and the Politics of Health Universalism.* Ithaca, NY: Cornell University Press.

Hassan, Mai. 2020. *Regime Threats and State Solutions: Bureaucratic Loyalty and Embeddedness in Kenya.* New York: Cambridge University Press.

Hatch, Walter. 2010. *Asia's Flying Geese: How Regionalization Shapes Japan.* Ithaca, NY: Cornell University Press.

Hatch, Walter, and Kozo Yamamura. 1996. *Asia in Japan's Embrace: Building a Regional Production Alliance.* New York: Cambridge University Press.

He, Baogang, and Stig Thogersen. 2010. "Giving the People a Voice? Experiments with Consultative Authoritarian Institutions in China." *Journal of Contemporary China* 16, no. 66 (July): 675–92.

He, Baogang, and Mark Warren. 2011. "Authoritarian Deliberation: The Deliberative Turn in Chinese Political Development." *Perspectives on Politics* 9, no. 2 (June): 269–89.

Hefner, Robert. 2000. *Civil Islam: Muslims and Democratization in Indonesia*. Princeton, NJ: Princeton University Press.

Hellman, Joel. 1998. "Winners Take All: The Politics of Partial Reform in Postcommunist Transitions." *World Politics* 50, no. 2 (January): 203–34.

Heng, Russell Hiang-Khng. 2001. "Vietnam: Light at the End of the Economic Tunnel?" *Southeast Asian Affairs* 2001: 357–68.

Heo, Uk, and Terrence Roehrig. 2018. *The Evolution of the South Korea-United States Alliance*. New York: Cambridge University Press.

Heryanto, Ariel, and Sumit K. Mandal. 2003. "Challenges to Authoritarianism in Indonesia and Malaysia." In *Challenging Authoritarianism in Southeast Asia: Comparing Indonesia and Malaysia*, edited by Ariel Haryanto and Sumit Mandal. New York: RoutledgeCurzon.

Hicken, Allen. 2006. "Party Fabrication: Constitutional Reform and the Rise of Thai Rak Thai." *Journal of East Asian Studies* 6, no. 3 (March): 381–407.

——. 2009. *Building Party Systems in Developing Democracies*. New York: Cambridge University Press.

Hicken, Allen, and Erik Martinez Kuhonta, eds. 2015. *Party System Institutionalization in Asia: Democracies, Autocracies, and the Shadows of the Past*. New York: Cambridge University Press.

Ho, Karl. 1999. "The Hong Kong Legislative Election of 1998." *Electoral Studies* 18, no. 3: 438–45.

Horowitz, Donald L. 2013. *Constitutional Change and Democracy in Indonesia*. New York: Cambridge University Press.

Hsueh, Roselyn. 2011. *China's Regulatory State: A New Strategy for Globalization*. Ithaca, NY: Cornell University Press.

Hu, Fu. 1993. "The Electoral Mechanism and Political Change in Taiwan." In *In the Shadow of China: Political Developments in Taiwan since 1949*, edited by Steve Tsang. Honolulu: University of Hawaii Press.

Huang, Teh-Fu. 1996. "Elections and the Evolution of the Kuomintang." In *Taiwan's Electoral Politics and Democratic Transition: Riding the Third Wave*, edited by Hung-mao Tien. Armonk, NY: M. E. Sharpe.

Huang, Yasheng. 2005. *Selling China: Foreign Direct Investment during the Reform Era*. Cambridge: Cambridge University Press.

——. 2008. *Capitalism with Chinese Characteristics: Entrepreneurship and the State*. New York: Cambridge University Press.

Huntington, Samuel. 1968. *Political Order in Changing Societies*. New Haven, CT: Yale University Press.

——. 1991a. "How Countries Democratize." *Political Science Quarterly* 106, no. 4: 579–616.

——. 1991b. *The Third Wave: Democratization in the Late Twentieth Century*. Norman: University of Oklahoma Press.

Hutchcroft, Paul D. 2000. "Colonial Masters, National Politicos, and Provincial Lords: Central Authority and Local Autonomy in the American Philippines, 1900–1913." *Journal of Asian Studies* 59, no. 2 (May): 277–306.

Hwang, In-Won. 2003. *Personalized Politics: The Malaysian State under Mahathir*. Singapore: Institute for Southeast Asian Studies.

Jacobs, Bruce. 2012. *Democratizing Taiwan.* Leiden: Brill Academic Publishers.

Jaffrey, Sana, and Dan Slater. 2017. "Violence and Regimes in Asia: Capable States and Durable Settlements." In *The State of Conflict and Violence in Asia*. New York: Asia Foundation.

Jamal, Manal. 2016. *Promoting Democracy: The Force of Political Settlements in Uncertain Times*. New York: New York University Press.

Jesudason, James V. 1989. *Ethnicity and the Economy: The State, Chinese Business, and Multinationals in Malaysia*. Singapore: Oxford University Press.

Johannen, Uwe, and James Gomez, eds. 2001. *Democratic Transitions in Asia*. Bangkok: Friedrich Naumann Foundation.

Johnson, Chalmers. 1982. *MITI and the Japanese Miracle: The Growth of Industrial Policy, 1925–1975*. Stanford, CA: Stanford University Press.

——. 1999. "The Developmental State: Odyssey of a Concept." In *The Developmental State*, edited by Merideth Woo-Cumings. Ithaca, NY: Cornell University Press.

Jomo, K. S., ed. 2001. *Malaysian Eclipse: Economic Crisis and Recovery*. London: Zed Books.

Kasza, Gregory. 2006. *One World of Welfare: Japan in Comparative Perspective*. Ithaca, NY: Cornell University Press.

Keohane, Robert. 1984. *After Hegemony: Cooperation and Discord and the World Political Economy*. Princeton, NJ: Princeton University Press.

Kerkvliet, Benedict J. Tria. 1995. "Village-State Relations in Vietnam: The Effect of Everyday Politics on Decollectivization." *Journal of Asian Studies* 54, no. 2 (March): 396–418.

——. 2005. *The Power of Everyday Politics: How Vietnamese Peasants Transformed National Policy*. Ithaca, NY: Cornell University Press.

——. 2019. *Speaking Out in Vietnam: Public Political Criticism in a Communist Party–Ruled Nation*. Ithaca, NY: Cornell University Press.

Khan, Mushtaq. 2018. "Political Settlements and the Analysis of Institutions." *African Affairs* 117, no. 469 (October): 636–55.

Khin, Maung Nyo. 2012. "Taking Stock of Myanmar' s Economy in 2011." In *Myanmar's Transition: Openings, Obstacles, and Opportunities*, edited by Nick Cheesman, Monique Skidmore, and Trevor Wilson. Singapore: Institute for Southeast Asian Studies.

Khong, Cho-Oon. 1995. "Singapore: Political Legitimacy through Managing Conformity." In *Political Legitimacy in Southeast Asia: The Quest for Moral Authority*, edited by Muthiah Alagappa. Stanford, CA: Stanford University Press.

Khoo, Boo Teik. 1995. *Paradoxes of Mahathirism: An Intellectual Biography of Mahathir Mohamad*. New York: Oxford University Press.

Kiernan, Ben. 1993. "The Inclusion of the Khmer Rouge in the Cambodian Peace Process: Causes and Consequences." In *Genocide and Democracy in Cambodia: The Khmer Rouge, the United Nations and the International Community*, edited by Ben Kiernan, 191–272. New Haven, CT: Yale University Southeast Asia Studies.

——. 2008. *The Pol Pot Regime: Race, Power, and Genocide in Cambodia under the Khmer Rouge, 1975–79*. 3rd ed. New Haven, CT: Yale University

Press.

Kim, Byung-Kook. 1998. "Korea' s Crisis of Success." In *Democracy in East Asia*, edited by Larry Diamond and Marc F. Plattner. Baltimore: Johns Hopkins University Press.

——. 2008. "Defeat in Victory, Victory in Defeat: The Korean Conservatives in Democratic Consolidation." In *Political Transitions in Dominant Party Systems: Learning to Lose*, edited by Edward Friedman and Joseph Wong. New York: Routledge.

——. 2011. "The Leviathan: Economic Bureaucracy under Park." In *The Park Chung Hee Era: The Transformation of South Korea*, edited by Byung-Kook Kim and Ezra Vogel. Cambridge, MA: Harvard University Press.

Kim, Byung-Kook, and Ezra Vogel, eds. 2011. *The Park Chung Hee Era: The Transformation of South Korea*. Cambridge, MA: Harvard University Press.

Kim, Eugene C. I., and Ke-Soo Kim. 1964. "The April 1960 Korean Student Movement." *Western Political Quarterly* 17, no. 1 (March): 83–92.

Kim, Q.-Y. 1983. *The Fall of Syngman Rhee*. Berkeley: Institute of East Asian Studies, University of California.

Kim, Sang-Joon. 1994. "Characteristic Features of Korean Democratization." *Asian Perspective* 18, no. 2 (Fall/Winter): 181–96.

Kim, Sungmoon. 2014. *Confucian Democracy in East Asia: Theory and Practice*. New York: Cambridge University Press.

Kim, Sunhyuk. 2000. *The Politics of Democratization: The Role of Civil Society*. Pittsburgh: University of Pittsburgh Press.

Koh, B. C. 1985. "The 1985 Parliamentary Election in South Korea." *Asian Survey* 25, no. 9 (September): 883–97.

Kohli, Atul. 2004. *State-Directed Development: Political Power and Industrialization in the Global Periphery*. Cambridge: Cambridge University Press.

Kohno, Masaru. 1997. *Japan's Postwar Party Politics*. Princeton, NJ: Princeton University Press.

Koo, Hagen. 1993. "The State, Minjung, and the Working Class in South Korea." In *State and Society in Contemporary Korea*, edited by Hagen Koo. Ithaca, NY: Cornell University Press.

Kornai, Janos. 1992. *The Socialist System: The Political Economy of Communism*. Princeton, NJ: Princeton University Press.

Krauss, Ellis, and Robert Pekkanen. 2010. "The Rise and Fall of Japan' s Liberal Democratic Party." *Journal of Asian Studies* 69, no. 1 (February): 5–15.

Ku, Yuen-Wen. 1997. *Welfare Capitalism in Taiwan: State, Economy and Social Policy*. New York: St. Martin' s Press.

Kuhonta, Erik Martinez. 2011. *The Institutional Imperative: The Politics of Equitable Development in Southeast Asia*. Stanford, CA: Stanford University Press.

Lam, Jermain T. M. 2010. "Party Institutionalization in Hong Kong." *Asian Perspective* 34, no. 2 (June): 53–82.

Lange, Matthew. 2009. *Lineages of Despotism and Development: British Colonialism and State Power*. Chicago: University of Chicago Press.

Langston, Joy K. 2017. *Democratization and Authoritarian Party Survival: Mexico's PRI*. New York: Oxford University Press.

Laothamatas, Anek, ed. 1997. *Democratization in Southeast and East Asia*. Bangkok: Silkworm Books.

Larsson, Tomas. 2013. *Land and Loyalty: Security and the Development of Property Rights in Thailand*. Singapore: NUS Press.

Lee, Namhee. 2007. *The Making of Minjung: Democracy and the Politics of Representation in South Korea*. Ithaca, NY: Cornell University Press.

Lee, Sang-Chul, and Karlyn Kohrs Campbell. 1994. "Korean President Roh Tae-Woo' s 1988 Inaugural Address: Campaigning for Investiture." *Quarterly Journal of Speech* 80, no. 1 (February): 37–52.

Lee, Terence. 2015. *Defect or Defend: Military Responses to Popular Protests in Authoritarian Asia*. Singapore: Institute for Southeast Asian Studies.

Lev, Daniel S. 1990. "Intermediate Classes and Change in Indonesia: Some Initial Reflections." In *The Politics of Middle Class Indonesia*, edited by Richard Tanter and Kenneth Young, 25–43. Clayton, Victoria, Australia: Monash University, Centre for Southeast Asian Studies.

Levitsky, Steven, and Lucan A. Way. 2010. *Competitive Authoritarianism: Hybrid Regimes after the Cold War*. New York: Cambridge University Press.

Levitsky, Steven, and Daniel Ziblatt. 2018. *How Democracies Die*. New York: Crown.

Li, Cheng. 2016. *Chinese Politics in the Xi Jinping Era: Reassessing Collective Leadership*. Washington, DC: Brookings Institution Press.

Liddle, William. 1990. "The Middle Class and New Order Legitimacy: A Response to Dan Lev." In *The Politics of Middle Class Indonesia*, edited by Richard Tanter and Kenneth Young, 49–58. Clayton, Victoria, Australia: Monash University, Centre for Southeast Asian Studies.

Lieberthal, Kenneth, and Michel Oksenberg. 1988. *Policy-Making in China: Leaders, Structures and Processes*. Princeton, NJ: Princeton University Press.

Lintner, Bertil. 2013. "The Military' s Still in Charge: Why Reform in Burma Is Only Skin Deep." *Foreign Policy*, July 16.

Lo, Shiu-hing, and Wu Wing-yat. 2002. "The 2000 Legislative Council Elections in Hong Kong." *Representation* 38, no. 4 (July): 327–39.

Looney, Kristen. 2020. *Mobilizing for Development: The Modernization of Rural Asia*. Ithaca, NY: Cornell University Press.

Loxton, James. 2015. "Authoritarian Successor Parties." *Journal of Democracy* 26, no. 3 (July): 157–70.

Loxton, James, and Scott Mainwaring, eds. 2018. *Life after Dictatorship: Authoritarian Successor Parties Worldwide*. Cambridge: Cambridge University Press.

Lu, Jian, and Chris King-Chi Chan. 2016. "Collective Identity, Framing and Mobilization of Environmental Protests in Urban China: A Case Study of Qidong' s Protest." *China: An International Journal* 14, no. 2 (May): 102–22.

Lynch, Daniel. 2015. *China's Futures: PRC Elites Debate Economics, Politics and Foreign Policy*. Stanford, CA: Stanford University Press.

Lyons, Terrence. 2005. *Demilitarizing Politics: Elections on the Uncertain Road to Peace*. Boulder, CO: Lynne Rienner.

Ma, Ngok. 2005. "Civil Society in Self-Defense: The Struggle against National Security Legislation in Hong Kong." *Journal of Contemporary China* 14, no. 44 (August): 465–82.

MacFarquhar, Roderick. 1974. *The Origins of the Cultural Revolution*. Vol. 1, *Contradictions among the People, 1956–1957*. New York: Columbia University Press.

——. 1983. *The Origins of the Cultural Revolution*. Vol. 2, *The Great Leap Forward*. New York: Columbia University Press.

——. 1999. *The Origins of the Cultural Revolution*. Vol. 3, *The Coming of the Cataclysm, 1961–1966*. New York: Columbia University Press.

MacIntyre, Andrew. 2001. "Institutions and Investors: The Politics of the Economic Crisis in Southeast Asia." *International Organization* 55, no. 1 (Winter): 81–122.

Magaloni, Beatriz. 2006. *Voting for Autocracy: Hegemonic Party Survival and Its Demise in Mexico*. New York: Cambridge University Press.

Malesky, Edmund. 2009. "Gerrymandering—Vietnamese Style: Escaping the Partial Reform Equilibrium in a Nondemocratic Regime." *Journal of Politics* 71, no. 1 (January): 132–59.

Malesky, Edmund, Regina Abrami, and Yu Zheng. 2011. "Institutions and Inequality in Single-Party Regimes: A Comparative Analysis of Vietnam and China." *Comparative Politics* 43, no. 4 (July): 401–19.

Malesky, Edmund, and Paul Schuler. 2010. "Nodding or Needling? Analyzing Delegate Responsiveness in an Authoritarian Parliament." *American Political Science Review* 104, no. 3: 482–502.

Manion, Melanie. 2015. *Information for Autocrats: Representation in Chinese Local Congresses*. New York: Cambridge University Press.

Mann, Michael. 2000. *The Dark Side of Democracy: Explaining Ethnic Conflict*. New York: Cambridge University Press.

Mansfield, Edward, and Jack Snyder. 2007. "The Sequencing 'Fallacy.' " *Journal of Democracy* 18, no. 3 (July): 5–9.

Marshall, T. H. 1950. *Citizenship and Social Class and Other Essays*. New York: Cambridge University Press.

Mattlin, Mikael. 2011. *Politicized Society: The Long Shadow of Taiwan's One-Party Legacy*. Copenhagen: Nordic Institute of Asian Studies Press.

Mauzy, Diane K., and R. S. Milne. 2002. *Singapore Politics under the People's Action Party*. New York: Routledge.

McAdams, A. James. 2017. *Vanguard of the Revolution: The Global Idea of the Communist Party*. Princeton, NJ: Princeton University Press.

McCargo, Duncan. 2005. "Network Monarchy and Legitimacy Crises in Thailand." *Pacific Review* 18, no. 4: 499–519.

——. 2008. *Tearing Apart the Land: Islam and Legitimacy in Southern Thailand*. Ithaca, NY: Cornell University Press.

McCargo, Duncan, and Ukrist Pathmanand. 2005. *The Thaksinization of Thailand*. Copenhagen: Nordic Institute of Asian Studies Press.

McCarthy, Gerard. 2019. "Regressive Democracy: Explaining Distributive Politics in Myanmar' s Political Transition." PhD diss., Australia National University.

McKoy, Michael K., and Michael K. Miller. 2012. "The Patron' s Dilemma: The Dynamics of Foreign-Supported Democratization." *Journal of Conflict*

Resolution 56, no. 5 (April): 904–32.

Menchik. Jeremy. 2016. *Islam and Democracy in Indonesia: Tolerance without Liberalism*. New York: Cambridge University Press.

Meng, Anne. 2020. *Constraining Dictatorship: From Personalized Rule to Institutionalized Regimes*. New York: Cambridge University Press.

Mietzner, Marcus. 2012. "Indonesia' s Democratic Stagnation: Anti-reformist Elites and Resilient Civil Society." *Democratization* 19, no. 2 (April): 209–29.

——. 2014. "Successful and Failed Democratic Transitions from Military Rule in Majority Muslim Societies: The Cases of Indonesia and Egypt." *Contemporary Politics* 20, no. 4 (October): 435–52.

——. 2020. "Stateness and State Capacity in Post-authoritarian Indonesia: Securing Democracy' s Survival, Entrenching Its Low Quality." In *Stateness and Democracy in East Asia*, edited by Aurel Croissant and Olli Hellman. New York: Cambridge University Press.

Miller, Jennifer M. 2019. *Cold War Democracy: The United States and Japan*. Cambridge, MA: Harvard University Press.

Miller, Michael K. 2021a. "Don' t Call It a Comeback: Autocratic Ruling Parties after Democratization." *British Journal of Political Science* 51, no. 2 (April): 559–83.

——. 2021b. *Shock to the System: Coups, Elections and War on the Road to Democratization*. Princeton, NJ: Princeton University Press.

Milly, Deborah. 1999. *Poverty, Equality and Growth: The Politics of Economic Need in Postwar Japan*. Cambridge, MA: Harvard University Press.

Montinola, Gabriella, Yingyi Qian, and Barry Weingast. 1995. "Federalism, Chinese Style: The Political Basis for Economic Success in China." *World Politics* 48, no. 1 (October): 50–81.

Moody, Peter. 1992. *Political Change on Taiwan: A Study of Ruling Party Adaptability*. New York: Praeger.

Moon, Chung-In, and Byung-Joon Jun. 2011. "Modernization Strategies: Ideas and Influences." In *The Park Chung Hee Era: The Transformation of South Korea*, edited by Byung-Kook Kim and Ezra Vogel. Cambridge, MA: Harvard University Press.

Moore, Barrington. 1966. *Social Origins of Democracy and Dictatorship*. Boston: Beacon Press. Morgenbesser, Lee. 2016. *Behind the Façade: Elections under Authoritarianism in Southeast Asia*. Albany: State University of New York Press.

——. 2018. "Misclassification on the Mekong: The Origins of Hun Sen' s Personalist Dictatorship." *Democratization* 25, no. 2 (February): 191–208.

——. 2019. "Cambodia' s Transition to Hegemonic Authoritarianism." *Journal of Democracy* 30, no. 1 (January): 158–171.

Morley, James W., ed. 1993. *Driven by Growth: Political Change in the Asia-Pacific Region*. Armonk, NY: M. E. Sharpe.

Morse, Yonatan L. 2019. *How Autocrats Compete: Parties, Patrons, and Unfair Elections in Africa*. New York: Cambridge University Press.

Moustafa, Tamir. 2018. *Constituting Religion: Islam, Liberal Rights, and the Malaysian State*. New York: Cambridge University Press.

Nakamura, Masanori. 1994. "Democratization, Peace and Economic Development in Occupied Japan, 1945–1952." In *The Politics of Democratization: Generalizing East Asian Experiences*, edited by Edward Friedman. Boulder, CO: Westview Press.

Nakanishi, Yoshihiro. 2013. *Strong Soldiers, Failed Revolution: The State and Military in Burma, 1962–88*. Singapore: NUS Press.

Nalepa, Monika. 2010. *Skeletons in the Closet: Transitional Justice in Post-communist Europe*. New York: Cambridge University Press.

Nathan, Andrew. 2003. "Authoritarian Resilience." *Journal of Democracy* 14, no. 1 (January): 6–17.

——. 2019. "The New Tiananmen Papers: Inside the Secret Meeting That Changed China." *Foreign Affairs*, July 2019.

National Security Archive. 2001. "The US 'Tiananmen Papers.' " June 4. https://nsarchive2.gwu.edu/NSAEBB/NSAEBB47/index2.html.

Naughton, Barry. 1996. *Growing Out of the Plan: Chinese Economic Reform 1978–1993*. Cambridge:Cambridge University Press.

——. 2014. "China' s Economy: Complacency, Crisis and the Challenge of Reform." *Daedalus* 143, no. 2 (Spring): 14–25.

Nguyen, Hai Hong. 2016. *Political Dynamics of Grassroots Democracy in Vietnam*. New York: Palgrave Macmillan.

Ninh, Kim. 1990. "Vietnam: Renovation in Transition?" *Southeast Asian Affairs* 1990: 383–95.

Nishizaki, Yoshinori. 2011. *Political Authority and Provincial Identity in Thailand: The Making of Banharn-buri*. Ithaca, NY: Cornell Southeast Asia Program.

Nolan, Peter. 1995. *China's Rise, Russia's Fall: Politics, Economics and Planning in the Transition from Stalinism*. London: Palgrave Macmillan.

Ockey, James. 2004. *Making Democracy: Leadership, Class, Gender, and Political Participation in Thailand*. Honolulu: University of Hawaii Press.

O' Donnell, Guillermo, and Philippe Schmitter. 1986. *Transitions from Authoritarian Rule: Tentative Conclusions from Uncertain Democracies*. Baltimore: Johns Hopkins University Press.

Ogden, Suzanne, Kathleen Hartford, Nancy Sullivan, and David Zweig, eds. 1992. *China's Search for Democracy: The Students and Mass Movement of 1989*. New York: Routledge Press.

Oh, John Kie-Chiang. 1999. *Korean Politics: The Quest for Democratization and Economic Development*. Ithaca, NY: Cornell University Press.

Oliver, Steven, and Kai Ostwald. 2020. "Singapore' s Pandemic Election: Opposition Parties and Valence Politics in GE2020." *Pacific Affairs* 93, no. 4 (December): 759–80.

Ong, Elvin. 2022. *Opposing Power: Building Opposition Alliances in Electoral Autocracies*. Ann Arbor: University of Michigan Press.

Ooi, Kee Beng. 2007. *Lost in Translation: Malaysia under Abdullah*. Singapore: Institute for Southeast Asian Studies.

——. 2009. *Arrested Reform: The Undoing of Abdullah Badawi*. Kuala Lumpur: Research for Social Advancement.

Ortmann, Stephan. 2011. "Singapore: Authoritarian but Newly Competitive." *Journal of Democracy* 22, no. 4 (October): 153–64.

——. 2015. "The Umbrella Movement and Hong Kong' s Protracted Democratization Process." *Asian Affairs* 46, no. 1 (February): 32–50.

Pasuk Phongpaichit and Chris Baker. 2009. *Thaksin*. Bangkok: Silkworm Books.

Pei, Minxin. 2006. *China's Trapped Transition: The Limits of Developmental Autocracy*. Cambridge, MA: Harvard University Press.

Pempel, T. J. 1990. *Uncommon Democracies*. Ithaca, NY: Cornell University Press.

——. 1992. "Bureaucracy in Japan." *Political Science and Politics* 25, no. 1 (March): 19–24.

——. 2005. *Remapping East Asia*. Ithaca, NY: Cornell University Press.

——. 2021. *A Region of Regimes: Prosperity and Plunder in the Asia-Pacific*. Ithaca, NY: Cornell University Press.

Peng, Ito, and Joseph Wong. 2008. "Institutions and Institutional Purpose: Continuity and Change in East Asian Social Policy." *Politics and Society* 36, no. 1 (March): 61–88.

Pepinsky, Thomas B. 2009. *Economic Crises and the Breakdown of Authoritarian Regimes: Indonesia and Malaysia in Comparative Perspective*. New York: Cambridge University Press.

Perry, Elizabeth. 2008. "Chinese Conceptions of 'Rights' : From Mencius to Mao—and Now." *Perspectives on Politics* 6, no. 1 (March): 37–50.

——. 2018. "Is the Chinese Communist Regime Legitimate?" In *The China Questions: Critical Insights into a Rising Power*, edited by Jennifer Rudolph and Michael Szonyi. Cambridge, MA: Harvard University Press.

Porter, Gareth. 1993. *Vietnam: The Politics of Bureaucratic Socialism*. Ithaca, NY: Cornell University Press.

Power, Thomas, and Eve Warburton, eds. 2020. *Democracy in Indonesia: From Stagnation to Regression?* Singapore: Institute for Southeast Asian Studies.

Przeworski, Adam. 1991. *Democracy and the Market: Political and Economic Reforms in Eastern Europe and Latin America*. New York: Cambridge University Press.

Pye, Lucian. 1991. *China: An Introduction*. 4th ed. New York: HarperCollins.

Rahim, Lily, and Michael Barr, eds. 2019. *The Limits of Authoritarian Governance in Singapore's Developmental State*. New York: Palgrave Macmillan.

Riedl, Rachel. 2014. *Authoritarian Origins of Democratic Party Systems in Africa*. New York: Cambridge University Press.

Riedl, Rachel, Dan Slater, Joseph Wong, and Daniel Ziblatt. 2020. "Authoritarian-Led Democratization." *Annual Review of Political Science* 23 (May): 315–32.

Rigger, Shelley. 1999. *Politics in Taiwan: Voting for Democracy*. New York: Routledge.

——. 2001. *From Opposition to Power: Taiwan's Democratic Progressive Party*. Boulder, CO: Lynne Rienner.

Rinjiro, Sodei. 1983. "A Question of Paternity." In *Japan Examined: Perspectives on Modern Japanese History*, edited by Harry Wray and Hilary Conroy.

Honolulu: University of Hawaii Press.
Roberts, Margaret. 2018. *Censored: Distraction and Diversion inside China's Great Firewall.* Princeton, NJ: Princeton University Press.
Rodan, Garry, and Caroline Hughes. 2014. *The Politics of Accountability in Southeast Asia: The Dominance of Moral Ideologies.* Oxford: Oxford University Press.
Roosa, John. 2006. *Pretext for Mass Murder: The September 30th Movement and Suharto's Coup d'État in Indonesia.* Madison: University of Wisconsin Press.
——. 2020. *Buried Histories: The Anticommunist Massacres of 1965–1966 in Indonesia.* Madison: University of Wisconsin Press.
Rosenfeld, Bryn. 2021. *The Autocratic Middle Class: How State Dependency Reduces the Demand for Democracy.* Princeton, NJ: Princeton University Press.
Sachsenroder, Wolfgang, and Ulrike E. Frings, eds. 1998. *Political Party Systems and Democratic Development in East and Southeast Asia.* Singapore: Ashgate.
Samuels, Richard J. 1996. *Rich Nation, Strong Army: National Security and the Technological Transformation of Japan.* Ithaca, NY: Cornell University Press.
Saxer, Carl. 2002. *From Transition to Power Alternation: Democracy in South Korea, 1987–1997.* New York: Routledge.
Scalapino, Robert, and Junnosuke Masumi. 1962. *Parties and Politics in Contemporary Japan.* Berkeley: University of California Press.
Schaffer, Frederic C. 1998. *Democracy in Translation: Understanding Politics in an Unfamiliar Culture.* Ithaca, NY: Cornell University Press.
Schedler, Andreas. 2013. *The Politics of Uncertainty: Sustaining and Subverting Electoral Authoritarianism.* Oxford: Oxford University Press.
Schiller, Jim. 1996. *Developing Jepara: State and Society in New Order Indonesia.* Clayton, Victoria, Australia: Monash University, Centre of Southeast Asian Studies.
Schuler, Paul. 2021. *United Front: Projecting Solidarity through Deliberation in Vietnam's Single-Party Legislature.* Stanford, CA: Stanford University Press.
Selway, Joel Sawat. 2015. *Coalitions of the Well-Being: How Electoral Rules and Ethnic Politics Shape Health Policy in Developing Countries.* New York: Cambridge University Press.
Shair-Rosenfield, Sarah. 2019. *Electoral Reform and the Fate of New Democracies: Lessons from the Indonesian Case.* Ann Arbor: University of Michigan Press.
Shambaugh, David. 2008. *China's Communist Party: Atrophy and Adaptation.* Berkeley: University of California Press.

——. 2013. *China Goes Global: The Partial Power.* New York: Oxford University Press.

——. 2015. "The Coming Chinese Crackup." *Wall Street Journal*, March 6.

Shih, Victor. 2004. "Development the Second Time Around: The Political Logic of Developing Western China." *Journal of East Asian Studies* 4, no. 3 (December): 427–51.

——. 2009. *Factions and Finance in China: Elite Conflict and Inflation*. New York: Cambridge University Press.

——, ed. 2020. *Economic Shocks and Authoritarian Stability: Duration, Financial Control, and Institutions*. Ann Arbor: University of Michigan Press.

Shorrock, Tim. 1986. "The Struggle for Democracy in South Korea in the 1980s and the Rise of Anti-Americanism." *Third World Quarterly* 8, no. 4 (October): 1195–218.

Sidel, John T. 1998. "*Macet Total*: Logics of Circulation and Accumulation in the Demise of Indonesia' s New Order." *Indonesia* 66 (October): 159–94.

Sidel, Mark. 2008. *Law and Society in Vietnam.* New York: Cambridge University Press.

Silverstein, Gordon. 2008. "Singapore: The Exception That Proves Rules Matter." In *Rule by Law: The Politics of Courts in Authoritarian Regimes*, edited by Tom Ginsburg and Tamir Moustafa. New York: Cambridge University Press.

Sinpeng, Aim. 2021. *Opposing Democracy in the Digital Age: The Yellow Shirts in Thailand*. Ann Arbor: University of Michigan Press.

Slater, Dan. 2003. "Iron Cage in an Iron Fist: Authoritarian Institutions and the Personalization of Power in Malaysia." *Comparative Politics* 36, no. 1 (October): 81–101.

——. 2004. "Indonesia' s Accountability Trap: Party Cartels and Presidential Power after Democratic Transition." *Indonesia*, no. 78 (October): 61–92.

——. 2008. "Can Leviathan Be Democratic? Competitive Elections, Robust Mass Politics, and State Infrastructural Power." *Studies in Comparative International Development* 43, no. 3 (Fall/Winter): 252–72.

——. 2010a. "Altering Authoritarianism: Institutional Complexity and Autocratic Agency in Indonesia." In *Explaining Institutional Change: Ambiguity, Agency, and Power*, edited by James Mahoney and Kathlene Thelen. New York: Cambridge University Press.

——. 2010b. *Ordering Power: Contentious Politics and Authoritarian Leviathans in Southeast Asia*. New York: Cambridge University Press.

——. 2012. "Strong-State Democratization in Malaysia and Singapore." *Journal of Democracy* 23, no. 2 (April): 19–33.

——. 2013. "Democratic Careening." *World Politics* 65, no. 4 (October): 729–63.

——. 2014. "The Elements of Surprise: Assessing Burma' s Double-Edged Détente." *South East Asia Research* 22, no. 2 (June): 171–82.

——. 2018. "Party Cartelization, Indonesian-Style: Presidential Power-Sharing and the Contingency of Democratic Opposition." *Journal of East Asian Studies* 18, no. 1 (January): 23–46.

——. 2019. "Democratizing Singapore' s Developmental State." In *The Limits of Authoritarian Governance in Singapore's Developmental State*, edited by Lily Rahim and Michael Barr, 305–19. New York: Palgrave Macmillan.

——. 2020. "Maladjustment: Economic Shock and Authoritarian Dynamics in Malaysia." In *Economic Shocks and Authoritarian Stability: Duration, Financial Control, and Institutions*, edited by Victor Shih, 167–88. Ann Arbor: University of Michigan Press.

Slater, Dan, and Sofia Fenner. 2011. "State Power and Staying Power: Infrastructural Mechanisms and Authoritarian Durability." *Journal of International Affairs* 65, no. 1 (Fall/Winter): 15–29.

Slater, Dan, Benjamin Smith, and Gautam Nair. 2014. "Economic Origins of Democratic Breakdown? The Redistributive Model and the Postcolonial State." *Perspectives on Politics* 12, no. 2 (June): 353–74.

Slater, Dan, and Nicholas Rush Smith. 2016. "The Power of Counterrevolution: Elitist Origins of Political Order in Postcolonial Asia and Africa." *American Journal of Sociology* 121, no. 5 (March): 1472–1516.

Slater, Dan, and Joseph Wong. 2013. "The Strength Concede: Ruling Parties and Democratization in Developmental Asia." *Perspectives on Politics* 11, no. 3 (September): 717–33.

——. 2018. "Game for Democracy." In *Life after Dictatorship: Authoritarian Successor Parties Worldwide*, edited by James Loxton and Scott Mainwaring, 284–313. Cambridge: Cambridge University Press.

Smith, Benjamin. 2007. *Hard Times in the Lands of Plenty: Oil Politics in Iran and Indonesia.* Ithaca, NY: Cornell University Press.

Smith, Martin. 1991. *Burma: Insurgency and the Politics of Ethnicity*. London: Zed Books.

Snyder, Jack. 2000. *From Voting to Violence: Democratization and Nationalist Conflict*. New York: W. W. Norton.

Spence, Jonathan. 1990. *The Search for Modern China.* New York: W. W. Norton.

Staniland, Paul. 2021. *Ordering Violence: Explaining Armed Group-State Relations from Conflict to Cooperation*. Ithaca, NY: Cornell University Press.

Stern, Lewis M. 1998. *The Vietnamese Communist Party's Agenda for Reform: A Study of the Eight National Party Congress.* Jefferson, NC: McFarland.

Strangio, Sebastian. 2014. *Hun Sen's Cambodia.* New Haven, CT: Yale University Press.

——. 2020. *In the Dragon's Shadow: Southeast Asia in the Chinese Century.* New Haven, CT: Yale University Press.

Sundhaussen, Ulf. 1995. "Indonesia' s New Order: A Model for Myanmar?" *Asian Survey* 35, no. 8 (August): 768–80.

Takayoshi, Matsuo. 1966. "The Development of Democracy in Japan—Taisho Democracy: Its Flowering and Breakdown." *The Developing Economies* 4, no. 4 (December): 612–32.

Takenaka, Harukata. 2014. *Failed Democratization in Prewar Japan*. Stanford, CA: Stanford University Press.

Talmadge, Caitlin. 2015. *The Dictator's Army: Battlefield Effectiveness in Authoritarian Regimes*. Ithaca, NY: Cornell University Press.

Tam, Waikeung. 2001. "A Critical Analysis of Hong Kong' s 2000 Legislative Council Election: Context and Implications." *American Asian Review* 19, no. 4 (Winter): 201–37.

——. 2013. *Legal Mobilization under Authoritarianism: The Case of Post-colonial Hong Kong*. New York: Cambridge University Press.

Tang, Wenfang. 2018. "The 'Surprise' of Authoritarian Resilience in China." *American Affairs* 11, no. 1 (Spring): 101–17.

Taylor, Robert. 2001. *Burma: Political Economy under Military Rule*. London: Hurst.

Thawnghmung, Ardeth. 2004. *Behind the Teak Curtain: Authoritarianism, Agricultural Policies, and Political Legitimacy in Rural Burma/Myanmar*. New York: Routledge.

Tien, Hung-mao. 1989. *The Great Transition: Political and Social Change in the Republic of China*. Stanford, CA: Hoover Institution Press.

Tilman, Robert O. 1976. *The Centralization Theme in Malaysian Federal-State Relations, 1957–75*. Singapore: Institute for Southeast Asian Studies.

Tocqueville, Alexis de. (1858) 1955. *The Old Regime and the French Revolution*. New York: Anchor Books.

Tomsa, Dirk. 2008. *Party Politics and Democratization in Indonesia: Golkar in the Post-Suharto Era*. New York: Routledge.

Treisman, Daniel. 2020. "Democracy by Mistake: How the Errors of Autocrats Trigger Transitions to Freer Government." *American Political Science Review* 114, no. 3 (August): 792–810.

Trimberger, Ellen Kay. 1978. *Revolution from Above: Military Bureaucrats and Development in Japan, Turkey, Egypt, and Peru*. New York: Transaction Publishers.

Trocki, Carl A. 2006. *Singapore: Wealth, Power, and the Culture of Control*. New York: Routledge.

Tsai, Kellee. 2007. *Capitalism without Democracy: The Private Sector in Contemporary China*. Ithaca, NY: Cornell University Press.

Tsang, Steve. 1999. "Transforming a Party State into a Democracy." In *Democratization in Taiwan: Implications for China*, edited by Steve Tsang and Hung-mao Tien. Houndmills, UK: Palgrave Macmillan.

Tudor, Maya. 2013. *The Promise of Power: The Origins of Democracy in India and Autocracy in Pakistan*. Cambridge: Cambridge University Press.

Turley, William S., and Mark Selden, eds. 1993. *Reinventing Vietnamese Socialism: Do Moi in Comparative Perspective*. Boulder, CO: Westview Press.

Un, Kheang. 2019. *Cambodia: Return to Authoritarianism*. New York: Cambridge University Press.

Unger, Jonathan, ed. 1991. *The Pro-democracy Protests in China: Reports from the Provinces*. Armonk, NY: M. E. Sharpe.

Ungpakorn, Ji. 1997. *The Struggle for Democracy and Social Justice in Thailand*. Bangkok: Arom Pongpangan Foundation.

Vasavakul, Thaveeporn. 2019. *Vietnam: A Pathway from State Socialism*. New York: Cambridge University Press.

Veg, Sebastian. 2017. "The Rise of 'Localism' and Civic Identity in Post-handover Hong Kong: Questioning the Chinese Nation-State." *China Quarterly*, no. 230 (April): 323–47.

Vu, Tuong. 2010. *Paths to Development in Asia: South Korea, Vietnam, China, and Indonesia.* New York: Cambridge University Press.

——. 2017. *Vietnam's Communist Revolution: The Power and Limits of Ideology.* New York: Cambridge University Press.

Vuving, Alexander L. 2013. "Vietnam in 2012." *Southeast Asian Affairs* 2013: 325–47.

Wachman, Alan. 1994. *Taiwan: National Identity and Democratization.* Armonk, NY: M. E. Sharpe.

Wade, Robert. 1990. *Governing the Market: Economic Theory and the Role of Government in East Asian Industrialization.* Princeton, NJ: Princeton University Press.

Wagner, Edward. 1961. "Failure in Korea." *Foreign Affairs* 40, no. 1 (October): 128–35.

Walker, Andrew. 2012. *Thailand's Political Peasants: Power in the Modern Rural Economy*. Madison: University of Wisconsin Press.

Wallace, Jeremy L. 2014. *Cities and Stability: Urbanization, Redistribution and Regime Survival in China.* New York: Oxford University Press.

Walton, Matthew, and Susan Hayward. 2014. *Contesting Buddhist Narratives: Democratization, Nationalism, and Communal Violence in Myanmar*. Honolulu: East-West Center.

Wang, Vincent Wei-Cheng. 1995. "Developing the Information Industry in Taiwan: Entrepreneurial State, Guerrilla Capitalists, and Accommodative Technologists." *Pacific Affairs* 68, no. 4 (Winter): 551–76.

Wang, Yuhua. 2014. *Tying the Autocrat's Hands: The Rise of the Rule of Law in China*. New York: Cambridge University Press.

Wedeman, Andrew. 2003. *From Mao to Markets: Rent-Seeking, Local Protectionism, and Marketization in China.* Cambridge: Cambridge University Press.

Weiss, Meredith L. 2006. *Protest and Possibilities: Civil Society and Coalitions for Political Change in Malaysia*. Stanford, CA: Stanford University Press.

——. 2021. *The Roots of Resilience: Party Machines and Grassroots Politics in Southeast Asia*. Ithaca, NY: Cornell University Press.

White, Gordon. 1993. *Riding the Tiger: The Politics of Economic Reform in Post-Mao China*. Stanford, CA: Stanford University Press.

Winckler, Edwin. 1984. "Institutionalization and Participation on Taiwan: From Hard to Soft Authoritarianism?" *China Quarterly* 99 (September): 481–99.

Wong, Joseph. 2004a. "Democratization and the Left: Comparing East Asia and Latin America." *Comparative Political Studies* 37, no. 11 (December): 1213–37.

——. 2004b. *Healthy Democracies: Welfare Politics in Taiwan and South Korea*. Ithaca, NY: Cornell University Press.

——. 2008. "Maintaining KMT Dominance: Party Adaptation in Authoritarian and Democratic Taiwan." In *Political Transitions in Dominant Party Systems: Learning to Lose*, edited by Edward Friedman and Joseph Wong. New York: Routledge.

——. 2011. *Betting on Biotech: Innovation and the Limits of Asia's Developmental State.* Ithaca, NY: Cornell University Press.

——. 2020. "Authoritarian Durability in East Asia' s Developmental States." In *Economic Shocks and Authoritarian Stability: Duration, Financial Control, and Institutions*, edited by Victor Shih. Ann Arbor: University of Michigan Press.

Wong, Matthew Y. H. 2019. "Chinese Influence, U.S. Linkages, or Neither? Comparing Regime Changes in Myanmar and Thailand." *Democratization* 26, no. 3 (July): 359–81.

Wong, Stan Hok-Wui, and Kin Man Wan. 2018. "The Housing Boom and the Rise of Localism in Hong Kong: Evidence from the Legislative Council Election in 2016." *China Perspectives* 3, no. 114 (April): 31–40.

Woo, Jung-En. 1991. *Race to the Swift: State and Finance in Korean Industrialization*. New York: Columbia University Press.

World Bank. 1993. *The East Asian Miracle: Economic Growth and Public Policy.* Oxford: Oxford University Press.

Yang, Jisheng. 2012. *Tombstone: The Great Chinese Famine, 1958–1962.* New York: Farrar, Straus and Giroux.

Yip, Stan, and Ronald Yeung. 2014. "The 2012 Legislative Council Election in Hong Kong." *Electoral Studies* 35:366–70.

Yip, Winnie, and William Hsiao. 2008. "The Chinese Health System at a Crossroads." *Health Affairs* 27, no. 2 (March/April): 460–68.

Yu Keping. 2009. *Democracy Is a Good Thing: Essays on Politics, Society, and Culture in Contemporary China*. Washington, DC: Brookings Institution Press.

Zhang, Le-Yin. 1999. "Chinese Central-Provincial Fiscal Relationships, Budgetary Decline and the Impact of the 1994 Fiscal Reform: An Evaluation." *China Quarterly* 157 (March): 115–41.

Ziblatt, Daniel. 2017. *Conservative Parties and the Birth of Democracy in Modern Europe, 1848–1950*. New York: Cambridge University Press.

Zin, Min, and Brian Joseph. 2012. "The Democrats' Opportunity." *Journal of Democracy* 23, no. 4 (October): 104–19.

Zweig, David. 2002. *Internationalizing China: Domestic Interests and Global Linkages.* Ithaca, NY: Cornell University Press.

春山之巔　O27

從經濟發展到民主：現代亞洲轉型之路的不同面貌

From Development to Democracy: The Transformations of Modern Asia

作　　者　丹・史萊特 Dan Slater、黃一莊 Joseph Wong
譯　　者　閻紀宇
總 編 輯　莊瑞琳
責任編輯　吳崢鴻
行銷企畫　甘彩蓉
業　　務　尹子麟
封面設計　盧卡斯
內文排版　藍天圖物宣字社
出　　版　春山出版有限公司
地址：11670 台北市文山區羅斯福路六段297號10樓
電話：02-29318171　傳真：02-86638233
法律顧問　鵬耀法律事務所戴智權律師
總 經 銷　時報文化出版企業股份有限公司
地址：33343 桃園市龜山區萬壽路二段351號　電話：02-23066842
製　　版　瑞豐電腦製版印刷股份有限公司
印　　刷　搖籃本文化事業有限公司
初版一刷　2024年5月
定　　價　新臺幣620元
I S B N　978-626-7478-08-0（紙本）
978-626-7478-07-3（PDF）
978-626-7478-06-6（Epub）

填寫本書線上回函

Email　SpringHillPublishing@gmail.com
Facebook　www.facebook.com/springhillpublishing/

國家圖書館出版品預行編目資料

從經濟發展到民主：現代亞洲轉型之路的不同面貌／丹・史萊特（Dan Slater), 黃一莊（Joseph Wong）著；閻紀宇譯. -- 初版. -- 臺北市：春山出版有限公司, 2024.05
472面；14.8×21公分. --（春山之巔；27）
譯自：From development to democracy : the transformations of modern Asia
ISBN 978-626-7478-08-0（平裝）
1.CST：民主化 2.CST：政治轉型 3.CST：經濟發展 4.CST：亞洲

571.6　113005320

World as a Perspective

世界作為一種視野